歷史劇場

痛苦執政八年

林濁水◎著

目次

【第三章】千山我獨行

【第四章】卡珊卓

【第八章】紅色的復仇

【第九章】李登輝的浪漫與現實

【第十章】本土藍的悲哀

【第十一章】金童記

【第十二章】出埃及記

【第十五章】再生

【序】誰怕卡珊卓？

廖炳惠（清華大學外文系教授）

林濁水委員的新作是台灣後扁馬、金融風暴、中國毒奶及兩岸危機，一片政經殘破、紛沓中的一顆震撼彈，對台灣官場的渾噩、瓦釜做警世雷鳴，將解嚴以降的領導人物一一品評，從民進黨執政八年的錯亂、貪腐，到國民黨上台之後的馬失前蹄、百般蕭條，乃至中間路線、絕對主義、大小三通、台獨策略、全盤修正等邏輯及實踐問題，無不有相當精闢而又令人叫絕的分析。

眾所皆知，林委員是立法院的異數，不僅具有公共知識分子的膽識與正義感，而且也道他人所未敢道，堅持其理念、毫不妥協，他是第一位民進黨委員，在第一時間辭去職位，對黨籍高層的腐化作爲表示異議，儘管「同志」迄今仍多加撻伐，但是是非公道自在人心，就像他在這本書所說的，特洛依（Troy）被木馬屠城之際，人們才後悔沒及早聽信Cassandra的先知善勸。

卡珊卓（Cassandra或稱Alexandria）是希臘悲劇家亞斯奇勒斯（Aeschylus）筆下，在特洛依國王Priam子女中最漂亮且聰明的一位美女，最早的神話說她遭蛇吻耳朵，因此能預言未來，但是在亞斯奇勒斯與荷馬（Homer）的作品裡，卡珊卓被阿波羅（Apollo）所追逐，爲了贏得佳人的芳心，阿波羅賦予卡珊卓先知的能力；不過，卡珊卓卻沒對音樂、箭術、醫藥之神動情，阿波羅苦追無效之後，便詛咒她雖能預警告誡世人有關未來會發生的事件，大家卻不會聽信她的智慧斷言。卡珊卓的智慧可說是福即禍，預知未來的本事反而只會逼她走向孤寂、遭人揶揄，甚至落得最後瘋狂的境地。

透過卡珊卓這位不被人聽信的先知，林委員道出他許多「不幸而言中」的國防、經濟、主體、文化藍圖，以及他在總統府、立法院裡裡外外所觀察到的人格扭曲或對現實眞相的排拒（乃至蒙蔽）。當然，林委員並非藉此自詡爲「先知」，他只是借用希臘的史詩、神話與悲劇典故，來說明台灣的政治家如何欠缺智慧及包容。他勾勒出台灣人民的政經與精神苦難，其主因來自領導階層光會搞選舉、結黨、鬥爭、營私舞弊，而毫無文化或社會論述能力，不僅未能提出台灣未來的遠景（vision），也少了理解現實的才幹（sense-making），更不用提創新服務、產業提升及公民意識。在「唯我主義」（solipsism）、「絕對主義」（absolutism）、「物質主義」（materialism）及權力意志（will to power）的驅使之下，台灣社會可說瀰漫著「虛無主義」（nihilism），是非不明、倫理錯亂，秩序感、向心力及彼此的互信爲之蕩然無存。特別是，瀰漫著深不可解的恨，提及對方陣營莫不咬牙切齒，比蔣介石之憎惡毛澤東猶有過之，而且只要媒體及政客不斷操弄，大概是短期內不會冰釋。

從唐飛被當做是「擋路的大石頭」到中間路線失守後的炒作基本教義手法，尤其在阿扁的第二任內，各種罄竹難書的大小失誤或不知節制，眞是令人扼腕，在林委員的筆下，阿扁其實本可以有一番大作爲，在台灣史及政治主體性上留下不可磨滅的印記，然而八年之後卻是殘破煉獄的景象，只達到親痛仇快的反諷效果，讓民進黨原先的草根民主精神徹底破功。實際上，草根民主的淪喪也使國民黨重新執政之後樂得肆無忌憚，而很快便在傲慢無能之中玩完口號及把戲，人民又蹈入更無助無援的深淵。這些圖像看似悲觀，但是林委員並非要以「最慘的恐懼」（雷根語）來描繪台灣的未來，他反而是充滿了熱情與希望，他提醒大家，台灣的前景是在公民意識的提昇，也就是民進黨原初精神及其政治倫理的再甦醒。

在品評政治人物方向，林委員的標準看來嚴格，但他自己認爲其實是近乎平易、隨和，乃至浪漫，而且也很一貫，充分顯示其同情瞭解，儘看積極面的慈悲喜樂心腸，只要對台灣人民有好的或正面的影響及其意義，他均樂於讚揚或欣賞，但對惡及恨則較難苟同，在後者這一原則上，林委員相當堅持。他對前總統李登輝頗爲讚許，但是比較意外的是對紅衫軍領隊施明德及許信良這兩位民進黨前主席也有些好評，而對宋楚瑜、馬英九等人則直截看出其政治發展的脈絡及其局限，令人眼睛一亮。另外，他對林義雄及黨內同志也有獨特的見地。這個人格分析的部分可說既誠懇又眞實，但不怕得罪人的勇氣則是難能可貴，整個把政壇的文化鄉愿或黨同伐異的奸雄一一掃蕩乾淨。

林委員以卡珊卓的借喻方式，在品評政治人物之餘，其實也勾勒出了台灣邁向衰退、往下沉淪的主因：領導階層的道德根基及其資訊掌握出了大問題。換句話說，扁、馬聽不進人民的聲音，又對眞知灼見的人士動輒以貼標籤或「非我族類」的方式加以排擠、隔絕，因此最後只剩下「同質」性的擁護，讓公共領域變成二元對立，非友即敵的自我鞏固或阻斷他人的金錢權力荒謬劇場。「絕對主義」及自我鞏固的基本教義派大致是一事的兩面，道德絕對主義其實只與族群基本教義是一線之隔，而且更具盲點，基本上是自以爲是而且不容有異議的餘地，這也許是亂世多出一些號稱是英雄的人物，打的是人民口舌的旗幟，完全迷失於權力的迷宮遊戲之中。英國文學家彌爾頓（John Milton）就曾在他的《復得樂園》（Paradise Regained）裡，描述撒旦對耶穌的挑釁，撒旦以誇張、戲劇化的力量爲其展示與積極刺探的謀略，激勵耶穌跳下深崖，以顯示其神力，撒旦的企圖是要讓耶穌擁有權力的假象，誤把愚蠢、自殺的行徑看做是實力的發揮。在彌爾頓相當精采的描述裡，撒旦極盡其能事，用了各種煽情的形容詞去鼓動耶穌，以爲他會因此得意忘形，在血氣方剛的驅力之下，奮不顧身地落入陷阱。然而，耶穌卻不為所動，他是以靜以應變的智慧，明哲保身，反而逼使撒旦黔驢技窮，自討沒趣。相對於《復得樂園》的耶穌，台灣的選舉政治及媒體文化則製造出不少自詡為彌賽爾的撒旦，不時在鏡頭前擺出正義之聲的姿態，以打倒他人、爆料滅門為樂，也藉此釀造出大眾嗜血的共業，紛紛追逐小道消息，是非不分，一味要把他人鬥倒，不殲滅對手絕不罷休。林委員對此一現象，往往是透過對政治人物的分析之中，去鋪陳冷靜、沉著的理性，希望台灣能自「失樂園」的謬誤過程中覺醒，重新收復伊甸。

在這種「重建」共同體的願景之下，林委員一方面以卡珊卓的典範為其行文的修辭借喻，另一方面其實是更接近阿波羅這位理性、文明之神，甚至於更像阿波羅的音樂天才兒子奧菲士（Orpheus），奧菲士在他的愛妻遭蛇咬死之後，帶著他的豎琴遠赴冥府，以他的音樂感動冥王與冥后，試圖把愛妻帶回人間。由於奧菲士不夠沉著（以另一種方式來說是激情過度了），最後他並未能達成願望，但是他的嘗試及其熱忱卻是驚天地泣鬼神，傳為愛情與音樂史美談。以林委員對台灣的情感而言，他可說是卡珊卓（先知）加上奧菲士（音樂與愛）。在神話中，阿波羅也是特洛依與古文明的保護神，他雖然讓卡珊卓無法取信於大眾，卻暗中呵護著特洛伊城，維繫其命脈及尊嚴。林委員以卡珊卓為例，道出許多迷失方向的過往錯誤，大致上是想引導公眾走向正道，他的用心其實更接近阿波羅或者阿波羅這位醫藥之神的後裔，也就是希臘醫學之父希波利特士（Hippocrates）。在分析台灣政治與社會的病態史徵之後，林委員希望大家能走出各種基本教義派或絕對主義的迷情，有更清明的睿智來關懷台灣的未來。這本書也許有點良藥苦口，但是他的療效應該與台灣未來的命運緊密相連。

于新竹風城

二〇〇八年十月二十七日

一問天

爲什麼成功號召了改革力量而上台的民進黨八年執政施展抱負後，被民眾羞恥地趕了下台，席次剩下不到國會四分之一，總統選舉大敗？

二問天

爲什麼提出美麗承諾的馬蕭團隊，上台才不到三個月，人民不滿的程度已經和紅衫軍時的陳水扁一樣可恥地低落？

三問天

爲什麼南南北北英雄好人帶著鄉里祝福般般期盼一路奔向京城權力中心，卻有如奔向政治煉獄？

四問天

多少個白天和黑夜，善良的人民，他們期盼，他們追尋，他們焦慮，他們努力，他們流汗，他們跟隨，他們堅忍，他們犧牲。

但如今政壇已如廢墟，又在中國霸權夾帶黑心食品和全球金融風暴雨大海嘯狂掃之下，天地盡是昏暗無明，他們淚流滿面。台灣，Formosa，我的母親，被許諾了太多諾言與謊言的母親，他們的未來在哪裡？

第一章

冠蓋京華

暗夜

「有多少母親，爲他們被囚禁在綠島的孩子們，長夜哭泣。」台灣曾有那麼一個漫長的歲月日子是這樣過的。

一九九九年，在解嚴後的第十二年，紀念白色恐怖時期被關在綠島的政治犯的人權紀念碑落成，老政治犯柏楊，爲碑寫了如上詩句，這碑，柏楊叫它「垂淚碑」。爲了結束詩中描述的長夜，有更多的孩子投身或獨或統的民主運動，然而結果是暗夜有了更多哭泣的母親。還有更多母親的孩子在等待破曉的期待中老去，他們向新長大的孩子說，我一定要活到那個政權倒下來。

狂喜

「夢想就要實現，陽光已經看見。」這是二〇〇〇年陳水扁當選總統，動人的感言。二〇〇〇年前在台灣實施世界最長久戒嚴的國民黨政權敗選，現在在漫漫長夜中等待破曉的眾人聆聽到「陽光已經看見」的句子眼眶泛紅。出頭天了，一陣喜悅的狂潮席捲了台灣。

誰的陽光，誰的暗夜

東半球的晨曦正是西半球的暮色。因此那個母親們長夜哭泣的年代，被另外叫做黃金時期：經濟起飛，社會安定，貧富分配合理……。那是國民黨建黨半世紀以來最安定富裕的流金歲月。因此二〇〇〇年一群人陷入狂喜時，另一群人悲憤莫名。

卡珊卓

希臘神話中，特洛伊城普萊姆的女兒卡珊卓是個預言家，因為拒絕了阿波羅的追求，阿波羅詛咒她說出所看到異象，雖然都會成眞，但絕對不會有人相信，卡珊卓注定要從此孤獨地活在眾人誤會之中。

希臘人打了十年戰爭，打不下特洛伊，便使用「木馬屠城」的計策，假裝失敗撤退，留下木馬，特洛伊人興高采烈地把木馬當成戰利品拖進城裡，卡珊卓看到木馬將帶來特洛伊的毀滅，瘋狂地阻止，結果被特洛伊人當成眞的瘋狂，根本不理她，於是卡珊卓痛苦地看著特洛伊一步步走向毀滅……

從二〇〇四年十月六日我在外交委員會質問外交部長：「陳總統刷爆美國信用卡」起，到十一月五日在立法院院會質詢行政院游錫堃院長：「國家沒有外交戰略」以至於「危機處理成為國家外交常態業務」，再到十二月二十三日在外交委員的密集質詢，對我國外交政策做了一系列強烈的批評。

國安會邱義仁祕書長很不以為然，二〇〇四年十二月底，以一貫的幽默口氣接受媒體採訪說：「林濁水或許高瞻遠矚，有如諸葛孔明，但是政府部門人多，三個臭皮匠湊一湊，也不會輸多少。」

邱祕書長多年來的經驗，使他認為我自以為高瞻遠矚，對他和政府部門不以為然的批評多到他不得不出面說話了。

他笑著說我是諸葛孔明，我也在媒體前面笑著說：「我哪是東風借箭、一戰成名、意氣風發的諸葛孔明，我只是希臘悲劇中可憐的卡珊卓罷了，活在等待不幸預言出現的悲哀之中。」

兩人隔空對笑，笑得很苦澀。

台灣當然不是遠古希臘滅亡的特洛伊，不必對台灣的前途失去信心，我也不是會預見未來異象的卡珊卓，我只是靠努力做政策分析，評估局勢的發展而已，只是卻和卡珊卓一樣看著不幸的評估逐一成爲事實。

難以想像的是，八年前，整個黨在勝選的狂喜中上台執政，帶給我的卻是一連串苦澀的卡珊卓經驗。

憂天

一九九九年總統大選剛起步時，認爲陳水扁會勝選的人少之又少。

台北主流的看法對民進黨的台獨立場有強烈的質疑，因此當時競選總部念茲在茲的一句話是：「兩岸問題是陳水扁大選的最麻煩的罩門。」競選總部這樣相信。

爲了從「罩門」中解脫，陳水扁一確定參選總統後，親扁的人馬就發動修改台獨黨綱①的猛烈攻勢。在黨務方面，由當時擔任黨祕書長的游錫堃掌握；在文宣方面，則由正義連線大老沈富雄醫師發第一砲，在報上發表〈美女與野獸〉系列文章，接著郭正亮教授跟進。他們的措辭都非常嚴厲，例如沈醫師認爲台獨黨綱已經被污名化，成了「毒蛇猛獸」，「充滿了戰爭與流血的想像空間」。

攻勢雖猛烈，到底黨綱未被修改，而由黨代表大會通過了台灣前途決議文做爲折衷。既然台獨黨綱並沒廢除，罩門未解，總統居然選贏了，整個黨陶醉在狂喜之中。

但在興奮中，我心中也不免升起了憂慮。

在二〇〇〇年前後，大選正熱期間，是我從政以來，最密集出現在電視 call in 節目的時候，那時一個星期，除了週末之外的五天，天天上節目，甚至一個星期還曾經場子趕到七、八次之多。

在野之時，從運動出身，對抗威權政權，自認是站在歷史正確的一方，因此，在call in節目中，我自是慷慨激昂、意氣風發，得理不饒人，但到了投票前半個月，在上節目時我突然把聲調降低八度。原因是儘管競選總部還認爲不容易獲勝，但我直覺贏面很大，一旦贏了，第一個要處理的是民進黨的總統怎樣面對民進黨在國會居於少數的局面。我認爲這很嚴重，爲了要順利施政，必須疏解國民黨在國會的抵制，甚至必須形成某個程度的聯合內閣才行。考慮到這一點，我在call in節目上面對藍軍立委時，開始客氣，等到票開出來確定獲勝，立法委員剛由爲總統輔選的基層回到立法院時，我主動接觸一些比較談得來的國民黨立委，試探他們支持陳總統的可能性。

並不意外的，他們差不多都願意支持。他們基本上都和李登輝前總統比較接近，不管本省、外省出身，都有本土意識，而和連戰的班底不同。

當時在藍營裡，宋楚瑜人氣如日中天，遙遙領先連戰，這使得這些立委們提心吊膽，對自己和國民黨的前途充滿了危機感。

他們的共識是：如果讓宋楚瑜的氣勢維持下去，國民黨前途堪虞。由於當時國民黨固然把民進黨當成外敵，但卻是把宋當成更嚴重的「叛徒」，根本不會想像到日後雙方會有合作的可能，因此，他們相信如果四年後讓陳水扁連任，八年後他們有機會整合藍軍捲土重來。但是，如果陳連任不成，四年後江山無疑由宋取得，如此他們至少要再等十二年，更値得擔憂的是，一旦宋眞的出頭，他們還有機會嗎？

投票後好幾個月，當整個黨因爲勝利而益加意氣風發時，我低調地上call in節目、低調地進行一些接觸。

序幕

陳總統就職後一個多月，約見我和十來位民進黨立法委員同仁在總統府一個小會客室談話，總統很客氣，說要聽聽大家的意見，但面會中，立委當然更客氣了，多數委員話並不多，例如戴振耀委員簡單說，「總統就職演說談到四不一沒有，恐怕會讓基層覺得不是很好」。只有我長篇大論說出我的擔憂，兩個小時會面中，我占用了大半的時間，提出三大建議。

我首先接下戴振耀的話說：「黨團成員有不少人對總統提到的四不一沒有很擔心，害怕總統會讓許多支持民進黨的基層朋友覺得民進黨已經放棄了長期追求的理想，擔心為了擴大黨的支持者而不顧他們感受是否妥當。這一些擔心，戴委員講了，我不再強調，我要提的是，總統本來想透過四不一沒有替民進黨爭取更大的社會基礎，但是我擔心這目標是不是會達成。

「過去，日本的社會黨雖然實力不如自民黨，但也一直擁有三成的社會支持，社會黨認為只有三成不足以執政，於是調整路線向中間移動，由反對安保條約變到支持，希望博得更大的社會基礎，沒想到結果適得其反：一方面原來的支持者認為社會黨背叛了既有的理想，便轉向去支持極端的共產黨；另一方面，自民黨的支持者又覺得社會黨都認錯了，可見繼續支持自民黨是正確的，結果一選舉下來，自民黨仍然獨大，共產黨得票暴增，社會黨從此泡沫化。

「過去因為大家認為民進黨是穩健的台獨黨，所以建國黨不成氣候，但是四不一沒有的談話如果不能令台獨群眾充分信服的話，恐怕將來會有台獨政黨崛起，而其對民進黨的威脅將不是過去的建國黨可以比擬的，所以大膽建議總統好好處理。」

我還向總統報告，「無論根據《聯合報》的民意調查或民進黨中央黨部的調查，早在一九九七年台獨和統一的支持度已出現黃金交叉，台獨以四十％多的支持度贏過統一的三十％多了。所以，一方面總統不必再擔心主張台獨會站在少數的一邊，只要台獨不要走冒進路線就好；否則，以台獨這樣高的支持度，這股力量如果被冒進政黨所收編，民進黨恐怕會很麻煩。」

其次，針對國會民進黨少數處境，我說，「過去總統當市長的時候，市議會中民進黨議員沒幾席，市長施政成績卻令人敬佩，不過大膽地說，那是因爲市議會的立法功能非常局限，市議會立法不能逾越中央法規的限制，而中央立法又一體適用於各地方政府，所以很湊巧的，國民黨掌握多數的國會反而變成了你面對市議會的靠山；但這過去的靠山如今跑到了總統的對立面，國會的立法能力遠不是市議會可以比擬的，所以，我建議總統妥善處理國會少數的問題，施政才容易順遂。」

接著，我把我在立法院接觸的親李立委願意支持總統的情形向總統報告，請總統善加運用，然後我說：「面對國會少數及軍方意識型態問題，雖然總統任命唐飛將軍做閣揆，黨內是大有聲音，但我卻認爲應該支持。不過我也大膽提醒總統，任命唐飛既然是爲了處理國會少數的困境，那麼自然是希望唐飛去拉攏或疏通國民黨，可是總統卻公開強調任用唐飛和國民黨一點關係都沒有，這固然可以彰顯總統才是權力的來源，但也等於要讓唐飛做國民黨的叛徒，國民黨會怎樣想？後遺症恐怕很大，兩黨關係甚至會比不用唐飛更糟，所以大膽建議總統好好修補，否則國會狀況將非常困窘。」

最後，我說：「雖在至今只有短短期間，我卻覺得總統的領導方式，有建議的空間。當總統，資訊的來源非常廣泛，這特權使得總統有不容易受到蒙蔽的優勢，但我建議資訊來源固然要多元化，但決策執行最好一體化，國家大政或可分成外交、軍事安全和財經等幾大塊，每一大塊都有一個固定小團隊，凡有決策或執行，建議總統透過這樣的小團隊處理，而放棄目前要單線地直接指揮各部會的做法。這樣政策才容易有整合性、一貫性，而整個團隊也才會有充分的共識，互相支援。」

在整個談話過程中，總統話不多，只做了簡短的總結，大意是說，當上總統實際接觸到實務後，才知道問題沒有那麼簡單。言下之意便是，所有建議的立委都在狀況外，我聽了他的結論，覺得如果總統態度如此，此後必定問題多多、困難重重。

告別陳總統出來時，老友洪奇昌說，總統說起話似乎充滿了自信，洪委員顯然是從總統答覆立委語氣用詞簡潔堅定而下的結論；但我告訴他，我似乎看到了一個非常防衛性的總統，地位高成那樣了，還那麼防衛恐怕不是好事。

走出總統府後，我就將行動電話關機，我認為既然是在總統邀請下當面講的，就不便公開了，由於記者問不到我，便問到了一些由他人轉述的並不精確的話，諸如要和李登輝合作啦等等。

總統對我的建議並沒有任何採納，不久後，我甚至在報上看到他的放話，說他在當市長時，民進黨在市議會雖是少數，但對他的政績施展一點都不造成問題，算是對我的隔空答覆。

看到事後總統媒體放話式的答覆，我悵然若失，覺得自己一個人幾個月來連上 call in 節目姿態都擺得那麼低，根本太沒有意義了，覺悟到既然大家都不再壓抑勝利帶來的意氣風發，我何苦自我委屈，於是從此走路就更抬頭挺胸，上 call in 節目也不再客氣，但心中的擔憂更深了。許多朋友一再強調台灣人既好不容易讓國民黨下台，現在應該做的就只有一件事：全力支持陳水扁，和他充分結合，聽了這樣的話，我總是擔心地說，他並不見得會和你充分結合，我建議全力支持他做對的事是應該的，但恐怕不要向他靠得太緊密比較好。

總統喜好單線領導，事後證明後遺症的確很多，有一天，我告訴一位女律師，說陳總統的領導方式很像台灣中小企業主，他們經營得非常傑出，往往公司小，卻非常有競爭力，但其成敗主要繫於董事長一人，而非制度性的團隊運作。董事長絕頂精明幹練，整個公司的完整圖像只存在董事長一人腦中，其他各部門主管都只知道自己業務的部分，公司全仰賴董事長一人單線的神祕領導。

這位傑出的律師回應：「說得眞傳神，我先生就是這樣經營他的公司。」

在這種單線的神祕領導之下，台灣的中小企業固然充滿了活力與競爭力，但是一旦公司成長到跨國企業的規模，在世界各地都有生產線和業務部門時，若再用這樣的模式經營，各部門勢必互相衝突扞格無法運作。這時，董事長必然需要改變領導團隊的方式，共享願景與戰略，以資訊和資源的流通使各部門互相支援。大企業主已經如此，何況總統。

好笑的是，我這說法流傳開後，擁扁學者寫文章批了我一頓，說台灣中小企業是台灣經濟支柱，中小企業有什麼不好。

去台獨

總統在二〇〇五年廢統爭論中[2]，私下向基本教義派解釋他爲什麼在二〇〇〇年要宣誓四不一沒有，以至於如今廢統廢得這麼辛苦時，透露說是因爲二〇〇〇年時在美國壓力下不得不做的。

這解釋當然有問題，因爲當時，美國對台壓力再怎樣都不可能比布希持續對陳總統表達強烈不滿的二〇〇五年廢統時更大、更嚴重，二〇〇五年都挺得過了，爲什麼二〇〇〇年反而不能？

事實上，當時陳總統宣布四不一沒有，考慮的眞正重點在內政效應以及效法金大中，想在兩岸突破以求諾貝爾和平獎大名，而不在於應付美國的關切。

直到二〇〇三年之前，「民進黨的台獨立場是扁的競選和施政的罩門」這觀點扁從未改變，所以不但在總統大選前由嫡系正義連線總動員全力推動修改台獨黨綱，扁當選後更是急忙宣布四不一沒有，而正義連線也繼續推動台獨黨綱的修改。

從二〇〇〇年三月當選到五月就職前，陳總統陸續放出：「一中可以是議題」、「新政府不談兩國論」、「兩岸關係不預設未來走向」等等的論點。這時正義嫡系的沈富雄、陳其邁紛紛表示陳總統既然已經當選，民進黨確有必要轉型，應再考慮修改台獨黨綱；謝長廷則支持說：「可以用更柔軟開放的態度來討論」。修黨綱案由陳昭南提出，幸而黨內反對聲音大，中常會未處理。

六月底，陳總統表示可以接受「一個中國各自表述的九二共識」。

九月二日，總統府正式成立兩岸跨黨派小組，積極推動「未來一中」和「一中憲法」，想讓它成為跨黨派共識。

二〇〇一年五月底，總統出訪拉丁美洲五國，計畫運用國際場合正式宣布由總統接掌國統會。

十月發動通過修改民進黨黨章，把台灣前途決議文③視同為黨綱，希望對台獨黨綱產生「擱置」的效果，謝長廷闡述修改黨章的意義在於「台灣前途決議文位階優於黨綱」。

除了在台灣法理定位上做一連串的去台獨化處理以外，陳總統相應地節奏緊湊地開放兩岸經貿關係。

上台才不到一年間有如此密集措施：十月二日，陸委會通過兩岸小三通報告，同月二十日，行政院宣布將試辦開放中國人士組團來台觀光；十二月五日，立法院通過兩岸人民關係條例修正案，大幅放寬人民往來限制，同月十四日，宣布放寬赴中國投資五千萬美元上限；二〇〇一年一月二日，小三通正式啓航……

到了二〇〇一年十月七日，行政院通過「積極開放，有效管理」計畫，全面鬆綁戒急用忍。

本來，民進黨中國事務部辦了一份《中國事務季刊》做為黨和各種立場的學術界人士做知識交流的平台，我也有幾篇論文發表在刊物上，其中有些段落提出和總統不同的兩岸政策主張。陳總統擔任主席後，《中國事務季刊》就停刊了，從此黨內對兩岸政策聲音一元化，黨內外也就失去一個可以做深入溝通政策的平台。

反對

在經貿適度開放上，民進黨內沒什麼積極反對的聲音，強烈意見反而是來自李登輝前總統陣營。但在台灣法理地位的去台獨化方面，雖由謝長廷、沈富雄兩位大老力挺，仍雜音不斷，例如王幸男、吳乃仁、洪奇昌、李俊毅、張旭成、蔡明憲，和我……等等，聲音此起彼落，其中以新潮流成員比例較高。以「統合論」[4]爲例，最客氣的是吳乃仁說：新潮流傾向「保留」，尚非反對，希望「統合論到此爲止」。

然而油門既開，車速難減，時兼任黨主席的高雄市長謝長廷呼應總統新中間路線，於二〇〇一年二月三日訪美時，配合陳水扁兩岸政策，在參加全國早餐會後，宣稱廈門、高雄是「一中兩市」，應儘速三通，並要求親赴廈門來呼應，爲自己訪問中國鋪路，但陳水扁政府不願讓謝搶頭香，對謝的中國行不予批准。謝的這個主張，甚至長期配合陳總統新中間路線，推動台獨黨綱修改運動的沈富雄都不以爲然，認爲要等中共釋放更多善意，再赴廈門市也不遲。

陳水扁要接掌國統會一事上，甚至引起國安系統強烈反彈，國安會諮詢委員陳必照等人表示如總統堅持，他們將辭職以明志。

至於我個人，則努力參與表達意見並頻頻發表專文論述，此外，還特地找獨派大老辜寬敏，請他向總統轉達強烈意見。

在跨黨派小組組成時，新潮流支持我成爲民進黨代表，在歷次跨黨派小組會中，我發言最多，終於力阻「一中憲法」、「未來一中」等意見通過。

前輩

這時最令人意外的莫過於台獨基本教義派的前輩們了，他們有相當比例是早期的台獨聯盟成員，在陳總統二〇〇〇年就任兩年之內緊鑼密鼓地推動去台獨化運動時，除了辜寬敏外，差不多都不曾力勸陳總統。

陳總統怎樣說明，以至於他們不反對四不一沒有，並不容易得知，但無論如何，他們受到陳總統一定程度的尊重，常有當面建議的機會，因爲陳總統大幅聘請他們成爲總統府資政和國策顧問。資政和國策顧問的體制是原先陳總統在當立委時甚爲輕蔑，不斷加以嚴批甚至羞辱，認爲應該取消的。這體制實際上類似英皇封爵士或馬來西亞丹述力、拿督，階級意涵非常明顯。

在陳總統聲望竄高到民間支持度八成的高點時，他們爲什麼不勸總統積極推動冒進台獨，反而任令總統一步一步地進行去台獨化；然後到了總統聲望降到最低點，爲應付交逼的內外情勢左支右絀的後來，他們反而才來力挺陳總統走冒進路線，使民進黨的處境無論在國內外都更爲窘迫？這種錯亂到底是不容易令人瞭解的。

錯亂

二〇〇〇年，電視 call in 節目上常出現這樣的錯亂畫面：

超級統派馮滬祥、李慶華從頭到尾站在陳總統那一邊，對四不一沒有、未來一中讚不絕口，而我則既要反對陳總統一連串去台獨化的做法，又不適宜對自己同黨的總統太過批評而尷尬不已。

這樣的鏡頭時時出現，對台灣的政治生態造成了強烈的衝擊，台獨的支持者受到了挫折後，產生了四個可慮的現象：

一、一些堅定的台獨分子轉而支持冒進的台聯黨，民進黨腹背受敵。

二、一些台獨分子看到領袖都放棄了，也跟著放棄台獨，於是既造成一部分台獨群眾跟隨台聯而冒進化，又造成另一部分台獨分子退縮，導致台獨的總體支持度在歷經十年的急速上升後，首度出現下滑趨勢。

三、統派大受鼓舞，因而總體支持度上升，冒進統派也水漲船高。

四、統獨雙方的冒進主義都上升，所以陳總統本來希望他的去台獨化帶來整個社會走向中間化的趨勢，不但沒有出現，反而兩極對立更形尖銳化了。⑤

在這兩極對立中，統獨雙方最冒進的金美齡和馮滬祥、李慶華三人成爲電視 call in 節目最耀眼的三位明星，而我有如卡珊卓，見證向總統預告的困局全然成眞。

馮滬祥、李慶華會對陳總統讚不絕口，其實是代表深藍「眞實信仰者」的基層聲音；馮、李關心的與其是權力不如說是信念。在馮、李這樣對總統大加肯定同時，其他絕大多數，談不上「眞實信仰者」的所謂深藍立委們反而空前激烈地進行攻擊，理由無他，那就是，擔心出現自己基層被煽動而隨馮、李一樣「是非不明」地擁扁的危機。馮、李關心信念；他們關心權力。

收拾

既然陳總統推動的「去台獨化」在黨內一再受到抵制，以至於跨黨派小組放棄「未來一中」、「一中憲法」，接掌國統會也功敗垂成，因此，強化對黨的領導就成爲他的當務之急。於是他發動「中壯派」黨員修改黨章使自己兼任黨主席，並擁有指定副主席、多位中常委及遴選不分區國會議員之權，而後者很意外地由憲法教授，扁的「國師」李鴻禧主持。

這當然使人非常驚訝，因爲根據李教授說法，我國修憲完後已成總統制了。按總統制的原理是行政、立法權力分立，雙方都由人民直選而獲權力正當性，這樣怎可以由行政權的總統來遴選不經人民直選的不分區立委呢？憲法教授完全背棄憲法良知，只知挺扁，令人浩嘆。

在扁就任黨主席之前，內定勤跑中國的陳忠信爲中國事務部主任；也在就職前後，由黨內重新醞釀再提修改台獨黨綱案。陳總統的大方向既然如此，若非北京搞了讓他無法下台的諾魯斷交，使他不得不擦槍走火宣布一邊一國，無疑的去台獨化路線將透過他掌握黨主席之權而進一步深化。

國師

對於剛上任想一展雄才、強力作爲的陳總統來說，憲法教授李鴻禧對憲政體制的解釋深獲總統之心，面對在野黨一再強調我國是法國式的雙首長制，李教授斬釘截鐵地說：「是總統制」。

本來二〇〇〇年在民進黨上台之初，不少黨內參與一九九七年修憲的人士認爲，既然是法國式半總統制了，所以應該尋求國會黨團的結盟，擁有過半數國會席次的支持，內閣才可能順利施政。於是李憲法教授的一句話，替總統擋掉了立法院黨團間結盟的縱橫捭闔。

二〇〇〇年總統大選的選情還低迷時，民進黨高層一方面考慮要動員舉黨力量以助選，例如要求已經把黨證交給林義雄主席的施明德上台演講；另一方面，希望勝選之後黨能動員包括立院黨團在內的人馬支持施政，於是陳總統和黨內領袖達成在選後通力合作的共識。大家說好要讓民進黨好好地做「執政黨」。

由於總統制的運作，既不需要在國會籌組過半數的聯盟，而其執政也並非依賴「執政黨」國會黨團的參與，事實上，總統制基於權力分立的原理，其實只有總統執政，而無執政黨團參與執政的。因此，李教授「我國已是總統制」一句話，擋掉的，既是所謂的多數聯盟的出現，也擋掉了「執政黨」的出現，也當然是替權力的集中合理化了，只是從此扁就走上一條坎坷難行，直到最後眾叛親離的道路。

在「總統制」的邏輯之下，陳總統組織了「超黨派政府」，而擱置在投票前和黨高層組成「執政黨政府」的共識。

我國體制雖是實權總統制，不必懷疑，但是眞是總統制嗎？總統制之爲總統制在於他擁有「否決權」，可以否決國會通過的法案使之失效。否決權是總統做爲制衡國會立法權的必備利器，我們的體制，總統並沒有這一項憲法武器。

不只如此，依我們的體制，總統在憲法上施政和對付國會的工具也比法國雙首長制小得多。美國、法國總統都可以主持部長會議，我們不可以；法國總統有主動解散國會之權、法案、條約的覆議及交付公民投票之權、可以用不簽署的方式否決部長會議通過的條例及命令等等洋洋灑灑的權力，而這些我們的總統全都沒有。法國總統有比我們多那麼多的制度性工具，都在國會少數時不得不「左右共治」，讓國會多數黨組閣，才足以讓憲政運作順利，這些工具我們總統都沒有，要強勢作爲當然是困難重重了。由於看到這一點，所以我會當面建議總統在國會尋求李前總統系統立委的合作關係。

看到這一點的，不可能只有我。陳總統執政數月後，唐飛下台，其後上台的張俊雄內閣又備受杯葛之際，施明德和其他不少人尋求與親民黨等結盟拿下國會議長，並在內閣形成聯合態勢，再進一步瓦解國民黨的方案。

只是沒想到，這種在半總統制國家常見的政黨結盟，不但不被接受，幾年後，帳還被算成「施明德求官」。

阿扁大戰略

台北的「中間清流」在上世紀末九〇年代以前，認爲挑戰統一的台獨是毒蛇猛獸，九〇年代中期以後，變了，認爲強烈主張統獨的雙方都是毒蛇猛獸。

台北的中間清流又一向認爲任何政黨之爭難免流於政治利益之爭，所以他們夢想有位高尚政治人物超越統獨、超越黨爭地領導國家。

二〇〇〇年競選總統時，敏感的陳水扁掌握這樣的氣氛，既在選舉時主張新中間路線，又在當選後主張組織超黨派的「全民政府」，於是被台北主流認爲眾人期待的夢幻領袖出現了。

既然是全民政府，就應該讓所有的人都滿足，他的策略十分綿密：

首先，最具象徵性意義的是宣布四不一沒有，並由唐飛組超黨派全民內閣；以滿足統派與「中間派」民眾；然後爲了平衡，針對綠營群眾心理，讓具象徵性意義的海外老台獨、台灣政治犯等大老擔任資政、國策顧問等酬庸位置，酬庸的效果非常顯著，這些獨派大老除了辜寬敏外，對四不一沒有不發一語；另外，他進一步以「台灣之子」身分強調「台灣人民已經站起來了」，以滿足獨派民眾「出頭天」的歷史性期待，削弱對四不一沒有的不滿。

陳總統此時對反對陣營的權力策略，大體上是拉攏基層、打擊上層。一當選，就開始拜會商界高層，和對方退出權力圈，不會和他角逐權力的特務大老如王昇等人，消除過去迫害台灣人民的情治系統的擔心，以「擦板得分」的方式收攬藍軍的「基層」人心。很湊巧的，這時連宋透過劉冠軍惡整情治系統，反提供扁收攬情治人心的機會。

爲進一步拉攏藍營群眾，在四不一沒有之外，特別強調軍公教退休的十八%優惠存款利率不變；對國民黨本土派則努力禮遇前總統李登輝，並接受他的建議在就職演說中宣布不廢國統綱領。對企業界以去意識型態化、三通的訴求拉攏；對社會底層增加福利；對南北差距採平衡策略；對族群成立客委會；穩住軍方當然是重中之重，其策略除了由軍人組閣外，則是延遲國防改造，包括李登輝時代已進行的依聯合作戰需要重新組織三軍及文人領軍等等，當然也包括積極調升嫡系，布建軍中勢力。

在打擊高層方面，則隨時對藍軍領袖不假辭色，使其被社會瞧不起，甚至可以做到早上和連戰面會談合作，下午宣布核四停建的方式痛打連巴掌；又如任命唐飛，與其說是拉攏高層，不如說透過強調「任命唐飛和國民黨無關」而是總統的權威與恩典的手段，對國民黨高層痛擊。

扁這一番努力，中間化、去台獨化的形象塑造非常成功，根據民調（聯合報二〇〇〇年七月二十三日），認爲扁立場是急獨的由三十九%降到十八%；認爲他是急統的由四%上升到六%，緩統的由三%上升到八%。社會上認爲他對中國友善的高達六十八%，不友善只有五%，在統派中的支持度上升頗爲顯著。

他的做法獲美國高度認可，更在台北清流碩望壓倒性的讚賞下，社會支持度竄升到空前絕後的八十%高峰，而台獨支持度則降到新低，因此這時只有零星幾位民進黨立委對四不一沒有的雜音不斷。新中間路線成效既然這樣豐碩，無怪乎對我到總統府時向他提出有關民進黨處境和台獨的大戰略的建議，他會完全嗤之以鼻了。

權力與正義

陳總統初上任時的「拜會之旅」實在是一種權力宣示：告知交出權力的舊藍統治群，今天台灣貧民之子，一旦力圖上進，也已進入和你們一樣的統治圈子，既然如此，我也不會視汝等爲敵，反而會有價值共享，我是做什麼像什麼的；至於向仍活躍的藍統治者，陳總統則要他們明白統治權並非你們才可以獨享，如今，台灣貧民之子要你們明白這一點。

台灣之子經「拜會國民黨大老之旅」行使了展現統治階級的權力儀式。

過去，帶有社會主義色彩的強人領袖蔣經國，他展現權力的儀式諸如校閱文武百官的大閱兵固不可少，但也往往會做隨時探訪「民間友人」的儀式，前者在展現權力本身，後者則在展現權力所要保護的價值。

拜會大老之旅令我錯愕，尤其拜會王昇。

假使只拜會郝柏村，我還會以爲爲了安撫最危險的軍方，是無奈之舉，但是如今拜會的雖是權傾一時，這前政戰頭子卻是連軍方「帶兵官」都不喜歡的，更別提白色恐怖統治中，多少民主、台獨先輩在這特務頭子手下遭受迫害犧牲了。陳總統如非要宣示台灣之子也可以進入統治圈，爲什麼不跳過王昇？這樣做他還算是從受壓迫者的反對運動出身的民進黨員嗎？我實在無法接受，便在電視上直接批評，只是聲音孤單無比，無人呼應。

扁的拜會之旅加上去台獨化，實際上已經宣示了他的價值和階級理念，也宣布了他對轉型正義立場。然而要他實踐「轉型正義」的呼籲，遲到了六年後的二〇〇六年，才由七一五學者大聲提出。

國安聯盟

唐飛下台，宣告了超黨派政府的結束，陳總統任命張俊雄組閣，政局仍舊動盪不安。於是民進黨高層人士、李前總統方面人馬，以及部分其他黨派人士規畫在二〇〇一年立委選舉後籌組「國安聯盟」。

爲了選前的團結，這時總統府方面也認爲「有聯合的必要」。

年底立委選舉，國民黨席次從一九九八年的一百二十三席崩跌到六十八席，民進黨則由七十席躍升到八十七席，成爲第一大黨。由於民進黨加上台聯十三席仍未過半，爲求順利施政，仍以組聯合內閣爲宜，尤其選後氣勢正盛時，條件對民進黨有利。然而，總統認爲既已成第一大黨，已沒有組聯合內閣讓其他政黨分享權力的必要，選前醞釀的國安聯盟因此有疾而終。

二〇〇〇年總統大選之後和二〇〇一年國會大選之後，兩次籌組執政聯盟的機會就這樣流失，此後政黨彼此不信賴感日益上升，政黨只有進一步惡鬥下去。

以國會重組來全盤翻動政局是大格局、大戰略，如果成功，影響的深遠難以想像，可惜民進黨最有權力的人對長遠戰略缺少興趣，只懂得短程犀利的操作，對一己之私的計較又極敏感，以至於一再功敗垂成，最後陳水扁雖取得大位，揮灑空間因此非常窘迫。咎由自取，令人嘆息。

老天爺大玩笑

面對刻意杯葛纏鬥的國會藍軍多數，總統雖意志堅定，但是爲體制所限，沒有對應的否決權、主動解散權、交付公投權等犀利的制度性武器以資運用；但藍軍強烈主張應該依法國制雙首長制慣例，左右共治，也就是總統必須任命多數黨——國民黨領袖擔任閣揆。憲政衝突既起，按理解決的機制就是國會倒閣，總統接著解散國會，再由民意決定，藍軍只要獲國會多數，陳水扁這時如不任命藍軍，內閣便無法組成，這是一項解決爭端的犀利武器，但藍軍既捨不得花錢當選的立委提早結束任期，又怕重選下來不妙，不願倒閣，總統在國會倒閣前又沒有不倒閣情況下的主動解散權，因此，藍軍既未以倒閣展現欲以國會多數黨組閣的決心，只在國會惡鬥，僵局就此持續下去。

在亂局中，台灣法學會舉辦了檢討憲政亂象的學術研討會，我被邀請對許志雄教授發表的論文進行評論。

許教授在論文中指出憲政僵局的關鍵在於我國雖是雙首長制國家，但和法國比起來，總統在制度上缺少關鍵配備：一、總統不能主持部長會議，致使總統和內閣在政策方面欠缺整合機制；二、總統沒有主動解散國會之權，也沒有將重大爭議法案交付公民投票之權，以至於行政、立法陷入僵局時，沒有解套機制。

許教授說，有機會的話，應該改。

聽了許教授的論點，我十分意外，記得在一九九七年進行雙首長制修憲時，許教授在李鴻禧教授的帶領之下，發表了萬言書，對當時的修憲草案進行非常嚴厲的批評，說草案取消了閣揆同意權，又不肯採取美國式的總統制，已形成專制的「袁世凱帝制」。

對李、許等教授「總統擴權」激烈的批評，呼應的聲音很大，例如沈富雄委員就說，國會拿閣揆同意權去換倒閣權、彈劾、調查、審計四權，是「一套西裝換四條內褲」。

反彈既然這樣強烈，在修憲協商時，只好把法國總統擁有的主動解散權改成被動，把主持部長會議、交付公投等權力也一併刪除。

我在討論會上說，這制度就是在許教授、李教授的壓力下才不敢給總統主動解散權等幾個權力的，假使當時這幾項權力加上去，豈不被你和李憲法教授罵成袁世凱加希特勒和拿破崙制了。我直話直說，場面尷尬。

李和許教授當年在修憲時又認爲與其修成總統擴權的袁世凱制，不如不改。但如果當時眞的沒改，使國會擁有閣揆同意權，而此後幾年又都是藍軍占多數，那麼後來當選的陳總統也一定是純粹虛位總統了。

誰知道修憲時，朝野沒聽李鴻禧不應取消閣揆同意權的話，才使二〇〇〇年當選的陳水扁陰錯陽差地成爲實權總統；但又由於在李憲法教授壓力下不敢賦予總統和法國總統一樣的各項權力，這又使陳總統執政時痛苦萬分；加上扁又聽了李鴻禧的意見認定我國就是總統制了，儘可不理國會少數，只要強勢作為就好，換來八年的焦頭爛額。

歷史的奇妙還不只如此，當時國民黨會積極地推動雙首長制的修憲，其實是要替連戰量身訂做一套合用的憲法。李登輝總統在一九九六年連任總統後，提名連戰擔任閣揆，但立法院在行使同意權時，民進黨和新黨全力杯葛，連戰甚至幾度被阻在門外，連立法院都進不去，所以修憲時欲使連當總統時不必再遇到和李同樣的難題，沒想到如今為連量身定做的西裝被扁穿上，而得以擺脫國會掣肘地任命屬意的閣揆，歷史的弔詭，真令人嘆息。

一九九七年修憲前，國民黨在國會雖然仍占多數，但只有八十五席，相對的民進黨五十四席，新黨二十一席，國民黨比其他兩黨相加多不到十席，再政黨縱橫聯合一下，國民黨差一點失去立法院院長的位子。情勢如此，國民黨認為將來總統雖一定會贏，但閣揆的同意權出問題的機會太大了，於是發動取消閣揆同意權的修憲，沒想到這一修反而導致二〇〇〇年把行政權拱手讓人，否則總統雖由陳水扁當選，但閣揆恐怕就不得不讓國會多數的藍軍了。

各方人馬努力盤算，把憲法邏輯擺在一邊，以便操控權力，但沒想到老天卻大大地開了所有的人一連串的大玩笑。

台灣之子

選總統時，陳水扁被塑造成「台灣之子」。

「台灣」和「子」是很親切的兩個詞，只是連起來之後，台灣是土地而會有子，於是神祕的氣氛油然而生，陳水扁就從大家身邊親切的市長而神祕地成為遙遠的唯一領袖了。

當台灣有江山大片而其子唯一時，陳水扁在眾人仰望中，呈現了超越性的氛圍，而超黨派政府和超越統獨的新路線在在都是這氛圍的自然延伸。陳總統執政早期，因這種超越性，有人（尤其是李慶華、馮滬祥等人）期待他藉開創兩岸新局而「歷史留名」；直到執政晚期，仍有另一批人殷殷期盼他「制憲正名」而歷史留名。

所謂歷史留名，無非超越上天限定人做為有限存在的限制，進入超越界的功業。

這種萬眾期盼繫於一人，是注定隨草木同朽的芸芸眾生，對抗上天的最後努力。

這一人，是人之子，但又能超越人的限制而成為眾人永生的寄託。

在台灣，甚至大統派都為他們的兒女取名「台生」，所以實質上，人人都是台灣之子，但當平常百姓並不敢自稱台灣之子，因為台灣之子意味著台灣的土地在萬眾中獨鍾愛於一身。被壓迫的台灣人的希望端賴這一個集鍾愛於一身的台灣之子身上，台灣之子因此成了神聖的符號，眾人只可崇仰，不可褻玩，從此之後，台灣的價值理所當然地由台灣之子壟斷。台灣之子成為剛剛抬頭的台灣民族主義的象徵符號，而任何人反對阿扁便成了反台灣，於是演變成日後阿扁綁架台灣的悲劇。

整合與切割

超黨派地讓全民利益都得到領袖的照顧是個社會流行的偉大理想，至於政黨雖然功能也在於匯集人民的利益和意志，但政黨在英文為 Party，意思就是他永遠只能是部分民意的代表，一代表全部，一代表部分，因此超黨派全民政府自然和政黨政治格格不入。就意圖整合全民的領袖而言，政黨猶如割據的封建王國，政黨領袖猶如顧盼自雄的封建諸侯，因此必須予以弱化，至於政黨之內的派系就更不用說了，陳水扁的策略是在黨、政府、群眾之間進行多重的切割：

任命唐飛爲閣揆時，特別強調唐飛的出任和國民黨沒有任何關係，既切割唐飛與國民黨，也切割政府和黨。

至於對民進黨的態度，全民政府當然等於切割他自己和民進黨，但在唐飛去職後，陳水扁修改民進黨黨章，把主席直選改爲由總統兼任時，陳水扁並不是如外界的批評是陳總統要以黨領政，因爲政已在掌控中，不需以黨領政，他要的是以主席領黨，再以黨領導國會，讓國會黨團總召以指定中常委的身分而成爲黨主席的部屬。然後透過控制國會黨團，以隔絕黨和國會黨團對政的干預。

本來，他擔任黨主席時，邀張俊雄擔任祕書長，張以爲在總統兼任主席之下大可以有所作爲，便主張「黨政同步」，提出中常會做爲「黨、政、國會」政策平台的概念，但陳水扁則強調中常會不討論重大政策和行政院人事。這一來，中常會只成爲總統和行政院政令宣達的平台而已了。所以他兼任黨主席的目的，清楚地完全符合他一貫弱化黨和國會作爲權力中介角色的立場，而非予以強化。這一點，黨團總召柯建銘非常清楚，所以他雖經常被認爲是最能配合陳水扁的人，這時基於保護國會黨團的自主性，也一再發言反對。

明白了陳水扁全民政府的理念是領袖直接領導人民，降低任何政黨、政治人物的中介功能之後，就明白他明明在二〇〇〇年國會大選以前號召選民支持提議國安聯盟，爲何在選後便棄之如敝屣了。

陳水扁弱化任何在他和人民之間的政治中介的做法，最戲劇性的無非二〇〇〇年和連戰會面一事了。早上和連會面，連還蠻認眞地準備了洋洋灑灑的治國建言書和扁深談，不料早上大家客氣有禮，下午行政院長馬上宣布核四停建，在宣布之前，扁幕僚皆曰這樣做太不合人情，但扁執意而爲，其目的有三項，首要便是刻意打壓連在藍營的威信，使他沒面子再領導，以排除他以中介身分擋在藍軍的民眾和扁之間；其次，是以無情打擊敵方領袖的手法，取悅自己陣營群眾；三，向所有被統治者樹立自己君威不可測的領導風格。

不料這樣的做法固使得藍軍領袖十分恐慌，但也使他們深切地感受到隨時會遇到不可預測的危機，非團結一致不可。於是勢同水火的連宋被迫重新結盟。李文忠說得好，連宋累積了多少年的仇恨才分裂對立，陳水扁卻在短短幾個月就做到讓他們團結起來。

切割對方、領袖和其群眾的做法，不只扁在做，宋楚瑜對待新黨也採取同樣的策略，只是宋是成功，而扁則否。宋切割新黨與群眾的成功，有兩個與扁不同的基礎：一、新黨爲柔性政黨，無組織，切割較易，國民黨則組織固定而屬剛性政黨，切斷對方聯繫領袖與群眾的組織，自然較難。不只如此，其群眾因有長期效忠的情誼，領袖被打擊反引起對扁反彈。二、宋因有反李的功業且反扁被深藍群眾信任，甚至被當「民族救星」，扁則畢竟仍身屬敵黨的「獨黨」，縱使得到藍色群眾喜愛也不可能將其群眾順手納編。結果扁的切割手法不可能達到收編效果，卻已引起統獨雙方幹部恐慌，最嚴重的當然是二〇〇〇年後選舉接連兩次敗選的藍軍，他們因而在立法院持續地發起了歇斯底里的杯葛和攻擊，以致內閣政務推展步步艱難。

李喬、宋澤萊與陳水扁

陳水扁捨政黨政治而追求全民政府，其實不自覺地在處理一個尖銳的政治哲學立場。

無論任何政黨、任何意識型態、任何理念、政策等等都有所成，也有所偏廢，一個人對其若過度執著，難免因爲本位主義而撕裂社會整體，何況人是主體，而所謂政黨、理念、意識型態、政策都是人所造之物，過度對其執著，則人這一個能創造的主體和被創造的客體之間豈不是主客顚倒？

所以陳水扁主張全民政府，便要從有所偏廢和主客易位的處境掙脫出來，恢復他和他的政府絕對的主體性和完美性。就職不久，面對一群國策顧問，他這樣訓示：「我不做三十九％的總統，我要做全民的總統。」

但，這做得到嗎？

政黨、理念之會既有所成也有所偏，在於創造它們的主體，一個任何個人或人的集體，本身都是一個有限的存在體——他在此地則不在彼地；在此時則不在彼時；在此立場則不在彼立場。不像超越界的存在體，如佛，可以又有千手千眼，又有廣長舌，隨時隨地祂都是普在遍在的。有限的存在體，這是人的命定，要挑戰這樣的命定，固然其志可嘉可憫，但終究不可能。

接受陳水扁訓示的國策顧問，赫然有小說家李喬身列其中。李喬和宋澤萊恰巧同爲文學界中的兩位聰明絕頂的台獨作家，兩人都精研佛學，並從佛學角度探討台灣人的命運和台獨，他們一生苦心孤詣的創作，作品大半（尤其是李喬）也就無非在探討台灣人的集體命運，尤其是李喬最膾炙人口的《寒夜三部曲》寫實巨作。但除了透過三部曲具體地描繪了台灣人的集體命運之外，他更有革命性地討論台獨形上學與方法論的小說作品。

李喬、宋澤萊之成爲虔誠佛教徒，並非一般人理所當然地認爲因爲生性謙卑，相反的，根本是天性有才情太過而生的桀驁不馴，以至於他無法忍受做爲弱者，就必須臣服於統治者所安排的尊卑格局。所以佛之吸引他們，是因爲佛認爲眾生皆應平等自主，不應有上下主從的統治秩序。

《藍彩霞的春天》是李喬的方法論——他透過女人對男人的反叛，指出面對壓迫者、榨取者，被壓迫的弱者，只有革命，也應該革命，甚至採取暴力手段也在所不惜。小說中一切已被剝奪盡淨的藍彩霞，反抗已是先於生命的存在。

《白蛇新傳》則是他的形上學的本體論，在《白蛇新傳》中，他以白蛇象徵台灣人歷史中長期在外來政權下的處境：努力精進，其忠心深情與潛心修煉，甚至在在都超過了她所愛的凡人許仙。她認同自己爲人，卻不被執掌體制的律法的法海所承認，法海認爲人蛇本質上各自殊途，所以白蛇不能和許仙匹配，白蛇爲了愛情，也爲了堅信自己平等於人，於是和執掌體制的律法的法海決戰，發動水漫金山的大革命，接下來白蛇就如一般傳說，被法海鎮壓在雷峰塔下，代表體制的勝利。但李喬卻進一步翻案，他認爲既然眾生皆有佛性，眾生皆可成佛，人蛇豈不是應該平等，所以他認爲法海根本違背了佛法，當被鎮壓在雷峰塔下的白蛇潛心修煉而體悟了這個道理後，塔——這個鎮壓人的體制轟然倒下，而白蛇重獲自由。

李喬在《白蛇新傳》中，認爲佛性在眾生之內，所以眾生雖然是軀體有成住壞空的有限存在體，但其透過內在的佛性，可以進入到超越有限存在的永恆界最後成佛。

透過內在的超越，李喬要爲台灣人確立與外來者平等的主體地位。然而做爲有限存在的人，透過自力的內在超越而進入無限的永恆界到底是事實的可能，還是一種偉大的渴望，甚至對神來說是一種僭越呢？如果眾生皆可能由內在而超越，那麼人世的痛苦爲何綿綿不絕不斷？更嚴重的是伴隨著佛性，人世的罪孽爲何如此既深且重且愈積愈重？這是一連串的難題。

最後，李喬皈依了基督教，基督教和佛教根本的差別在於佛教的超越純是靠自力內在的修爲；而基督教清楚地指出這不夠，最後的救贖仍要來自那位不可完全知悉的外在超越的神。神，外在而經常不可知，於是有限存在的肉身與外在超越的神的關係充滿了緊張與懸疑，然而在緊張和懸疑中，肉身終於覺悟到自己有限的本質，而把永恆的救贖託付給神，這在耶穌受難過程：從最後晚餐直到在十字架上對神的呼喚，描繪得最爲驚心動魄。

桀驁不馴的李喬在受洗時淚流滿面：淚，既爲對內在桀驁的捨而流，也爲受到外在超越的接納而流。

繼李喬之後，宋澤萊也受洗成了基督教徒。

在人對自己的有限性的承認之下，世俗化的民主政治無法接受「全」民政府概念，相反的，民主政治採取的是「部分」（Party 的政黨）政治及其延伸的有限政府、權力分立等等的概念。無論如何，全民政府是已消逝的神權時代的偉大理想，或是神直接君臨而統治的神聖境界。

世俗的民主時代，瞭解到人世的任何政策在分配利益時必有所偏廢，針對這一個缺憾的補救策略是創造政黨輪替的可能性，讓不同的時段實踐不同的價值理念，而不是讓不同的價值理念在全民政府的想像下，同時性地加以全面實踐。

所有的美好價值都被同時實現，那是什麼樣的世界呢？歌德詩劇《浮士德》主角在完成了他治國的偉大功業，躊躇滿志於世間已經完美無缺時，他感嘆：時間停止吧！

時間停止！意義非同小可，只有兩種可能，一是世界眞的完滿，不必再花時間去努力追求以彌補缺陷了，然而這可能嗎？例如人世眞的再無生老病死之苦？另一個可能是缺憾仍存在，但永遠失去彌補的可能。人生不斷地辛苦「追求」既源於世間的不完美，現在時間停止，所有創造價值再分配的追求則勢必也一併停止，統／獨，左／右，穩健／冒進……等等一切非「全民性」的爭端自然不會再起。

於是俗世的完美、永恆竟也意味著死亡！因此，當歌德詩劇《浮士德》主角浮士德在俗世成就了「完美」的功業，呼喚時間可以停止時，魔鬼適時出現向他索取靈魂，在這關節上，女主角葛蕾卿幸也及時出現，才將他從俗世的死亡接引到超越的上界，解救了浮士德。

君威不可測

對神聖世界的渴求和對理性的渴求，同樣內在於人的內心世界中，因此，對民選領袖，往往要面對來自人民的對立性要求：投票選他的人希望他實踐競選的諾言，這時，他被期待爲「部分」（Party）人的領袖；未投票給他的人則希望他當「全民」的領袖，也照顧到他們。這兩種期待使他必須在代表神性以照顧全民，和世俗性以照顧政黨選民的角色中，求得困難的衡平。

兩種期待的滿足對國家領袖都是強烈的誘惑，因此，二〇〇〇年的陳水扁乃至二〇〇八年的馬英九的領導風格一直陷入左右爲難的不穩定狀態中，這種平衡唯有以摩西自許的強人李登輝拿捏較爲得體，以至於在位時，能跨黨派地得到最大的民意支持度。

扁則既然被一部分人民不自覺地寄以超越性的神性的期待，陶然之餘，便順著人民的期待，操作統治技術。

就如連耶穌在十字架上都赫然於上帝意旨不可測一樣，在天子統御萬民的時代，君威不可測是邏輯上的必然。

既然君是一個絕對的主體，他又是超越的，也因此是自由的，所以他面對眾民時，無需政黨做中介，在他之外的政治領袖要做中介當然是更不應該的，甚至既成的體制或團隊也不應該成爲他決策或執行的中介或限制。在這樣的理念下，越過體制、團隊，如行政院或陸委會，由他直接發布政策或直接指揮陸委會主委下屬，行使「單線」的不確定性領導就是自然的了。因此，我在總統府建議他建立制度性的決策機制注定是無效的了。

然而，越過體制的單線領導固然有利於君威的確立，卻使政策難以一貫，各部門難以整合，甚至所謂執政團隊之間也逐漸滋生了各式各樣的猜疑。

於是在世俗化的民主時代，由於採行全民政府及其配套的君威不可測的策略，國家的各個部分益加分歧，無法整合，而且導致朝野之間乃至執政團體內部全面的猜疑！

超越的權力運作

超黨派政府，可能存在神權的世界裡，但畢竟在世界除魅以後，以世俗化爲核心價値的民主時代，是不可能存在的。所以唐飛注定要下台，台灣進入少數政府的時代，然而，這種少數政府和歐陸的少數政府迴然不同。歐陸的少數政府，基本上是由少數黨集體領導的，而陳總統的領導仍維持其個人的超越性——既超越於黨、也超越於政府「團隊」（如果眞有行政院團隊的話），而呈現一人單線神祕領導的色彩，在二〇〇二年前如此，在二〇〇二年兼任黨主席時仍然如此。

在兼任黨主席時，陳總統不只一次地強調，政府的重大政策，尤其是人事，不會在中常會討論，等到後來在實質運作時，人事固然從未在中常會中討論，政策也只有偶爾被提及，而提起時並非用以形成政策，而是用以討論如何支持既定政策。

這樣的運作方式，我曾在二〇〇一年拿來和國民黨強人領袖李前總統做比較：

「陳總統在權力的行使上，某種程度比李登輝更不受拘束。例如李每回必須出席黨中常會，對從政黨員的指示得循黨務組織系統，定期或不定期主動與立委會面溝通，必須受中常會或黨員大會決議等拘束。陳總統則顯然少了政黨的約束。事實上，陳總統有時也比總統制下的美國總統更不受約束，美國總統權力限制如：任命閣員必須經國會同意、面對重大議案時必得諮詢國會朝野領袖，與國會重要議員定期的會晤……等等。這些，陳總統都免了，也就使權力的行使更具空間。」（中國時報二〇〇一年五月二十日）

律師與模範生

超越性格的領導，表現在政策流程上是天威不可測的神祕決策，表現在權力關係上的，則是權力平衡遊戲。一在政策上，一在人事上，兩項相輔相成的做法，使各個部門既要處在不確定性中努力尋求「鞏固領導中心」，也產生彼此平衡的效果，但個別部門都尋求直接連線到中心的結果，在運作上犧牲了整合性。爲求政策神祕性，做爲整合團隊功能的願景、戰略也只好淡出。

陳水扁從小既是力爭第一名的模範生，又是傑出的律師，這兩項生命的經驗，顯然也對他的領導和決策模式有深刻的影響。

由於律師是利益尖銳衝突的當事人的訴訟代理人，處理的事務有時對當事人是嚴重到性命交關，律師雖全力以赴以保障委任者的利益，但律師終究是尖銳衝突事件中的第三者。

總統遇到國家利益和外國衝突時，必然是衝突雙方的一造當事者而非受委託的代理人，然而在兩岸問題上，陳水扁告訴美國說，他有律師的性格，會妥善處理，叫美國放心。說明了他竟以代理人而非當事者的自我定位。

任何一個當事者，在爭論之中，都會有不可讓渡的核心利益，然而就第三者的律師而言，當事者的任何利益無不可以做爲交換的條件。

從一九八七年四月二十三日在民進黨全代會上將台灣主權獨立決議文增列台灣獨立的四條件，到二〇〇〇年就職演說的四不一沒有，陳水扁都把當事者台灣不可讓渡的主權，當做可討價還價的條件。

一九八七年的四一七台灣主權獨立決議文，主張的是不加條件的台灣主權獨立。但陳水扁提出四條件：以國共片面和談、中共統一台灣、國民黨不實施眞正的民主憲政、國民黨出賣台灣人民之利益，做爲台灣應該獨立的條件，也就是四條件不出現，台灣則不獨立且不應獨立。

同樣的，在四不一沒有中，列出中國不動武做爲不台獨的條件。

這些處理，固然都展現了犀利的律師手腕，形成有力的戰術效果，但一個國家的終極價值也就消失了，無論如何，沒有了終極價值，國家便不會有長遠的願景和發展戰略，於是國家便只有戰術，沒有戰略了。

陳水扁有非常動人的模範生性格：凡被要求的功課和服務，傾所有的力氣奮力完成，這性格既表現在他從小到大課業無不第一名一事上，也在他上台演說時比任何人都賣力，尤其在執政之前的群眾演說，每每一場未完就已汗流浹背，這樣賣力的演說，到現在，無論朝野都沒有第二個，很少人能不爲之動容。

模範生一班只有一名，老師卻有許多位，每位老師的價值觀和要求其實經常是南轅北轍的，模範生卻都要加以滿足，這並不容易。陳總統在當立委時，最膾炙人口的一句話就是「做什麼像什麼」，也就是無論做學生、律師、議員、立委都做到第一名，十足展現模範生典型的性格。

在模範生性格之下，無論在任何場合面對任何人演講，他都要講到博得滿堂彩，由於要在所有價值觀念完全不同的人面前都獲得肯定，其結果實在難以避免自我前後的矛盾，久而久之，甚至會被認為是價值的虛無主義，於是由眾人都讚賞走到眾人都不信任。

無論是傑出律師的非當事者心態，或傑出的模範生性格，或前述的傑出的中小企業主風格，三者相輔相成地進行傑出的演出，最後的結果就是長程願景、戰略的模糊，以及短程戰術和危機處理的犀利。

這種有戰術無戰略的做法，很弔詭地對他早年的崛起有關鍵性的幫助。模範生，會備受老師寵愛，基本上因為他是主流價值的跟隨者，這一點，陳水扁和馬英九其實同調。

扁謝在九〇年代初是民進黨一對並立的未來之星，台北市長選舉提名是扁上謝下的分水嶺，當時我基於理念和路線相近的理由極力主張支持謝長廷，但民進黨選擇了小布爾喬亞階級路線的、和統治者主流價值相近的陳水扁，而非弱勢立場、群眾立場的謝長廷。

陳水扁在主流中力爭上游的意志無比堅強，成長過程中從無暇積極參與社會公益和本土關懷，要不是生於地方醫師之家、具一定本土意識的吳淑珍主導，他恐怕不會決定擔任犯台獨叛亂案的黃信介的辯護律師，並從此走上政壇。此後夫妻一人掌權，一人無比貪婪地斂財，再回頭讓他花錢鞏固權力。從言情故事看「阿扁和阿珍姻緣」，說扁成也吳淑珍，敗也吳淑珍也算貼切。

儘管陳水扁的「貪腐形象」不只名聲滿國內，在洗錢案爆發後，更是名聲傳遍國際，竟然成為國際反貪腐、反洗錢的艾格蒙組織聯手追擊對象，眞是不可思議。但我仍要說，阿扁確是如阿珍接受電視專訪時說的，唯一鍾愛無非是權，貪錢是珍的本性，並非扁的本性。就個人來說，生活衣著、珠寶、名牌俱皆無講究興趣，固和阿珍成兩極對比；兩人的家族也同樣是對比，扁家一系，兄弟妹妹平淡過日，未涉貪腐，相對的，吳家及在阿珍面前爭寵的趙家俱皆在貪婪路上競飆車速。怪異的是吳、趙如一家人，皆既富且貴，且俱和陳家這種平凡百姓幾不往來。使人懷疑是珍嫁到扁家，還是扁嫁到珍家。

縱是如此，對珍貪腐，扁先是縱容，繼則包庇，最後，在二次金改時，則全盤接受並加以發揚光大，兩人合作無間終無逃於貪腐集團、貪腐家族之名。昔日阿珍爲扁淪爲殘疾，今日扁因珍之貪而落入官司，恩怨何其糾結，因果何其難測。

一旦他成爲領袖，領導一個被長期威權統治所扭曲了的國家走向一個新的時代，他卻只是價值的追隨者而非開創者，無論如何，就窘態百出了。

從台灣之子到萬國公敵

二○○六年十一月讀了檢察官陳瑞仁對吳淑珍的起訴書後，我辭掉了立委的職務。回答朋友們的關心時，我說一生的職志是台灣獨立建國，此心永生不渝，所以長遠來說，我知道餘生要做什麼；但國內外情勢變得這麼快，中程或者三、五年內要做什麼，等情勢明朗些再決定。至於當下，有兩件具體的事，一是繼續寫評論，二是回溯政權輪替的經歷出版一本書，主題是八年痛苦執政經驗。

執政是隨艱苦戰鬥的勝利而來，獲得大權自必欣喜無比，但不幸的，這對多數同仁或許是對的，但卻不是我的經驗。

在命運的安排下，整個民進黨，甚至綠營中，幾乎所有的政策、價值、立場和台灣之子陳水扁都相左的，大概只有我一個人，且政策價值的對立還不只始於二〇〇〇年他當選總統，而是在建黨的第二年就持續到現在。

許信良和扁因權力衝突而脫黨，但直到二〇〇三年之前，他們有同屬美麗島派系的淵源，更重要的是在對中國經貿政策上都同屬西進派。謝長廷和扁既有權力衝突，在階級立場上又不同，但兩人直到二〇〇三年前在去台獨化的中間路線上是一致的，兩人在修改台獨黨綱的立場上也是相同。施明德在全力和國會結盟及反貪腐上是對立的，但除此以外對立面不多。林義雄在反貪腐上和扁也是對立的，但在荒唐無比的國會減半修憲上是合作的。甚至十一寇，固然在國務機要費和冒進台獨路線上和扁站在對立面，但其中大有扁的長期盟友，如沈富雄，或其寵信的子弟兵，乃至其他人在諸如新中間路線和修改黨章挺扁兼主席時，都是和扁充分配合的……。

而我，從建黨第二年開始，由四一七主權獨立決議文，一〇〇七主權不及於中國決議文⑥，到一九九九年修改台獨黨綱，二〇〇四年四不一沒有，我和扁兩人正好分別在台獨運動和去台獨運動的陣營中公開對立。此外，諸如烽火外交、迷航外交、一邊一國事件、反分裂法事件、扁宋會，乃至國會減半、農業金融改造、聯合內閣、國務機要費、總統權限、總統兼任黨主席、捧蕭萬長和江丙坤、總統府設置人權委員會、資政國策顧問設置、十八%優惠利率，以至於民進黨總體戰略領導風格……，雙方對立之處簡直是「罄竹難書」。如今回顧起來自己都覺得眞不可思議，也難以想像在這樣的處境之下，自己是怎樣熬過扁執政的八年。

由於對立的地方多到難以想像，而且對他的「強烈建議」不斷地被報紙當成相關版面的頭條新聞，後來我就被稱做大砲立委——這實在令我不喜歡的稱號，這稱號甚至造成了我凡事都拿到外面講的刻板印象；但事實上，對扁大肆批評基本是二〇〇三年以後的事。在此之前，我一旦有機會在「裡面講」，就一定在外面消音，第一次在總統府見扁時就是這樣，在擔任政策會執行長時，我在中常會的發言最多，但在會中發言也從未拿到外面「轉述」，等到我領悟到講的話全如狗吠火車，而扁甚至國會減半這種事都做得出來後，我便辭去執行長到外面大聲講，做力挽狂瀾的絕望努力。因爲這樣的決定，此後黨團三長乃至法制委員會的召委職務，我一再主動地推辭不做。

對我的另一項誤會是：只要扁倒楣我就罵他。事實上也相反，我對扁的強烈批評往往是在扁權勢鞏固、意氣風發、一意孤行，也獲眾人最擁護時；相對的，例如二〇〇五縣市長三合一選舉後大敗，扁聲望降到低點躲起來的一個月，過去挺扁最力的台南縣市立委和嫡系郭正亮或跳出來痛批、或和他切割、或要他自我了斷，或要他趕快出來下詔罪己、不要再躲時，我是唯一連續兩個星期公開建議給他一段時間安靜反省和規畫未來如何領導國家的民進黨立委。

然而，我最後的期待落空，竟落到要辭立委以明志！

爲什麼我和他會長期對立如此之久，價值和政策衝突如此之頻繁？爲什麼明明一個價值理念是舊壓迫者之子的陳水扁會被尊寵成台灣之子？在這樣的扭曲之下，扁又怎樣一步步地走向敗亡？這是本書要探討的。

最後，國際洗錢案爆發，受到國際各種反貪腐組織和各國政府的追擊，涉嫌國際洗錢和貪腐，犯下《聯合國反貪腐公約》萬國公罪而成萬國公敵，拖累民進黨崩盤。這樣有如噩夢一場，又如荒謬劇的經驗，令人痛苦到在情感上努力想從記憶中趕快排除，但在理智上又明知必須深深記得，深入探討其社會、經濟、政治，乃至角色的人性基礎、價值哲學的根源，以這些內容編織而成的歷史劇場做爲殷鑑。這種情感和理智的衝突，以及對台灣未來幸福深深的期盼，複雜地交織成寫作本書的動力。

註：

①台獨黨綱是民進黨基本綱領的第一條，摘錄如下：

（一）建立主權獨立自主的台灣共和國

國家領域主權和國民身分的確立是現代主權國家對內建立法政秩序、對外發展國際外交的前提。台灣主權獨立，不屬於中華人民共和國且台灣主權不及於中國大陸，既是歷史事實又是現實狀態，同時也是國際社會之共識。台灣本應就此主權獨立之事實制憲建國，才能保障台灣社會共同體及個別國民之尊嚴、安全，並提供人民追求自由、民主、幸福、正義及自我實現之機會。……因此我們主張：

一、依照台灣主權現實獨立建國，制定新憲，使法政體系符合台灣社會現實，並依據國際法之原則重返國際社會。

二、依照主權現實重新界定台灣國家領域主權及對人主權之範圍，使台海兩岸得以依國際法建立往來之法秩序，並保障雙方人民往來時之權益。

三、以台灣社會共同體爲基礎，依保障文化多元發展的原則重新調整國民教育內容，使人民之國家、社會、文化認同自然發展成熟，而建立符合現實之國民意識。

四、基於國民主權原理，建立主權獨立自主的台灣共和國及制定新憲法的主張，應交由台灣全體住民以公民投票方式選擇決定。

②二〇〇〇年總統就職演說中，宣布四不一沒有，即：不變更國號、不公投統獨、不宣布獨立、不兩國論入憲，沒有廢除國家統一綱領的問題。六年後，陳總統爲走冒進路線，宣布廢除國家統一綱領。

③一九九九年，陳水扁發動修改台獨黨綱，受到新潮流反對，最後，不修台獨黨綱，但以通過台灣前途決議文的方式做爲妥協，決議文不再堅持改國號爲台灣共和國，規定「台灣主權獨立」，但目前國號爲中華民國，不過在國際上應彈性運用。

④在跨黨派小組會議中，吳豐三主張兩岸與其走向政治的統一，不如走向「統合」。吳和陳水扁見面後，總統跳過陸委會，就逕自宣布「兩岸應走向統合」。

⑤數據根據陸委會作的統一獨立民意調查。

⑥一九九〇年十月，民進黨全代會通過一〇〇七台灣主權決議文，規定「我國事實主權不及於中國大陸及外蒙古，我國未來憲政體制及內政外交政策應建立在事實領土範圍之上」。

第二章

從執行長、游擊隊到吟遊詩人

流失的一邊一國

上台後兩年，陳水扁很有趣地判斷小布希已經採取了「兩岸兩國」政策，並且在接受美國《新聞週刊》採訪時大大地申論了一番，但他縱有這樣的「判斷」，在對內方面，陳水扁並未相應地改變他去台獨化的「新中間路線」。

二〇〇二年七月二十一日扁就任民進黨黨主席，過一個星期後的八月三日，他透過視訊，向在東京召開的世界台灣同鄉會年會發表演說，宣稱兩岸是「一邊一國」，並主張「公投立法」。喜歡神格化陳水扁的人說這是總統經過一段時間的縝密計畫和準備，利用布希政策、透過兼任黨主席的身分推出的，依這新策略，「四不一沒有」的新中間路線將告一個段落。這說法是錯的。

事實正好相反，陳水扁當選以來，所推動的去台獨化新中間路線，黨內一直有雜音，他正是想透過擔任黨主席來掌握黨，以便貫徹他的新中間路線，因此，他重用原來許信良前主席的核心幹部陳忠信做民進黨中國事務部主任，擔當「兩岸溝通」的重責大任。一聽到人事安排消息，我笑著說，「陳忠信」是陳主席上台後送給北京的「大禮」。這時，中常委陳昭南重提台獨黨綱修正案，正義連線青壯派的核心幹部向我遊說支持台獨黨綱的修改，他們應是認爲我既然是陳水扁接受的政策會執行長，要我助他修改台獨黨綱應是合理的要求。

可見，「一邊一國」的提出完全是陳水扁政策主軸外的一項擦槍走火的演出。另一個說法是陳水扁習慣在不同場合、面對不同群眾時，靈活調整他的講話內容，以博得全場喝采，所以，儘管新中間路線不見得改變，但在面對世台會時講出最討好他們的「一邊一國」、「公投」並不意外。不過，「場所和聽眾」的考量實在還不是他宣布一邊一國的原因。眞正的理由是他送了「陳忠信」這大禮給北京，沒想到北京的回禮卻是在他就任黨主席職務的同一天來個諾魯斷交的「回禮」。北京是這樣地侮辱人，如果陳總統不頂回去，反而逆來順受，他的領導權將受到強烈挑戰。

「一邊一國」一宣布，藍軍譁然，獨派振奮，但台灣，包含整個民進黨，氣氛霎時凝肅起來，黨政部門密切聯繫，大家嚴陣以待北京反應。八月三日是週末，國安高層破例和我聯繫交換意見，並要我有應對的心理準備。過三天，星期二下午民進黨召開擴大中常會，由中國事務部主任陳忠信提出情勢報告。陳主任認爲北京會強烈反應，兩岸關係將大爲緊張，而政府推動多時的三通等將無限期被延擱，陳主任的看法很適切地反應了扁的看法，事實上，也反應了台北整個國際政治學界、輿論界和兩岸事務專家的共同看法。但我不以爲然。

本來，中國事務不是我政策會掌理的事務，不過既然事態嚴重，便在中常會中長篇大論一番。首先，我認爲美國將會非常不高興，而美方最不高興的是他們事先沒獲得消息，意外地被朋友擺了一道，至於一邊一國本身，美國固不會表示支持，但反應可望不會太激烈，所以我方應儘速派人前往溝通。其次在日本方面，其外交官僚素來個性拘謹，中國通又是主流，所以我認爲日本政府會非常意外而擔心，但民間反而會有不錯的反應，因爲日本民間近年來老是覺得中國政府咄咄逼人，政府又太軟弱，以至於被認爲反中的李前總統到日本訪問會掀起不可思議的旋風，所以一邊一國後，日本社會應會對陳總統刮目相待。至於中國方面，非常不高興是一定的，但一邊一國的強烈衝擊反而有助於北京更務實地面對台灣。

我指出，過去北京認爲統一指日可待，各種促統政策急切推出，文攻、武嚇、外交封殺、經貿拉攏多管齊下，但是歷經九六軍演引發美日安保新指針出現，形成新圍堵的反作用，還造成對獨派總統的助選效果，如今外交上施壓諾魯斷交，又產生一邊一國的反作用，效果都適得其反，因此北京會認爲對台最可行而迄今有效的，只剩下以商促統一途。因此陳主任不必對三通悲觀，事實上北京反而會對三通有強烈的急迫感，北京大概會稍稍發作一段時間，然後很快的，就會主動促通。

我的話，包括陳總統和陳忠信，都只做禮貌地姑妄聽聽，並不以爲眞。

於是，我又做了一次卡珊卓，預告了一個將成眞的事而沒有人相信，只是上次預告災難固無人信，這次報佳音也沒人睬。

一邊一國宣布後的兩個星期，北京果然有人忍不住了，交通部國台辦呼籲兩岸儘快在政經分離之下進行三通，台灣對此沒有反應。到了十月十五日，中國實際負責台灣事務的副總理錢其琛（中共中央對台工作小組副組長，組長是主席江澤民）更自己跳出來提醒三通是經濟問題，並非政治問題，強調三通無需一個中國前提，也不必定位爲國內航線，定位爲「兩岸航線」就好。

錢其琛的說法無疑是歷年以來三通條件最爲去政治化的一次，但扁和國安高層渾然不覺，不知掌握機遇。北京的態度幸而被我料中，但我的發言並未成爲國家領導人規畫政策的依據。

在我的兩岸戰略想像中，台灣在主權上應當採取「戰略清晰而態度善意、政策彈性」的做法，所謂戰略清晰就是不必迴避自己堅定的主權獨立的戰略立場，過去普遍認爲台灣在主權立場上採取戰略模糊立場，可以滿足中國統一有望的期待，比較安全。我則認爲這將使中國活在不切實際的期待中，因而擬定出不符現實的政策，甚至隨時試探所謂模糊空間的底線和內涵，反而將帶來不確定性，甚至不安全。我認爲我方立場固然應堅定，態度則必須善意，政策則要彈性。

在這樣原則下，台灣應在中國提出「不必一中前提」的三通時適時順水推舟，並趕快藉機將這樣的戰略向美國說明，和美共享，依當時美方喜好大戰略的人士大批進入小布希政府國安、國防、外交各部門的環境，這樣做應屬可行。要達到這目標，首先應誠實地向美國強調我方既送陳忠信做爲大禮給北京，北京卻還以諾魯斷交回敬，我方不做強烈反應，在戰略上將陷於被動，故一邊一國的「意外」提出應可諒解；其次再向美國說明一邊一國後，我方對兩岸合理發展的評估，然後等到錢其琛反應出來後，再和美做進一步印證，那麼美中台三方將共創／分享新的兩岸戰略的機遇。

可惜陳總統雖鄭重派人前往美國疏通，但絲毫未運用我在中常會提出的戰略觀，結果不僅其說明未能得到美國的諒解，更可惜的是不久二〇〇三年台灣大選啓動時程逼近，北京認爲對台政策應停聽看，於是錯失了一個重大突破的戰略機遇。事後情報證實當時北京確實下令積極部署三通談判，但已時不我與，只有陳忠信驚訝地向朋友說，這次怎麼會讓林濁水料中。

李登輝風範

不管你喜不喜歡他，大概都很難否認，近二十年來李登輝是台灣最傑出的政治領袖，無論是對信念的誠篤、願景視野及格局的寬闊與謀略、能力，幾乎樣樣都無人能比。然而，再怎樣尊敬他，卻也很難否認他氣量狹小。

格局大、氣量小，這實在奇怪，問題是這奇怪就是事實，多少年來，我們就看著他怎樣突破自己的氣量，進行大格局的征戰。

陳水扁上台後，想要藉以歷史留名的工程之一是憲政改造。一開始，他鎖定的目標是國會改造，包括國會的選舉制度和國會的內規，總統府因此成立了憲改辦公室，後來就由憲法國師李鴻禧教授的兒子主持。

國會選舉制度涉及修憲，工程浩大，國會的內規則修法就可以了，所以就先進行內規的修改工程。

總統的做法是要總統府成爲憲改工程的司令部。

總統既然已經把總統府當憲改司令部了，行政院也自然而然地積極進行行政體制的改造——包括行政院及各部會組織改造和人事制度的改造，以互相呼應。

當時行政院長是游錫堃，他提的行政院組織法修改案，在立法院遇到相當大的阻礙。

原因是行政院組織法的修改構想，過度的閉門造車，這有兩個後果：一、欠缺現代管理學知識的內涵，顯示的是少數人奇特古怪的構想，加上行政官僚本位觀念，以及游揆的愛將因人設職的荒唐安排拼湊；二、既然行政院在這法案上大權獨攬，以排除民進黨立委的「干預」，立委們包括藍綠都認爲事不關己，沒有支持的興趣。

由於政策會執行長職責所在，我在中常會建議改善，我援用李前總統發動修憲的例子說，李前總統近年來幾次修憲都是由他站在總統位子的制高點上發動的，不過他開了個頭後，就把工作丟給各黨政界人物和學界人士去做。很多人，包括今天在座的陳忠信主任和我，都以爲自己有了一個參與歷史性偉大工程的機會，因而全都賣力工作，於是艱鉅的修憲工程就在各方人馬全力以赴的情況完成了。在這樣的修憲戰役中，李前總統有如隱身帳幕中的大元帥，表面上，足不出帳幕，任由將軍在外驍勇奮戰，但其實他是指揮若定。

等到修憲完成，我以爲自己大有貢獻，沒想到談到修憲，大家是成也歸李前總統，敗也歸李前總統，從頭到尾沒人提到賣力工作的陳主任和我。

當時李前總統雖把工作的九十%都丟出去，但由於他獨占戰略高點，結果功勞仍然九十%由他獨得，而其他人共分十%，但分的人多，其實也等於絲毫未得了。

由於修憲是體制改造問題，行政院組織改造也是體制問題，所以我建議閣揆不妨參考李前總統的例子，才容易動員眾人之力以成大業。

陳總統看到我連院長的事都要管，很不高興，不耐煩地揮手說照院長的辦法：「這樣好了吧！這樣好了吧！」其結果當然是行政院各項改造案在游揆任內毫無進展，一直要等到閣揆換人之後，研考會改變做法，才稍有進度，至於游揆奇異的原案由於無法被學界認可，也未獲立委支持，就被丟在一邊了。

無疾而終

二〇〇二年游錫堃當上閣揆後，民進黨立法院黨團壓力很大，因為他野心勃勃地提出幾百件行政院的法律草案，要求黨團全部列為「優先法案」，草案中有的是要和國民黨凶殺對決的，如黨產處理條例，有的是要向國民黨尋求合作支持的，如行政院組織法修正案。這些案子都要「優先」通過，等於立法院黨團右手和國民黨握手言好，左手拿刀相砍一樣，十分詭異。游錫堃可能認為行政院的法案每件都何等重大，當然要全部列為優先，但這一來，立法院無論朝野都將不知彼此要戰要和，以至於陷入錯亂，最後所有的優先法案全都受到杯葛。這也顯示出內閣推動政務毫無戰略觀點，當幾百個法案都是優先法案時，就等於沒有任何法案是優先法案了。

我既擔任政策會執行長，剛上任兼任主席的總統就召集所有中央黨部主管在谷關開會，我以行政院提幾百優先法案的例子，建議黨政應進行戰略的重新規畫，並進一步一舉把總統競選政見、民進黨政策綱領、行政院例行政策，全整理一遍，整合出一個戰略架構，排出優先次序，然後規畫出和藍軍的關係：在要戰還是要和，或先戰後和、先和後戰，乃至且戰且和間做一個選擇。至於總統政見，因選舉而提出的有其時空背景，如今時空如有變遷便應修改，該推行、該保留的也做一個梳選。這件事如總統府可以做到，將來行政院、黨團和政策會便可以執行分擔到的分內戰略任務，如總統願意讓政策會和各部門協調規畫，政策會也樂於接受任何指派。

總統聽了，面無表情，不發一言，只有副總統呂秀蓮臉色不好看地說，總統競選支票既然開出了，怎麼可以要總統不做。

不久，主席和個別主管晤談時，我當面把這看法重提了一遍，總統仍面無表情，不發一語；最後，游錫堃在中常會再次抱怨黨團優先法案執行不力時，我做了第三次，也是最後一次發言，總統這時聽了，就不再面無表情，而是面有慍色了。

戰略固然是任何團體最重要的課題，奈何必須有清楚的價值觀、願景以及團隊分享的觀念才有可能擬定，然而這既是逼總統去做他沒興趣的事，又逼他放棄「一人神祕領導」以及以戰術取代戰略的喜好，當然是不為所喜了。終於，此後六年就陷在只有戰術、沒有戰略的困境中，繼續消耗各種機遇與本身戰力。

由於戰略錯亂，因此游揆愈是努力推動優先法案，法案在國會通過的反而愈少。二〇〇一年下半年到二〇〇二年上半年，各會期通過的法案分別是一三二、一三六，到二〇〇二年下半年便降為八十四，此後更一路陡降為三十五、四十一、三十二、二十六、二十一，在二〇〇五年還曾經降到只剩十四個法案的紀錄，愚笨戰略的後遺症由此可見。

在二〇〇八年政權重新輪替後，不少懷抱理念和政策眼光、隨著二〇〇〇年扁上台而進入內閣的政務官，在回顧他們從政生涯時，常感嘆扁和天王閣揆們欠缺以願景、理念、戰略整合並領導他們的能力，甚至對他們推動的重要政策的理念和價值並無興趣。

陳水扁在經歷兩次台北市長選舉並以傑出的市政績效還遭敗選之後，強烈地認爲「族群」問題是決定選舉的最關鍵因素，他甚至認爲「政績」並不是多麼重要的事，例如在二〇〇八年選舉期間，他特別強調「經濟好」不見得有票。這個看法使得他八年施政重點一直放在他認爲最足以牽動族群效應的議題上，早期的四不一沒有、十八%不變，以及後期的廢統、制憲、正名、十八%改革，雖然政策立場完全相反，但無不因爲被認爲和族群議題息息相關，而被雷厲風行地推動。也因此他雖然長期「拚經濟」掛嘴上，其實對經濟議題毫不關心。

有趣的是經建會主委陳博志雖因扁說了幾次都說不清的原因離開了內閣，但八年之中，財經首長無論林信義或何美玥的產業政策，其實一直沿用陳博志的知識經濟策略。但從扁乃至歷任天王內閣卻非常詭異地從來沒有人垂詢過陳、林、何任何一人，有關知識經濟的意涵和政策內容。

大體上，民進黨所有院長級、副院長級以上的天王乃至陳總統，眞正關切的只是權力的角逐、政治的運作，而非政策的鋪展；甚至經常在政策上出現只求權力操作，不惜採「反智」傾向的策略。這種反智的傾向到了二〇〇八年重新執政的馬政權更加嚴重，如民進黨長期推動的國民年金政策，竟基於選票考量，被馬政府災難地和農保切割開來。

在李登輝政權時代，內閣遇到重大議題時，在行政院會中仍會有閣員間進行政策辯論，但到了民進黨諸天王內閣時期，任何辯論被禁止，每位閣員報告時間甚至被嚴格限制不得超過三分鐘，以至於政策流於零碎，絲毫沒有足以貫穿、整合整個內閣的理念。若個別內閣閣員有良善的政策績效出現，例如知識經濟等，總統與天王閣揆以至於內閣新聞機關新聞局都茫茫然，而不知大力宣揚，眞是詭異極了。

由於天王們的興趣只在爭下屆總統大位，因此彼此勾心鬥角，在卸任者和繼任者之間從無政策的交接，再加上整個黨上層對理念極端缺乏興趣，於是每換一次內閣，每位天王占上閣揆位子時，第一要務在於經營自己的總統之路。爲達到這樣的目的，甚至儘量標榜自己有異於前人的色彩，於是換一次閣揆就如政權輪替一次一樣，若有理念和政策的延續，變成純是湊巧。

總統和天王們基本上都無知識和政策的興趣以及宏觀視野（這一點或許謝長廷除外）——尤其是對經濟政策的興趣（這一點連謝也相同），至於國家發展的大戰略更不用說了。

從人類歷史上來看，許多傑出政治領袖其實常常不是什麼傑出的政策專家，但他要能成功地領導，至少須具備兩種能力：能運用社會知識的用人能力，和大戰略的判斷能力。不幸的，從扁到諸天王基本上多未具備這樣的能力，甚至對這樣能力的重要性茫然無知，有時，更糟的，爲了自我保護甚至刻意拒絕旁人對戰略上的建議，以維持一己「英明」的形象和權威。

游錫堃希望他對行政院的領導越單純越不受國會黨團影響越好，這是可以理解的。因爲行政院的官員主幹，基本上大多既是經高普考而進入行政體系，非常優秀，又擁有世界上名列前茅的學歷，因此領導行政院的閣揆就相信讓他們的工作不受外界影響，愈單純愈好。

但是，民主政治的基本設計是讓文官系統區分政務、事務兩個系統，事務系統是常任文官的系統，國家透過他們的專業來維持政策的品質和穩定；政務系統則要求博達，把社會、價值和政治的變遷帶進體制，提供願景，扮演戰略領導的作用。

由於事務部門依專業各司其職，各有本位價值觀，大家都會把自己要推動的政策認爲最優先，因此向上提出的政策自然十分繁多，若不由政務官以戰略觀加以整理，自然會失去施政重點。

不只如此，政治考量本非事務官的職責，但國家諸多法案中，不可能沒有一些有高政治性格的，如果全交由他們主導，不免會有缺失。在本書後面提到的公民投票法出狀況，就是行政院一再堅持由技術官僚主導高政治性法案的結果，技術官僚沿襲過去行政主導的色彩，在公投制度中設置了「公民投票審議委員會」，要對人民公投提案做「合憲性」的檢查。這是否符合人民主權的憲政體制精神且不論，後來在我堅持了相當久之後行政院雖終於放棄，但其條文竟被藍軍援用而在國會通過，造成今天諸多的困擾就是一例，到二〇〇八年這些條文被大法官判決違憲，而其理由和我當時主張完全相同——間接民主不應審議直接民主。

國防三法

一九九五年，美國國務院官員因李登輝前總統進行了康乃爾之行惹起中國憤怒，而把李視爲「麻煩製造者」，傷害了美國的國家利益。台北主流國際政治學者基本上並不反對美國官員這看法，我指出這些看法其實都是欠缺大格局的「公務員本位見解」，很多人不以爲然。現在我要進一步問，如果他們是對的話，在李登輝訪美之後，美國爲什麼不更改錯的政策，反而後來讓陳總統從二〇〇一年到二〇〇三年的過境待遇不斷地升高，讓錯誤擴大？

這現象就觸及政治學上討論的一個問題，那就是過去當國家領導人或高層官員談到國家利益時，大家都肅然起敬，但現在大家逐漸發現，有時候他們所謂的國家利益其實是他基於職務的本位利益而已，所以要進行眞正符合國家利益的改革，經常不能單靠政府部門，而必須引入外部的力量，美國的國防改革提供了最爲鮮明的例子。

對於布希總統深陷入了伊拉克的泥淖，大家都搖頭；但在軍事上，美國攻打伊拉克出乎意料地勢如破竹的進展，當時很令人大開眼界。美國的戰力固然來自於美國不可或缺的國防科技，但是，美國的整體國防改造，更是不可少的一個環節。所謂國防改造，其內容是美國部隊組織和作戰方式做根本性革命，依據網路科技的原理，把第二次世界大戰和越戰時期的「三軍協同作戰方式」改成運用網路以進行「聯合作戰」的方式。

這種作戰方式，就是我們常在電視影片上看到，一群軍事將領在網路控制室中，圍在電腦螢幕前，指揮遙遠之外的戰爭。

在這個改變之中，軍方各軍種高層的主流是最大的改革阻礙力量，改革成功依靠的是軍方少數的非主流力量、資深國會議員以及外部的軍事專家合作才成功的。

這個現象在我國國防二法修訂的國防改造中又翻版了一次。

我國軍隊從中國撤退來台以後，一直維持著巨型「大陸國家」的國防建制，一方面陸海空三軍各據獨立山頭，而陸軍上層更保留了龐大無比的架構，直到我當立委時，發現小小島國的我國，將級軍官竟然比世界霸主——軍隊駐紮在世界各地的美國還多。

在中國時期，把整個大陸分成幾個戰區，戰區的編制是一個司令部掌理好幾個省份的軍事防務還算合理（如今中國也是一樣）。但來到台灣之後，面積才剩下中國時期的一個戰區的十分之一，但卻也照樣細割成幾個大戰區，以便分官封爵，結果上下層級複雜，指揮鏈既十分冗長，部隊橫向聯繫又困難，完全不符合現代化作戰的需要，這一切都亟待改善。但在九〇年代，李登輝總統雖然有朝著美國現代化聯合作戰的方向改造軍務的構想，也向立法院推出了國防二法的修訂案，但是其內容在軍方舊有主流力量的牽制下，規畫出來的內容乏善可陳。

我認為面對這樣的主流保守勢力，必須在立法技術上創造出一個改革的突破口，所以我堅持在國防法與國防部組織法二法之外，要另外制定參謀本部組織條例，把聯合作戰的基本架構擺入其中，成爲國防三法。後來這意見被國會接受了。過去參謀本部的組織只是國防部的行政命令，我認爲如果不把他拉出來成爲法律，國會沒有著力空間，軍方保守力量便會透過其行政命令的位階架空國防二法，以抵制聯合作戰架構並維護既得利益。

接著，我和國防部分別起草了參謀本部組織條例，我的草案精神基本上是把三軍的作戰指揮官納入參謀本部，使其擔任副參謀總長，以便收到三軍在參謀和作戰上都能聯合調度，並做到平時訓練和作戰實務能銜接起來的「平戰合一」。

另外，我要求陸軍把源於大陸型態的戰區架構而來的「作戰區」整編使台灣只成爲一個戰區，以縮短指揮鏈。我這些主張是參考美國的做法，並加以修改，使能適用於我國，以便將來聯合作戰設備「博勝案」整備完成後，能使聯合參謀、聯合作戰順利運作。但迄今仍受抵制，當時有同樣看法的只有帥化民和學院內的戰略學家。

至於其他的立委，包括號稱國防專家的丁守中在內，都大力反對，在備受抵制之餘，我的提案就被封殺了。

不過李總統的國防二法到底爲國防改造完成了初階，而陳總統任內對國防事務的專注全在人事的掌控，便擱置聯合作戰架構的推展，以免造成保守勢力對他反彈，所幸國會到底留下了參謀本部組織法的法律，可以做爲將來繼續突破的缺口。

就我國整個改革過程來看，軍方主流保守，少數改革者結合外面的戰略學界和國會議員推動，這和美國可以說完全一樣。在政黨輪替後，我擔任政策會執行長時，又邀集了軍事戰略學界人士繼續推動國防三法的修訂，起草了修法的評估報告，當然總統是不支持的。

美國在軍事上把台灣當成非歐盟的盟邦，爲了提升台灣聯合作戰的能力，軍售全新的情報管理通訊指揮設備，這案子軍方叫「博勝案」，由於軍隊組織架構無法對應地調整，所以根本無法加以妥善運用，到了馬英九時代，進行漢光演習時效果不好，以至於爲了卸責，並維護既得利益，且報復美國在軍售「教訓」台灣，有人建議停止進一步第二階段的採購。

對這一個改革不成的老舊國防組織架構，前美國 AIT 台北處長包道格一再直截了當地說：「台灣沒有進行聯合作戰的能力。」

十八%

我在一九九二年進到立法院後，首先加入的委員會是法制委員會，管的是國家的體制問題。這委員會在老委員的時代，號稱是地位最高的委員會，和我同時進到這委員會的民進黨有陳水扁、盧修一，國民黨則是關中，可以說是各黨重兵都擺在這裡，理由是一九九〇年憲法增修條款通過後，明定國安會、國安局和人事行政局須設立法源，而這三個機關的設置法律，立法院就交由這一個委員會審查。

三法的審查是當時立法院第一大事，匯集了鎂光燈的焦點。然而三法一過，法制委員會頓時就冷清了起來，所有的政治明星做鳥獸散，各自去追逐新聞熱點集中的委員會，從此，法制委員成爲立法院第一冷門的委員會。但是我決定留下，直到二〇〇四年前後，留在這一個委員會十四年，理由只有一個，我認爲，國家體制的建立是獨立建國最基礎的工程，做基礎工作或許是寂寞的，但是我甘之如飴。

不過，這一個冷門委員會，平時雖冷，但久久便會遇到政治性的大案，像爭論不休的十八%優惠存款問題、總統的國務機要費、首長特別費和總統卸職禮遇問題、國防二法、行政院組織法、國安局劉冠軍的監督問題等等。

因此這個委員會的業務，有人開玩笑說是三年不開張，開張吃三年。

這一個委員會因爲掌理各政府機關的組織職掌，所以最容易明白政府機關怎樣把自己的本位利益界定爲國家利益。

從修訂國防二法的經驗看來，政府的改造，既要政府部門的專業官員支持，也要外部知識界與國會的參與，三者缺一不可，因此，我對游揆的行政改造完全由自己獨自來，只由自己指揮官員進行，很是擔心。

事實上，民主政治做爲多元社會的體制，講求各種權力的分立制衡是必要的，一切委由行政主導而產生問題，在法制委員會是經常會遇到的，除了國防二法、游揆的行政院組織法修訂案之外，諸如十八%優惠存款問題，以及資政和國策顧問的討論都是例子。

我國雖不是總統制國家，但卻仍是實權總統的國家，總統在國家政策上固應授權，但仍應掌握大方向。問題是總統要在政策上有所作爲，必須要有強有力的政策幕僚。在國家安全方面，有國安會的諮詢委員做爲顧問群，又有國安局整合國家安全情報，比較沒問題，但在其他政務方面，行政院固有龐大的專業文官，但不能提供總統隨時的諮詢要求。總統府雖有龐大的資政和國策顧問編制，但從兩蔣總統時代，這些位子屬酬庸性質，專門給退休高官用的，很類似英國的封爵士一樣，是封建社會的殘留。這制度過去陳總統在當立委時曾大力加以批評，如今既然政黨輪替，我在審查總統府預算時一再呼籲應當做功能的轉換，把酬庸性質的「爵士」位子依照法國總統府的做法，改成眞正提供政策專業建議的顧問性質。但是，不只是在野黨少有支持，縱使民進黨立委多被我說服，但是總統府守成有餘的公務員配合意願不高，最奇怪的是總統本身興趣也不大，他寧願繼續把這些位子留做他在野時罵得狗血淋頭的酬庸之用，一直到預算被刪，才以減聘資政、顧問做爲處理方式。

至於十八%優惠存款是另一個令人難過的故事。

在二〇〇三年七月台北縣有一位教師由議員陪同跪倒在教育部門前痛哭：「救救我，我眞的想退休。」雖然她只有五十一歲。

不管她退休的理由是什麼，五十歲甚至五十不到就想退休的教師實在不少。因爲我國規定年資滿二十五年就可以退休，但更重要的是我國有一個世界上最偉大的制度，退休的人領的錢比在職時多。就以這位教師爲例：她五十一歲退休，合理應該再活三十年不成問題，於是退休時間比服務時間長，每月領得比在職多，在這世界大奇蹟下，她退休後國家大概還要給她兩千萬！至於一般的勞工大眾呢，如果以平均工資來算，可以領到約八十九萬，連她的零頭都還不到！

我國這國家雖然不怎麼大，但對公教人員絕對是世界上最慷慨的，一般國家人事費支出占 GDP 頂多二%左右，像日本甚至不到一%，但我國竟高達四．七%，多出好幾倍，單單退輔支出一年就高達一千四百億，占人事支出的三分之一，眞是超級軍公教福利大國！

二〇〇五年十八%優存年利息高達七百六十七億，利息每年增加累進增加額度極爲驚人，但假使現在制度不改的話，支付的高峰會出現在二〇一五年左右，一直要到約三十五年後才能歸零，這期間被領走的數以兆計，簡直是天文數字，這樣國家財政不崩盤才怪。

二〇〇五年民進黨縣市長選情不利，總統接受建議採取廢除十八%作爲競選政見，案子還是交到主管的高層文官做政策規畫，規畫下來，我發現，中低層公教人員退休金被大量削減，但高官則仍極優厚，例如，連戰單單月退俸就已經高達二十四萬八千了，而他可以有一千四百八十萬養老給付，存入優惠存款帳戶利息是每月二十二萬二千，高到不可思議，因此，我批評這樣的改革根本是「肥了大官、瘦了小吏」。我主張要改，要給低層的文官較妥善的照顧。

在高層文官壓力之下，考試院不敢採用我的意見，但是廣大的基層公教人員則認爲我講出了他們心坎裡的話，紛紛打電話來辦公室感謝，其中多數居然是向來對我大有意見的「藍色」基層公務員。

十八%的改革就在大官、小官、社會的利益衝突中拉扯，直到政權再輪替仍未能解決。扁在聲望崇隆最有改革實力之際，爲做全民總統，不肯動十八%，如今聲望下滑，才要靠改革十八%解套，最後只落得失敗收場。

一又四分之三

李前總統批評陳總統，只會選舉不會治國，這說法社會上不分藍綠都贊成。但是，李前總統恐怕忘了，二〇〇四年陳總統的勝選，關鍵還不在於陳總統會選舉，反而是李前總統主導了整個大選戰略主軸。陳總統會從二〇〇三年中旬民調落後二十%，到二〇〇四年急速超越，關鍵在此。

由於陳總統長於戰術，犀利靈活，這最適合打游擊戰，再由於二〇〇〇年前，從黨外到民進黨，陳總統既站在推動民主的「歷史正確」這一方，又由於民主力量相對於威權體制是屬於弱勢，弱勢適合打游擊戰，強勢適合打正規戰。這些因素的湊合，使陳總統在二〇〇〇年前的選舉無往不利。

只是，二〇〇〇年之後，陳總統既已執政，他的有戰術而無戰略的做法，就不再無往不利了。他在主導區域公職選舉上，勝負各見，大抵上，立委得票率上綠軍是逐年上升，勉強算勝，但縱然具執政優勢，二〇〇四年卻讓藍軍得到過半的一一四席，只比二〇〇一年少一席，算是失敗，他為此順勢辭了已大權在握以致食之無味的黨主席位置；縣市長則從民進黨一九九七年的十二席降到二〇〇一年的九席，再到二〇〇五年大敗，剩六席。

在我看來，二〇〇四年的選戰有一又四分之三個戰略家，但奇怪的都不在陳水扁的選戰大本營裡。

唯一的戰略家——李登輝。

扁推動新中間路線，忙於修改台獨黨綱，提出未來一中、統合論、聯邦論、新中間路線……等等動作，不但沒有造成統獨休兵，反而激化了對立。

在剛卸下總統職務時，李登輝總統說將來他最想做的就是到山上原住民地區去當牧師，現在，退休的李登輝不當牧師了，還冒大不韙地「干政」組台聯，一言以蔽之，是對陳水扁政府的不信任。

民進黨既「去台獨」，經濟執政能力又未獲肯定，大選的結局可想而知。幸而李登輝陣營提出正名、二二八手護台灣、長期公投的努力逐步穩住綠軍陣腳，保住扁連任的機會。

二分之一個戰略家，在藍軍。

台灣一邊一國支持比反對是二比一；台灣人vs.中國人是五十比八，統獨二分法認同是五十比二十，這次選戰主戰場又如吳乃仁說的是鎖定在台灣意識上面，那麼藍軍的基本盤是絕對劣勢，但卻能調整步伐，透過三一三親吻台灣土地等演出，走出「沒有李登輝的李登輝路線」，力挽基本盤的劣勢，打到五十比五十，實在不簡單，可以說有半個戰略家。

另外四分之一個戰略家，由綠營內的林信義和營外的謝金河並得。

他們的戰爭是在另一個戰場——財經戰場上打的。

執政以後的扁團隊，為選舉時可以運用行政資源來拔掉對手的選舉樁腳，感到非常興奮，強調將運用這一項新利器把對手基礎割掉，並為這種作戰方式取了聳動血腥的名稱，叫「割喉戰」。

綠軍強調割喉戰是正確的，因為任何一次膠著的戰役，割喉戰都是必備的戰術，但戰術要能推展，有賴戰略空間的開創。如雲林割喉成效有限，但位居南台的優勢地緣戰略位置，選票大增；又如桃園割喉成效最大，但也在二二八手護台灣戰略啓動之後，才順暢推展；又如台中縣割喉成績並不突出，卻意外地在財經戰略上獲勝，選票增加比例第一名。

扁的綠軍大元帥府的財經戰略有二：一、以迎國民黨舊財經團隊的蕭萬長、江丙坤，來化解社會對財經無能的質疑；二、順著下來，不在政策上和藍軍做「質」的交鋒，而以經濟成長率做「量」的辯解。

綠方的競選總部竟然想到要向藍營「借光」的策略，聘請蕭萬長做財經總顧問，在我看來，無疑是非常不聰明的事，因為等於向社會承認，民進黨財經不如人，將大大打擊士氣，在選務會議中，吳乃仁也持和我一樣的看法，不過意見不被高層採納。

但林、謝兩人逆其道而行。

林信義違背迎蕭戰略，是唯一批判蕭的六大營運中心的內閣戰將，他積極在政策內容上和藍對決，他的戰法陰錯陽差在台中縣綠營配合之下，成功地以演講瓦解了中小企業界對藍軍蕭江神話的迷信，使支持度意外地在綠軍傳統弱勢的企業界迅速擴張，導致台中縣的意外成就。

謝金河則在密集的演講中，對國民黨金融政策加以痛批，以綠軍一次金改政策成效做對比說明，充分說服了金融界、外資和買金融股的股票族。其戰略的巨大成效可以從扁行情上升、金融股持續上漲，受到陳由豪事件打擊時則持續下挫的現象中充分表現出來。

林信義、謝金河的戰略雖優秀，卻不是大本營的戰略，不能影響整個大局，只能在局部戰場發揮優越效能。如今戰後，勝負雖已成過去，政治的現實是成王敗寇，贏得權力的大本營有絕對的價值解釋權，大家全心地陶醉在自己的英明之中。

二〇〇四年總統選戰全面開打後，雙方部隊都從「新中間」或「反台獨」中走回台灣意識的主軸上，所以竟成爲「有李登輝的李登輝路線」和「沒有李登輝的李登輝路線」的對決。仗打得眞夠怪。

如今決戰已結束，台灣唯一的戰略家李登輝並未如他先前宣布的，有如夢幻英雄故事令人遐思的情節，瀟灑地去當山上鄉間慈祥的牧師做結局，反而仍賣命地奔波。

戰略與戰術

戰略上忽略敵人，戰術上重視敵人。這是戰略家毛澤東的名言，毛推動無產階級革命，自居於歷史正確的一方，所以他在戰略上充分自信，忽略敵人；但戰略再正確，仍要打結結實實的戰術戰爭，所以要重視敵人在戰術上的一舉一動。

扁和其團隊，做爲精明的戰術家集合體，打起仗來，在戰術上重視對方，這點沒有問題，問題出在戰略不明。

李前總統陣營瞭解到歷史的正確方向，發動了一連串以台灣主體意識的戰略動員，替扁陣營掌握了在國家定位上的戰略方向。至於財經戰略上，李則未著墨（這當然有理由的，本書後面章節將會說明）。

由於扁一上台就遇到美國網路泡沫，這時台灣經濟成長的主軸在高科技業，最大宗的市場在美國，對美高度依賴，於是台灣遭遇到半個世紀以來第一次的經濟衰退，再加上一些傳統產業在一九九五年前早已外移殆盡，失業率急速升高，社會非常不滿，認為經濟還是要靠國民黨，不能信任民進黨。

然而事實上在產業戰略上和執行力上，民進黨新團隊其實還優於舊團隊，這一點我在《共同體》一書中已多所分析比較。由於經濟的對策從執行到產生效果，有一定的時間遲延，所以急性子的陳總統，在急切看不到績效之下，從此一直信仰國民黨舊團隊才是好團隊。

我認為財經只能依賴蕭江團隊的刻板印象如不改變的話，不利於未來政策制定與推展，也不利於即將來臨的二〇〇四年總統大選，於是認為民進黨既要針對台灣經濟的現實處境提出前瞻性的經濟願景，也要對財經只有靠國民黨和蕭江的神話加以解構。

二〇〇〇年，經濟部長林信義公開說，我們要準備面對一段苦日子，他的說法黨內頗不諒解，認為在推卸責任，但我在中常會替他說話，認為他這樣講不愧他是產業界出身的背景，深知網路泡沫對台灣的深遠影響，並且由於這樣的誠實面對處境，才能尋找到適當的對策。

二〇〇三年選戰腳步逼進，二月二十一日黃昏，我拿著我的構想前往台灣智庫請教負責人陳博志，他肯定我的看法，並把準備在次月台灣智庫舉辦的台灣經濟戰略會議中發表的漂亮台灣經濟戰略大綱給我。他犀利地以價格要素均等化角度分析兩岸經貿策略，彼此並談到從全球觀點追溯冷戰時期台灣經濟發展。如果從全球觀點來看，冷戰下的全球經貿架構所提供給台灣的機會，才是所謂台灣奇蹟的根本原因，至於國民黨早期從尹仲容、李國鼎到一九九〇年代的財經團隊，現在被一再追溯的種種政策，基本上也是緣於美國戰略需要之下的政策指導和市場，甚至資金技術的提供而形成。

當初的冷戰架構下，在後進國家中只有四小龍約五千萬人口生產低階產品供最富有的五億人口消費，所以急速地拉升了台灣的經濟，由於雙方人口、經濟規模的巨大落差，使美國能吸收台灣在西方國家經濟發展初期難以避免的內部矛盾，同時提供台灣充分就業機會，使貧富差距不致因經濟發展而擴大。但八〇年代之後，中國、墨西哥、東協加入這樣的生產行列，九〇年代後又有東歐、印度等共三、四十億勞動力擠進來，台灣的空前挑戰因此而生，生意被搶走、勞工失業之外，還由於三、四十億人口規模過大，其經濟發展產生的社會矛盾遠非先進國家所能吸收，於是使全球進入就終端產品而言爲通貨緊縮，就原物料而言是通貨膨脹的怪異效果。

我建議在這樣的全球視野下，拆穿國民黨的財經神話，並提出未來對策。後者可由智庫和政府合作，前者請智庫協助，由我主持的政策會來進行。

陳博志非常同意，要我在內閣中找他過去的同事合作。

扁陣營對自己戰略立場太心虛了，李陣營發動正名和二二八手護台灣運動之前，扁的「戰略觀」基本上仍是自認爲在歷史上有問題的一方，其所謂台獨罩門、新中間路線的提出，無一不是戰略自卑的表現。此外，不只在意識型態議題上，在財經戰略上也一樣自卑，把戰將林信義擺一邊，而迎蕭萬長做「財經總顧問」，根本是徹頭徹尾財經戰略心虛的流露。在選務會務中，既然我和吳乃仁反對迎蕭的策略不被接受，於是我只好自己打自己認爲該打的戰，我的策略是批判國民黨的財經神話。

因爲國民黨過去不斷神化自己，塑造台灣經濟史上的神話，做爲鞏固政權的武器，現在則繼續用來做爲奪回政權之用。事實上，這些神話雖有些實的部分，更大有虛飾及過度膨脹的部分。我認爲選戰必須展現「輸人不輸陣的氣勢」，怎可以未戰先承認對方的神話而去迎蕭，更何況，林信義等在執行力和對產業的瞭解遠非蕭可以比擬，可說是一、二十年來最有能力的部長，作戰時竟被元帥府丟到一旁，非常奇怪。再退一萬步講，林若眞的遠不如蕭，而財經人才盡在藍營，如能把他們的團隊絕大部分拉過來，確實倒也能向社會展現用人的胸襟和能力，否則只有蕭一人過來，而其餘都留在藍營，豈不是製造出一個鮮明對比，說國之棟梁盡在藍營，反而鼓勵人民支持藍營。

迎蕭一事，可以說明一旦缺少戰略能力，戰術再花俏，其戰果恐怕是弄巧成拙。

我拿我反國民黨神話的構想去和智庫領導人，還有一些學院人士商量，獲得支持，但在請內閣團隊高層官員合作，請其提供行政部門的數據，好好地解構藍軍神話時，不料竟未獲支持，甚至表現出我要批評的那些不是神話，而是非常正經的政績而不願合作，於是我只好自己打仗。這一來，我的解構神話的作業規模只好大幅縮水，幸好當時我在《蘋果日報》每週有五篇專欄，於是把整理的成果分篇登在報上，一共連登了二十三篇解構國民黨財經神話的系列，算是我被拒於元帥府之外，努力自行進行的游擊戰。

游擊隊與吟遊詩人

這些文章在二〇〇四年一月二十六日到二月二十五日間密集登出，雖然是爲選戰而做，對問題掌握不免粗略，但應已指出了九〇年代國民黨所謂財經內閣諸多難以辯解的難題，但這些跟學界討論過的意見，在當時既不受選戰帥府任何肯定，選後，也一樣未受當局任何關心。因此，在二〇〇六年內閣召開經濟永續發展會議時仍邀請蕭萬長爲上賓，他發表了一篇「台灣要效法愛爾蘭、芬蘭、荷蘭模式，進行全球聯結，以建立台灣為『全球服務加值中心』為戰略」的產業策略，內閣非常重視，訓令所有財經官員詳細閱讀。這報告引起了一些智庫，以及包括中研院、學界的譁然，參與報告計畫的學者甚至有中途退出撰寫的，我也在報上發表一系列文章批評，在這期間，一些內行的財經官員私下向我表示支持，最後，內閣才把蕭的報告束諸高閣，而高層團隊中也才偶有人稍稍瞭解，不必凡事迷信國民黨的財經神話。但權力高層尊蕭的「定見」，改變仍有限。

二〇〇〇年新政權上場，固然吸引了不少機會主義者投靠，但許多具備長才而和舊政權格格不入的人，衷心地認為他們奉獻台灣的時機已到。在執政初期，內閣財經首長陳博志、林信義、林全與勞委會主委陳菊，所編成的陣容，遠比過去一、二十年整齊，如林信義便是數十年來對產業最內行、最幹練的經濟部長。然而如雲戰將，既遇美國網路泡沫的拖累，又遇高層願景不明、戰略不清，更嚴重的是不懂得知人善用，因此平時在國家政策上戰將沒有盡情發揮空間，到了選戰時，帥府也同樣欠缺戰略，大戰略由統帥府外盟軍李陣營主導，其他戰將從統帥府跑到外面打游擊。

在外面打游擊的固然有經濟部長林信義，而早就離開政府的前經建會主委陳博志更是如此，本來擔任經建會這總參謀長位置的他，現在領導智庫在二〇〇三年三月二十二日舉辦的台灣經濟戰略會議，在外面打游擊戰，只不過其對二〇〇四年大選戰局的影響，和我上述解構國民黨財經神話的二十三篇文章一樣，就更不受社會重視了。後來，他正式出版《台灣的經濟戰略》一書，書中以全球化中的要素價格均等化做為軸心概念，鋪陳出他的經濟戰略，不過那已在二〇〇四年四月，大選投完票之後了。此後，由於他不採政治經濟學的世界體系角度，而只用要素價格均等化解析台、中與台、美之間雙邊貿易，比較分析兩岸經貿，大抵也如同台灣普遍流行的見解一樣，認為台灣對中國的經濟依賴已超過了對美依賴；而和我從全球產品供應鏈的角度看美、台、中三角互賴關係，認為台灣對美依賴遠大於對中國的看法大有不同。

這樣的差別在二〇〇三年既不是彼此重點也並未有任何討論，當時雙方的共同重心在於對國民黨神話的解構和對未來的策略。

統帥府的戰略既是「割喉戰」，就是運用國家資源進行拔樁，用資源固樁固然是國民黨長期的戰略主軸，但因體質不同，在民進黨其實只能是戰術武器，因「樁」代表基層的既得勢力，理所當然是保守既得利益的政黨的核心武器；然而不應做爲帶動歷史、社會變遷的民進黨的戰略武器。

這捨己之所長、用己之所短造成失敗，在後來花蓮縣長補選看得最清楚，民進黨傾全國中央的資源挹注在三十萬人口的小縣上，竟然潰不成軍。

不做台灣人

由於這一次選戰主軸已經被統帥府外李前總統方面人士界定爲台灣主體意識，連陣營也敏銳地察覺，於是，便把火力集中在這戰場。連陣營的策略是跟陳水扁比誰「更台灣人」，而連認爲他有最好本錢打這場仗，那就是世代顯赫的「台灣人家世」。

連的曾祖父是台南首富連得政，是台灣民主國抗日義軍南部的財務負責人，在作戰期間積勞而死，非常了不起；祖父連橫是寫《台灣通史》的才子；父親連震東，二次大戰時到中國和國民黨並肩抗戰。這樣的家世，不要說貧民之子的扁難望項背，在整個台灣史上都沒什麼家族可比，連戰宣揚家世的重心是寫台灣史的連橫。

連橫的台灣意識強烈不強烈呢？我認爲很強烈，所以他寫的書叫《台灣通史》。本來在中國意識型態掛帥的史學體例中，「史」只有「國」才用的，而地方只能叫「志」。如今連橫寫台灣而稱「史」，無非強烈的台灣意識使然，也因此被當時中國的國學人士批評是「不雅馴」。然而連橫就如同許多傳統漢文人一樣，才情橫溢，但行節多虧，連家先人一些不足外人道的行誼，台灣的耆老普遍知道，在連戰初任行政院長時，有民進黨立委同仁據以質詢，使他非常難堪。我雖對台灣史也略知一、二，並不跟進，因為我認為祖先的光彩固足為其子孫所傲，但祖先行誼上的遺憾卻不應叫子孫繼承，這是起碼的人權問題。至於子孫為先人掩遮，我也認為出於人性，無可厚非，但是如果編造虛偽家世，欺世盜名，騙取選票，我就認為應被鳴鼓而攻之了。於是，我既已當選戰游擊隊，便在《蘋果日報》上連登六篇，加以揭穿，摘選其中一段如下：

二次戰後……連震東偽造家傳，說連家七代有「左衽之痛」、「不應科試」，並「憤清政之不修，攜眷返國」、「創福建日日新報鼓吹排滿」——這是反滿；又說受日本領事迫害而返台——這是抗日；還說一八九五年父親死時居家守喪兩年，勤於蒐集台灣民主國文告——這是忠孝兩全。這些全是謊言。

滿清時連橫兩度到中國，第一次是台灣民主國抗日時，戰爭中連父病死，他的父兄兩人都是台南抗日要角，因此他眼看台灣民主國撐不住，哭哭啼啼吵著要逃走，他哥哥只好變賣太太的嫁妝給他作逃亡費用，於是他丟下父親屍骨，留下哥哥抗日，自己逃到上海——是「逃日」，哪裡是抗日；是逃喪，哪裡是「奉諱家居」！

法國史家說，民族主義既建立在對過去的共同記憶上，也建立在對過去選擇性的遺忘上，其實有時還建立在對過去的偽造上。國民政府來台之後，把連震東偽造他父親故事的〈連雅堂家傳〉編入學校教科書中，於是學子齊頌連家世代爲民族英雄。連戰後來還發動連雅堂入祀孔廟，被民進黨議員痛批漢奸怎可以入祀孔廟，也幸好被馬英九市長擋了下來。

在選後，連戰到了中國，把先人的《台灣通史》獻給中國，並說這是用以表達台灣人的史觀，連送的當然不是原始版，而是在戰後變造的，看來中國方面是蠻欣賞的。

在連家的僞史誤導下，台灣學子高貴乾淨的少年情操，中共反帝反封建的情懷，全被引導到一個僞造的「歷史」上面去了，人類的歷史中，人類情操這樣怪異地被錯置，用以構築意識型態霸權，鞏固現實權力的事情固時時發生，但眞是人類的陰暗面。

還原角色，連橫應該是這樣的：

其才令人惜，其發憤寫史令人敬，其台灣情在大時代中終於節操不保令人哀，而其行誼是令人不齒，是無行才子。

我除了在自己的據點上作戰，像個游擊隊員之外，還因身在主戰場外，而旁觀者清。縱覽戰爭歷程有如神話時代的吟遊詩人，於是便將行旅所見英雄事誼和惡棍劣蹟吟誦如上。

成王敗寇

二〇〇四年春，在一次會議中，扁團隊成員洋洋灑灑地講述扁競選團隊，包括割喉戰等等策略的英明。聽了，我站起來簡短說，成王敗寇是人類社會的常態，勝利者擁有解釋歷史權力，然後便不多言，因爲在那氣氛下多言只會引起各式各樣不容辯解的質疑，然而心中想到的是在二〇〇〇年林信義講的一句「要準備好過一段苦日子」的話。

日子將是苦的，只不過林信義說的是經濟上的苦，我現在想的是民進黨被社會誤解的苦。扁的勝利是歷史依他自己不可測的意旨而揀選了扁，扁團隊卻以爲是因爲他們自己的英明而勝選。實際上他們的策略是錯的，只不過他們的錯誤在歷史的大主題掩蓋下，負面微不足道而已。只是，將來民進黨如繼續接受扁團隊這樣的領導，歷史會永遠眷顧他嗎？那麼，民進黨會苦。

扁過去認爲歷史站在不統不獨的一方，所以和游錫堃一起要修台獨黨綱，二二八手護台灣之後，他發現站錯邊了，便以冒進的姿態回頭領導台獨，然而他不瞭解歷史要的是穩健台獨，而不是冒進台獨。

此後在政治立場上，他離開了中間路線，但在經濟上，他卻仍然確信藍軍全面向中國傾斜的策略是對的，所以他的迎蕭是高明之舉。整個團隊這樣的大方向，將在人民心中深深烙下經濟只能靠國民黨的印記，這印記會讓人民一旦要尋求更好的經濟生活時，將使民進黨失去信賴而不得翻身。

至於我個人，在成王者渲染出的捲天鋪地的驕傲中，日子是肯定比以前更孤寂，但寂寞本常是我生活中的必須，我總是得在孤寂中去發現熱鬧中找不到的新價值，所以並不以爲苦。只是沒料想到在民進黨冒進化成大主流後，在二○○七年寂寞到名列被黨內圍剿的十一寇之列，扁二○○四年勝選後我說成王敗寇，竟一語成讖地預先點出了自己的命運。

游擊隊歸營

蕭萬長在經濟學界評價不高；在二○○○年大選時又因李登輝強力主導擔任連副手，使連十分不悅；其後又在李的牽引下被扁重用，造成藍營內很多人對他不滿。不過到底在扁力捧下，社會幾乎普遍認定他是台灣經濟的救星，招牌既大大可用，而其財經主張又的確是藍營主流，於是二〇〇八年總統大選時，馬英九排除黨內阻力，邀他擔任競選副總統候選人，並訴求他是「台灣財經總規畫師」。蕭接受，扁大爲震驚，脫口而出說，當初找蕭幫忙是「請鬼拿藥單」，抨擊言詞愈猛烈，愈顯極爲心虛，由於不敢攻擊其經濟策略，便從蕭的「親中」上著手，焦點集中在攻擊蕭的「一中市場」、「共同市場」會令陸勞來台搶工作及承認中國學歷上。

針對蕭在經濟上的「強勢」，總統候選人謝長廷採取不在產業上直攖其鋒的方式，謝的主張因此強調分配面，而非生產面的經濟訴求，主張不應強調成長率，而應站在「弱勢立場」力求經濟、環境與公義的三角均衡發展。

謝的主張十分精采，是第一個站在人文和哲學思維基礎上提出國家經濟策略的政界領袖。在此之前，李登輝雖然既深有哲學內涵，又厚有社會正義立場，更有在產業——包括農業、石化業實務上深度的政策經驗（台灣石化業迄今爲上下游產業鏈最完整的產業，其結構形成，李貢獻是關鍵），但以人文、哲學價值觀貫穿總體經濟主張，卻未見著墨。

然而在生產面，謝是採「不失分」就好的防守策略。二〇〇七年六月，蕭獲提名副總統候選人，國民黨自以爲得計，但我認爲其實是樹立了一個讓民進黨可以攻擊的標靶，因此呼籲要藉機好好打「經濟戰」（自由時報二〇〇七年六月二十四日），但是扁公開說「經濟好，不見得有選票」，可見他在經濟議題上仍是投降主義立場，所以我的主張一如四年前一樣完全不被競選總部重視。

我只好重拾游擊隊生涯，密集在媒體上單打獨鬥，終於一篇〈被建港狂潮淹沒的馬蕭亞太中心〉，被謝競選總部洪美華覺得非常犀利，邀請我參與總部選務。我說，首先我對謝很有肯定，也很有意見；其次，要我到總部坐辦公桌實非我之所長，不過我認爲過去那麼多官員藉著政黨輪替的機會，在財經上做了一些正確的事，補救了蕭的錯誤，卻被民進黨領導階層和社會認爲他們不行，以至於大家認爲經濟要好必須讓民進黨下台，這太不公平了，我們應藉這機會把眞相說清楚，替他們討公道，也替民進黨討公道，不能讓民進黨因黨、政領導人和社會對他們的誤會而被看不起，所以我的工作就在家裡寫小冊子，不必到總部去好了。

聽了我在產業政策和國民黨正面交鋒的意見，競選執行總幹事轉述政府中負責選務和謝團隊的意見說，「講財經政策？民眾聽不懂啦」。表示了他的看法相當保留，不過，在洪美華堅持下而決定做小冊子。

二〇〇八年初立委選後，台灣企業界負責人分別邀馬謝前往演講財經政策，在演講前一晚，謝總部找兩位扁政府前經建首長和我一起，和謝做會前會，我們三人主張應在陳述幸福經濟的同時，也在分配面之外，在產業策略上和馬較勁。不過，當時謝說，「這些企業界 CEO 四分之三以上在中國都有投資，我們的主張恐怕不必期待他們肯定，我們的訴求應當仍是顧基本盤。」聽了，三人雖多少失望，但仍認爲應照自己方式回各自的領域中奮鬥，不能平白認輸。

由這次會前會，我體認到「只有國民黨懂經濟」的刻板印象，由扁和整個民進黨背書了七年的結果，要推翻實在是艱鉅的工程。現在才來做，有許多朋友說，時間夠嗎？如果不夠，有必要嗎？我認爲這工作的確最慢應在前一年六月就開始，現在只剩一個月時間當然不夠，只是我們卻只能硬做下去，因爲這次選舉是一個最後的辯解機會，如果放棄，將來再沒有說清楚的機會了。

不只如此，這幾年經濟成長率雖不高，但國民黨在九〇年代諸如只重科技業，不重傳產，在科技業上壓抑創新研發，只支持硬體代工等等的一大堆錯誤，已被完全逆轉過來，成績也開始顯現，將來效果還要更加明朗，現在不說清楚，如果我們選輸，將來改善成果將被國民黨完全收割，結果我們創造的成績恰恰會被拿來證明我們不行，這不只使我們永難翻身，更對不起跟著我們而替國家做對了產業政策的那些朋友。機會是最後一次了，我只有全力以赴。

二月，小冊子終於完成，名叫《拆解馬蕭財經神話》，一開始受到的重視很有限，只決定印一萬五千本，比一個立委選舉時印的文宣還少。不過選舉團隊迅速接到基層幹部大爲肯定的反應，加上洪美華、林世煜兩人傾力鼓吹，終於一再加印，總部並進一步把小冊子的內容改作多媒體的運用：在報上登全版廣告、製作數位影片網頁、在重要工商團體演講中散發，並把內容透過電視節目推廣。我在call in節目早已成稀客，如今也開始出現；最後，在「挑戰謝長廷」的系列電視節目中，又由謝和我擔任第一場次對話的演出，謝講他的幸福經濟，我則比較兩黨的產業政策。

歷史見證

投票前十天，二〇〇八年三月十三日，我列席中常會報告《拆解馬蕭財經神話》。

我說：

「這小冊子本來是我四年前規畫的，當時我是民進黨中央政策會執行長，規畫了這樣的小冊子，也請行政院高層官員共同來做，但是在扁團隊尊蕭的選戰策略下，游內閣的官員不便幫忙，如今我早已不是政策會執行長，而這小冊子印行更是遲了四年。

「選舉時選民考量的無非清廉改革、本土立場、政策穩定、候選人形象和能力的問題，其中在政策穩定上本黨的確不易獲肯定，但本土立場則立於不敗之地，至於清廉改革，兩黨恐怕都不易得到讚美；至於候選人，馬滿意度早已從七十%到八十%下滑到四十%到五十%，談不上魅力了，所以如今我們選得這樣辛苦，無疑的是社會希望國民黨來救經濟。要扭轉選情就端看能不能在最短時間內讓馬蕭神話崩解了。」

這工程要在短短一個月內完成，難度無比地高。但無論成敗，總要替爲台灣努力過、貢獻過的人留下歷史見證，並爲民進黨留下一個可與人計較的空間，同時如能把道理講到一個程度，縱使敗選，也可能阻止馬蕭執政時使用錯誤的方針領導國家。

由於民進黨在財經上並非沒有建樹，因此一些內行的經濟學家便認爲民進黨不是沒有處理財經事務能力，而是政務官「沒有論述能力」。民進黨要再出發，這點必須強化。

從來世間事多半說的比做的容易，財經問題更如此，民進黨政務官，怎會倒過來只懂得做、不懂得論？

其實二〇〇四年大選，林信義到台中縣密集向企業界「論述」，大受好評，結果在他們力挺下，選票幾十年來空前絕後的綠贏了藍。

又如二〇〇八年大選時，陳博志論述九〇年代國民黨時代金融泡沫現象和二〇〇〇年後民進黨的改革，鞭辟入裡，深入淺出。

他們兩人都曾是民進黨重用的政務官，做和論述都不成問題。出問題的是他們的論述不但沒有成社會的主流，也沒成民進黨的主流。

未成社會主流或可以說是財經媒體，包括兩大財經日報、四、五份財經月刊、半月刊、周刊一面倒地傾向藍軍造成的，但未成民進黨主流則問題出在阿扁和他的親信高層及諸天王們。

扁對國民黨的財經能力迷信得離譜，二〇〇一年經濟遇到幾十年來第一次的負成長，他們深信是團隊不如國民黨的緣故，因而經建會陳博志去職，林信義調離經濟部。此後一直屬意江丙坤入閣，更禮遇李登輝推薦的蕭萬長，經發會、經續會全請他指導，APEC也請蕭做代表，又請他主持中華經濟研究院……。

二〇〇四年總統大選時，扁炒短線聘蕭爲做財經總顧問取代林信義，以訴求「扁團隊雖不擅長財經，卻有納國民黨人爲自己所用的能力」，當時我任民進黨政策會執行長，認爲把國民黨團隊捧成神話的「認輸」戰略很不高明，邀學者和行政院官員規畫批判國民黨的財經政策的論述，但和扁的選戰策略相牴觸，行政官員不願配合，不了了之。

這一連串令人痛心的事實都說明，民進黨政務官並非只會做卻不知論述，而是其論述違背了無知的扁及其團隊的主流立場而被邊緣化了，最後社會認定他們不是做得無能，就是論得無能。假使經濟對民進黨的大敗是重要原因的話，那麼民進黨不是財經執行和論述能力輸給蕭萬長，而是輸在扁和國民黨共同營造的蕭江神話。

政務官優秀，卻因高層無能，落得如此下場，令人唏噓。

第三章

千山我獨行

陳師孟

台灣國會的制度，是在威權時代建立的，它的定位是行政院立法局，這當然不符合民主體制的國會角色扮演，因此，對國會改造是「轉型正義」的必要工程。

一九九〇年代，在陳水扁立委帶領之下，國會開啓了迄今未衰的揭弊風潮，但我認識到這並非我之所長，因此安分地在法制委員會，長期做外界毫無興趣的國會改造。

在動盪的歲月，價值被撕裂，各路人所衷心珍惜的價值被迫對決，人往往也被迫選擇承載價值對決的悲劇角色。蔣中正的文膽陳布雷，由於才華加上對蔣的忠貞，因此在這樣的悲劇中結束了他的一生。陳布雷死後，他的後代陳師孟在台灣度過了平安的童年，成爲名教授，時值台灣民主運動風起雲湧，歲月又回到動盪時刻，他也和先人一樣，因爲才華加上對理念和對人的忠貞，使他的生涯充滿了張力十足的悲劇情愫。

價值的對決中，這位忠貞國民黨員的後裔，因爲他的民主理念和對土地的忠貞，使他在白色恐怖中帶領學術界新生力量和大學生對抗威權體制，撕毀他先人忠貞以對的國民黨黨證，最後逼使威權體制修改了控制人民思想的刑法第一百條。

事情的結局是正面的，民主進步了，但整個過程悲劇精神十足的張力，也和悲劇一樣，爲社會帶來了經過痛苦之後的精神昇華。

此後，他忠於民主，忠於台獨，也忠於賞識他的陳水扁——從市政府一路跟隨到總統府，然後在陳水扁聲望備受挑戰時，全力爲他辯護。直到陳總統國務機要費事件爆發，命運又無情地把他推向價值衝突的悲劇處境，而他也行悲劇主角之所當行，忠貞於理念，又珍惜深情，他說：陳總統可以「暫行不能視事」。簡單一句，張力令人撼動不已。

這一位令人尊敬的人物，我有幸有一次非常單純、也非常舒暢的交手經驗，而題目正是國會改造。

在他擔任陳總統的府祕書長時，我是民進黨政策會執行長，當時總統交給他改造國會內規的工作，於是這一位經濟學者認眞工作，而一些憲法學者、法政專家也替他認眞規畫了內容相當不錯的修法內容。

只是我認爲根據民主政治權力分立的原則，國會內規屬於國會自律自治的範圍，沒有一個國家會發生行政部門替國會起草內規的事情，因此到總統府拜訪陳師孟，說明我在憲政精神上的顧慮，他靜靜地聽我充分說明，不說一句話，但不久之後，他便中止總統府對國會內規修改的工作，並把他已經完成的內容全部送給我參考。

他當場不回應，當然是必須尊重他的長官的緣故，至於他是怎樣向他長官報告，則非我所能知了。

不論如何，在平靜的交手中，我見到了平靜背後的強大張力，以及撐持起風範的人格。

萬衆支持國會減半

國會改造是台灣民主政治上軌道的基礎工程，國會全面改選是第一期工程，這工程在一九九二年完成。此後，內規的修訂雖然持續進行，但絲毫引不起社會關注，國會再度令眾所注視是在二〇〇三年到二〇〇四年間的國會減半議題上。

詭異的是，當這議題還沒被炒熱之前，我從事的內規改造固然是寂寞不受關切，然而在國會減半議題火熱時，我卻在眾所關切之下更加的寂寞了——因為我反對國會減半，而被眾人所指指點點，打成反改革，甚至差一點被開除黨籍。

國會的選舉制度既會牽動到政黨政治運作的方式，也牽動到立委問政的風格，所以在西歐幾百年的歷史中，不斷地對國會選舉制度做「實驗」，實驗的內容包括諸如採政黨比例代表、或純區域代表、或混合式……等等，幾百年下來，學界對不同國會選舉模式的利弊得失，大抵已有一定的結論。

台灣行之多年的複數選區制只要爭取到十%，甚至更少的選票就可以當選，為了討好少數的十%，立委常凡事走偏鋒，爭取極端少數利益或意識型態群眾，所以學者都詬病。相反的，單一選區制使得立委必須爭取到選民過半數支持才能當選，也因此可以提升立委的素質。學界在衡量台灣的政治條件後，認為單一選區兩票制是最該採用的改革方案，這一點學界的共識相當高，早期，單一選區兩票制也就順理成章地成了民進黨包括林義雄擔任主席時的主張，無論一九九一年或一九九七年修憲時，民進黨都很堅持。直到二〇〇一年前，台灣從沒聽說過立委減半是國會改造的妙藥良方。

只是單一選區的制度會使立委落選風險大幅提高，因此對於這樣的改革，立委無不能拖就拖，毫無進展。

二〇〇一年立委改選前夕，有位民進黨新竹縣立委，聽到一個小女孩痛罵國會，說這樣的立法院，席次乾脆減到一半算了。立委聽了頓時如獲上帝神旨，盤算著如果採取單一選區對自己實在太危險，如採席次減半的方式，那麼新竹席次減成二席，遠比單一選區好選太多了，於是努力推動減半，用以取代單一選區的改造。只是他算術不好，竟算不出來減半後新竹縣只剩一席，比三席單一選區更難選，眞是賠了夫人又折兵。儘管如此，他的主張很讓民粹社會欣賞，認為用減半來痛懲立委的確很好，接著扁嫡系中常委在中常會提案通過變成黨的選舉政見，而新竹立委因炒作「減半」，成為「大改革家」，也在民粹擁戴之下順利當選。只是選後，減半雖大家喚好，但沒人敢真的貿然推動。

二〇〇四年總統大選，民進黨選務會議再決定以減半當政見，我說國會減半既無法理基礎，民主憲政史上也沒有實例，魯莽減半不只對國家體制運作不利，而且最可惜的是會把民間十多年來累積起來的憲改能量耗在錯誤的改革上，致使眞正妥善的憲政改革在千載難逢的「憲法時刻」出現時不能被實踐，非常不幸。不過選務高層認為國會減半遠比其他主張淺顯易懂，最有利於打動人心，所以否決我的意見。

讓國會像國會

常態國家的國會席次多少有一些規矩，我花了些時間歸納如下：

一、除非國家大如美國以上或小如冰島，否則，國會議員數大概是人口總額的開立方根，如日本人口一億三千萬，眾議員四百八十席；瑞士國人口七百二十萬，議員二百席。

二、除非國家大過日本，否則，國會議員最好頂多十萬人口有一名代表，如西歐大國德十二萬、英九萬、法十萬。

三、只要人口在五百萬以上，最少要有一百五十席以上，如丹麥人口五百四十萬有一百七十九席，芬蘭人口五百一十六萬有二百席。

這些數字當然有它的道理，大抵是要照顧到以下幾點：一、一個國家，麻雀雖小，五臟缺一不可，一定有國防、外交、內政、經濟等等最少十五個左右的部會，相對的國會設置委員會也大約要有十多個，而每一個委員會不能少於十五席議員，才能比較有效監督，否則會變成行政權獨大；二、議員席次少，個別議員權力大增，兩、三人就決定重大政策和法案，權力太大，很危險；三、席次少，對應的選民人口就多，無法善盡社會和政府溝通媒介的功能，例如減半後，宜蘭、新竹縣四十多萬人口都只剩一席立委，一般民眾找立委將難如登天。

當時林義雄一再強調美國六十萬人才產生一位眾議員，而我們則十二萬就有一位區域立委，可見我們議員太多了。可是如果一定要以美國做基準，那麼冰島人口才三十三萬，豈不是一個國會議員都不可以選？

無論如何，這些減半的理由反智而且可笑。

眾人皆叫好的國會減半，政界只有我一人公開唱反調，是寂寞了些。

爲了實踐減半，民進黨黨團成立了國會改造小組，大家認爲我過去花在國會制度上的時間最多，一再推舉我做小組召集人。我說，小組的目的是要達成國會減半的目標，要我來做召集人，違背我的良心，一再拒絕。

千山我獨行

國會減半，除了完全在數字的規矩上和一般國家的通則背道而馳外，還因爲台灣的增修條款規定立委「每一縣市」至少一名，但各縣市人口十分懸殊，而產生嚴重的票票不等值現象，嚴重違反民主原則，例如馬祖才九千人口，產生一名，新竹、宜蘭四十多萬人口，也只產生一名，比例這樣懸殊，如果在民主國家，大家一定爲民主原則的問題而鬧得不可開交。像日本過去自民黨一黨獨大，運用執政之便，劃分選區以圖利自己，同樣產生一位眾議員，人口差了六、七倍之多，結果是憲法官司打得沒完沒了，其中眾議員選區劃分被最高法院裁定違憲達五、六次之多，而參院也有好幾次，最後日本法律明文規定選區人口大小不可以超過一倍，才解決紛爭。另外，紐西蘭也常爲選區人口的問題爭吵不已，最後因採取德國式單一選區兩票聯立制①以後才結束爭議；至於其他國家如德國、澳洲等，都以法律明文規定選區人口的多少不可以超過一定的比例。

票票不等值不只影響到地域上的公平，也影響到政黨上的公平：離島及台東和原住民，總共約六十多萬人有十名立委，在本島產生十名則至少要三百四十萬人口。前者全是藍軍天下，於是綠軍便會在一百一十三名中，未選而先輸十席，這會造成藍綠「不可變的失衡」，違反民主平等的原則。

問題嚴重又重重，因此我憂心忡忡，一再向幾位黨內朋友反應，但他們總回答「這樣修憲最後不會過的啦」，然而我預料在強大的民粹壓力之下，還是會通過，最後果然如此。

二〇〇四年三月十日，總統大選投票前夕，立法院協商出初審通過國會減半修憲案，並送院會審議。我大爲著急，急忙告訴同仁，沈富雄、林忠正覺得大事不妙，趕快跳出來向記者說，修憲案會害死台灣的民主政治，民進黨將受傷最重，沈富雄還說：「陳水扁爲了選總統，把民進黨的家具全都劈來當柴燒成灰了！」

我無力阻止荒謬、害民主、害自己黨的修憲案通過初審，痛心之餘，愧而辭掉執行長。

大選時林義雄先生以靜坐方式逼得連戰答應支持國會減半。但選後，陳水扁終於注意到減半後票票不等值的嚴重性，說國會減半不一定要減到一百一十三，減到一百五、一百六也可以，林義雄先生大怒，前往譴責，要求扁信守諾言。

修憲案審查前夕，立法院舉行三天聽證會，與會的學者藍綠各黨推薦的都有，法政學者一面倒地反對國會減半，他們堅持學術良心，反對這一個在人類憲政史上絕無僅有的荒謬「改革」，只有一位化學博士，慷慨激昂地支持減半。於是我據以呼籲林義雄先生說，聖人有過如日月之蝕，希望他聽聽法政學者們的聲音，不要反智。林先生大怒，在報紙投書痛批所有參與公聽會的學者都是騙子，核四公投促進會並由一位不通的狂熱民粹怪教授領隊到民進黨中央黨部，要求開除我的黨籍。

爲了民主信念，反對粗暴的民粹修憲，如今竟被因爲家人犧牲而備受社會崇敬的一群所謂「人格者」如此打壓，心裡實在沉重。

我並不放棄努力，詳列數字寫成說帖，分別拜會林義雄先生的至交和李登輝前總統最信任的幕僚轉交兩位，做最後的努力，並希望當面向李前總統說明，不幸不了了之。

我繼續多方努力，諸如向天王大老說明，但全不獲支持，唯一的回響來自中研院瞿海源，向他報告之後，澄社發表聲明強調國會改造的選制比席次重要，但在眾聲喧譁、民粹高漲之下，理性全被民粹淹滅。

我還唯一次例外地主動向多家電視台要求上 call in 節目辯論，由於太過於情急，甚至在中場休息時間在電視台破口大罵，完全失態。

立院終於要進行國會減半修憲案的最後表決了。先前支持林義雄的核四公投促進會，全力推動減半，拿著修憲減半的承諾書，逐一強烈要求立委簽字，我一再說減半是錯的而拒簽。直到總統大選投票前夕，有關方面透過人來說，這是陳總統的政見，沒簽名的你是最後一個了，就簽了吧，他們說否則你會成爲妨害扁當選的歷史罪人。我說，陳水扁才是歷史罪人吧，怎麼會是我？我非常難過地簽了字，心裡說著：歷史將來將要怎樣審判陳水扁？歷史又將怎樣責怪我，竟然最後還是沒有拒簽的勇氣？

選舉結束，修憲案表決的前一星期，中常會通過決議，任何立委如果在表決時，不投支持票，將以最嚴厲黨紀處分。

接下來，有關方面透過我的朋友，對我做最後的遊說，這時外面的人問我怎麼辦時，我只不斷地重複說我相信最壞的情況不至於發生，所以我個人不做最壞的打算。但我向段宜康和梁文傑坦白，我已做最壞的打算了，國會改造，如果沒有配套，只通過減半，我一定投反對票。我說，站在愛民主愛黨的立場，這樣愚笨粗暴、不顧民主和民進黨死活的贊成票，我是絕對投不下去，若被開除，只能無奈。

議決前夕，由於學界一面倒的反減半，加上極少數政界人士的努力，過去支持減半的各大報，發現問題嚴重，急速扭轉社論方向，對減半急踩煞車，但是民粹既已陷入瘋狂的沸騰，一篇篇社論的呼籲，作用都猶如狗吠火車，一篇篇寫得再精采，也只能擲地無聲，寂靜無比。

在過程中我力抗萬眾，力抗一群「人格者」、總統、中央黨部，而朋友竟也少有諒解的，至於以前支持我的民眾，更是電話接連不斷打到辦公室對我痛罵不已。

二〇〇四年八月二十三日，國會表決通過國會減半修憲案，各黨立委心中痛苦，但擺出歡欣鼓舞的姿態，蜂擁到主席台前高舉「立委減半」、「堅持改革，說到做到」的標語牌，大聲歡呼民主大勝利，我則癱在座位上，看著他們賣力的演出。

這時，古龍武俠電影的一首歌，聲音油然從胸中升起：

千山我獨行

少時不識愁滋味，只聽俠客唱千山獨行，彷彿千山萬水皆在俠客腳底滑過，無比浪漫豪邁，而如今同樣的歌聲在心中響起，卻是無邊無際的深沉淒楚。

詭異的平反

二〇〇八年一月十二日，舉行減半後第一次選區新制的國會選舉，原來第一大黨的民進黨潰不成軍，在一百一十三席立委中只得二十七席，連四分之一席次都不到，彰化以北的半個台灣更只剩二席。

由於在修憲時，我大力反對粗暴修憲，並指出民進黨將大敗，如今應驗，於是朋友們說：你現在終於得到平反了。

許多過去站在陳水扁、林義雄一邊對我痛批的人，現在傷心之餘，也紛紛倒過來肯定我，只是我啼笑皆非。因爲他們認爲大敗的理由是修憲採取單一選區，而我當時既然預言修憲後民進黨將大敗，那麼當然是反對單一選區修憲的了，可見我是預言家，並給我鼓勵；至於減半，他們仍然認爲沒有什麼錯。他們把我的立場全搞顛倒了，看到他們既傷心又對我表示懺悔，我只能無言以對。

他們不知道將來民進黨如要在減半的不利中翻身，唯一的依靠就是制度中的單一選區。

唉，因無比熱情而一再深陷痛苦的民衆！

你們過去罵我固然是因為你們錯得離譜，現在肯定我同樣是因為你們錯得離譜。

掌聲響起，我因而孤獨無比了。

熊心豹子膽

立法院表決前夕，民進黨再舉行中常會，會中，主席心意已決，陳主席打好字的裁示稿有這樣的字句：國會改造四項，至少通過一項。

會中並重申立委不得違背黨意，否則嚴處。

當時的氣氛是，國會改造四項：立委減半、單一選區兩票制、公投入憲、廢國民大會四件，每件要通過都不容易，前兩者牽涉到立委切身利益，後兩者牽涉到藍的意識型態信仰。因此主席的裁示稿，意思明顯：立委減半「老百姓最懂」，也是總統競選諾言，所以只鎖定要讓這項通過。

如果當時裁示稿這樣做成結論，立法院只通過減半而無任何配套，而我則將投反對票而被開除黨籍，沒想到事情竟出現了意外的轉折。當時我已不再列席中常會，但平時被認爲最願意配合陳總統的黨團總召柯建銘，因拗不過我一再堅持，竟像吃了熊心豹子膽似的，把主席裁示稿拿過來親筆劃掉「至少通過一項」，改成「國會改造四項，缺一不可」。裁示稿在中常會意外地這樣定案，而我也因爲有了公投、廢國大、單一選區兩票制的內容，可以勉強支持而投下了贊成票，解除了被開除黨籍的危機。

此後，我告訴朋友，幸好柯總召的大膽救了我一把，否則我心雖長爲民進黨員，身卻已非民進黨員了。

不只如此，把四項至少通過一項，改成四項缺一不可，還救了台灣政壇的綠軍。

如果減半而採取複數選區的話，縱使依總統選票，民進黨稍多，但因金馬等地的票票不等值，藍軍將在區域立委獲得四十五席，而綠軍只有三十四席，不分區立委又席次比例一樣，於是總數將成綠軍以五十一比藍六十二，輸十一席之多。但如採單一選區，則北部綠軍雖會以八比二十四懸殊比例而輸，但在南部（彰化以南）則將以相反的更懸殊比例而獲勝，在南北相加之後，在本島反而多獲得八席，用以扣去金馬等的損失，還有機會打平。

幸而柯建銘在我的堅持下，在中常會毅然不顧外面綠軍民粹主義者虎視眈眈隨時準備追殺的氣氛而突然發難，產生足以扭轉乾坤的變化，其驚險實足令人浩嘆。

掙扎

修憲案在立法院通過後，二〇〇五年五月十四日公投。

減半已成定局，但是在公投之前，我仍然盡力反對，並不是認爲我的反對會成功，而是只能希望在未來還有翻案的機會，現在要爲未來留下翻案的種子。

民粹主義者們，在公投前夕，知道我的反對於大局已沒有絲毫影響力，但仍毫不容情地重手對我追擊，他們當是想透過這樣的追擊而在歷史劇場中留下他們曾多麼有始有終地、英勇正義光榮地打殺不義的民進黨和國會的紀錄。

他們翻出了我在總統大選前夕，被朋友押著簽字的紀錄，痛批我是多麼沒有誠信。對這些抹黑，原來我答應接受某媒體採訪做回應，也準備對大家認定的人格者林義雄做回應。但是一天早上，我看到報紙上一幅林義雄的全版廣告，既宣傳減半的正確性，又非常突兀地配上林義雄家人遇害前的全家福照片。昔日的照片是那麼溫馨無比，映照出目前他的家庭是那麼的破碎殘缺，非常震撼。「人格者」是那麼面色莊嚴地高高舉起效果強大的政治廣告，我一時心中湧出複雜到難以形容的感受，就跟約好的記者說，算了吧，我現在對登了廣告的人格者林義雄先生，不想再講什麼了。

絕對主義

二〇〇五年五月十四日，公民投票選出複決國會減半修憲案的任務型國大，民進黨獲一百二十七席，成爲第一大黨，國民黨獲一百一十七席。

由於總得票率高達八十三．一四%的驚人比率，於是朝野與各界推動減半人士都高呼「人民大勝利」，他們所謂「人民」無疑指全稱的人民的意思。

只是，人民是誰呢？得票率雖高達八十三．一四%，但投票率卻只有二十三%，創台灣投票史的最低，換算下來，台灣公民支持的才十九．一一%──兩成不到。

原來當時在民粹沸騰時，大家認爲所有人民都會大大興奮來支持的國會減半，最後竟然只有兩成不到的公民投票支持。在這裡，我們看到了動輒宣稱代表人民全體的民粹主義者的空洞性和危險性。

急躁魯莽中通過的修憲條文，後果嚴重的內容並不只有減半一項，同樣嚴重的是增修條款規定將來修憲門檻是立委四分之三出席、四分之三同意後，再交由公民總額「過半數」公投通過。門檻之高，世界第一。

超高的修憲門檻和超高的公投門檻，使原先強烈道德絕對主義的減半基本教義派十分憤怒，林義雄很稀奇地認爲這是反對減半派設的陷阱，故意「隱匿」這兩項高門檻的不當性和危險性，放水讓其通過，以便做爲替失敗的反減半翻案的籌碼。

事實上，門檻的不當從未被隱匿，在國會表決時，台聯傾全力公開反對，正反雙方在國會大爭論、大對決，對整個修憲過程關注到連一些我忽略的細節都能如數家珍的人格者，卻說國會用隱匿的過程偷偷通過不當的修憲門檻，說法眞是詭異。

民粹派痛批修憲要國會四分之三才能通過，等於四分之一的少數有否決權，反對的一票可以等於贊成的三票價值，是不民主、不公平的。他們竟可以假裝忘了在立委區域選舉制中，他們是認定馬祖一票可等於宜蘭和新竹縣五十票不算不公平的。凡順我意者，一比五十不算不公，凡逆我意者，一比三便罪大惡極。道德主義者道德的模樣，倒長得眞稀奇。

在這裡，我們看到道德一元化的絕對主義者的盲點：人世間的價值是多元的，各個價值之間的關係是複雜的，而他們揀取自己鍾情的的價值加以絕對化。結果一旦遇到情境變遷勢必無法前後一致，以至於自相矛盾，最後落入雙重標準。

我們無法否認，道德絕對主義者，在他踏出人生的第一步時，道德性往往遠比一般人還高超，但當他不顧價值的多元存在，而過度地運用簡約化了的道德標準，還採取絕對化的立場以後，他將處處遇到困難，被迫一步步走向反智，走向雙重標準，最後陷入了道德的虛無主義之中，成爲順我者昌，逆我者亡的唯權力意志主義者。

有限存在、無限承擔與內戰

實踐上，絕對主義者的困境在於人作爲有限的存在，他所處的時空和自我的能力都是有限的，他卻想要成爲無限價值的代理人；人本身不可能成爲至上的道德體，卻宣示要實踐至上的道德戒律。

當人自居於絕對的善，任何對他行「善行」的阻礙就被認定成絕對的惡，他便可以用所有「非常」手段加以攻擊。他認定正當手段固應適用於善人之上，但適用於不在善人之列的惡人時，並不必顧慮。

絕對主義又以絕對標準劃分我群與他者，因此，往往又伴隨集體主義——無論是部族主義、國家主義、黨派主義皆然。

由於絕對主義認爲集體的我，其存在價值是絕對的，於是所有只要有利於維護這集體的善的手段，皆可被採用，而不必甚至不應計較雙重標準。

常態人類社會中，這思維並非不存在，有時還成爲制度，如，一般國家都把國家安全的重要性推到接近絕對化的地步。於是，人類國家安全體系的建立，其核心精神便是：殺人是惡行，但對外戰爭則否；又如國家對外情報工作是竊取外國機密，對外國來說根本是雞鳴狗盜的刑事犯罪，但對本國，則是執行維護國家安全的高尚行爲，爲了保護這種高尚的雞鳴狗盜之舉，國家將其除罪化而且列爲「機密」，以遮掩其價值雙重性的本質。對外的情報工作、國安工作外，對內治安諸如「臥底」也屬這類行爲。

當然不用說國家安全受到重大威脅時，執政者還可以凍結維護人權民主的常態法律，採取緊急措施或發布戒嚴令了。這些都被叫做「非常手段」，也就是正常時期並不採用，遇到國家社會安全被威脅時又不得不採用的手段。

由於人既是個體地存在，但又不能遠離集體而生存，於是前述爲維護集體安全時採取雙重標準的一些行爲，無法在人類社會中被排除，甚至還受到體制的保障和支持，但是這類行爲如不受節制，危險性又過度地高，於是人類在把他們體制化的時候，也極度嚴格地限制適用行爲的範圍在必要且限縮在最小的範圍之內，並把行使這特權的人也緊縮到最少，例如對外偷雞摸狗只有情報員可以做。

這類非常手段，在爲個人私利時也有被容許的例外，那就是「緊急避難」，但畢竟適用的情境極少，這類非常手段基本上只大量集中在國家行爲上。對國家，這些行爲是不得已的必要，甚至變成「偉大」的行爲，但就「世界人」的角度來說，這都是不正當的、非法的。

假使這類國安治安所無法避免的雙重標準行爲，使用對象溢出對國家外敵、對內盜賊集團的範圍之外，而普遍用在同一社會的政敵身上時，一個國家就陷入「內戰」的狀態了。

台灣的朝野之爭，彼此互相攻伐時手段不受節制，雙方對國務機要費、首長特支費等等無不採取雙重標準；而對涉外議題——無論對美外交或對中國北京關係，全被拿來做內爭工具，這一切不當甚至不法行爲，都在把我方利益絕對化之後，對自己的罪行自我除罪化了。於是，雙方陷入了「民主內戰」。

更不幸的是，這伴隨著絕對主義而來的凶險雙重標準，不只存在朝野民主內戰之間，甚至蔓延到利益衝突的「同志」間也會被採用。同一個陣營內，冒進主義和穩健主義者間，或國會減半民粹派在對付反減半人士時，無不如此。

核四公投人士把反核四當做至上的道德命題，把公投當做神聖的手段，充滿了基本教義派的性格，也如同基本教義派一樣，認爲他們的神聖使命在邪惡集團威脅下面對絕大危機，所以必須傾全力和他們作戰，任何的拒絕都是道德罪人。在陳水扁廢核四案被國會否決後，無疑的，國會便成了反核四基本教義派的頭號公敵，必須盡全力予以「嚴懲」，必須用減半的方法讓他們「屈服」，任何反對減半者都成撒旦的同路人，例如，參加國會修憲公聽會的教授，除了支持減半的一人之外，「人格者」

認爲全部都是騙子。又如，認爲參與修憲審議的立委心中對減半並不心甘情願，總想玩手段，所以除了陳宏昌和未開會的立委外，「所有二百多位立委應該辭職」，黨籍立委如不辭職，「民進黨應該改名，去掉民主二字」。人格者說，人民要團結起來，「屈服各政黨」，最後他說，這樣「必能戰勝無恥的政客」！

在滿溢的危機感和激烈善惡二元論下，這類驚人的「內戰語言」傾洩而出，追擊敵人。

伍子胥與申包胥

絕對主義者認定凡我皆善，凡敵皆惡，這常能從傳統中國文化大一統的道德主義找到系譜的位子。在中國大一統主義還沒有定於一尊時，我們仍能在大傳統之外的小傳統中見到一些迥然相反的事務。

《東周列國志》中伍子胥和申包胥的故事就是一個典型。

伍子胥和楚王有家仇之恨，以亡楚爲志業，申包胥則以興楚爲志業，兩人又不幸成至交，於是在忠、孝、友誼全都破碎無法兩全時，各從其志，兩人於情而爲友，於國而爲敵，於是演出一個有限存在的人，在多元價值的對決中，不得不各有抉擇，終於既爲友又爲敵的悲劇。故事呈現悲劇的崇高性，既在於兩人強自對抗人做爲有限存在的命運；又在於兩人對人之有限性的深刻覺悟，最後終於作了決絕的選擇而獲得主體的自由；同時更撼人的是，兩人因選擇而不得不對決時並不以對方爲惡，清楚地知道彼此間並非「善惡對決」，而是「善善對決」。

善善對決在大一統道德主義建立後，便在其道德系譜中排除出去，孔子作《春秋》，以道德主義寫歷史，其重要作用之一為「使亂臣賊子懼」，《春秋》的「大道德」主張有德者能有天下，但實際上，得天下過程中，征戰和權謀都是必不可少的，但為了符合唯有德者居之的大道德，「春秋大義」必須隱惡揚善，結果教條本是有德者有天下，便倒因為果地成了有天下者便是有德，至於挑戰權力的人便是站在惡那邊的了，於是世界中只存在善惡對決，不再有善善的對決。

抉擇與承擔

人生而有限，常會遇到價值的對決而有所抉擇，在台灣，最普遍遇到的價值抉擇無非就是國家認同了，活在台灣既受傳統大一統文化價值長年累月薰陶，又在面對中國自大清帝國迄今的政策欺凌，統一、獨立自主因此成了困難的價值選擇。在解嚴、民主化後，長達二十年，台灣民意對台獨的支持才從五％上升到六十五％，可見這抉擇對多數人是很不容易的。

著名經濟學家林毅夫，處理他國家認同的價值抉擇最為特別，他本是宜蘭出生的模範職業軍人，一九七九年台美斷交，台灣風雨飄搖，黨外人士奮起揭竿，訴求「台灣前途由台灣人民決定」，力抗強權，終於在美麗島事件後成群被關；而上流家庭則競相變賣陽明山別墅移居美國。他的抉擇卻是從金門偷渡，投奔大中國。

林毅夫強調他從台灣投奔中國就像美國人離開夏威夷回到美國一樣，這比喻非常絕，也很令人傷感，在他言下之意，所謂夏威夷者，不正統、不道地、不純粹、邊緣性的次等美國是也，他竟如此看待台灣。

然而，台灣價值若眞如此低下，中國又為什麼非堅持統一，不放棄這一塊不純正的土地做次要的一部分，這是活在這塊土地上的弱小人民的最大悲哀和憤怒所在，也是兩岸不幸的根源。

伍子胥和申包胥在面臨價值衝突時，既有所取，也斷然地有捨，知道做爲有限的人，如今價值已不能兩全；林毅夫的情形是價值既有所取，也已有所捨，卻又不願眞捨，於是價值因此糾纏不清。

林毅夫自二〇〇二年父喪後迄今一直想回鄉探訪親人，親人久違不見，實在可憫，但他因任軍職時叛逃，被通緝迄今，於是多次有人要求予以特赦。

遇到情極無奈可憫，法又不容，出現人道和國法秩序價值的對立時，赦免確實常是解套手段。林毅夫在價值劇烈衝突的歷史格局中，做爲有限的人，面對巨大的歷史，一旦和大家「各有其志」，於是違法成了唯一的抉擇。如今有人認爲戒嚴、動員戡亂都已解除，把恩怨還給舊歷史，藉讓他回鄉探親宣告新歷史開始，誰曰不宜。

只是赦免要能成立，必要條件是心有所悔，而人皆悲憫，林毅夫卻既心中無悔；同時，二〇〇二年，他首度希望回台奔喪時作的民意調查，是六比一的懸殊差距反對免究其責，這兩者都使赦免失去正當性。

赦免之不宜，還有一個重要的根由：台灣雖終止動員戡亂，不再以中國爲敵，但中國仍堅持現狀是內戰遺留，不願放棄武力統一，台灣面對這樣的強敵，需要有堅定的自我防衛的決心，若對林毅夫赦免，如何能課現役軍人面對中國侵犯時的衛國之責？

二〇〇二年，行政院長游錫堃及政府高層會努力安排他免受刑責，回台奔喪，此後，直到馬政府時，又有人呼籲予以赦免，所持理由，大抵是他是傑出經濟學家，但是傑出經濟學家，往來皆顯赫權貴，便可以「刑不上大夫」嗎？前線將士必須誓死守土，否則格殺勿論，但叛逃的人一旦成爲顯貴，便得豁免，那豈非封建復辟。若林毅夫一旦尊崇，便可兩岸間高來高去，要怎樣向八二三、古寧頭將士英靈說明他們捍衛的不是封建王朝，而是人人平等的現代國家？

再回到伍子胥、申包胥，他們所以成爲偉大悲劇典型，在於乾淨地抉擇，然後無比痛苦承擔，結果他們所護衛的價值因他們的承擔而燦然發光。

至於林毅夫，我們無權要求他定要效法古人典型，但有權維護我們國度的價值世界和法律秩序，不因他的來去自如而陷於混亂，台灣更有權不做中國的夏威夷。

政策與道德

民主政治，基本上尊重多元價值的存在，社會價值的衝突，轉換成政策的取捨，透過民主的程序來裁決，但傳統社會或威權政權乃至絕對主義者卻往往把政策的衝突還原爲價值的衝突，再上綱爲道德上善惡的衝突。

在國會減半案中，基本上有三個主要衝突的價值：

一、一切維持現狀，不做改革，以「維持安全」的價值。

二、依據先進國家的國會運作原則，如單一選區兩票制、票票等值、單一召委、資深制等，進行「強化國會」的改革價值。

三、減半掛帥，以滿足人民對一個做出諸如杯葛廢核四的國會的憤怒，以減半予以嚴懲，以滿足發洩憤怒與「減少國會開支」的價值。

這些價值彼此無可替代，但無論如何，其間輕重緩急是非常容易明白的，不幸的，最後在價值的選擇中，絕對主義者以懲罰國會滿足情緒要求爲優先，最枝微末節的情緒滿足變成了最高的道德命題，而不容任何討論餘地地敵視其他的價值。

民主時代的政策選擇，只是多元價值的權衡，但在專制或威權體制下，掌權者在價值一元化，大一統的理念下，把自己選擇的政策完全道德化，也同時絕對化了。因此，被壓迫者追求自己的價值實踐時就被打成罪犯，在這不利的情境下爲鼓舞爲反抗而犧牲的士氣，被壓迫者也把自己追求的價值絕對化，從而獲得「革命權」、「抵抗權」等等的權利。

從這樣的脈絡出發，一旦在已民主化的社會採取絕對主義，實際上與宣布進入「類革命」狀態無異。

無論如何，在革命或戰爭的情境中，任意地以善惡二分之對立劃分人我，這時，弔詭的，道德高超之士，都難以逃脫虛無主義的陷阱，更何況在實質的非革命狀態廣泛採取只容許在革命狀態採取的手段，這時社會的價值秩序遭受的考驗無比嚴酷。

最高道德標準

絕對主義者往往訴求「最高道德標準」。

這在宗教家不但不成問題，甚且這或本是宗教家的必要條件；但自從民主化之後，在政治上訴求最高道德標準根本就是回到啓蒙時代之前的政教合一、聖俗一途的蒙昧時期了。

要求從政的人持較高的道德標準是民主社會的常態。例如，民主社會中，個人的財產屬於隱私權保障的範圍，但公職人員必須公開申報財產；又如一般人有收受財物贈與的權利，但從政人物必須受嚴格的獻金法規的限制。

有些「激進」政黨不以守住較高道德標準爲足，而自我標榜訴求「最高道德」，例如早期德國的綠黨和民進黨。德國綠黨規定該黨國會議員任期不能由同一個人任滿，任期要切成兩半，輪流上台才符合民主；民進黨則有第二屆國大黨團決議不得領薪水、三屆立委推動國會減半，二〇〇七年則有由黨政一致推動，縣市議員以上公職財產一律強制信託等……。

這些無非要把從政黨員的品格提升到接近神聖的境界，一時之間都很能得到社會的肯定，問題是，現代的民主政治是在價值世俗化之後才出現的，其基礎是不相信「聖人政治」，恰恰相反，民主政治甚至是建立在相信人性難免行惡的基礎上，或者至少是建立在「平凡人」的政治上面的。所以在除魅的世俗民主社會訴求最高道德，即使是自我要求其實都很危險了，更何況訴求集體性神聖的最高標準，肯定會是災難。

國會議員不支薪非常討好民粹，但其實違背了憲政發展的趨勢。早期由貴族或者大資本家組成國會的時期，議員當然是百分百無給職，但到了國會需要專職，議員又由大眾普選時，議員就非有給制不可了。如今要當專職國會議員又無給，只有兩種人才做得到：資本家或由資本家供養的代表。

民進黨二屆國大代表多數並不是什麼資本家，要養家、又要維持服務處開支、要做專職的政治工作，不領薪的結果是幾十個人幾乎全由資本家出資維持。撐了一年左右紛紛放棄不支薪的偉大政治承諾，也幸而他們終於取了這一個「不守誠信」的行爲，否則整個黨近百位國會議員全讓資本家養，幾年下來，後遺症肯定非常可怕，更幸而他們沒進一步推展出連立委都要集體不支薪的制度，否則台灣的民主便成了百分百道道地地全由大資本家操控的民主，所以國大代表違背誠信而領薪反而有功於國家。

這個事例實在夠弔詭：以最高標準向金錢說再見，最後反而使民主政治變成百分百由金權操控，愚笨的民粹式最高道德之不可行由此可見一斑。

法案規定官員不得隱匿財產和立委要專職，這都值得肯定。高官把財產交付信託由德相俾斯麥首創，但迄無任何國家有這樣的法律規定，美國是「最高標準」了，也只形成總統和財經閣員交付信託的「慣例」而已，從未成爲一般國家的普遍法律制度，如果我國規定縣以上公職都要強制信託，將有數以千計以上的公職要交付信託，這絕對是世界道德奇蹟，連舊阿富汗神學士政權都沒得比。在推動這奇特的制度時，民進黨游錫堃主席說被徵詢的公職都未反對，這我相信，因爲在超高道德標準的大帽子和民粹壓力下，當時國代不支薪、國會減半也都沒人敢反對。

陳水扁和他的親言最常訴求高道德標準，來提振社會低迷的支持度，既讓民進黨通過自殘式的國會減半，又推動舉世所無的超高道德標準的公職財產信託制，然而到頭來自己卻連起碼的一般道德標準都不肯守。

近年來，在民進黨中，最強烈訴求「最高道德標準」的往往和訴求台獨基本教義派的身分高度重疊，又是最激烈挺扁人士，推動縣議員以上公職財產全部強制信託的，大多就是這樣的一批人。他們除了挺扁之外，在黨務開支、黨職選舉手段上，也最受社會爭議。

可見動輒最高道德標準不離口，愈顯示道德只是廉價的欺騙手段，價值因此虛無了。

悲劇與鬧劇

文學上的悲劇人物以其超越絕倫的理想，反抗難以和解的現實，「在有限時空中從事無限的追求」，其結果在令人既恐怖又憐憫的悲慘結局中，帶出莊嚴肅穆的淨化世界。

希臘悲劇《伊底帕斯》，底比斯國王子伊底帕斯出生時，因被預言將會弒父，遭父親遺棄，被拾獲收養成年後，知道自己弒父的命運，便逃離養父之家，因為解開了獅身人面的斯芬克斯之謎，救了底比斯國而成王，他雖一生與命運對決，但在命運支配下，因不知道自己真正的出身而弒父娶母，使底比斯遭受天譴，等到真相大白，承擔悲慘結果，自剜雙眼，自我放逐，四處漂泊，生命到達這樣的悲劇高潮之時，悲慘中，生命主體無比莊嚴巍然矗立。

無疑的，絕對主義者，從事的正是有限時空中從事無限追求的志業，因此，真正的絕對主義者必然無從逃脫於「有限」與「無限」對決帶來的悲劇結局。甚至，倒過來也可以說沒有悲劇結局的絕對主義者，一定不是正牌的絕對主義者。

民進黨拒領薪水的國民大會代表，以絕對主義悲壯的心情投身於政治改革，藉著拒領薪水凸顯體制的不合理、不公義，並對照出自己超越凡俗的節操，但最後以回頭領薪出場，是以雄偉悲劇形式開幕而以諷刺喜劇落幕。

在國會減半修憲案中，冒進主義者以絕對的誠信為教條，結果在整個修憲過程中處處陷入自己不守誠信的陷阱，甚至落到處處雙重標準的境地，最後，其生命存在只是一種權力意志的展現，價值淪於虛無。

「絕對主義者」推動的國會減半，無疑的是悲慘的民主災難。在希臘悲劇中，最後，災難的悲慘由悲劇主角承擔；但國會減半的鬧劇則否——悲慘由國家和人民承擔，而推動減半的主角和希臘悲劇主角完全相反，反而在國家的災難中確立了其權力意志的不可抵抗地位。減半成功後，他們撰文自我歌頌，說他們已經成功地「讓國會屈服！」於是修憲案成了極度自傲其表，極度可憐、悲慘而無明其實的悲慘鬧劇——完全與悲劇帶來的自省、承擔與莊嚴的昇華南轅北轍。

至於國代拒領薪水案，比諸國會減半，並未帶來悲慘結局，因為拒領薪水案，在主角們放棄了對現實做無限抗爭的絕對主義後，行事作風回歸凡俗人世的常軌，於是在理性的「自省」下避免了悲慘結局，以喜劇收場。

典範

鄭南榕是一個走向悲劇結局的絕對主義者。

「容不得人世的不清不楚」、「要求百分之百的言論自由」，他這兩句話，絕對主義的立場道盡無遺。

虎頭蛇尾或雙重標準的絕對主義者帶來的是諷刺喜劇或悲慘鬧劇；但對人對己都不打折扣的絕對主義者，無從、也不願在有限存有和無限價值的對決中逃避悲劇的結局，結果其生命往往走進了我們凡人所不能理解的世界。

對美國社會來說，蓋達組織愈是視死如歸，就愈是邪惡，但不管如何，他們即使犧牲也在所不惜，也要貫徹到底的決心，無疑地是建立在他們的宗教信仰上面的：他一旦在塵世為聖戰而死，將在阿拉、神的世界獲得永生。然而，求生固是本能，塵世的親情、繁華、各種欲望的滿足又是如此令人眷戀，因此，視死如歸，捨棄肉身以就死，無論如何，都是極度的艱難，在人類的漫漫歷史中都是偶爾發生。

人世間的悲劇之所以悲，在於有限的人面對是非果報深不可測的命運時，既生畏怖，又只能自己承擔，不求外在救贖；相反的，如果篤信宗教，相信在有限的人生之外，更有永恆的世界做為歸宿，生命便會得到救贖。金庸小說《天龍八部》中，備嘗苦難的明教教徒在八大門派齊攻光明頂，大難來臨時齊高唱「人生苦短，生亦何樂，死亦何苦」，描述的正是這種悲喜交織的偉大救贖境界。

中國名思想家朱光潛便依這樣的脈絡在《悲劇心理學》中說，悲劇可能是宗教的起始，但一旦進入宗教，便不再有悲劇情懷。所以他認為印度、以色列人和華人，歷史雖然悠久卻未產生希臘和西方世界驚心動魄，達到藝術頂峰的悲劇，原因便在於此，但問題恐怕沒這麼簡單。

基督教的《聖經》，雖然記述神的事蹟，但卻很人性化。例如基督耶穌，雖是屬靈的神之子，也相信人死後將因上帝而復活獲得永生，但他畢竟由俗世人瑪利亞懷胎而取得人的肉身，於是不免因而有對俗世和肉身眷戀，在十字架上面臨死亡時，都不免對自己信仰的父耶和華大聲質疑，《聖經》這樣記載：他在十字架上呼喚：「上帝啊，上帝，祢為什麼離我而去？」然後大叫一聲才死去。真正相信復活與永生的人其實是不應該像耶穌這樣質問上帝的。

面對死，上帝之子都已經如此，凡人就更不用說了，例如，耶穌門徒雖然都稱為聖，但在大難臨頭時，《聖經》的記載是，他們都突然不認識耶穌了。

鄭南榕並不是宗教信徒，他卻怎樣反而做到視死如歸地自焚？

當然，鄭南榕也有信仰，他信仰民主，他信仰台灣應該獨立以及「族群平等」和本土化。然而他和聖戰士有太多的不同。首先，聖戰士殉道後，有一個永恆的上界天堂做為歸宿，而鄭南榕卻沒有。

或許他的死將會帶動俗世的進步，但這世界再怎樣進步都已不能為他所有、所享，甚至所見；不只如此，所謂民主、獨立、平等、本土化都是平凡的俗世價值，而且都是人這一個主體所創造出來的。假使一個人的生命是獨一無二、不可替代的主體，那麼，怎可以反而要為被他所創造的諸如台獨、本土化、民主等在人類歷史上變動不居的俗世價値犧牲呢？

於是鄭南榕陷入了一個絕對的自由主義者在價値邏輯上悲劇性的自我矛盾。鄭南榕已死，他生時內心怎樣處理這樣的矛盾，我們已沒辦法知道。我們知道的是，俗世的幸福是這樣的：愈是幸福，愈是沒有英雄傳奇。追求壯烈地死的三島由紀夫在他的名著《豐饒之海》中有這麼一段描繪俗世的幸福：

島上住著英俊的王子，娶了美麗的公主，生活過得是太幸福了，以致沒什麼故事留下來。

這樣的幸福，做爲絕對主義者的三島是不屑的，那麼做爲絕對主義者的鄭南榕怎麼可以爲這樣淺薄無趣又尚未來臨的俗世幸福捨棄自己的生命？

他竟用最慘烈、最不世俗、最不平凡、最傳奇性的犧牲，去追求一個最平凡世俗的世界幸福。最世俗化的平凡體制眞的非用最不世俗化的精神去犧牲才會誕生嗎？而這幸福降臨時，他生命已滅，他是無神論者，死後生命就是空無，因此他甚至並不是視死如歸，而是視死無歸了！這時他帶領我們走到最令人戰慄不已的悲劇本質面前。

不幸的，爲追求俗世價値而犧牲，卻正是人類社會民主化的歷史從未能避免的過程，於是鄭南榕逼使我們面對這樣無可迴避的矛盾和戰慄，在戰慄中，我們只好坦然承認面對悲劇的無知，瞭解到面臨悲劇時，什麼是唯一的超越之道，而使我們在凡俗中可以短暫地和超越的精神趨近，使世界在世俗化中不至於一味地沉淪。

選擇與自由

對個人來說，國家提供了生命財產和家庭的保護，也提供了個人實踐理想、自我完成的空間；國家做爲一個共同體，它又是感情的依託場所；對一個生命短暫的個人，它還是一個涵蓋了從祖先到子孫的永久性存在；但是就歷史而言，在時間的長河裡面，國起國滅從無恆定，甚至比國家更悠遠的文明，也有興衰起落甚至滅失。

就主從關係來說，國家固然擁有強制性的統治權，但國家和文明畢竟都是人所創造的，在激勵人的奉獻精神時，美國故總統甘迺迪說了一句名言：「不要問國家能爲你做什麼，要問你能爲國家做什麼？」但從一個自由主義者的角度來說，「國家是爲人而存在，而不是人爲國家而存在」才是更精粹的至理名言。從這樣的角度出發，所謂獨立、統一都只是做爲一個能創造的主體，這樣的人的一個廣義的政策選擇而已。

做爲一個能創造、擁有選擇權的人，鄭南榕爲什麼爲被創造、被選擇的台灣國這一個客體犧牲，這眞是一個他無從逃避又無解的悲劇，然而這項悲劇的意涵不只是這樣而已。名作家李喬一九九二年在一次鄭南榕紀念會中說，鄭南榕的自焚，是在於「把台灣的解放作爲一個形而上的存在」，在這裡，李喬令人驚醒地指出鄭南榕並非只是爲一個形而下的人造物「新國家」犧牲，而是爲一個形而上的精神「解放」而犧牲。

解放的必要，來自壓制的存在。由於舊國家已成壓迫的工具，於是新國家成爲解放這一個形而上意義實踐的依靠。

在威權體制之下，原屬於「政策」選擇的問題，往往被絕對化界定成道德問題，異議者選擇了與統治者不同的政策便成「道德犯罪」，必須以國法伺候，就如鄭，當他選擇台灣獨立時，就要被國家拘提到案一樣，這時，一個異議者，他遇到的就不只是政策選擇的問題，而是選擇的自由被剝奪的問題了。當這樣的自由不存在，人，喪失了存在的主體地位，所以他必須尋求解放，才能回復人之所以為人，也重新確定了人做為創造主體，國家做為被創造客體的應有地位。到了這裡，同樣做為絕對主義者，鄭南榕的自由主義精神，和只問集體、只問國家而不問個人的民粹主義者乃涇渭分明，本質上迥然而別。

鄭南榕與三島由紀夫

同樣以絕對主義者之姿壯烈自殺的鄭南榕與日本名作家三島由紀夫，在信仰上有根本的不同。他們都是強烈的國族主義者，但是他們國族的理念有非常大的差異，鄭南榕追求的國家是「好國好民的小國小民」，是一個自由主義的世俗國家，而三島追求的是對天皇有神祕崇拜的「偉大」大和國家。為了實踐這樣的目標，三島組成了穿著華麗英武的法西斯社團「楯之會」，他要對抗日本在二次戰後世俗化的經濟掛帥，在這樣的情懷之下，《豐饒之海》中描述的，「在島上過得幸福快樂以至於沒什麼故事留傳下來」那樣的幸福正是三島要避之唯恐不及的，而世俗的民主幸福社會相反卻正是鄭南榕夢寐以求的。

儘管有這樣大的不同，但是由於同樣做為絕對主義者，也就一樣地沒辦法迴避「有限個體與巨大的現實命運」，以及「創造主體自由與被創造客體」間的最尖銳矛盾。

人做為主體的地位和被創造的文明的客體地位的劇烈衝突，三島在他小說《金閣寺》中，有驚心動魄的演出。

金閣寺據說是日本最令人驚嘆、最美麗的一座庭園樓閣建築，但突兀地被一位和尚放了把火燒掉，三島以這故事做題材寫了小說《金閣寺》探討日本文化深層的精神衝突，這種衝突本來潛在於所有人類文明中，但在日本文明中，表現得特別尖銳。

爲什麼幸福安定的日本是自殺大國一直是個謎——社會失序不是理由，因社會超穩定，迄今集體性濃厚；基督教認定自殺是罪、日本則否的解釋也不充分；但從文化深層結構中探討，可以得到解釋。

日本庭園極度乾淨簡約，精美得不容增減分毫，日本人說是追求極致的「自然之美」所致——這說法透著古怪：自然生機勃勃，自由自在毫不簡約，哪能有不容增減的問題？何況污／淨是人爲的價值劃分，根本不是先天的自然法則，日本人從禪、武士道衍生成爲大眾生活的茶道、花道、庭園藝術，其素材和人的創造動能固都源於自然，但其過程中強迫性的繁複規範，使自然一再被簡約淨化，以致完成的作品不只遠離自然，過度的純潔甚至對於因具備官能本質而未能「潔淨」的人造成壓迫。

如庭園沙地作爲人創作的客體，一旦耙好波紋反不容作主體的人侵犯踩踏，三島由紀夫小說《金閣寺》精采刻畫了這反客爲主的現象：

「池面搖盪的官能，是構築金閣的力量來源，但力量一旦被賦予秩序，完成了美的三層樓，已無法再住其中，向池上——故鄉逃遁而去。」結果，「虛無就是這個美的構造」。官能逃去又回頭籠罩金閣，雙方驚心動魄地對峙。金閣之美，是達所謂令人窒息的境界，於是主角不願窒息，只有付金閣於一炬一途，書讀到這，令人不禁掩卷大大舒了一口氣，三島說這是「遇佛殺佛」，「始得解脫」。

日本文化既對純美追根究柢，又逆向無盡沉溺於官能世界。菁英藝術大島渚的電影《感官世界》

和風行地下的猥褻藝術同途，都把猥褻黑暗反文明推到其他文化不及的深沉境界。初看舞蹈《大駱駝艦》，觀眾往往即刻被舞台上窮凶惡極的猥褻黑暗所震懾，舞者全身濃濃白粉，像絕緣體，金閣寺的金箔界分官能／純美，並護衛美，《大駱駝艦》的白粉也界分明／暗，但把光明世界隔絕於外，護衛內裡的黑暗。

在黑暗世界中，虐待行爲無所不在，怵目驚心，正是沉溺的自我，既被光明世界否定，又對黑暗無秩序的毀滅性震驚，油然而生雙重恐懼時採取的防禦機制，這種沉溺和恐懼交織成瑰麗的大眾電影《里見八犬傳》中濃烈的戀屍氣息，而《大駱駝艦》舞者肌肉在白粉底下的怒張扭曲，即是本能用以和充滿侵略性的光明世界掙扎鬥爭的紀事。

當完整地鋪陳明、暗兩世界時，赫然見到日本文化最深處，本能／自我／超我決絕的斷裂並意圖互相毀滅。

西方，羅丹的偉大雕刻，本能、純、美、自我渾成一體，官能因而發出神聖光芒；義大利莫地格蘭尼，裸女的眼神因命運帶來無盡幽傷而空洞如深淵，但其胴體上的皮膚卻而因官能飽滿而純淨，乃至呈現比羅丹雕像更具超越性格的金黃色聖潔光芒。

德國文化也陷入對立兩極價值的追求，但不是文明與本能的衝突，而是既對方向相反的理性和感性兩頭做強迫性的追根究柢，同時自我強大的意志又意圖將其冶煉於一爐，這就是浪漫主義的最高要求。浪漫派音樂是其典型傑作：內容極其情緒馳騁，形式的數學結構又極其嚴謹理性。但日本文化官能／純美一旦分道則愈行愈遠，以致生命因兩者的遠揚而落入虛空，在這三岔路口，我們汗涔涔地領悟三島的名句：「在感覺最昂揚時，以死的淨化做英雄式自我確認。」在文明、本能兩空後處置自己生命成了意志唯一可以選擇的眞實！日本文化的悲劇本質於焉巍巍矗立！

「不知生，焉知死」的華人，世俗道德支配一切，對「理性／感性」或「純美／感官」兩組四極任何一方，都不做悲劇性的全力投入，處理官能不可能如羅丹以官能爲純美爲聖，也不取日本以嚴謹程序予以淨化官能的途徑，而是——以文人畫爲例——「瀟灑」地刻意地忽視、淡化其感官性；在猥褻藝術中，日本版見到在自我沉溺中愛恨交加的悱惻，華人版則在世俗道德的強烈恥感制約下，官能性貧弱蒼白。

台灣婦女自殺率偏低，但中國婦女（尤其農村）自殺稱冠世界頗具爭論，其極端的悲慘或因社會失序或另有文化因素，但可確定的是，不用在文化結構的悲劇精神中尋找緣由，華人美學家朱光潛這麼說的：華人並無悲劇精神。

然而說華人「無悲劇精神」，如說是一個普遍現象，甚至造成悲劇文學極爲缺乏固屬事實，但不能說華人中根本沒有人有悲劇體驗，其實在更質樸、儒家未成主宰的時代，在《山海經》或後來《東周列國志》中都可以找到雖片段、但令人驚怖的悲劇體驗，如刑天、夸父、哪吒、女娃、伍子胥、申包胥、晉將却克等等故事。

清沈葆楨悼大航海時代的鄭成功一生功業的名聯：「極一生無可奈何之遇，缺憾還諸天地，是創格完人」，也流露了有限人生與現實命運衝突的深刻悲劇體驗。

再回到國族主義，比較三島與鄭南榕的悲劇，我們可以說他們都面臨了一種無可奈何的現實命運，就是國族理想實踐的不可能處境。只是非常弔詭的是，鄭南榕因爲執政者的專制，使他連追求世俗的國族實踐的自由都喪失；而三島則因日本的世俗化提供了芸芸眾生紛紛競逐於世俗幸福的充分自由，使他國族理想的追求曲高和寡而不可能。

結局

從上面的許多案例，我們看到絕對主義者的世界面對多重無法彌補的價值斷裂和倒置：

一、創造主體和被創造客體的主客倒置。

二、單一價值絕對化，以至於和其他多重價值對峙造成價值世界的斷裂。

三、先天存在的世界與後天價值的對峙和斷裂。

面對不同的處境，依據不同的稟賦，處理這些矛盾斷裂的方式各有不同，使絕對主義者的生命有了不同類型的角色扮演。

在比較了鄭南榕和三島兩位絕對主義者的悲劇後，本書整理了兩世紀之交的台灣歷史劇場，為絕對主義者們——初始，一個道德節操遠比一般人高的人，以英偉的步伐出發投入政壇後的結局，歸納出幾個類型：

一、道德家或宗教家：這是最合理的歸屬，但他必須要嚴肅小心地面對政教分際的問題。

二、悲劇性的自殺烈士：如三島、鄭南榕，這是最純粹的絕對主義典型。

三、成為革命者：如回教聖戰士，不管是早期投身於國族建立的聖戰士，或在哈山之後投身於泛伊斯蘭主義的聖戰士都是；中國早期革命家或者早期一些犧牲生命的台灣台獨革命家都是。然而絕對主義者立場的革命成功，並不是指權力的取得，而是價值徹底的實踐，於是他勢必被迫進入「不斷革命」的處境中。

四、回歸世俗世界：如放棄拒領薪水諾言的民進黨國大代表，以悲劇開始，而以喜劇終。

五、虛無主義者：在無法解決價值劇烈衝突後的下場。

六、法西斯主義者：意圖以權力意志不顧一切地貫徹追求的目標。

七、因雙重標準而成為虛假的鬧劇。

非常意外的，才華絕頂的三島，他的生命雖短暫如燦爛流星，但既因不甘平凡，又是絕對主義者，他的一生角色，竟歷經了上述好幾個類型，又和上述另外幾個類型處在對決的位置：既自殺成為烈士；又組法西斯社團；又如自述性的《假面的告白》陷入虛無主義中。他無時無地都處在有限存在與無限力量的現實命運的對決中，甚至在性別傾向上也一樣：有限的男體與無限的多元性別認同間的矛盾。他拒絕的則是回歸世俗而生命成了喜劇，以及因雙重標準而成為虛假的鬧劇。

神，做為一個永恆、無限的存在，祂可以同時遍在所有的地方，所謂「神無所不在」，佛教把祂象徵化就是千手千眼觀音，千眼可以同時看遍世間所有苦難，千手可以度盡世間的人，還有佛一啓口，眾人無論語言如何紛歧，不必翻譯，同時知曉佛意，神的能力為人崇仰，神的世界為人嚮往，但人在其前則既分享榮耀，又備覺生之有限與渺小。

絕對主義者在動員民眾支持他的主張時，最常說的是他已經「傾聽到了所有人民眞正的聲音」，然而任何人既然都只是有限的存在，他根本不可能聽到所有人民眞正的聲音，要做得到，那只能是千手千眼觀音，也就是說一個永恆界的、無限界的存在才可能。所以當人說他聽到了眞正人民的聲音時，他是自我神化了，自我僭越成為神，這時，他做決定無比堅定，而心情平安，甚至喜樂，直到不知覺人間的痛苦。然而眞正的人，做為有限的人，只能陷入有限無限矛盾掙扎，甚至痛苦地面對他的悲劇命運。

三島和鄭南榕生命內涵儘管差別巨大無比，但做為眞正的絕對主義者，他們都以其劇烈的行動，逼使我們面對生命無從閃避的有限／無限、主體／客體的對決，使我們在眞實命運之前無所遁形，也因而使我們不至於沉淪。

共同體自我完成

假使鄭南榕自焚是爲了捍衛選擇的自由，以確保人面對命運時的主體地位，那麼對台灣的前途放棄自決權實際上也就是放棄了作爲台灣人，無論作爲群體，或個人，面對威壓的權力者時放棄了主體的地位。

人，尤其是共同體中的人，他自我創造的限制與可能性是這樣的：

首先，他在被生下來的既定時空範域中存在的文化、歷史、傳統、地緣條件、政經現實，在在都是他憑藉以進行創造的資源，同時，在在也都形成了他創造時的限制，以經濟學的角度來說，也就是他無論如何都具備了一定的比較利益的創業條件，理性地有所選擇地善用這樣的條件，是他熱情地進行創造時的最佳策略。其次，過去的傳統和既有資源既提供了現在創造的條件，現在創造的成果也將成爲下一階段或下一代創造的資源與限制。這樣前後銜接地形成共同體的特殊文化風貌，同時也形塑了共同體的客觀內涵和主觀認同。最後，在目前的現實世界，建立主權國家是用以確保這樣的共同體與個人實踐自我完成時必要的選擇。

落實在台灣，上面的道理應該這樣地敘述：台灣千百年來，累積了獨特的歷史經驗，面臨了獨特的生態環境、地緣條件，在人類普遍的共相與較小的華人乃至南島民族的文明共相下，經歷了獨特的社會、經濟發展，在共相下令人珍惜的獨特文化萌芽，爲了要讓文化、經濟、社會由萌芽而發展，甚至成熟，必須建立獨立的政治體來保護和支持。因此，台獨是台灣人被投入這一個獨一無二的時空中、必要也不得不的選擇。

但在做這樣選擇時，我們還必要清晰地瞭解到，社會、經濟、文化的價值是政治選擇的目的，而社會、經濟、文化的實踐目的則是人的自我完成。終極價值仍在人本身，文化、社會、經濟實踐是其內容，而國家則爲完成實踐過程的必要的工具。人／社會、文化、經濟實踐／國家，這些主客之間的位階不能顚倒，尤其不可把實踐的工具、實踐的內容，從主體割離而加以絕對化、教條化。

由於人的實踐脫離不開政治的框架，因此，逃避統獨問題的人就成了：做爲一切主體的人不肯接納他的今生今世在智慧和能力都是有限的這一個事實。由於人今生今世的有限性，因此在實踐上必須選擇，甚至在緊要的特定時空，做爲終極價值所託，自我許諾爲無限自由的主體，必須對有限、相對的價值做無限的投入，甚至犧牲有如鄭南榕一般。但很弔詭的，在清醒地面臨並投入這種人類的極限狀態時，人成爲一個創造者，處於既投入台獨又超越台獨的現象，人，由此完成了生活的創造，也完成了自我。

我們進一步討論台灣人自決權：既然自決選擇權源自於主體，因此，反對自決無非反對主體的選擇自由，或者意味著逃避了有限的人必須選擇的命運，甚至是逃避了自我主體本身，當然也就是逃避了眞正的實踐。

因此，一路從鄭南榕的悲壯到教條主義者身上，我們追蹤到這樣的一個軌跡：

台獨是一個方向，或是範疇，不是實體內涵，但它的規範作用，使有限的人，在特定的時空，就整體而言，提供能成功地進行內容創造與自我完成的框架。

同時，由於既認識到了人的有限性，又力求在這樣的限制之下盡其形壽自我實踐，於是人的世界，萬國家族各自創造了殊勝的文化異彩；而一國（或一族）之內則又創造了豐富繽紛的多元面貌。

亂象根源

儘管國會減半修憲案已正式通過，我仍繼續鍥而不捨地尋求將來再修憲的機會。不少人問我，有希望嗎？我說，且不談機會，只基於政治信念，我除了盡人事之外，沒有其他的路可以走。

實際上，我們的憲法問題不只是國會選制、票票不等值、席次太少等問題嚴重，整個中央政府體制只要看政局從政黨輪替亂到今天，不用問就知道問題更是大得不得了。

體制最大的問題在於支離破碎。

憲法固然是垂之久遠的根本大法，不應輕易修改；但社會變遷往往非常劇烈而迅速，憲法不能不與時俱進，否則窒礙難行。中華民國統治的版圖從秋海棠變成台澎金馬，政治、社會環境變化實在太大了，所以非大幅調整，不足以實行民主。但大幅修改又受到保守勢力抵制，於是只能事到臨頭，實在行不通了，才局部局部地改。有人對改了那麼多次，意見很大，問題是差不多每一次都有不得不的基礎，例如國會全面改選、總統直選、廢國大、凍省四次，不能想像哪一次少得了的。

由於任何一個國家的憲法體制，都有依據合理的運作邏輯形成完整的架構，所以，我們一再進行局部的修改，不能妥善地全盤處理，結果是體制每修一次就破碎一次，以至於各個權力機關間運作的機制全被破壞，更糟的是這一來，在修憲時各種政治勢力都要在修改的體制中分得好處，於是零碎的體制把國家權力分割變成了各種勢力盤據的山頭。

一九九七年修憲完成當時，我國政治上的權力大山頭是六個：總統、閣揆、在野黨國會領袖、在野黨黨揆、執政黨黨揆、執政黨國會領袖。

像總統、閣揆、國會黨團、黨揆，各個民主國家也都有，但它們的體制把彼此的權力運作邏輯都妥善規畫，於是決策，執行，都有規矩可言，凡事有主有從。

例如內閣制，閣揆就是黨揆，也是國會黨團的實質領袖，權力的運作很清楚，而總統則是虛位。制衡功能主要由在野政黨承擔。

又如總統制，總統有否決權、行政權接受制衡，但不被過度掣肘，國家政策由行政、立法兩部門制衡運作，黨揆則沒什麼權力。

再如法國雙首長制，總統主持部長會議，又有左右共治慣例，可以在傾向總統或內閣制中換軌運作。

而我國，所有體制運作的筋脈幾全被切斷：

是雙首長制，但總統被排除在內閣會議之外，不能主持部長會議，彼此欠缺政策整合機制；國安會、國安局從法國的總理內閣中切割出來，總統、總理成為兩個有行政實權的政府，不利左右換軌；總統沒有主動解散和就重大議題付公投之權，行政立法僵局無解。

朝野都是剛性政黨，但黨揆在國會之外，是外造政黨，國會領袖、黨揆，誰聽誰搞不清楚。

體制這樣切割、六大封建山頭各擁部隊，各憑機運各顯神通，互別苗頭，而六大山頭又以總統最高、最尊，於是另外五大山頭對總統依情境或阿從或對抗或虛與委蛇，然後彼此之間再有志一同以奪大位為志向，互相攻伐，政局從無寧日，危機層不出窮。

各路兵馬

二〇〇五年，任務型國大才剛剛完成修憲，便由於修憲的內容太荒唐，而且憲政體制的缺陷已極明顯，因此，學界和社運界中醞釀進一步的體制改造，其中和藍綠雙方往來的學者都有參加，各路人馬紛紛組成工作團隊。

在這氣氛之下，動作最快的是總統府，八月一日成立總統府憲改辦公室，由「憲法國師」李鴻禧之子擔任辦公室主任，計畫由總統府領導「由下而上」的修憲運動，下鄉舉辦「萬場」民眾說明會。

九月二十日，二十一世紀憲改聯盟，由中華民國律師公會、民間司改會、澄社、台灣法學會、全國產業總工會及原住民、婦女、少年權益、人權等等二十多社會團體組成。

十一月三日，民進黨國會黨團憲改小組成立。

二○○六年，民進黨中央黨部成立憲改小組，邀請學者立委分別起草內閣制、總統制兩套草案。

另外，二○○四年，施明德面見陳總統建議採行內閣制，二○○五年並籌組「內閣制大聯盟」，但因發動紅衫軍運動而中斷。

聽訓

基本教義派，一般都有強烈的使命感，因此，大多數的運動中，他們往往成爲最核心的動力，由於信念的堅持，使他們積極投入，也由於信念的高度堅持，使其他的人要和他們在運動過程中對目標、策略上形成共識時，需要用最多的時間和他們溝通。

二○○五年五月十三日憲法修正案一通過後，我沒有空下來，立刻就四處找人拜訪，尋求再修憲的試探。當然學界和輿論界是接觸的重點，但我尤其花費更多的時間在和對憲改有興趣的台獨基本教義派人士溝通，其中有青壯的學者，有政界的大老。

我和他們溝通的核心只有一個：

能不能把國家象徵符號的修憲時程押後，現階段只鎖定在中央政府體制，包括行政立法關係與國會選制的再改造方面。

對於「堅信者」的他們，這勸說的工作極爲辛苦，可以想見，他們幾乎認定我背棄了獨派立場，他們的想法，政府體制和選制票票不等值，比起國家符號都是枝微末節，談到選制讓民進黨不利時，他們不只一位不屑地說：「民進黨算什麼！」

這樣的說服過程一次往往要花費幾個鐘頭，整個過程幾乎全在聽他們訓話，然而我努力壓住性子低聲笑臉，委婉以對。由於過程氣氛實在僵硬，有陪我一起去的朋友，常忍不住半途就退席，讓我一個人孤身挨訓。朋友事後說，你對阿扁、游主席都毫不顧忌地放砲，連林義雄都槓上了，沒想到可以在這些人面前聽訓幾個小時，我只有苦笑，輕嘆一聲，繼續叫助理打電話約大老去挨訓。

事實上，經過長時間工作之後，效果大抵出來了。多位大老願意支持我的策略，因爲他們被說服：如果憲政體制不能運作，而改革力量沒辦法在國會選制中取得有力多數時，透過修憲更改國號、領土範圍根本緣木求魚。因此，當務之急，是把憲改調子放低，目標務實爲是。

不過，有些大老雖被說服支持我的策略，但一旦遇到總統和游主席突然又提出制憲、正名、改領土的號召時，馬上又振奮不已，把我形成的穩健策略共識丟在一旁，這使得我經常要疲於奔命救火。

縱使如此，一些極端的社運團體和學界人士，在經長期一再溝通以後，效果堪稱不錯。

直到我立委辭職前夕，對於修憲，各種政治力的狀況大抵是：社會上對體制的支持大幅由總統制轉向內閣制，例如台灣智庫在二〇〇六年底的一項民意調查，兩者比例是五十六．六%比十九．三%，差距懸殊；另外，學界也一面倒地支持內閣制，而國會議員也是一樣，這無疑地提供了強大的憲改動力；但台灣智庫的調查又顯示，對於國會減半的體制，絕大多數人仍然支持，這又是修憲的阻力。

另外一個巨大的阻力，則來自天王們，朝野諸天王們既多眼睛大大地瞪著二〇〇八的大位，人人都有捨我其誰的氣概。然而由於體制的缺陷，將來他們一旦登大位，將面臨和今天陳總統一樣的體制僵局，他們在政治上縱橫捭闔的才能，似乎又都比不上陳水扁，將來一旦登上大位會不會像陳水扁一樣，一世英名就耗損在大位上？這本是大大值得憂慮的事，但天王們不管，他們認為只要搶到大位，一生登峰造極，再無遺憾了。

於是，我自己赫然而站到諸天王們的對立面了！

絕對主義與封建主義

第六屆立法委員的民進黨國會黨團在二〇〇五年國會通過國會減半修憲案的一刻，全都跑到主席台前歡欣鼓舞，拉布條慶功，黨主席陳水扁此後也一再高傲地演說，把推動國會減半當做偉大政績。不料二〇〇八年一月十二日第七屆立委選舉，民進黨在一百一十三席中只得二十七席，潰不成軍。因此，第六屆民進黨國會黨團恐慌之餘，趕在任期屆期任滿前要提出釋憲，要求大法官解釋修憲案嚴重票票不等值、違背憲法平等權規定。這個大動作，實在尷尬透頂，引起藍軍嘲笑固不足為奇，有些民進黨領袖也大不以爲然。

這時浮現令人開了眼界的現象。例如修憲期間到中央黨部要求中央黨部開除不守「減半誠信」立委的核四公投促進會召集人，發現減半造成了立委選舉國民黨一黨獨大的結果，他以爲「已對台灣民主政治造成莫大威脅」，但仍應堅持減半，因這才符合誠信的立國原則和轉型正義。

這說法古怪透頂。

對「台灣民主造成莫大威脅」涉及的是人民的公共利益、民主基本精神和人人平等的人權普世價值；而誠信涉及的則只是個人的形象。如果信守承諾有助公益人權或至少對公益人權無害，卻對自己形象不利，那麼信守的行爲的確値得佩服。但一個領導者爲了維護自己誠信的名譽和威望，卻讓人民權利、民主體制受傷，豈不是把私名擺在公義和人民之上嗎？

在封建時代，這或許是對的，因封建社會在價值一元論的世界觀下，嚴守上下位階不只是權力結構問題，而且也是道德問題，所以君王稱聖上，爲了嚴密鞏固這樣的位階，上位者不只錯了可以免責，刑不上大夫；甚至推到極端，不管對錯，「君無戲言」，聖上號令既出臣下必行，縱受到什麼災難也沒有任何悔改的空間。

只是民主時代認爲神聖道德是私領域的事，而政治，這一個公共領域，只處理世俗事務，在世俗精神下，不只人人平等，無所謂刑不上大夫，而且，認爲犯錯本是世俗常事，錯了如涉及公共利益，除了錯的人該負責外，就是要改，不能爲了維護任何人的私人名譽而不改。民主議會中有一個不可或缺的覆議制度，就是專門提供給提錯案、表決舉錯手的議員不守誠信地知過可改用的。依一些核四公投人士對誠信的說法，豈不是該把這種破壞誠信的制度廢除？

核四公投人士也不一定個個認爲自己的誠信大於普世的人權，例如曾有位教授發現減半的荒謬性後，憐憫我說：「當時委屈你了。」他的憐憫，我一頭霧水，因爲我反滅半只是爲所當爲，反而不成，有的是愧對託付我任務的人，但面對核四公投人士，我何委屈之有？他該做的，是向被他們害死的民眾磕頭道歉，不是對我憐憫。對我憐憫？實在滑稽。

回頭一想才恍然而悟，說人委屈，是一種高姿態，是由上而下的憐憫和愛護。核四公投人士永遠讓自己站在道德的高地，這是典型的絕對主義的風格，在不知道滅半有多荒謬，對反滅半的予以制裁時，他是道德的；明知人民平等權的受害仍堅持滅半時，他也因占據誠信的高位而是道德的，對曾被他們制裁的反滅半人士予以憐憫時，他還是因對下面的人行了憐憫而繼續是道德的。他們的道德，永遠完滿無缺，永遠無虧欠於台灣人民！

當我們不是嚴謹地說「人民的立場」是什麼時，我們說的人民指的其實是「大多數的人民」，然而極端主義者說「人民」的時候，其實說的是「道德上帝的選民」，他們不但不是多數渾渾噩噩的俗眾，反而是符合極端主義的少數「道德菁英」。

絕對主義者動輒說要傾聽人民的聲音，因爲票票不等值而受到不公平待遇的人民和因民主受到威脅而憂心的人民聲音，也在傾聽之列嗎？還是站在他們腳下那邊的人才算人民，而不站他們腳下那邊的人都是非道德的，甚至是「非人民」，這樣地劃分人我時，「美好的」封建體制重新降臨。

反核四領袖人士會承認「滅半造成了民主重大威脅」，表示的是，反核四人士認爲滅半結果雖爲惡，但其目的並非爲惡，換句話說，滅半以處罰國會／滅半使民主受到重大威脅兩種價值，是曾造成這些人內心的兩難衝突的。這一點是他們和罪犯最大的不同，罪犯之所以應受法律的制裁，最重要的依據是在爲惡時，他常明知他的作爲被社會所不容，但並不因此引起他內心任何價值衝突，尤其是邊緣性格的罪犯更是如此。

因此反核四公投人士既發覺重大的價值衝突，又在衝突中說服自己的選擇仍然正確，在他認同為最重要價值——「誠信」被實踐後，心情因而平靜且喜樂地認同、享受他選擇的價值的勝利，並不必再為「民主受到威脅」而有罪惡感。從犯罪心理學上來看，與其說他們是集體犯罪，不如說是原先陷入極端嚴重的社會集體心理認同分裂的焦慮，現在因透過對分裂價值的認同，而「治癒」了焦慮，因而處在病態的幸福感中。

註：

① 德國的選制是改良式的比例代表制，比例代表（政黨）和區域代表各占五十%的席次，但總席次以政黨比例代表得票率為準。

第四章

卡珊卓

徵兆

在二〇〇〇年台灣政黨輪替之際，陳水扁曾是小布希這位美國西部牛仔總統的驕傲。台灣過去是後進國家在美國協助之下經濟起飛的典範，現在陳水扁完成了和平輪換政權，又成了美國在世界各地推動民主化的模範生。

光環這樣地燦爛，因此，儘管下台的中華民國老統治者皆憂心忡忡：既憂心陳水扁這個鄉下人會把只有菁英才優而爲之的國際關係搞得一團亂，又憂心一個主張台獨的黨執政了，兩岸關係不知道要伊于胡底，可是陳水扁感受到的則是自己面對的國際和兩岸前景是一片開闊，有這樣的喜事連連：

首先五二〇就職演說，美方讚不絕口；接著九月陳水扁的朋友新加坡資政李光耀來訪；同月中韓簽署復航協議；十一月，和埃及互設代表處。

第二年，二〇〇一年四月，達賴喇嘛來訪；月底，美公布軍售台灣清單，規模之大，近年僅見；三十日，台俄直航；四月蒙古總理那納蘭蘇拉來訪；五月出訪美國，過境紐約，禮遇規格提高，被認爲重大外交突破；七月韓前總統金泳三來台，開啓兩國飛航解凍之門；九月九一一事件爆發，此後美迅速鏟除阿富汗神學士政權，美國單極強權態勢確立，中國實際進入以前鄧小平時代對外韜光養晦階段。

二〇〇一年十一月美國大選，小布希當選總統，原先由李前總統在柯林頓政府時代就長期「燒冷灶」結交的朋友等紛紛擔任國安、國防、外交部門要職。

十二月，民進黨國會選舉席次大增成爲國會最大黨。

二〇〇二年元旦，我國正式成爲 WTO 會員國，三月國防部長湯曜明赴美出席防禦高峰會。

在兩岸方面，陳總統一上台就採取積極作爲改善關係：

十二月立院三讀通過兩岸人民關係條例，放寬人員來往及對中國投資上限限制；二〇〇一年二月金廈航線解凍；十一月，行政院通過「積極開放，有效管理計畫」；二〇〇二年七月，行政院宣布開放對中國直接投資。

同時，中方雖在外交戰場上仍然做法僵硬，但在兩岸方面也持續放出緩和氣氛，二〇〇一年十一月，批准台航飛越「三亞飛行責任區」；二〇〇二年一月，錢其琛歡迎民進黨黨員以適當身分參訪大陸；三月，中國總理朱鎔基提出被認爲較有務實色彩的「一中原則新三段論」；十月，錢其琛副總理強調三通可以不涉及「一個中國」之政治意涵。

大氣氛如此，藍軍的憂心和對扁的攻擊自然顯得可笑。

氣氛甚至好到小布希和鮑爾分別脫口出說：「(兩岸)有兩個國家」和「中華民國」，中國雖然大大抗議，美國都不願更正。二〇〇〇年之後的兩年，面對藍軍，我一再強調，比起九〇年代，這兩年是對外和對中國關係最順利的時光。

二〇〇二年中，陳總統接受《紐約時報》專訪，進一步引用布希的話說：「布希強調（mention it）兩岸是兩國，一個是中華民國，另一個是中華人民共和國。」

看到了報導，我直覺不妙，認爲陳總統可能對美國產生了不切實際的想像，如果依這樣的想像推動政策，會出問題。

在陳總統二〇〇〇年剛上台時，基於他長期「新中間路線」的去台獨化的想法，所以在就職演說中宣示四不一沒有，當時，我認爲陳總統讓太多了；但現在陳總統對美國的理解有了幾乎相反的改變，我認爲恐怕這一來他又要衝過頭了。

雖然事實上，台灣和中國各有土地、各有人民和主權，根本是兩個國家，但美國基本上是採取「一個中國政策」，並承認中華人民共和國是中國唯一合法政府。至於台灣，小布希當然是同情的，因此當他脫口而出（兩岸）「兩國」時捨不得更正，但並不表示他已經改變了美國的國家政策，因此雖不更正「兩國」的口誤，但一定並不願台灣加以張揚，以免帶來美國的困擾。

警訊一傳

陳總統兩年來的出國訪問，都凝聚了巨幅的媒體焦點，十分意氣風發，二〇〇一年，一向以外交能力自詡的呂秀蓮副總統自封為「世界之女」，也躍躍欲試，比諸陳總統，她更求突破，首先被選為突破的對象是歐洲的荷蘭或法國。

呂秀蓮二〇〇一年十二月訪問甘比亞，訪後夜宿維也納一晚，原本規畫去阿姆斯特丹，但是遭到拒絕，後來前往巴黎。

副總統在巴黎違背對法國承諾，偷溜出過境旅館跑到凱旋門拍照以作為「突破」的證據，法國大怒，才赴任六個月的駐法代表謝新平被迫回台灣；世界之女一出門突破，台灣大使反而就得從世界打道回台灣。

接著呂副總統找印尼做第二個突破對象，印尼和我國並無邦交，內部政界矛盾衝突非常劇烈，不只是總統、副總統間會搞政變，地方的割據勢力也常和中央唱反調。呂副總統透過印尼華人律師接觸與中央不對頭的日惹省長蘇丹哈孟庫布沃諾十世進行安排，利用台灣禁止印尼勞工來台，而印尼勞工部積極爭取開放的機會，呂副總統找出到印尼進行外交「突破」的機會，規畫二〇〇二年八月十四日搭華航 C1677 班機前往雅加達面會印尼總統梅嘉娃蒂，轉岔里島再往澳洲，使自己成為「政黨輪替以來，密訪東南亞國家層級最高的政府首長」。

不料副總統訪印尼是和對方部分官員瞞著中央政府私下運作的，因此，飛機一到雅加達，被當成偷渡，不准入境，在機場受困二小時，印尼總統府發言人宣布：「總統並無與呂秀蓮副總統會面之計畫」，但呂副總統不但不以為忤，相反的，對台灣媒體「激動驕傲」地宣布：「我現在在印尼雅加達。」

這位後來以「世界之女」自許，而不單單只是「台灣之子」的呂副總統，就職以來，不斷強調將展現女性的「柔性外交」，帶台灣進入世界，而其手段則既是「鋼硬的」，又是「偷偷摸摸的」，無論巴黎、印尼行，都使得對方政府十分憤怒，於是「交好外國」的外交成了「交惡外國」，印尼方面後來靠勞委會開放印尼勞工來台做交換條件才擺平。

警訊再傳

的確正如呂秀蓮說的，印尼行最大的障礙來自中國的打壓，因此當時許多熟悉外交事務的獨派人士都不忍心公開苛責她的魯莽，有的甚至為了輸人不輸陣，還加以聲援，於是她沉醉於自己的英勇事蹟之餘，進一步積極鼓勵陳總統透過她的安排進行同樣偷渡外交的壯舉。國安方面，有人認為並不妥當，而外交部，則如同她自己的印尼行一樣都在決策過程中被丟在一旁，直到最後才知情。儘管如此，正副總統兩人都興味盎然，準備到印尼接受「千人的盛大歌舞歡迎會」，最後在啓航當天凌晨兩點，印尼方面傳來中央政府憤怒的反應後，不得不突兀地取消。

呂副總統說：「我要告訴大家，我們沒輸」、「天下之大，爲何一定要到印尼」。她的話，是預告將來還有些國家會被列爲她和扁英勇硬闖的目標嗎？大家惴惴不安了。

警訊三傳

二〇〇二年八月，政府高層說，今後將和中國展開「遍地烽火」的外交戰。

台灣和中國的外交戰從沒有停止過，但對中國來說，封殺台灣外交空間固然是不變的政策，但其實從未把台灣問題當做外交的最優先目標。中國雖不只一次向美國說，台灣問題是中美間最敏感的問題，其實不過是拿台灣來做爲在更重大議題上和美國討價還價的籌碼罷了。

情境既然險惡，台灣以小搏大，在外交上採取步步爲營的穩紮穩打恐怕最妥當，如果把外交戰全面升高，逼使中國把對付台灣外交的優先性提前，挾其日益上升的國力開火，台灣肯定會非常吃力。因此聽政府高層這樣說，我陡然而驚。到底什麼是遍地烽火呢？呂秀蓮二〇〇二年古怪透了的印尼之舉是遍地烽火嗎？還是再進一步到處花更多錢、搶更多小國是遍地烽火？或者是傾全力把總統過境美國待遇做爲最重大目標，傾全力和美國國務院官員周旋角力，弄得他們不勝其煩？

看來，這三樣都是，這非常不妙，我建議政府重新考慮，在《蘋果日報》從八月二十五日起到二十九日連寫了三篇文章，委婉地建議「全面烽火小心點」，我先澄清立場，表明對外交逆境，我們不能逆來順受，否則將會「乖小孩沒糖吃」，我批評台灣的美國通和美國的中國通器識短小：

李登輝時代又是破冰之旅、又是度假外交，頻頻出招，和中國尖銳衝突，評價兩極化，除北京外，對李登輝最不滿的大概就是一些美國國務院官員，這些官員挾美國之威睥睨天下，認爲「一個中國政策」就可維持天下太平，令公務員們高枕無憂，安心上下班。

在這政策下，台灣最應扮演的角色是不吃糖的乖小孩，所以李總統到中南美過境時，甚至限制他下機踏上美國領土，以免傷害「一中政策」。李登輝覺得事態嚴重，於是覺悟到與其做乖小孩沒糖吃，不如做有糖吃的壞小孩，動員美國國會和輿論成功訪問康乃爾，這一來，美國公務員們已經夠不爽了，接下來北京冒火發動九六軍演，雍容華貴的公務員們焦頭爛額，大失風采，更大大生氣，從此李登輝成爲「麻煩製造者」。

眞的沒有康乃爾事件，北京就不會出狀況嗎？這看法恐怕太幼稚。冷戰結束，中國少了北方大患，經改後國力又大幅上升，戰略由西北防禦轉向東南海上進取以美國爲假想敵，突破島鏈封鎖方針早已底定，因此伸手動腳是早晚的事，李登輝康乃爾之行固然激怒北京，也讓美國警覺北京這樣的戰略部署，從而形成亞太戰略新架構，並積極對台灣這個壞小孩給糖，提升軍售規格。這是李的康乃爾事件在戰略上最有意義的影響——儘管這結果並非李規畫出來的。至於康乃爾後建立了台灣元首訪美的基本規範，對後來的陳總統有利，這雖也是重要突破，但已在其次，許多台灣專家不從大格局看，而只跟著美國公務員說「麻煩製造者」，器識不免小之又小了。

接著我說，「壞小孩有糖吃」：

陳水扁總統首度訪美可以說是驗收對台灣轉爲比較有利的外交格局，所以有重大意義。

最特別的一次元首外交是李登輝退職後訪日，竟然掀起日本社會崇拜李登輝的狂潮，逼使日本政府不得不低頭讓李赴日，退職成爲百姓卻有這樣古怪的魅力，捲起的旋風在人類外交史上是空前絕後了。

十年來，李登輝元首外交就以康乃爾之行、日本之行突破衝擊最大，加上陳水扁總統的首度訪美，是三個最有價值、影響最深遠的事例。

康乃爾之行後，李登輝進一步全面擴大戰果進行東南亞等地的度假外交，雖不用今日「烽火外交」刺激性的稱呼，卻有其實。

這一連串的大動作就成了「典範」，此後副總統乃至想選總統的人都要表演一下，但是問題來了。

破冰之旅對台灣是重大突破，但和一般國家比，規格仍然遠遠不如，卻已歷盡艱辛才完成，這不只是令人心酸而已，也預告了他的限度和困境。

最後我建議「烽火外交小心點」：

能突破固然和李的意志力息息相關，冷戰結束後和國內外客觀環境配合更屬關鍵。國外局勢並非我們能主導，國內因素則是幾十年的政經發展累積出來的實力，如今功力用於一役，要進一步突破，需大幅加碼，恐怕不容易，況且，一、民主改革已不再新鮮，民主的亂象反而浮現。二、中國經濟成長速率趕過台灣，比台灣更有加碼實踐金錢外交本錢。三、幾次元首外交，差不多已達到「非正式外交」的上限，進一步發展就是正式外交關係了，難度更高。台灣階段性的戰略實在應該從全面烽火調整到鎖定重點，轉移到如 WTO 等新戰場，以及既有戰果的消化，如經貿互惠，當作外交儲蓄。在存款未豐時，與其頻頻提領來做並無重大突破的密集元首外交，不如充分累積下階段突破的實力。

有時見好就收是非常必要的，李第一次訪日，成果輝煌，第二次努力則是多餘，因為動用資源仍然不少，但如成功，意義增加十分有限，如果失敗，就更糟糕。同樣的，如總統、副總統兩度到印尼的努力，對國家恐怕都有耗損。

在印尼行、波音兩件遇人不淑的事件之後，我們實在應該痛加檢討，外交是多層次的，不應簡化成只有元首外交，階段性元首外交全力衝刺雖有極重大的歷史意義，但不應永久化變成外交常態。

然而，諸如小國外交應「零存整付」、「不應透支」，「烽火小心點」的建議，並未被當局接受，就像卡珊卓在特洛伊戰爭時的建議，只是帶來嘲笑一樣。

逆轉勝

由於陳總統宣布一邊一國純是擦槍走火，所以自然並沒有相對應的政策調整，基本上，對內，他仍然認為應該走新中間路線，這在為了面對二〇〇四年的大選而為的二〇〇三年選戰策略中最能看出來。

二〇〇〇年大選，陳總統只獲三十九%選票，能當選完全是因為藍軍連宋分裂所致，因此二〇

○三年時連宋整合成功，聲勢立即大幅上竄，連宋領先陳水扁二十個百分點，綠軍選情陷入低迷，勢頭既然在藍方，綠方的競選總部無奈之餘竟然想到要向藍營「借光」的策略，聘請蕭萬長做財經總顧問。

過去民進黨的競選是議題的創造者，這次陳水扁拋出「催生新憲」也堪稱傑作；另一個創造的「大」議題是請蕭當總顧問的怪招，則其笨無比。

競選總部的策略軸心在執政優勢，運用行政資源「拔樁」，而一改過去以議題創造為軸心的策略，因此總體來說，欠缺議題開創力。

這時議題的創造來自李前總統陣營，李陣營就運動優先的立場，先是發動「正名」運動。由於民進黨的群眾從二〇〇〇年「新中間路線」成為國家政策後，十分鬱悶，如今可以為正名走上街頭，士氣大振，幾場群眾大會辦下來十分成功。中秋前夕發動了十五萬人大遊行，連帶的，後來的二二八手護台灣運動的進行也就順利推展，最後大成功，而其基調仍採穩健的，牽手只是護台灣，而把持住不升高到冒進的訴求。

以陳總統凡事想自己主導的個性，若非在策略上仍未走出新中間路線，實在不可能在正名和二二八手護台灣兩項運動中，把發動權拱手讓人。

二二八手護台灣運動的大成功既證實了台灣主體意識已蔚為社會主流，而所謂「台獨」是民進黨罩門的講法也不攻自破。看到了這一點，於是陳總統調整得很快，在對內政策上迅速地從去台獨化的新中間路線一百八十度大逆轉，走上冒進台獨的路線，於是開始發動制憲和公投。

在公投方面，先是由我負責領導政策會起草公投草案，再透過黨團在立院積極推動，只是沒想到等到通過後，陳水扁會「找到巧門」，冒進地發動「防禦性公投」。

盛衰之際

二〇〇三年九月二十八日，陳總統正式宣布將在二〇〇六年催生台灣新憲法，由於政權輪替以來，社會深感憲政體制的不良和政治亂象息息相關，所以社會對新憲法多數是支持的。

二〇〇三年十月三十一日，陳總統展開到拉丁美洲的「欣榮之旅」，過境紐約時，接受國際人權聯盟頒贈年度國際人權獎，並前往蔣宋美齡女士靈前致祭。過境美國之待遇雖比起正常國家的部長都不如，而且僅止於過境，比起李前總統是專程訪美也稍有不足，但比較起來禮遇仍是陳總統自己最好的一次。

本來，在出發之前，連戰認爲外交屬國民黨專業，陳總統是外行，所以也在約略同時周遊各國，試圖把國家的總統比下去，在陳總統出發前《聯合》、《中時》兩大報同時唱衰，一致預言由於陳總統的台獨色彩，美國將會「降低規格」。不料，陳總統接受到的禮遇規格，遠在連戰這位前外交部長的想像之外，結果藍軍憤怒之餘竟把怒氣發洩在美國官員身上，在台協會理事長夏馨因在陳總統面前說，台灣有神祕守護神（小布希）加持，而被立委周錫瑋等要求國家將她列爲「不受歡迎人物」禁止其來台。

針對藍軍外交上的荒腔走板，十一月中旬，我在《蘋果日報》上連寫了幾篇短評，指出陳總統欣榮之旅的發展，造成了「泛藍價值世界的破滅」。在他們自認爲優於爲之的戰場，竟是挫敗得如此不堪。

這次雙方大陣仗的外交交鋒，對兩人聲望衝擊十分劇烈，連前外交部長竟然連連失蹄，大出社會意外，根據《中國時報》民意調查，經此一役，連下扁上十分明顯，在十天之內竟逆轉了十四%。

這次外交戰役可以說是繼中秋正名運動之後，選情的第二個轉捩點。

到這階段，可以說是陳總統和美關係的最高峰，此後就不幸地關係急速走下坡。

由於欣榮之旅的成功，益發提升了陳總統的自信，高興之餘，在拉丁美洲旅程中宣布將憲改層次從催生新憲進一步拉高到制憲，美國國務院開始不滿。

大家加碼

連戰既由於自己在和陳總統外交主動較勁上挫敗，更從中秋正名運動後察覺到台灣主體意識上升的壓力，於是在十一月中旬跟進主張新憲公投，而且時程還押得比陳總統的二〇〇六年早，設定在二〇〇五年。氣氛既然如此，情勢急轉直下，公民投票法在二〇〇三年十一月二十七日終於在立法院三讀通過，只不過，除了「防禦性公投」是依民進黨團版通過外，其他條文基本上是國民黨版。

更精確地說，通過的應是原先由行政院技術官僚所起草，但被民進黨黨團否決而終被國民黨援用的條文。

行政院的條文雖是優秀的技術官僚提出，但不容諱言的，是沿襲過去「行政主導」時期的觀念起草的，許多構想實和民主精神有所出入，不過黨政策會和黨團成員雖大力建議行政院放棄，但游錫堃的行政院方一直認為怎可向黨團示弱，堅持自己條文，最後這條文雖未被民進黨黨團接受，卻使國民黨可以撿便宜借用，然後透過國會多數加以通過，而致許多不適當的條文成為目前正式的法律。

警訊頻傳

在公投法剛通過後，黨祕書長張俊雄對議題冒進化的發展很擔心，邀集國安會、總統府、行政院、立院黨團及中央黨部幹部討論選情與議題。會議中，國安會祕書長邱義仁徵詢大家對以制憲爲議題的反應，我建議維持總統九月底提出的催生新憲最爲穩健，我說：「根據最近幾樣民意調查看來，多數的民眾認爲我國的確需要新憲法，但支持制憲的則是少數，所以應訴求新憲比制憲對選情有利。」但也有人認爲應該支持總統制憲，這議題在會議中最後並未做成結論，此後，陳總統有時說催生新憲，有時則主張制憲。

會議中討論到要不要辦公投時，我採取和新憲同樣的觀點，社會多數要新憲，但不贊成制憲；社會多數也要公投立法，但不要現在公投，這一件，會議也沒有什麼結論。

在會議中，總統府副祕書長馬永成露出神祕的笑容問：「辦防禦性公投有什麼要件？」我回答：「只有主權受到威脅，沒有其他要件。」

當時我並沒察覺他的問題有什麼特別的意義，不料，不久總統非常高興地稱他已經發現到了舉辦公民投票的「巧門」。十一月三十日宣布，在二〇〇四年三月二十日和總統大選投票同步舉辦防禦性公投。

這時，我才對馬永成副祕書長的神祕微笑恍然大悟，原來如此。

突然找到的「巧門」，要公投什麼呢？總統的親信立委說明有「全民公投九大議題」：公投公投法、清查黨產、國會改革、加入世界衛生組織、核四公投、未來國家建設投資、金融政策、全民健保、駐外單位正名等。洋洋灑灑，匪夷所思。

美國對陳總統的「防禦」也快得很，第二天國務院馬上宣布美國反對台灣以公民投票決定統獨。

美國反應這麼快，實在是不妙的訊息。

陳總統把防禦台灣主權的公投當成個人選舉動員的工具使用，使我錯愕有加。

防禦性公投，在一般正常國家中並沒有，完全是針對台灣的特殊國際處境創設出來的制度，而這制度濫觴於民進黨在一九八八年四月十七日民進黨全代會通過的四一七主權決議文。決議文說：「台灣國際主權獨立，不屬於以北京為首都之中華人民共和國，任何台灣國際地位之變更必須經台灣全體住民自決同意。」

決議文當時由黨主席姚嘉文發動，由我完成文字稿，所以防禦性公投可說姚主席和我算是始作俑者，如今又由我主持之下擺進國家的正式法律之中，它本來是要用在向列強強烈表達台灣人民防禦主權，並嚇阻中共之用的，今天竟變成選舉保護扁政權之用，實在令人十分難過。我語重心長地建議民進黨應重新考慮，同時還擔心兩件事，一是美國的反應，二是台灣社會的接受度。

美國的反應強烈，陳總統也努力溝通，最後陳總統決定排除過度敏感的公投議題，選擇反飛彈和軍售兩項。這兩個項目，美國沒什麼好反對的，於是陳總統在群眾演講中叫大家放心，他先說：「安啦，美國已經搓好了。」但公投這兩個項目絲毫不足於振奮人心，於是又追加了一句：「這是第一步，還有第二步。」

第一句話美國當然不會覺得很禮貌，第二句話，在美國聽來是「搓好等於沒搓好」。當時美國天天盯著陳總統的一言一行，這樣的話出現，美國不會輕易放過。

美國的反應果然既迅速又強烈，美國選擇一個令我們最難堪的方式來表達不滿：二〇〇三年十二月九日，布希和中國總理溫家寶會面，當著溫家寶之面責備陳總統說：「台灣領導人的言論或行動，顯示他可能有意要改變現狀，這是我們反對的。」

消息傳來，朝野震動，此後美國動作頻頻，國務院幾乎天天發表談話，對台灣指指點點，然後是駐美代表程建人倉皇回台、國安會古怪地發動的「公投國際宣達團」被迫喚停……，台灣社會人心大亂，藍軍更是高叫「台灣面臨空前危機」，甚至強烈呼籲反飛彈公投趕快取消。

然而我十二月十一日在報上反而呼籲大家安心，認爲美國處罰台灣的高峰是布溫會當著我們的對手讓台灣難堪，「今後危機已告一段落」。至於此後，國務院兩天一小罵，三天一大罵，我認爲與其說是在加強處罰，不如說是展現壓力，「防禦」陳總統出現第二步。總統竟成了美國防禦的對象！大家這時才覺得大難臨頭，但我反認爲在這樣壓力下，陳水扁再令人驚奇的空間已經不會再出現。十九日，我說：「官方只要加強溝通，老百姓則已可回家睡大覺。」

在這事件中，台灣最大的損失其實還不是總統被布希點名在中國前面罵，而是從此不再被美國當做一個可以信賴的朋友，美國必須隨時對陳總統採取「預防性」的措施，有時會傷害到台灣的利益時，也不得不做下去。

含淚投票

陳總統直到二〇〇三年秋天社會支持度還遠遠落後連宋，到了二〇〇四年三月半年間卻能翻盤，一般的看法是中秋前後穩健的正名運動和二〇〇四年的二二八手護台灣運動，前者凝聚了內部士氣，後者使擴張的聲勢急速竄高，全台震動。不過，談到勝選，並未聽過陳總統對這兩項不是由他發動的運動的肯定，陳總統強調的是他的反飛彈公投。

這當然不對，直到二〇〇四年初，社會上對公投的態度是壓倒性的支持：必要時應由台灣人民以公民投票決定台灣前途；但同樣的各種民調都壓倒性地顯示，大家認爲陳總統目前發動公投「沒有必要」，不過如問到要不要去投時，多數認爲既然總統決定了，也有高達六、七成要去投票。

這些數字顯然矛盾，但卻完全符合當時台灣民意的主流。

台灣人民要把決定前途的權力掌握在自己手中，對當前陳總統的「公投防禦」，人民認爲過當；不過總統既然決定了只好忍痛支持，以免在中國面前示弱。

因此，縱使投票，卻在「忍痛」心情下，對陳總統當然不會是正面評價，公投的票也不易轉嫁到陳總統的選票上，堂堂總統去做社會多數人認爲不必要的事，實在是不聰明。聰明的做法是只催生公投法就好了，不要再進一步辦公投。

至於藍軍，最有利、最符合多數人意見的反應是譴責陳總統，但呼籲大家相忍爲國、「含淚投票」，不料，藍軍智不及此，反而全面抵制公投。藍軍的抵制有一定成效，到了投票前夕，願意去投票的由三個月前的七成降到五成多，就降低公投意願這個「戰術」戰場上，藍軍是勝了，但對「站在多數力量」這一個戰略戰場上，藍軍反而大大耗損了。

在幾個月前，我看到各項公投「高」但「忍痛」的矛盾支持度，最害怕的就是藍軍呼籲含淚投票，但藍軍當然不可能有這樣的智慧。我一直等到投票前一天才把這意見寫在《蘋果日報》上，並「呼籲藍色選民」大家前往支持連我都認爲是錯的公投。

無論如何，三二〇的公投，就作戰的雙方而言，在戰略上是兩敗俱傷。

藍軍傷的是爲了私利，不顧對外的大局；而綠軍傷的是爲了私利，做社會上認爲沒有必要的事。

此後，公投未過半又成爲藍軍長期杯葛軍購的藉口，對國家的傷害實在巨大無比，而藍軍則因一再反軍購而被認爲只顧內鬥、不顧外患，也使自己負傷。

由於公投法的草案是由我主持，由政策會副執行長梁文傑起草的，因此，總統既然決定辦公投，依公投法規定必須辦公投的公開辯論會，各方面都屬意我擔任辯論代表，數度發表的代表名單都把我列入，但我婉拒了，無論如何，我做爲一個防禦性公投的創始者，怎麼也沒有辦法辯護陳水扁設定的公投項目是「防禦性公投」。

在決定辦防禦性公投後不久，我就辭去政策會執行長的職務了。

擔任執行長，當然是抱著想對國家和黨的政策有所貢獻，但一年半下來，在重大政策上，幾乎全和當局相左，重大建議全不蒙採納，要我執行的卻又往往是我認爲萬萬不可的，如國會減半的修憲和辯護陳總統的公投等等，所以，在二○○三年底我就向黨方面請長假，不再列席中常會，並向黨方面說在大選期間先不公開離職，到投票後再發布，以免干擾選情。

有志而上任，卻終不免黯然而下台。

察言觀行

二○○四年三月二十日，陳水扁在兩顆子彈風波中以○．二二八%的些微差距險勝連宋合。

連宋無論如何都不願接受這樣的結果，去年夏天，民意支持度還遙遙領先了二十%，現在怎麼會輸？他們認爲輸的理由有三：一、扁玩公投詭計；二、兩顆子彈效應；三、最重要的是作票，他們認爲扁取得政權，當然動用公教人員作票了。

因此，連宋發動群眾抗爭，要求驗票。

對選舉糾紛，美國採取謹愼態度，表示要等台灣司法處理再做因應，不即時祝賀陳水扁當選。不過陳水扁認爲美方的態度非常重要，因此三月二十六日總統府訓令駐美代表程建人要美國在台協會理事主席夏馨把口頭祝賀詞用文字寫下來，然後簽名以表示美官方祝賀的意思，美國國務院大爲震怒，四月七日，夏馨被迫請辭 AIT 理事主席職務。

夏馨對台極度友好，她的去職無疑是台灣外交的重大損失，而且她的去職，更加反證出美國政府對陳水扁並未支持的態度，陳水扁可以說完全是弄巧成拙。

這時，美國國務院認爲陳水扁過度重視「過境外交」等所謂外交行爲都是爲「出口轉內銷」之用，而不在台美實質關係，對他強烈不滿。

在陳水扁第二任就職前幾天，四月二十一日，美國國務助卿凱利在國會台灣關係法二十五週年的聽證會上，用非常不禮貌的口氣，給陳水扁上台前來個下馬威說：

「警告台灣高層」，「不負責任的行爲」，「當我們認爲有此行爲會危害台灣或美國安全時，我們會以清楚且直接的方式與台灣溝通」，並要持續對台灣「察言觀行」。

在壓力之下，總統府祕書長不得不趕在五二〇之前到美國說明五二〇總統的演講稿。

在台北，在台協會台北副處長甚至當著各國使節面前教訓台灣政府，可以說不客氣到了極點，總統被人這樣糟蹋，實在令人喪氣。

刷爆信用卡

二〇〇四年由夏馨、凱德磊事件開始，外交上諸事不順。

美國副助理國務卿凱德磊被動員私訪我國拜會總統府被美方發現，美方大怒，凱德磊以涉嫌向我洩密名義被逮捕。

新加坡李顯龍來訪本被認爲美事一樁，但我方大肆宣揚作秀，新加坡卻因此被迫在聯合國發言反對我國，李顯龍並特別強調新加坡奉行「一個中國」，我外交部長批評新沒有LP，新加坡大怒，訪台好事變壞事。

總統帶頭搞「過境外交」，副總統和閣揆也都鄭重模仿，一齊做過境「大突破」，游錫堃甚至因颱風飛機迫降琉球都大唱「突破」，大大宣揚，使得凡事龜毛的日本政府十分不快，國會大加檢討。

訪美的閣揆爲了同樣出口轉內銷效果，在美談「中國要在太平洋和美國對幹」，美國既奇怪又不快。

十月十日前夕，美國防部下令所屬官員不得出席台灣在華府舉辦的雙十慶典和酒會，氣氛壞到莫名其妙。

國家走到這樣的地步，我實在按捺不住了，於是在雙十前夕，十月六日，到國會外交委員會沉重地向外交部長陳唐山質詢：

「三十年來，對台最友善的美國總統本來是小布希，一年來，變成最不友善的總統，現在我們的國慶，過去的美國朋友都不來了。不到一年，我們的許多好朋友不是翻臉，如布希、李顯龍，就是陣亡，如夏馨、凱德磊，一一被砍頭或官司纏身，他們幫台灣是善意也是好事，如今好事一一成爲壞事、憾事，將來誰還敢和台灣做朋友？

「我們能讓朋友們做事幫忙，表示我們的官員的確幹練，但好事變壞事豈不是因決策出了大問題所致？關鍵在於一切作爲不是爲了國家外交，而是拿外交來做內銷，讓幹練官員的努力變成國家的災難！」

我說：「李前總統能在任內訪問康乃爾是經過多年努力，最後一次提領，是『零存整付』，一次提領大的；但現在卻想天天超額使用國際友人的善意，有如天天血拚，拚到把『信用卡都刷到爆』，透支成這樣子，將來拿什麼去和中國拚？」

我說：「陳部長，你一生爲台獨奮鬥，但到你當部長時，看到台灣的外交變成這樣，你不會痛心嗎？雖然外交決策權並不在你手上，但你豈能不努力建言，試圖扭轉，否則你對得起過去那位爲台灣犧牲的你自己嗎？」

我一口氣問下來，語氣悲憤，陳部長也同樣神情凝重，一再點頭而不語，最後才低沉地說感激林委員提的問題。

我的沉痛質詢被各大媒體大篇幅報導，一時眾議紛紜。

消息報導出來後，反應非常兩極化，有的人認爲確實應該檢討，尤其許多替國家努力的外交官，公開不說，私下感激；藍軍方面，不少因爲我「砲口對內」而幸災樂禍；至於死忠的扁迷則大爲憤怒，中央黨部和我國會辦公室抗議的電話多到接得手軟。

這些憤怒的人，不必懷疑他們是愛台灣的，但是他們怎麼知道我的苦心呢？他們又怎麼知道陳總統的外交策略這樣走下去，台灣會受到怎樣嚴重的傷害呢？

對這些真誠、憤怒但搞錯方向的愛台灣的人，我無言了。

相反定律

既成功策動了美國對台灣密集施壓，中國態度就篤定起來，並不隨台灣而作即興反應，於是把壓力集中在二〇〇四年的五月十七日，由中國中央台辦、國務院台辦聯合搶在陳水扁五二〇就職前夕，發表「五一七受權聲明」，這聲明，美國媒體非常鄭重其事，大體上傾向認爲是中國對台灣的最後通牒，五一七聲明強調台灣已經「把兩岸關係推向了危險的邊緣」，並說擺在台灣面前唯一一條路是在台獨路上懸崖勒馬，承認兩岸同屬一個中國，然後可建立軍事互信機制，共同構造兩岸和平穩定發展的框架；另一條是一意孤行，最後玩火自焚，中國將「不惜一切代價，堅持徹底地粉碎台獨分裂企圖」。

國安機關對五一七聲明鄭重其事研擬對策，除在五二〇演說回應和平穩定架構的簡單字句外，決定延後作完整的回應。基本上，五二〇演說是一次四平八穩的演說，美國也肯定，但北京當然很不滿意。陳總統正式的回應在幾個月後的雙十演說中鋪陳，時間正好在美國杯葛我國國慶酒會，下令國防部所屬官員不能參加之時。

這一段時間，我雖一直對總統的對美政策一再嚴詞批評，引發了我「刷爆外交信用卡」的質詢，但總統雙十演講發表後，我發現其內容和過去大有不同，高興之餘，四處向人稱讚總統的新路線，並且十月十四日還在媒體上寫了專門的評論加以闡述。

雖然只是短短的演講，雙十演說，但卻是總統就職八年中唯一一篇具有完整戰略、戰術架構的文件，迴異於陳總統過去凡事走極端，不是去台獨化的新中間路線，就是冒進台獨的做法。講稿呈現的是立場堅定，但對中國善意，而政策務實的「穩健台獨戰略」：

首先，不再提四不一沒有，放棄主權模糊的立場，反而以足足一千字說明：「中華民國就是台灣，主權屬於二千三百萬台灣人民。」同時委婉但明確地說：「聯合國一九七一年決議文只處理『中華人民共和國』的代表權問題，未賦予北京代表台灣人民的權利。」首度清晰地表明了台灣主權獨立的立場。

其次，對九二會談解釋為「雖不完美，但可以接受」，對九二一事，採彈性策略，但不肯定「九二共識」。

然後，借用中國與南海各國建立的「南海準則」，建議建立「海峽行為準則」，強烈暗示擱置爭議，尋求互惠。最後，依「行為準則」低調的精神，既放棄過去「四不一沒有」提供中國統一的想像空間的策略，也放棄諸如想一步登天，雙方簽訂和平協議或停戰協定等好高騖遠的構想，乃至徒生枝節的「中程協議」提議，反而建議雙方可以務實地從諸如「人貨包機」的具體事務，低調進行接觸。

陳總統演說發表後，高層取了一個名字「台灣地位新三段論」，有一段時間常常強調，由於調子低，因此沈富雄得意地大加稱讚，認為陳總統「回歸了沈富雄的新中間路線」，其實依前面分析，根本錯了，新三段論既非冒進台獨，也完全不再是扁沈兩人過去去台獨的新中間路線。

在一九九八年，許信良主席舉辦民進黨中國政策大辯論時，我就建議民進黨的兩岸政策應是「立場清晰堅定；態度善意互惠；政策務實彈性」，是所謂穩健台獨戰略。如今陳總統的演說基本上終於出現這個調子，十一月十日扁再發表的十點裁示，及同年更早的五二〇演說都是如此，大體上其基本精神是「和解不退縮；堅定不對立」。但不到幾個月，這新原則就又丟到腦後了。

如果這樣的戰略及早提出，而且前後一貫，相信台灣的對外局面乃至內部的政局都將大大不同，然而他卻遲到二〇〇四年底才採用。

這樣戰略和以前如此不同，應源自高層人事變化，是在陳忠信不再連任立法委員，被聘爲國家安全會議諮詢委員後不久出現的。陳忠信原先的中國政策基本上完全支持許信良的戰略，也因此被走「去台獨化」的新中間路線的陳主席任命爲民進黨中國事務部主任。

他原來以犀利的社會學觀點在文化評論界頗負盛名，被許信良重用爲美麗島雜誌社總編輯而名噪一時，在許積極推動西進後，陳忠信和台北不少主流的中國問題專家和北京頗有往來。

然而，我的想法素來和台北的主流觀點格格不入，我認爲當社會要進入轉型階段時，主流的典型論述往往是進步的障礙，而創新則往往由邊緣開始。爲了強調這精神，我還特別把在《蘋果日報》的專欄取名「非典型論述」。由於陳忠信和台北主流接近，因此和我在許多觀點上不免格格不入，甚至相反，在我看來，台北主流論述至少有兩個重大看法而爲我難以接受，其一是對台灣局勢過度悲觀，甚至達到失敗主義的地步，其二是在兩岸事務上採取「唯名論」，認爲「名就是眞實」。

由於對台灣過度悲觀，所以在一邊一國事件時，陳忠信對局勢的評價是兩岸將極度趨於緊張，我則持相反的立場。陳忠信後來對人表示事件的後續發展被我料中他覺得很意外，我則開玩笑說這叫「相反定律」，意思是說由於台北主流太過於失敗主義，於是看事情一定過度悲觀，於是不只是一邊一國事件，諸如九六軍演、陳總統欣榮之旅、九一一事件等等的影響，都被判斷得過度悲觀，結果都被事實證實是錯的，因此遇事如果想知道後果如何，只要往台北主流論述相反的方向走下去，結論就正確了。

另外台北主流對兩岸問題採唯名主義，就犯了《西遊記》金角、銀角故事一樣的錯誤。金角、銀角從太上老君那兒偷到一只葫蘆，只要平持葫蘆，呼叫對方名字，對方一應聲就會被吸進去。孫悟空在被金角用這方法吸進葫蘆後，第二次學乖，騙金角說自己是孫行者不是孫悟空，以爲金角會叫錯名字，他便安全，不料照樣被吸進去。原來葫蘆要吸的是當前的猴子，管你叫孫悟空、孫行者，這是一個對唯名論者的嘲笑。想不到台北主流在統獨問題上就犯了這一個唯名論的錯誤，以爲台灣只要國號叫中華民國，不叫台灣共和國，就不是台獨，北京就會放過台灣一馬，完全不瞭解北京在意的是台灣的土地和主權，而不是你國號叫做什麼。

陳總統在二○○二年擔任主席後，中央黨部舉行記者會，中央黨部幹部說明此後政策時，說現在民進黨的台灣主權決議文已明白說我國國號是中華民國，陳主席遵從這決議文，所以北京不會再指控我們搞獨立了。

台上這樣說，我可以理解，不料這幹部在私下喝咖啡時也認眞地跟我這麼說，我大大驚訝，便以開玩笑的口吻和他認眞地討論了一番。

陳忠信主任雖開始時觀點和台北主流這樣地接近，但歷經一邊一國等等事件，又在中央黨部任職期間和我多所討論，雙方都有所調整，終於在他進入國安會後，使總統兩岸政策的雙十演說有了不同的內容。

這樣的新政策雖出現得晚，但如成爲一貫的戰略主軸，實仍値得大大肯定。不過，我擔心這個漂亮的戰略架構終究是一篇漂亮的作文，於是我在十月十四日寫〈從律師選舉演說家到元首〉一文中，既大大肯定演說內容，說樸實無華，卻呈現智慧，但又不免擔心地提到「希望這樣風格不是偶現的曇花」。

不久看到陸委會大力推動精神扞格而延續自四不一沒有及好大喜功的兩岸信心機制、中程協議等主張，我終於又不幸地料到，所謂「雙十演說」只是扁文膽採用陳忠信意見的一篇作文而已，卡珊卓的擔心再度成眞。等到鮑爾無禮地痛責我國，我終於忍不住透過向閣揆作總質詢痛批陳水扁。

危機型國家

不幸消息持續著，十月二十五日，美國國務卿鮑爾在北京公開表示：「兩岸應和平統一，台灣並不是獨立的，並不是享有主權的國家。」

鮑爾的話當然令人憤怒，鮑爾的講話，可以說是一九七二年中美簽署「上海公報」三十二年以來對台灣主權最惡意的說法，這樣的說法是連季辛吉都會加以避免的。我接受記者訪問時，除了表示對鮑爾強烈不以爲然外，也指出：「三十二年來對台灣主權採取最負面說法的竟然是創造台美關係最黃金時代的布希總統的國務卿說的，我們在痛心之餘實在也應該檢討自己。」

我說：「除了我們的作爲失去美國的信賴外，如果把鮑爾說的話拿來仔細分辨，豈不是和陳總統二〇〇〇年得意之作的『四不一沒有』有呼應之處？四不一沒有豈不是也等於是自我否定獨立主權？這和鮑爾說法有何不同？」

面對危機深化，我決定進行擔任不分區立委三年以來，第一次對行政院長的總質詢。十一月五日，我沉重地站上質詢台，詢問我國的外交和兩岸戰略到底在哪裡？各種紛亂跳躍、衝突矛盾並存的策略中，決策中心在哪裡？我說：「我們的兩岸政策一下子四不一沒有，一下子防禦性公投，一下子去台獨化，一下子冒進台獨，不要說美國，連自己的老百姓都搞昏頭了，這樣外交怎麼會不失敗。」

我先是問，陸委會現在提的「中程協議」是不是院長支持的政策，游揆說支持，我便接著說：「我們的政府現在是政府機關幫派化，不成幫派的自己跑單幫跑出個陸委會，見了總統後出來卻宣布外交部都不知道的新政策，整個是欠缺整合，各人一把號，各吹各的調。甚至總統在雙十演講都已經宣布『中華民國就是台灣，主權屬於二千三百萬台灣人民』而不提四不一沒有了，陸委會卻還在和中國通李凱如唱和不獨不武的中程協議，兩人說法的背後立場完全相反，到底以誰爲準，陸委會要不要調整？」

游揆趕緊說以總統的爲準，陸委會要調整，我接著說：「執政本來要先決定長期戰略，再據以規畫短期戰術，然後進行沙盤推演模擬狀況，妥做準備，最後遇到預料之外的事，才進行危機處理。但是我們現在是沒有戰略，而戰術欠缺指導方針，以至於矛盾百出，於是危機不斷，一年多來處理危機已經變成了施政的常態，我們根本變成了危機國家。

「危機變成了大舞台，讓總統、行政院長、部長利用危機在上面賣力演出，博得民粹掌聲，外交成了作秀。」

我的建議當然是要求執行團隊趕快進行組織和戰略政策的整合，但這個攸關國家外交的基本工程，游揆也只能聽聽，無法發言，眞是令人傷心透了。

我在質詢時雖指出總統和陸委會不同調，但心裡其實明白，陸委會的說法是和總統報告過的，所以眞相並非總統和陸委會不同調，根本是總統的左手和右手不同調，這才是問題眞正所在。

冒進路線初見

二〇〇四年底，陳總統進行的並不只是陸委會符合新中間路線的中程協議，同時又有雙十演說符合穩健台獨的行爲準則兩個矛盾路線而已，還有「冒進路線」。

由於十二月十一日將進行立委投票，陳總統依據年初總統大選的經驗，認爲冒進發動公投是勝選關鍵，更重要的是，總統認爲既然三二〇總統得票已超過一半，優勢已在綠軍這邊。但是七月十七日高雄市議會補選卻大爆冷門，台聯不論得票率和當選席次都大躍升，使做為民進黨黨主席的陳水扁大感芒刺在背，他認定藍軍既然已不是對手，對付台聯才是首要之務，於是選戰主軸就採取冒進路線，和台聯搶基本教義群眾地盤。

所以儘管美國壓力不斷，仍然一再拉高議題的冒進幅度，密集出手意圖壓下台聯氣焰，就在雙十演說後，十月十四日宣布三二〇後有柔性政變；十九日，宣布曾提供日本「中國核子潛艇入侵日本領海」訊息；二十一日，要求國民黨放棄青天白日黨徽；二十八日，宣布中華民國就是台灣，不是秋海棠；三十日，針對美國國務院二十九日重申反對任何改變台灣現狀或走向台獨的公投，總統向來訪美眾議員寇柏森表示二〇〇六年將公投複決新憲法草案，在二〇〇八年五二〇實施以頂回去；十二月五日，宣布兩年內駐外使館和國營企業將逐一正名為台灣，獲得國內多個團體支持；五日，宣布制憲、正名，接著台灣國大遊行在全國展開……。

這些密集的訴求中，只有二十八日，宣稱中華民國就是台灣並非冒進路線，其餘都符合不同程度的冒進色彩，整體來說，造成的就是美方持續的壓力。這些訴求往往民意立即性的反應相當強烈，例如要取消國民黨黨徽一事，宣布後，民進黨中央黨部隨著就做民調，發現民進黨支持度大為下滑，但唯恐陳水扁不高興，沒有人敢報告給他。冒進訴求一路持續，而美國也隨時施壓，如十二月五日總統宣布全面正名，美國隨即由國務院聲明這是屬於「改變現狀」，表示美國不支持。

美國宣布不支持正名，實在是令人遺憾的大倒退，自從上世紀九〇年代末期，大法官釋憲，宣布內政部禁止人民以「台灣」為名義申請全國性社團登記是違憲的行為後，台灣不只國內社團紛紛正名，在兩世紀交替前後，國際上不論是民間團體如獅子會、扶輪社，或官方組織，如駐美的外貿協會正名為「台灣」，都相當順利，美國沒有給什麼刁難。如今由總統敲鑼打鼓正名，被美國認為是過度政治操作，以至於立場完全改變而宣布反對，眞是令人痛心。

敗選

立委選戰走向意識型態尖銳化，尤其出現去黨徽之爭的怪事，我十分憂心選民將會疏離。在投票前兩天，我說，政界愈慷慨激昂，投票率將愈低。我在《蘋果日報》論壇指出：「一九九八年立委投票率六十八·一％，二〇〇一年降到六十六·二％，今年一定更創新低。」我估計應是六十％，結果十二月十一日票開出來，甚至低到只有五十九％。

選舉結果，民進黨席次雖有增加，但得票數反而下降，尖銳對立的結果，選票往民進黨和本來在走下坡的親民黨集中，親民黨確保三十四席，民進黨雖席次上升，但台聯大減，結果綠軍反輸藍軍十三席。在執政優勢及總統勝選餘威下，此次是屬敗選，十二月十四日，陳主席爲敗選辭職。

選後，檢討聲音不斷，過去堅決支持陳總統的柯建銘、蔡煌瑯都不約而同認爲總統操作冒進議題造成選民疏離導致失敗，而其中蔡煌瑯還是總統嫡系正義連線要角。

布希不喜歡陳水扁

立委敗選已夠令人沮喪，不久，有更糟的消息。爲了教訓陳總統，美國新保守主義大將、一向非常友台的副國務卿阿米塔吉受訪時表示，「我們都『同意（agree）』只有一個中國，台灣是中國的一部分。」

過去對於中國要求美國承認台灣是中國的一部分，美國從來既未用承認（recognize）也未表同意（agree），連最友中的季辛吉和尼克森都爲同不同意的用字和周恩來努力周旋，最後以「認知」（acknowledge）這是「中國人的立場」（也就是不同意是美國人的立場）收場。所以阿米塔吉這樣說，充分表示他強烈的不滿，決心痛控陳水扁。他還說：「台灣問題是美中關係的最大地雷。」

二〇〇四年十二月二十三日，我在立法院外交委員會又再次沉痛地質詢。我說：「正名是對的，也是正在穩健進行中的事，如今被總統操作到行不通。對外，美國從樂觀其成到反對；對內，正名加上一連串冒進作爲，固然壓抑了台聯的成長，卻也讓民進黨的得票數比起上屆不增反減，造成選舉失利。」

我強烈質疑，縱使內政不在外交部職責範圍之內，但對外交產生傷害，外交部爲什麼沒有善盡建言之責。

外交部次長低調地回答：「正名是外交部長期以來推動的目標，至於怎樣審慎地做，外交部也做過評估上報高層，不過陳總統的政治判斷和外交部的專業判斷有明顯落差。」

難以相信，這樣的判斷落差，就造成了何等重大的國家傷害，以至於斷喪了台灣正名的前途。

質詢之後，我答覆記者說，在歷經一年多的交手之後，布希非常討厭陳總統。

本來，我幾次有關台美關係的質詢已經讓擁扁民眾強烈不滿了，不料「布希不滿陳水扁」這婦孺皆知的事被我說出來之後，擁扁人士的不滿更達到頂峰，我辦公室電話因此接不完不說，立院民進黨的同仁也開始對我強烈指責，當時有這樣的說法：這是林濁水想透過罵扁的方式來「要位子」。

聽了這話，我不免啞然失笑，對一個才辭去政策會執行長位子不久的人，怎麼好指控他要位子。

接著，幾位立委和地下電台紛紛砲轟新潮流沒做什麼卻在執政後占了最多好處（這說法直到今天，包括部分電視台和地下電台，以及某擁扁挺謝的周刊都還這麼講，甚至一些名專欄作家也持一樣看法），現在卻還要開砲。這些批評實在荒唐不值一駁，但在電台刊物配合之下，卻都快要眾口鑠金了。

事實是這樣的，首先，兩次總統大選，選舉總幹事都由新潮流人士擔任，也都勝選，大概不好說全無貢獻。

其次，分到最多位子嗎？執政六年多來，行政院長共五位，新潮流沒「分到一個」，直到陳水扁執政末期才有和新潮流關係較近，但仍非新潮流的蘇貞昌擔任。六年來當過部長的數十位，新潮流也沒有一個，直到主任委員才有兩個做過，後來也沒了。祕書長做過的約二十位，新潮流才兩位做過。

至於好處，人事關說、爭取地方綁樁經費，恐怕是要得最少。

數字清清楚楚，毫無爭論的意義，不料只因我對扁有強烈建言，荒唐到牽扯編派這樣的故事來做指控，真是夫復何言。

對質疑，我當時答覆說：「我關注的是台灣的國家主權，如今阿米塔吉都說台灣是中國的一部分，如果情勢再不阻擋，一路惡化下去，國不成國，我這個台獨分子連命恐怕都沒有了，爭位子有什麼用？」

這時連邱義仁都被迫發言，說我對情勢的說法是「誇大其詞」，我苦笑。恐怕阿米塔吉說台灣是中國的一部分才真的是誇大其詞吧！美國對陳水扁的打壓已經升高到十分誇張的程度了。

我的話誇張嗎？前國防部副部長林中斌語重心長地說，希望這事件是台美外交的谷底，此後雙方關係能從谷底回升。不幸的是，這事件根本還不是谷底。

我公開大肆批評，陳水扁當然憤怒不已，有很長一段時間，只要有綠營人士到總統府面見扁，一定要先聽他對我痛罵到痛快以後，才能談正事。

既然連邱義仁都需要對我放話了，覺得緊張的一位立委同仁告訴我：「你要知道，民進黨的民眾一直把陳水扁和民進黨畫等號，你對扁這樣批評，不會被基層接受。」我回答：「那是因為他們珍惜執政機會，更相信台灣的機會完全繫在陳水扁身上，所以認為不應對他吹毛求疵，但是如果他們覺得陳水扁的錯誤對民進黨會造成重大傷害時，情形一定大逆轉，這些基層批起扁來定會比我還凶。」他聽了半信半疑。

背離

二〇〇四年初的總統選舉和年底國會選舉，兩次大選中陳水扁兩度訴求冒進的台獨路線做為選舉策略，一次是為衝高自己選票，另一次則是為蠶食台聯市場。

在二〇〇四年立委選後，為了面對國會仍屬於少數的不利局面，李登輝前總統建議扁尋求宋楚瑜動員親民黨支持，於是扁從選舉中訴求的冒進路線上大舉撤退。

二〇〇五年秋，縣市長三合一選舉進入緊鑼密鼓階段，一方面因為是地方型選舉，意識型態的動員效能降低，一方面更因八月二十一日高捷泰勞暴動，引爆高捷一連串弊案，導致總統聲望巨幅下挫，於是扁便自我節制，不過度曝光主導選舉，因此，冒進路線沉寂。

不過在縣市長選後，陳總統反而在冒進路線加倍躍進。縣市長三合一選舉因高捷案影響，民進黨重挫，縣市長從一九九七年的十二席掉落到六席，國民黨則從八席跳升到十四席。其中被認為屬於陳水扁為強化領導並為卸職後繼續掌控大局而部署下鄉參選的青壯派政務官，如羅文嘉、林佳龍、邱太三，全部落選。黨主席蘇貞昌和閣揆謝長廷都請辭以示負責。

這時，民進黨支持者群情沸騰，認為總統府高層涉及重大弊案是敗選的原因，於是過去在我批評陳總統時對我群起砲轟的基層，現在一面倒地反過來對我肯定有加，認為如果民進黨的幹部能像我一樣不凡事順從陳水扁，而能勇於正確建言的話，陳水扁當不至於縱容高層發生弊案，而讓民進黨選舉陷入崩盤的處境。

基層如此，過去當扁衛兵的立委們也倒戈跟隨著批扁，措辭非常激烈，比我過去尤有過之而無不及，他們的主張有：「黨要和陳總統做切割」、「總統必須下詔罪己」、「扁退黨」、「扁暫時退居第二線」、「阿扁該出來道歉」等等。一些陳水扁故鄉台南縣市出身以及陳總統嫡系正義連線的立委，批扁反而最為嚴厲。

這些痛批陳總統的立委，不少正是我過去批評陳總統時便對我怒言相加的。過去他們對我怒言是跟著基層走，基層反對我批評扁，他們跟著反對；現在基層批扁遠比我凶，他們還是跟著基層走。

被尊崇有加的「台灣之子」，如今他面臨了近乎徹底的基層背離的處境。

我向朋友提到群眾會批評扁比我還凶的預言，不幸成真，我遇到那位同仁時，他只好對我苦笑。

面臨大挫敗，扁沉潛了近一個月時間不再出面，許多人努力代表來自基層的憤怒，天天要求他出來罪己、表態，以便忠實地向基層交代。

這時媒體對我這一個過去最常對扁批評的人，自然非常有興趣，記者天天早晚都把麥克風推到我面前要我表態，希望聽到對扁凶上加凶的譴責，然而我一再重複一樣的字句，有如跳針的唱盤：「遇到這樣重大挫敗，一切都要從頭來，要有充分時間反省和規畫，希望大家給扁一些時間。」

和記者重複這樣的遊戲足足有兩個多星期之久，直到記者不再對我有興趣。

對於逼扁快現身的主張，我的看法是，現在要扁忙亂中急急推出的一定不會是成熟有用的政策。對「切割、退黨」的主張，我的看法是，畢竟扁是民進黨中唯一擁有憲法賦予大權的人，如果他退黨，依憲政原則，民進黨也要放棄閣揆位子，這並不是不可，但應仔細評估再決定之。最後，黨如要反省改造，恐怕如果扁願意改過的話，還是由他來領導最好。

至於一些記者說，問題這麼大了，你怎麼反而安靜不說話。我的回答是：在陳總統如日中天時最容易犯錯，我善盡言責；至於現在，批扁已經是風尚，那我就休息好了。

這時在平時被批評爲「愛放砲的新潮流立委」，多數都不約而同地同樣採取低調的態度，主張要檢討出新方向。但不針對扁進一步批評，而公開替扁爭取反省過去、規畫未來的空間的，反而只剩下這一個過去對扁最嚴厲的我。

大軍開拔

沉思了約一個月，總統決定在新春演說發表他對政局的看法，回應社會的期待。二〇〇六年開春的早上，我盯著電視認眞聽總統的演說。

聽完了，失望情緒湧心頭。

針對大家對改革的期待，他用堅定強烈的措辭表明：他的領導和體制根本沒有問題，不受市長敗選和黨內批判的影響，要大家相信他的領導；而對突破僵局的方案則毫無著墨。

相反的，他的新年祝詞用前所未有的大段落來強調台灣主體意識；並在這時宣布要推動「新憲公投、黨產改革」。

這表明的是他已爲重回冒進路線拍板定案，因此，有的黨籍立委說是「總統準備向在野黨全面宣戰了」，把戰爭目標設定爲公投新憲、追討黨產。這都是在陳總統聲望如日中天的時候都做不到的事，卻反而在聲勢低迷，連黨內領導都力不從心時提出，難道有何錦囊妙計加以實踐成功嗎？要向在野黨全面宣戰，朝野廝殺不會進一步上升嗎？在廝殺中施政可能順遂嗎？這樣的策略和行政院長謝長廷強調的「和解共生」是互相搭調的嗎？

於是我告訴朋友，他的策略將是：

鼓動冒進情緒；動員基本教義派；鞏固內部領導；不求外部施政績效。

我希望我的推論是錯的，不要做一個看到施政績效進一步低落到底的不幸結果的卡珊卓，不要看到國內政局，甚至台美關係進一步動盪的卡珊卓。但是總統在農曆大年初一的新春談話，宣布了大軍正式要迎著這一個凶殺戰場的方向開拔——總統宣布將廢除國統綱領和國統會，以台灣名義加入聯合國。

做爲一個台獨分子，聽到國統的廢除，尤其在新春開年聽到這麼一個消息，心中無比矛盾。首先，就台獨立場而言，理應歡欣鼓舞。

二〇〇〇年當總統在就職演說中宣誓遵守四不一沒有時，我實在十分難過，我認爲當時扁萬眾寵愛在一身，聲勢正旺，不必在統獨上讓步到「去台獨化」的地步，不料陳總統反而認爲他的四不一沒有是得意之作，時時處處地拿出來炫耀。而如今要廢統，我無論如何沒有立場反對。

但就策略而言，現在內外交困，要去推翻當時向美國承諾的話，實在不是好時機，一旦進行，代價恐怕是小不了的，所以我說陳水扁是：

在錯誤的時間上做對的事。

事實上，國統會已六年不運作，國統綱領也從來不再是政府的施政目標，根本等於丟到垃圾桶裡的一張廢紙，堂堂總統有必要再到垃圾桶裡把它撿起來再丟一遍以示英勇嗎？再丟一遍，在實質的政策意義上不大，但是如今因長期得罪美國，美國一天到晚用顯微鏡察看陳總統一言一行，這樣的小事必定在美國顯微鏡放大之下，被認爲是對美的最嚴重挑釁，總統有必要這樣做嗎？

然而對長期受到委屈的基本教義派來說，國統這個象徵符號雖已被遺忘，如能拿出來展現一下拋棄的動作，自是大快人心，一旦實踐，大有動員效果，總統目的既然在此，美國的反應，就放在一邊了。

一旦訴求冒進，內外征戰不已，施政績效進一步下滑，最大的受益者，陳水扁當然知道是國民黨，但如今他自保已遠比保民進黨、保台灣重要了。

一個 cease 各自表述

陳總統廢統，美急速派密使來台嚴重關切，這時台灣再三向美解釋中國制定反分裂法，台灣不能太過示弱，否則等於對中國鷹派的鼓勵。在二〇〇六年二二八前夕，雙方達成共識，台灣以「終統」取代「廢統」，在英文方面則叫「cease（中止）to apply」，「終」與「cease」意義並不相當，算是台美雙方的「一個 cease 各自表述」，以便各自向北京和台灣群眾交代。美國還是埋單，給了陳水扁一個空間以對內交代。

然而，cease 意義到底模糊不明確，於是總統強調國統已完全不存在，另一方面，黨主席游錫堃宣揚已經廢統成功，要強力動員群眾舉辦三一八慶祝大遊行。三月四日，民進黨舉辦終統後兩岸未來發展及美日中台四邊關係座談會，在會中，我分析說，美方容許一個 cease 各自表述，是雙方都在模糊的默契下保留面子的意思，如今我們爭取到「終統」的片面表述空間實在已是大勝利。台灣是小國，小國勝利有時要忍得住興奮，不要敲鑼打鼓，大肆慶祝，否則美方認爲被出賣，會翻臉。

我更憂心忡忡地認爲黨中央和陸委會的認知和美方差距很大，恐怕近期美方將在兩度嚴厲關切之後，會有第三度對我要求說明國統會、國統綱領存在與否，將令我們非常困窘。

至於中國，雖然向聯合國告狀，但我說這愈表現兩岸問題是國際問題，中國本身並無能爲力，但應擔心的是透過美國施壓。

果然，美國嚴重的糾正隨即而來，陳水扁被逼承認國統綱領並未廢除，只是暫停適用。

美國的報復

美國的報復以令陳總統最難堪的方式出現。

美國的難題是怎樣使陳總統受到重大打擊，而台灣不至於受傷。

無論如何，台灣是美國長期的實質盟友，無論在民主陣營的政治上或經貿上，乃至東亞軟圍堵的軍事戰略上，美國和台灣都有重大的共同利益，因此，台灣受傷對美國只有壞處。

但美國如果因此不處理陳總統，國務院官員將會一天到晚爲台灣的狀況疲於奔命。最後，美國終於找到陳總統最在意的「過境外交」上著手。

本來雙方外交交涉的軸心多年來被台灣鎖定在過境外交的瑣碎禮遇內容上，美國官員始而覺得奇怪，繼而不勝其煩，最後認爲陳總統在意的是怎樣透過過境外交以便出口轉內銷，向國內強調他的光彩，是對內政爭目的而非外交目的，早在二〇〇四年時我便察覺美方這一個看法，於是便警告美國恐怕會在過境外交這個議題上下手，因爲美國認爲這樣做，對台灣損害最小，而陳總統最在乎。如今卡珊卓的預言又不幸兌現，於是迷航外交大戲出場上演。

陳總統預定二〇〇六年五月三日啓程過境美國到中南美洲訪問，時間緊接在終統事件後兩個月。

過境禮遇規格既然是陳總統外交重點，外交部努力交涉，總統府副祕書長卓榮泰強調台美雙方協商了「數十度」，工程如此鉅大眞難想像，但是直到啓程前夕仍無法敲定。卓榮泰阿Q地澄清「不應該是終統問題的後續」，而是中國的打壓。

交涉結果，美國大幅降低禮遇規格，不允許陳總統過境美國本土，只答應給過境阿拉斯加的安克拉治機場，總統憤而放棄過境阿拉斯加，改採取繞道阿拉伯聯合大公國、黎巴嫩貝魯特機場，結果被黎巴嫩拒絕，於是總統臨時以「緊急迫降」爲由在荷蘭機場作「突破外交」，事後荷蘭政府知道了後，一狀告到歐盟，歐盟強烈不滿。隨後扁經利比亞轉中南美。整個過程中，飛機一面在空中飛，一面爭取降落的機場，有如空中迷航，驚險萬分。

美國終於下重手了，而選擇的方式不幸地竟然眞如我幾個月前推測的一模一樣——在陳總統最在乎的過境規格上著手。在總統旅程中，五月十日美國副國務卿佐立克強調「美國不能助長台獨，因台獨意味戰爭」，佐立克措辭過當，但如實地表達了美國的不滿。

從中南美返航時，過境印尼，扁「突破」和印尼的承諾，作逾時停留，印尼總統下令對違法行爲加以調查。

凡此驚險萬分，只有黨主席游錫堃帶領一些冒進主義者高聲歌頌總統的英勇和突破的「偉大」。

空軍一號外交

二〇〇六年九月，總統預定訪問帛琉與諾魯，決定坐空軍一號出訪，希望運用這機會對美方有所突破，認爲既計畫過境的關島不是美國本土，所以希望空軍一號能降落關島，但美方拒絕。美方既拒絕，其實大可搭空軍一號直飛全程就可以，但，爲表示登陸美國，所以最後採取空軍一號飛抵帛琉，隨著就空機返航，之後到諾魯列國，最後到關島的行程則由華航兩架民航機空機飛往接載。

最後，美國同意過境關島，不准空軍一號降落關島。但限縮待遇。雖可舉辦大型僑宴，隨行記者卻只能參加不能報導，攝影機及電腦須集中管理。但仍由 AIT 主席薄瑞光接機。

一中外交

二〇〇七年一月，總統再度出訪拉丁美洲，美國這次准許總統過境美國東岸洛杉磯。

由於上次美國只給過境阿拉斯加，不給過境美國本土，陳總統勃然大怒，拒絕接受，憤而演出了「迷航外交」，以及被荷蘭政府認爲「欺騙外交」，和印尼總統指爲「偷偷過夜的違法外交」，所以這次美方居然讓他過境美國本土的洛杉磯，陳總統認爲有進步了，從他下機後揮手的神情上看來，他是喜形於色。

總統的喜形於色，令人難過非常。

美國固然讓陳總統登陸美國本土了，但是嚴格規定不能公開活動，不能走出旅館，美國國會議員要去拜訪還要走飯店後門，仍然是屈辱到家。和過去可以出訪、演說、公開接待記者官員比起來，仍有天壤之別。而和到阿拉斯加過境條件相比並無改善，仍然是給大人穿小靴，只不過上次給穿的是三歲小孩的靴，這次給穿的是四歲小孩的靴。待遇如此，總統卻只要有鏡頭就笑容燦爛。

其實這還不是最令人難過的，美國在批准陳總統過境時特別公開強調，這次是依據「一個中國政策」之下所給的安排。報導傳來，對仔細關心台美關係的人，打擊之大，尤過於晴天霹靂。

美國固然既有一個中國政策，又有台灣關係法，但在過去和台灣交手時，很仔細地從未提到一中政策，一中政策只是用來面對中國國家領導人才強調出來作為安撫用的。現在是第一次在和台灣交涉時直接在總統頭上戴上一中帽子，眞是令人錯愕極了。

努力搞「外交突破」，突破到總統被美國戴上一中帽子，總統卻歡欣鼓舞，而稱頌英明的還大有人在。

遠離法理獨立的軌跡

二〇〇〇年一上台就宣布四不一沒有的去台獨化主張的陳水扁，二〇〇三年遽然發現台獨是最大選票來源後，此後路線大迴旋，躍入冒進台獨路線，認爲制憲、國號正名、外交突破都是在實踐「法理台獨」，認爲透過前述三個途徑，就可以獲得「國際法理獨立」的承認。

然而，就國內法而言，人民自己透過民主方式組織政府，實踐自我統治，就符合了國內法的法理台獨，這一點，在國會全面改選、總統直選以後就大體完成。至於國際法的法理台獨方面，則在於國際各國「主觀」的承認意願，而不在客觀上台灣是否完成制憲、公投、國號正名的手續。要獲得主觀的承認，除了國際政治上權力縱橫捭闔的運作外，就在於結交國際友誼。

在台美斷交後，美國的台灣關係法認定台灣是一個事實上的國家，但不承認台灣擁有國際法法理獨立的地位，台灣關係法因此規定美國和台灣的關係純粹是「民間關係」，而不是「官方關係」。在一九九〇年代之前，美國嚴守這樣的規定，所以駐台機關不是大使館，也不是領事館，不能在我國護照上蓋章簽證；美台之間，官署和官員不能正式往來，美國這種做法當然是過度地遷就中國，使台灣委屈得非常無理。但這樣的關係有其國際政治背景，是冷戰架構下美國聯中國對付蘇聯的策略，所以冷戰一旦結束，被稱「友中」的柯林頓總統就發布「九四年對台新政策」，予以大幅調整，恢復雙方官署往來和AIT的領事權，並批准李前總統訪問康乃爾。這一來，台灣和美國關係雖在法理上距離正式官方外交關係仍很遙遠，但到底已經離開了「純民間關係」，而具備「準官方關係」的性質了。

到了小布希時代，一方面由於小布希和他政府團隊的意識型態背景，一方面由於美國國際單極強權的地位確立，台灣空間更爲寬闊，才會有布希、鮑爾分別脫口而出「(台、中)兩國」、「中華民國」，雖經中國抗議都不更正的事發生。

在這條件下，台美關係在準官方方面本來有進一步逐漸微調改善的機會，然而陳水扁先是不明局勢，宣布了「四不一沒有」作繭自縛，以致事後難脫身，此後又不切實際地過度放大美國可以提供的空間，全力操作冒進台獨，推動制憲、國號正名和過境外交，最後又爲了動員基本教義派捍衛其黨內權威而進一步操作，使得本來向台灣逐步開放外交空間的布希政府，反而急速地緊縮，結局是台灣的「法理地位」甚至倒退到比尼克森、季辛吉時代更不利的程度。

在二〇〇二年前，美國對台灣國際法理地位的態度，基本上先是僅止於不支持台獨而已，二〇〇二年則進一步捨不得更正布希、鮑爾的「兩國」和「中華民國」的陳述。但到達這樣對台有利的高峰後，二〇〇三年底開始大逆轉，對台灣「法理空間」逐步壓縮，整理如下：

二〇〇三年十二月一日，美國宣布反對台灣統獨公投。

二〇〇三年十二月九日，布希當溫家寶面前說他反對台灣領導人改變現狀。

二〇〇四年，友台的 AIT 理事主席夏馨下台；凱德磊被美國政府繩以官司。

二〇〇四年四月二十一日，美國國務助卿凱利說：「警告台灣高層不負責任行爲」。

二〇〇四年十月十日，美官員拒絕參加雙十國慶酒會。

到這時，美國基本上還未直接傷害到台灣的法理地位，但接下來則情勢極爲惡化：

二〇〇四年十月二十五日，國務卿鮑爾表示「兩岸應和平統一，台灣並不是獨立，並不是享有主權的國家」。

二〇〇四年十二月十日，阿米塔吉說「同意台灣是中國的一部分」。

二〇〇五年，大舉降低陳總統赴美過境規格。

二〇〇六年一月，美國國務院官員麥克馬克宣稱在「符合一個中國政策下的標準程序」上批准陳總統的過境申請！

上面的軌跡很清楚地說明了在陳水扁「努力」爭取國際「法理獨立」的過程中，本來十多年來小心地把台灣逐步推離「法理不獨立」的窘境的美國，現在反而強烈地把台灣推向「法理不獨立」、甚至「法理統一」的路上去了。

做一個台獨運動者，眼看著台灣法理獨立的狀態，反而在台獨黨民進黨執政的時候，被本來是歷年對台灣最同情的美國總統打到最低點，而當時，又是美國做爲世界獨一的霸權地位確立，最不需要向中國低頭的時候發生。最後總統訪美被戴上一中帽子時，「熱心」推動法理台獨的冒進主義者卻和陳水扁一齊歡欣鼓舞，眞是欲哭無淚。

老基本教義派

許多老台獨基本教義派是力挺陳水扁採取冒進策略的，幾次，我當面向他們請教時，他們幾乎都一再地強調，什麼穩健？再慢，台灣還有時間嗎？我肯定地回答：「有。」

但是望著他們花白稀疏的髮鬢，聽著他們蒼老沙啞的聲音，其實我只回答了半句，還有半句我吞了下去，那半句是：「但，完整的國際法理獨立，你們恐怕不一定看得到。」

從差不多三十年前，我決心投身民主獨立運動時，總是有同樣頂著花白髮鬢的臉孔，用蒼老沙啞的聲音勉勵我：「我活著就是要看國民黨倒下去。」

他們看到了，但國民黨倒了八年後，又回來了，當初勉勵我的人早已不在。如今是另一批花白了髮鬢的人，以蒼老沙啞的聲音，向我重複著：「我一定要活到台灣獨立建國成功。」但我只敢回答「會成功」這半句，吞下「你們卻看不到」的另半句。一面說，一面心中酸楚。

這些面孔和聲音，既出現在我面前，八年來一定更多地出現在陳總統面前，但悲情的是一開始時只因台灣人陳水扁已當了總統，他們就不願給走「去台獨路線」的陳水扁壓力；後來在陳總統在黨內外的領導都備受挑戰而走上有害的冒進路線時，他們又成爲陳水扁權力最堅定的護衛。

對陳水扁配合他們的要求、不顧美國友人地衝撞，以至於美國在法理地位上把台灣愈推愈遠一事，他們到底怎樣評價呢？沒有人知道。

每每他們不安懷疑的雙眼從花白的髮鬢間浮現時，我心中是一片淒楚。

或許，對老基本教義派來說，在花白的髮鬢催促之下，他們不得不跟著催促台獨走向冒進化，但實踐後的國際環境和效果，做爲一個掌握全國最豐富資訊的總統到底曉不曉得？是不知而爲之呢？還是雖知道卻有難言之隱，只得做下去？還是有其他非做不可的正面原因？他們是沒時間去想了。

統派與獨派

扁政權時期台美關係的挫折，在統派看來是歷史的必然，他們從冷戰結束後便信仰：命運的天平已經開始向北京傾斜了。一步步的兩岸失衡是不可避免的，柯林頓所謂的「中美是戰略夥伴」只是一個起點而已。

然而事實上，雖然中美兩國在經貿往來上益加密切，在東北亞安全上互相依賴，但是兩國自從一九九六年中國軍事演習，導致美日發表安保新指針，展開冷戰之後的新圍堵之後，在太平洋島鏈上的較勁，其實也愈來愈尖銳。

東亞戰略格局如此，並無天平已一面倒地向中傾斜，以至於美國必須對台灣的法理地位窮追猛打的事實。

比較詭異的是，有一些擁扁人士卻是一再說美國對待陳總統，純粹是中國壓力所致，這等於完全呼應了失敗主義的統派。天平只向中國一面倒傾斜的說法如果是對的，台獨就簡直沒希望了。事實當然並非如此，無論如何，目前仍是全球超強的美國所進行的島鏈圍堵、軍售台灣，這在中國眼中，遠比陳總統過境嚴重萬倍的事，美國都毫不皺眉頭地挺住了。

不是卡珊卓

不斷打壓台灣的法理地位，美國很從中間得到快樂嗎？經過這樣的打壓，台灣是不是沒有前途了？台灣不應該得到更好的待遇嗎？台灣只因為總統是冒進的假台獨，上帝就非用統一來處罰台灣嗎？

假使我眞的是卡珊卓，對這一連串的疑問，我要回答一連串的不是，畢竟台灣不是特洛伊，也不會是特洛伊，雖然迄今台美間太多不幸的發展，我都預料成眞，但是我最後的預料是台灣不可能是特洛伊，最後我也不會變成不幸的卡珊卓。

在會捉人的戒嚴時代就投身民主台獨運動的人，對自己的期許，理所當然不可能只是擺路邊攤當「預言家」。

二〇〇七年一月二十九日星期一早上沈富雄醫師打電話給我說，台聯新任主席黃昆輝宣布棄守深綠路線，走中間偏左路線，沈醫師好像是發現了新大陸，興奮地以為台聯的突變終於證明了沈醫師當年和陳總統一齊走的中間路線的正確性。

我說，台聯恐怕不是突變，早在幾個月前，李前總統對台獨和外交的主張已經非常清楚地表示他要從台獨冒進主義中撤退了，這在我二〇〇六年十二月出版的新書《共同體——世界圖像下的台灣》裡面已經提到了，不過大醫師沒有注意到而已。

我在書中指出，「二〇〇四年，扁既公投、廢統，又發動制憲正名，與美國全面鬧翻，李前總統終於警覺到這反使得台灣距離獲得國際上法理承認更爲遙遠，於是正式宣布，台灣主權已經獨立，正名制憲應考慮友邦的感受，走回到穩健台獨路線。」這已經和民進黨內的穩健路線訴求幾乎完全相同了。

群衆的理性與感性

李前總統在陳水扁走上去台獨化之後，將台聯帶上冒進台獨路線，在台灣的政治版圖中爲台獨補位，並在二〇〇四年總統大選發揮了帶動台灣主體意識，挽救了陳水扁的選情，此後一路在冒進台獨路上衝鋒陷陣，如今，階段性角色扮演完畢，他又帶領台聯回歸穩健台獨。

這時，許多人的理解是他改走統獨間的中間路線，甚至認爲他放棄台獨，事實上，應是誤解。他說：「台灣已經是主權獨立國家，固需要正名制憲，但已不需再追求台獨。」在這裡，他對正名、制憲定位是主權國家的國民的民主實踐，而不是如未定論的冒進主義者把正名、制憲定位爲創設主權的手段。

他甚至批判冒進主義者，故意假設台灣還沒獨立，然後發動統獨議題，純是政客鞏固私利的惡劣行爲。

台聯這樣走，我以爲一方面跟李登輝對外交策略的大反省有關，另一方面和台聯面臨單一選區兩票制的立委新選舉制度的嚴酷考驗，想調整路線確保席次有關。

關於前者，我認爲出發點是爲台灣外交好，是做功德，但是關於後者，調整路線是不是能有利於台聯，恐怕要進一步評估。

世界上的政黨，他的群眾大抵有兩類，一類是感性取向，對黨深情款款，情之所至往往不能自已，結果是非常衝動地呈現基本教義派色彩；另一類理性清晰，對黨固然認同，仍保持理性，不會凡事盲從，於是呈現了所謂的「中間色彩」。

前一種是選舉到時最最激情的部隊也容易被運用，但是社會對他們的反應最「兩極化」；而後者的理性使他們對社會有說服力和滲透力。

這兩種部隊整合起來，政黨或候選人才能進攻退守調度合宜，兩者缺一不可，只是人的理性感性合致固然是好事，但兩者並不會天天融洽無間，表現在政黨內部的就是冒進路線和穩健路線的競爭，有時競爭還演化成生死鬥爭，在大的政黨裡例子多得不得了，只是要當大黨，你就非兩者都好好照顧使其合作不可。至於小黨要兩端兼顧，非常困難，若要選其一，恐怕選擇感性一端對黨的鞏固還比較有利，因此，李登輝寧選理性面，其氣度令人感佩，但可行性則受挑戰。

談完小黨台聯，回頭看看大黨民進黨。

朋友問我，台聯走回中間，你要不要跟著沈富雄走回中間，沈說，「十一寇應該扮演領導民進黨走向中間路線的主流角色」，我說我向來反對冒進的基本教義派，但我確信穩健台獨才是對的，如果沈要號召走中間路線，那就不要算我一份。

我說我知道，長期以來一些感情衝動的深綠朋友非常痛恨沈，對我也好不了多少，只是我認爲他們過去被誤導才走到錯誤的路上去，所以我認爲於情、於現實該做的，都是把他們拉回來，而不是去強調，你看台聯不要他們了，我何必怕他們的威脅，因爲他們其行令人生氣，其情卻令人可憫。任何一個「大」的政黨，不能缺他們就像不能缺理性的另一種人。

拉他們回來並不是就要附和他們，像民進黨游主席甚至附和他們修改黨公職提名辦法，要大幅強化所提的「排藍」其名、排理性選民其實的條款，其目的在於把基本教義派當做自己黨內鐵衛軍，讓他們的冒進行爲主導黨，對黨的發展當然有大害。

認爲李走回中間路線，是對台聯新主席黃昆輝說將走中間偏左路線的說法的誤解，李前總統當然不會認爲統獨之間有任何中間，他說的中間偏左的中間是指階級立場的中間偏左，所以他強調要主張社會民主主義。

要台聯做這樣劇烈的角色調整，其原因應在於李登輝對台灣政經局勢的洞察。

儘管台灣政學界最近流行「台灣因統獨對立，社會愈來愈兩極化，呈現M型的分裂和對立」的看法；但事實上，政學界上層固然愈來愈呈現M型的兩極對立，台灣底層的社會則反而向整合的方向發展。

現在，李前總統決心擺脫目前愈來愈和社會疏離的上層「統獨鬥爭」，依他過去有使命感的社會主義傾向，他現在注視的是全球化和兩岸經貿高度發展以後帶來的階級和貧富上的M型兩極化社會，而不是上層政治的M型分裂。他企圖把原來強烈小有產者色彩的台聯黨，以他強人式的魄力引導到中間偏左的社會民主主義的路上。

在這裡，他再度展現了大戰略家的大開大闔，和深沉的社會使命感，以及宏遠前瞻的進步性。

在垂垂老矣的歲月這樣奮力一搏，上帝將許諾他什麼樣的獎賞呢？歷史會怎樣被牽動呢？沒有人知道。

第五章

反分裂法

畫符唸咒

二〇〇四年七月二十九日，陳總統參訪潛艦海虎號，第二天各大報大幅登載，總統參訪時爆料中國將對台灣進行「法律戰」，制定「統一法」，賦予中共政府武力犯台法源，意圖以武力併吞台灣。陳總統對中共嚴加批評，並呼籲國人重視。

再一個出頭月，九月三日，台灣各大報頭版占滿了總統對統一法更嚴厲的指責，他說中國擬定「統一法」是要將「武力犯台合法化，法律條文化」，「做爲國家領導者，我必須要提醒二千三百萬同胞，我們絕不能掉以輕心」。

這次，總統並援用往例，於出訪時把要講的話出口轉內銷的方式，在拉丁美洲的貝里斯對統一法的內容進一步加以爆料。他說草案有三十一個條文，規定「誰破壞中國統一，誰阻撓中國的統一，誰延緩中國的統一，誰就是重大的犯罪……追訴權可以可到一百年。」他還說：「他們要打台灣，假惺惺地注意台灣人民生活，以前是單打雙不打，現在是『過年過節不打，週休二日不打』，這是非常荒謬、蠻橫無理的。」

陳總統不斷出手重擊「統一法」，認定它是大惡魔，一旦現身，萬民遭殃，因爲統一法一旦訂定，北京從此有武力犯台的「法源」了。

統一法在九月前後鬧了很是一段時間，在台北主流學界誠惶誠恐地議論時，我覺得很可笑。一個國家發動侵略戰爭，沒聽說過需要什麼法源的，只要北京繼續認爲兩岸的「內戰關係」仍未結束，中華人民共和國的憲法又規定主權涵蓋台灣，統一就成爲憲法的命令了，發動戰爭需要來個什麼法源？如果要有統一法才有發動戰爭的合法性，那麼豈不是承認過去從八二三炮戰、九六軍演，到所有不放棄武力攻台的宣示都成沒有法源的非法行爲？

在中國那一邊對統一法怎樣訂有幾個版本，我要助理把其中最有名的也就是陳總統引用的那一個余元洲擬的草案找來看看，目的不在於研究它有多可怕，而是研究它有多可笑。

「統一法」認爲一國兩制是最好的制度，但中國努力推動，台灣卻抵死不從，所以有必要把它從政策「提升」爲法律，以強化法律的強制力，問題是台灣連中華人民共和國的憲法都不遵守了，爲什麼訂了統一法對台灣就有強制力，就要遵守？統一法奇怪的地方還很多，例如中華民國要和中華人民共和國組成聯邦，請問，十三億人的中華人民共和國是一邦，二千三百萬人的中華民國是一邦，這樣的兩邦合組聯邦不是不太平衡、太古怪了嗎？又如爲了統一，要在台幣、港元、人民幣之外再發行「華元」，也不想財經學家聽了頭痛不痛。最古怪的還在於「武力統一」的規定，看來這是起草人最得意、認爲最有威力的地方，也是陳水扁認爲最可怕、最用力批評的地方，但其實正是最可笑的地方。

草案從戰爭條件包括部隊、程序、打仗的方法、時間竟一概加以規定，這無疑是史無前例地不通立法創舉。

統一法規定戰爭的條件是：一、台獨或漸進台獨，二、外力介入，三、長期頑強拒談。這都是老調，也就是紅線論，但熟悉戰爭的人都知道，戰爭的發生經常都不是對方踩了什麼紅線，如二次大戰德攻奧、攻荷比，美國攻占伊拉克……，只要中國認爲國際條件適宜，自己實力夠，仗打起來代價很小，台灣恐怕不要妄想不踩所謂紅線就有和平。相反的，如果代價不容許，法律上的條件再怎樣符合，仗也打不起來。例如大概沒有人能分別陳水扁宣布「一邊一國」和宣布台獨有什麼不同，但北京卻有本事硬是認爲沒有踩到紅線，只是靠上「紅線邊緣」。北京很懂靈活因應現實，弄個僵硬的法，只有使自己進退失據。

其次，戰爭由最高行政權發動，縱使在民主法治國家，立法權也只有追認與否的問題，而從未出現先立了法再打仗的怪事。

戰爭狀況又瞬息萬變，為了求勝，統帥不是頒戒嚴令、就是發布緊急命令來突破常態嚴謹的法秩序；「統一法」卻反其道而行，由法律來規定仗該由哪個軍區打、怎麼打、什麼時候打、什麼時候暫停不能打……洋洋灑灑、滿紙無非荒唐。

北京一、二十年來從柔性勸降、文攻武嚇，到以商圍政、外交封殺等具體政策，由於都沒成效，於是想統一想瘋了的蛋頭學者想出「立統一法」這個絕招以保證統一的實現，但這和得了怪病尋遍名醫藥石罔效後，找個師公道士畫符唸咒有什麼不同？

因此儘管有人認為「對台獨分子最有震懾作用」，但我認為北京當局對蛋頭鷹派學者提的這個法理、法例、實務上都不通的草案一定非常頭痛，只是被媒體或僑界追問時又不得不以「非常重要，認眞考慮」，寧左勿右地滿足發問人的統一熱，順便故弄一下玄虛，嚇唬嚇唬台灣。

我拿我的意見，向陸委會溝通，副主委邱太三似乎也覺得「武力犯台法源」有點奇怪，他說「制定統一法，有相當難度」，又說「其實大陸方面並不需要制定統一法來達到統一的目標，因為在憲法和許多現行法律中，就已經有類似的規定」，不過扁政府乃至朝野政界中，頭腦這樣清楚的眞是少之又少。

二〇〇四年九月九日，我發表了一篇文章，把這些蛋頭鷹派學者「畫符唸咒」的做法奚落一番。事後的發展看來，北京當局的確為這些蛋頭學者很頭痛，這我是猜對了，但我也猜錯了，那就是蛋頭學者的戰鬥意志比我想像的還堅強，最後在他們的壓力下，胡錦濤不能不處理立法問題。

由於蛋頭鷹派學者余元洲在二〇〇二年草擬的統一法太過荒唐，而鷹派氣氛又必須安撫處理，另外，又有少數人更想趁機爲狀態膠著的兩岸設法規畫出一個全新的政策綱領，於是在許多積極推動的統一法中，出現了和余元洲草案在政策精神上完全相左的一些提議，如上海學者章念馳在二〇〇四年五月也建議北京制定統一法，名雖也是統一法，但內容大大不同，章的看法屬「極少數派」，但卻可以做爲北京當局從鷹派的構想中解套的途徑，最後，中共法政系統主導的反分裂法草案基本上就類似章的途徑。

解套的第一項，就是把草案精神從促統轉成反獨，於是名稱就從「統一法」變成「反分裂國家法」。

從這樣立法過程中，我們看到了中國的蛋頭急統派與務實中央的角力，同時看到中央成功地爲自己解套，免於被蛋頭鷹派逼上戰場。

由於中央的偷天換日不能張揚，所以我們看到連一些中國北京著名的國際戰略專家，對草案的內容都一再猜測到相反的方向上面去，或認爲草案會明確界定什麼叫台獨，或是草案將體現一國兩制精神等等。

可以想見的，在討論過程中，蛋頭鷹派的聲音高亢，而進行偷天換日工程的中央則只能低調，這種開會發言的過程必爲台灣的情報單位掌握，因此情報當局一面固爲其過程中的激昂所震驚，一方面也不時對外流露出「掌握狀況」的得意。他們對情報掌握愈多，愈只聽到慷慨激昂的聲調，也愈是膽戰心驚，結果爲情報所誤，認爲戰爭一觸即發，根本不瞭解：想玩偷天換日遊戲的胡錦濤，怎會在會中把自己的策略坦白出來呢？

在蛋頭鷹派鍥而不捨的努力下，法是不得不立了，但，法如叫統一，那麼北京誰沒去實踐，誰就違法，問題很大，於是方向從「統一」調整到「反分裂」。但是問題一樣嚴重，那就是現在算不算分裂？如果不算還要統一嗎？就在人大常會開會前夕，十二月二十三日，我指出：「中國不能統一台灣是政治現實問題，犯不犯台則決定於國際情勢、國力和決心，根本不是法律問題，所以，過去我一再嘲笑統一法是畫符唸咒，台灣領導人不必跟著起乩。沒想到北京居然把統一法改頭換面成『反分裂法』趕在十二月底審議，要當作給台灣的耶誕大禮，而台灣則朝野一致認爲大難臨頭，激情反應，實在令我挫折。」

但我仍堅持說：「法理上、實務上統一法問題一籮筐，反分裂法也一樣，例如，怎樣開宗明義爲分裂定義就很麻煩，如果現狀是分裂，法通過的第二天就得打；如果不算分裂，那就不必再搞統一了。所以除非北京準備對『事實獨立』存而不碰，專反對『法理獨立』（其古怪不通定義是制憲、改國號、國旗才算獨立），並在這種相對務實的政策配以『反裂』的醜臉加以平衡，否則法根本是立不出來的。何況台灣現狀如不算分裂，北京將怎樣打擊疆獨、藏獨，這些問題擺在前面，北京要立法根本是自找麻煩。」

在北京人大會前夕，由於國際上對反分裂法相當疑慮，所以，中國國家重要官員包括溫家寶都積極出訪各國，說明反分裂法只反台獨，是無害的，但沒有消除各國的疑慮。由於中國一直不能向國際解釋爲什麼要在反分裂法中規定非和平的手段，因此，在國際上受到相當大的挫折。在立法過程中，美日又強化安保條約對中國防範的內容，把台海安全列爲雙方重大戰略關切事項，而歐盟則擱置原準備批准的對中國軍售解禁。就這一方面，可以說陳水扁國安團隊國際遊說獲得了重大成功，但國安團隊在反分裂法議題的國內操作上的成果，則非常值得檢討。

本來北京早在兩星期前透露條文都有了，但我一口咬定有了才怪，在開會前一星期果然如我所料。消息傳來，雖版本還沒有，內容共識卻已經很高，沒有爭論，不過我仍打賭，連共識都應該沒達成。我的意見，朝野全不以爲然。

反分裂法進入人大常委會的議程時，台灣也正好在舉行國會改選，因此氣氛十分詭異，朝野反應都非常強烈，而應付的方向迥然背道而馳，綠方認爲應該強力反制，藍方則認爲該委屈求全，我全認爲小題大做。

偷天換日

二〇〇〇年時中國北京領導人看到連民進黨員都當選總統，敏銳地察覺到他們的統一大業時程必須做更理性的評估，於是對台政策明顯地由積極促統轉到消極「防獨」。但這局勢看在蛋頭統一基本教義派眼裡，則滋生對統一的焦慮感，於是想把統一的工程以法律訂下來，課國家領導人以法律責任。二〇〇二年，湖北江漢大學余元洲教授就起草了古怪不通而令陳水扁團隊大爲震驚的《中華人民共和國統一促進法》草案。

二〇〇三年五月正在台灣總統大選，選戰進入啓動階段，中國的人大、政協兩會也接連開議，蛋頭基本教義派代表華中師大周洪宇發動統一法的提案連署，但頭痛的北京當局不喜歡在台灣選舉中造成負面觀感，提案功敗垂成。不過在陳總統連任之後，且台獨路線冒進化，加上台美關係大壞等條件湊合下，北京當局認爲對提案直接阻擋恐不如接納再加以「偷天換日」爲宜，但偷天換日並不是那麼容易。

二〇〇四年十二月底，北京人大常委會開會，結果會中不但不見國務院把草案版本拿出來，而且第一天開會下來，晚上與會的代表，對反分裂法內容的轉述，有四、五種版本之多，而且南轅北轍。情形竟然由我獨家料中，也大出台北朝野的意料之外。我接著指出，立法順利與否的關鍵在於怎樣定位兩岸當時的關係，能不能依我十二月二十三日指出的，對台灣獨立的現實故做「存而不論」地裝傻，否則立法將繼續陷入僵局。

到了二〇〇五年一月中，中國舉行江八點紀念會，會中政協主席賈慶林發表演講，對兩岸定位，他說：「兩岸尚未統一，但大陸與台灣同屬於一個中國的事實從未改變。」

看到消息報導，我不禁啞然失笑。

前半句講未統一，後半句講未分裂，邏輯上根本不通，但已做到了「對台灣事實獨立的狀態裝傻」。

既然已符合我在去年十二月底說的「對台灣事實的獨立存在不碰，但反對法理獨立」的裝傻要求，我笑著告訴朋友說，北京現在反分裂法可以立法了。

不久人民代表大會正式開會，反分裂法就依據「未統一也未分裂」的兩岸定位順利立法完成。

兩岸這樣定位在邏輯上固然不通，但在政策上，則表示將有天翻地覆的大變革。因此，在整個朝野認為兩岸陷入空前危機時，我反而認定兩岸將正式步入歷史上最和緩的階段，也因此我對朝野一致認為戰爭迫在眉睫，而一方急著反制，另一方急著叩頭的反應方式憂心忡忡，認為朝野都將因誤判情勢而帶來國家和政黨的損失。後來，果然如此。

失敗主義

二〇〇四年九月二十一日，我撰文指出了北京反分裂法將會倒退性地以「武力」反對「法理台獨」；又指出北京將會在「承認現狀合法」的前提下，積極推動務實統戰，台灣並無立即遭受直接武力壓力之虞，最該擔心的是怎樣面對北京即將推出的務實統戰。但台灣朝野雙方，基本上對後一項毫無所覺，而對前一項又過度反應，這就造成了藍軍充滿失敗主義色彩的舉止。

台北藍軍主流論述說，一旦國會藍軍過半，北京大大安心，政策和緩可期，反分裂法將不致出現，結果是北京人大常委會決議訂反分裂法，硬是給主流論述丟臉。主流論述趕快見風轉舵，說北京反分裂法是多麼深思熟慮、胸有成竹，結果在開會中國務院就是提不出確定版本，以致第一天會後出現多種說法，導致北京第二天趕快下封口令，統一口徑說版本早有，共識很高，愈顯得此地無銀三百兩。主流論述還說，反分裂法是中美有志一同，聯手打擊台獨，但現在看來，美國對這種烏龍立法非常不欣賞。

北京的做法如眞像藍軍講的這麼厲害，台灣情勢自然非常不利，這時新年將屆，兩岸交涉春節包機。主流論述便說，春節包機北京姿態必定硬得不得了，台灣非得卑躬屈膝不可，否則包機鐵定不成，結果，這次談判比起以前台港航線續約、二〇〇三年包機談判，反而更少刁難，談判程序更順暢；於是主流論述又說這是胡錦濤高明，採取硬的更硬，如反分裂法；軟的更軟。

台北主流論述，站在失敗主義立場，凡事就認定北京高明厲害，台灣只能委屈，但所有預測事後證實幾乎無不與事實發展相反，本事實在差透了，不過，永遠占據言論主流位置，這方面的本事卻又大得不得了。

他們總以為由於他們能討北京歡心，所以一口咬定藍軍國會若勝，中國就不會定反分裂法了。見解很離譜，根本不瞭解中國對台大戰略已改變，何況縱使中國積極謀台戰略未變，則台灣藍軍國會過半，意味台北行政立法僵局未解，我早警告北京將有操作空間，不但不可能放鬆壓力，反而會認為是施壓好機會。藍軍不明白這一點，以至於出現反分裂法後大為錯愕。

反分裂法是意識型態掛帥的過激產物，是烏龍立法，有如台灣的「國會減半」；北京鷹派雖利用台美交惡順勢推反分裂法，但既然是冒進行徑，勢必引起反彈，美國果然如此。大家對台灣的獨立主權受到威脅大為擔心，但我呼籲，主權不必擔心，中國對台海這邊的主權其實無可奈何；反而是在台海那邊在鷹派抬頭下，台商受到壓力才真是該關心的，台商恐怕許多人將惶惶自危，後來果然有了許文龍被迫寫公開信表態支持反分裂法事件。

有意思的是北京又怕對台商用力過度有副作用，於是北京趕快在包機協商上放得軟些，以安台商，中共的軟是這樣來的，並不是實踐什麼硬的更硬，軟的更軟的原則。

扁政府官員特別害怕地強調反分裂法中有攻台戰後追訴反分裂罪行的規定，強調得那麼緊張，一副仗就要打了，而且中共必勝，台灣必輸，所以他一定會被追訴反分裂罪行的樣子，眞是腦筋糊塗。

事實上我對反分裂法的看法前後發表了十多篇文章，國安局也有完整剪報列為參考，我的意見也數度透過人間接轉達，但對決策沒有影響。其實高層開會時終於也有人持和我類似觀點，但不被採納做因應依據。

由於太失敗主義了，藍軍領袖反對三二六反反分裂大遊行的理由很荒唐。他們說，反分裂法是針對台獨，藍軍不必怕，大家也不必怕。和扁政府官員異曲同工地糊塗，同樣認定中國就要攻占台灣，依反分裂法嚴懲不乖分子了。

北京對台惡臉相向時，國民黨甚至急著派人到中國示好，他們認為這樣才不會出亂子，但北京看到藍軍反應的結論恐怕是：有人怕了，可見反分裂法有效了，有效的事就該多做一點。這一來，藍軍的膽怯等於是給北京的冒進最大的鼓舞，對國家的害處實在很大。

藍軍的做法對自己也不利，台灣社會一面倒地反「反分裂法」，藍軍逆著民意討好北京的做法，一定會使自己在國內政治市場邊緣化，害了國家也害了自己，眞是愚不可及。

對位

相對於藍軍失敗主義作風，綠營決定發動群眾在中共人大審議反分裂法時加以反制。

我不斷向陸委會說，由於反分裂法中有倒退性，是大國犯錯。大國犯錯，小國有權討回公道，但應該合乎比例原則，不要做過頭，否則大國資源多，我們會討不到便宜。但是當時當局看到的是台灣在國際宣傳上、和國內動員的成功，在最後雖終於瞭解到我說中國反分裂法是「兼具倒退性和務實性；以張牙舞爪的姿態包裝務實統戰」的意義，仍然決定乘勝全面追擊。

台灣許多社會團體和綠軍反「反分裂法」的立場清楚堅定。九十五%民意反反分裂，又高達兩成以上的願上街頭，三二六的遊行陣容將相當可觀。這足以讓北京瞭解他們立反分裂法得不償失。

見到民意這樣的反應，謝內閣感動之餘，對參加遊行也躍躍欲試。謝揆宣布參加遊行，一些部長隨行，而總統更將與會。對這決定我十分訝異，建議謝揆趕快收回成命。

遊行是手無寸鐵的人民表達意志的方法，遊行時，人愈多愈好。面對壓制人民的本國政府，人民要站出來，民主政治往往就是這樣開始的；面對外國侵略野心，人民也應站出來，如二次大戰前中國一再發生的反帝遊行、冷戰時期東歐的抗俄示威，甚至今天，底層人民自發對抗全球化與跨國企業的示威……等等。而這次則是台灣人民對抗昔日被帝國主義欺負，今天轉過來欺負人的中國政府。

遊行既然是手中沒公權力的人民做的，而人民又已經授權政府可以選擇各式各樣的政策工具，甚至武力去對抗外國壓迫，政府該做的就是依據人民在遊行中發出的聲音擬定各種妥善的政策，外交的、經貿的……。最輕的有政府的譴責，必要時還可以指揮軍隊以資對抗，而不是跟隨人民去遊行。

人民和政府，一以群眾發聲，一以政策行使，角色迥然不同。像萊斯到北京，台灣不斷地期待她高分貝發聲，結果並未如此，這使得頭腦簡單的台北認爲糟了，美國對中共對台侵略似乎並不太關切。這是對萊斯做爲國家最高層官員該扮演角色的不瞭解，她何必高聲嚷，她做的是政策的釜底抽薪：在美日安保新聲明規定台海和平是美日軍事同盟關切的戰略事項——以政策表示，這件事美國管定了；其次則強力迫使歐盟繼續對中國軍售管制。假使反分裂法是老虎，萊斯做的是透過這兩件事拔掉老虎的牙，而不是無力地指著老虎大叫大跳。

假使我們政府面對中共不是採取像萊斯那樣以政策對付，而跟著人民大叫大跳，那麼我們選總統、支持內閣做什麼？我們花大錢買軍售做什麼？

因此，我在遊行發動前夕呼籲：

「看到百萬人民上街，固然心中不免怦然，但不要忘了政府的角色，尤其重要的是，遊行既然是人民的手段，不是政府的，如今遇到中華人民共和國政府，我們的政府卻寧當人民不當政府，這豈不錯亂、豈不落入中共把台灣去政府化的法律戰陷阱？請記住，面對一個有敵意的政府，台灣永遠有一個清清楚楚的政府存在。常任文官不負責政策責任，參加遊行還好，但總統、閣揆、部長領導國家政務，任務在身，必須二十四小時 on duty，可以到群眾遊行聚集的地方聽取人民聲音、發表對反「反分裂法」的政策演說，但是，拜託不要請假當小老百姓與人民一同參加遊行。

「面對侵略，人民和政府都要站在第一線：人民的第一線是街頭；政府的第一線是政策制定與

執行，請站對位置。而藍軍，當然是人民的一部分，也請站對位置。」（蘋果日報二〇〇五年三月二十四日）

不幸的，政府高層根本不理會我的呼籲；而藍軍在遊行仍然缺席。

藍軍選擇缺席除了源於天生的失敗主義之外，民進黨要壟斷抗敵光環也是一個關鍵。

內戰都結束快一甲子，還立法重申他要打內戰，幾乎整個台灣社會都為之譁然，甚至許多距離政界遙遠的文化界人士，不分藍綠都議論紛紛，如侯孝賢、蔡明亮、朱天文、林懷民、七等生、夏曼・藍波安、郭芝苑、蔡瑞月等四十多人發起「以自由與和平之名，拒絕脅迫」的連署聲明。

這時，民進黨內部對怎樣讓民間力量發動有不同意見，有位年輕的女閣員鄭麗君認為應該讓包括民間文化界各界人士領頭，形成超黨派的運動，最有利於凝聚「全民共識」，他並積極和文化界人士聯繫，讓他們領頭，我也呼籲超黨派的做法。但無論中央黨部和扁府院高層幾乎全認為民氣如此高漲，不加以壟斷收割實在可惜，黨主席於是宣布民進黨要發動十萬人大遊行，一旦民進黨領銜，黨政的動員能量最為巨大，但民間超黨派的凝聚運動自然就被淹沒了，於是既無法讓文化等社會各界形成對藍軍參與的壓力，也幾乎全面壓縮了藍軍參與的空間，失去超黨派凝聚眾心一致對外的機會。

由於民進黨黨政高層自私的權力算計，和藍軍的失敗主義掛帥，台灣社會令人痛心地被外來災難所撕裂！

答案在茫茫的風裡

像我這樣在一九四〇年代末期出生，又到過都市闖蕩的人，年輕時候很少沒聽過鮑布狄倫（飄揚在風中〉這首動人的歌。當時很爲這首歌有幾分浪漫、幾分哀怨、幾分頹廢的嬉皮風而感動。

歌的末句「我的朋友，答案就飄揚在風中」最投合青少年時強說愁的情懷了，至於鮑布狄倫那種反戰、反一切權威的左翼理想，是一直到大學時才略知一二的。

爲了彰顯中國反分裂法中「非和平手段」是多麼惡劣，陳總統詩興大發地援用鮑布狄倫這首傳遍世界的反戰名歌，並在三二六百萬人大遊行前發表改寫的歌詞以明志，還表示三二六當天他不做演講，只遊行、喚溫馨的口號和唱歌。陳總統改寫的歌詞末句仍然是「答案在風中」，「偉大的台灣人民們，答案就飄揚在三月二十六號的風中」。好哀宛，好文雅。其實文雅的還不只是他改寫的歌詞，早幾天，他在詩人大會中也朗誦紀弦的詩以明志：「我必須發出聲音……證明我的存在……否則，任何方向的一陣風都可把我吹熄，如吹熄一根火柴……」

這詩更哀宛有加，簡直是哀怨了。

我相信，紀弦一定沒想到有一天，他這麼哀怨的一首詩會給位極崇隆的總統唸來明志；一派嬉皮的鮑布狄倫更一定會非常非常訝異，有一天，他反權威風的詩會給一向西裝筆挺，頭髮油亮，威嚴有加的總統改寫吟誦以明志。

我當然也訝異，因爲我總覺得，一年穿不到一星期西裝，頭髮從不抹油的我，唸唸鮑布狄倫的歌，恐怕還比較不令人驚奇些。這種歌唸起來，讓人覺得陳總統也能兼具左翼的浪漫風，固然大大無妨，只是反戰是老百姓的心聲，在面臨強敵時，總統有「止戰」的憲法義務，這義務的實踐和哀怨的反戰風情格格不入。

人民可以反戰，爲什麼總統只能止戰，這是不是不公平？是不公平，但誰叫總統是三軍統帥，誰叫總統還努力遊說國人支持大筆的軍售預算？

不只如此，人民可以遊行，但我勸總統不必，也不要，這公平嗎？是不公平，但誰叫人民手無寸鐵，而總統還是三軍統帥。

最後，當人民百萬大遊行，誓做你後盾，無限期盼總統給個答案時，總統卻說答案在風中。坦白講，大概沒有一個人從風中聽到了什麼答案。於是要怎麼做大家只能猜，於是有人猜答案就是人民反對北京的意志，只是還是沒有人知道要怎樣反對。在莫衷一是時，當總統痛批江丙坤向北京示好時，謝院長卻替江講話；有人說答案在展現本土力量給藍軍看讓他們學著硬起來，但藍軍卻更向中國靠攏了；有人說國民意志已凝聚了，但一向硬頸的許文龍卻正式向北京表態；有人說重建了總統在綠營的領導權，但社會對總統制憲正名卻更不放心了。

總統說答案在風裡，風卻沒告訴我們什麼。

多空轉折

反分裂法兼具倒退性與務實性的矛盾性格。

在倒退性方面，如，不放棄以非和平手段解決台灣問題；如，認定兩岸狀態是「國共內戰遺留」，到超過半世紀前去找內戰作爲不放棄武力犯台的理由；如，迄今不能承認台灣的法理主權——不管中華民國或台灣國。

在務實性上，如，終於承認台海現狀的合法性；如，在條文的意旨上把對台關係區分成武力、政治外交、務實往來三個層次，而在政策上加以區隔處理，雖然在軍事上不放棄，但至少備而不用；如，在一中立場上不放棄，外交戰不讓步，但在兩岸往來上儘量擱置政治爭議。

在面對反分裂法的倒退性上，藍軍在失敗主義主導之下可以說荒腔走板，一無是處；綠軍則方向正確，但政府民間角色混亂。

由於朝野都對中國的倒退性過度解讀，完全不瞭解在目前的東亞戰略結構之下，中國並無任性地動武的空間，朝野卻誤認爲戰爭迫在眉睫，以至於完全忽視如何面對反分裂法務實統戰的另一面。

由於中國的倒退性，舉世憤慨，綠軍政府因此既在外交上打了一場多年難得一見的勝仗，也在動員群眾反制中國上達到空前的效果。不只在動態方面，大遊行陣容浩大，在靜態方面，根據民調，台灣人民對中共反感達歷史高點，認爲中國對台灣有敵意的達到九十五％，比起過去超過二十％。

然而在這樣「大獲全勝」的喜悅中，我在前一年九月二十一日警告的不幸在大遊行當天突然成眞，被當做深綠的許文龍突然發表聲明，支持中國反分裂法的立法，接著過去曾任陳總統國策顧問團的企業家，也開始對扁採取疏遠的做法。

事實上，在參加遊行前夕，許文龍事件還沒爆發之前，我認爲反分裂法的大遊行將是扁團隊「勝利」的最高點，但由於忽略到對中國務實統戰的因應，此後將「利多出盡，利空頻傳」，而預先寫好文章，遊行當天傳眞《自由時報》，三十一日登出這篇冒大不韙、觸人霉頭的文章。

〈三二六利多出盡〉

就法律的政策意涵來說，反分裂法可分三大部分：一、第六條，規範兩岸非政治性的經貿文化往來；二、第七條，政治談判；三、八、九條非和平手段的使用。其中最令人反感的是非和平手段的部分，政府認爲這是最可怕的地方，是戰爭授權法，是中國意圖急於改變台海現狀的表現。

在一年來台美交惡的惡劣氣氛下，台灣唯恐美國對中國惡劣意圖有所不察，甚至懷疑反分裂法上中美有很深的默契，於是鎖定非和平手段與意圖改變現狀兩點，努力向國際社會宣達。

三二六落幕之後，可以說，在反對非和平手段之戰，台灣節節獲勝：美日安保新聲明，把台海和平列爲戰略關切項目，歐盟維持對中國武器禁運；台灣群眾一面倒地對中國惡感，百萬人上街頭。這些都大幅強化了台灣主權的安全。

百萬人上街頭當然與政府的努力息息相關，但坦白說，國際社會對中國非和平手段的強力抑制措施，與其說是由於台灣在宣達上的努力，不如說是美日維護第一島鏈安全的決心所致。換句話說，這是台灣必勝的戰場，而其致勝是有國際友人勢必非替我們打不可的緣故。

由於這樣的理解，我早在兩個月前就說，台灣把作戰焦點全都放在主權上面，恐怕大有問題。台灣更應注意的，其實是反分裂法眞正管轄得到的大陸台商，許文龍事件證明了我並非多慮。

其實，反分裂法對中國有利的效應這一部分，恐怕許文龍事件才只是個開端而已。

中國反分裂法立法精神，十分類似美國蘭德公司建議的美國對中政策：圍交（Congagement）——既圍堵又交往——第六條是交往，第八、九條是武力圍堵。以第六條的拉力，加第八、九條圍堵力，把台灣趕進第七條的一中籠子裡。

反分裂法武力圍堵部分，兩個月來在國際上備受打擊，對中國而言可以說是利空頻出，但我認爲到三二六後恐怕就是「利空將盡」；相反的，在交往的部分，對台灣的衝擊正要開始。

武力圍堵部分，幾乎世界上重要國家和絕大多數台灣人民站在反對的一方；但交往的部分，則國際上基本上是鼓勵的，在台灣內部大部分也是有條件的支持。

美國對中交往的目的，是和平演變共產黨；中國對台的交往目的也類似：以通促統。值得注意的是第六條的交流。爲求其順暢，中國並沒有像以往一樣加上「一中前提」，而是把一中前提放在第七條的政治談判。這顯然是更技巧性的做法，先不談「一中」，「一中」等台商進來投資走不掉了逼你再談，就像許文龍一樣。

很明顯的，反分裂法中的「交往」部分，才是我們必須傾全力去面對的，但是這兩個月來，我們看到的是把力量放在人家一定會扮主力替我們打的戰爭，而對我們必須孤軍奮戰的部分卻掉以輕心。

錯置的單軌反制戰略，兩個月一路走了下來，由於對戰場涵蓋面的缺陷，使得陳總統一面在三二六無法以演講爲遊行定性，做政策總結，一面事後又只能毫無轉圜地痛批江丙坤到中國討好，但謝院長卻替江緩頰，並說經貿不會走回頭路，令人錯愕不已。

這悲哀的局面，一面是源於對反分裂法沒有能力做戰略性的評估，另一方面又在操作反反分裂法時，過度考慮國內藍綠之間，甚至綠軍內部政治競爭考量的支配，可說又是短線操作優先於長期戰略規畫，國內政治利益大於總體國家利益所致。

如今，反分裂法「交往」策略中，「務實」的效力已開始發動，執政黨再不痛定思痛，後續苦頭恐怕源源不絕。

唯一的贏家

朝野在面對反分裂法時，雙方雖然方向相反，但目的都在消弭一個並不會浮現的即刻戰爭。只是，這個戰爭，不但朝野相信會隨時發生，朝野也成功地說服了台灣的社會相信它會隨時發生。由於社會相信，所以才會對中國的反感升到九十五%的新高點。朝野雙方見民氣心喜，都積極加以運用。

民眾這樣的反感，在朝的運用是利用反制強權的民氣來強化領導權。藍軍的運用方向則完全相反，他們認爲既然戰爭是大家都不喜歡的，因此在戰爭一觸即發的關頭上，如果有人能消弭戰爭，將大受支持。於是虛構的即刻性危機就替連戰、宋楚瑜搭起了其實並不需要的「和平之橋」，連戰一旦踏上了和平橋後大受擁戴。不只如此，在過去，藍軍平時跑中國總是顧慮到社會的議論，如今則在中國強橫之時前往求和平卻不止除罪化甚至還有功，於是國、親兩黨急著要到中國取「和平之旅」的頭香；中國從此取得了直接介入台灣內部民意和政策形成的空間。另外，美國因而認爲中國對它的倒退行爲做了「補償」，美國的壓力也一併被連戰解消了。

總體說來，連戰之行使美國、台灣、綠營全成輸家。但因台灣社會誤認爲戰爭迫在眼前，這壓力在連戰中國行後不但解消，而且還被台灣社會認爲要來諸如熊貓等等的禮物，貢獻很大——儘管不管連戰去不去，那些禮物在中國新的統戰戰略之下早已準備好源源推出的，現在都被認爲全因連戰才有的，於是連戰在眾人皆輸時，成了唯一的贏家，他的支持度，從落後陳總統一倍，在一個月之內，出乎一般民調常態地躍升到五十%多，幾近陳總統的一倍。

他的支持度上升，與其說中共幫他一把，不如說陳總統對反分裂法採取的戰略才是眞正的原因，總統強調一個虛構的戰爭急迫性，就替連戰搭了一個大展身手的虛擬舞台。

此後國民黨嘗到甜頭，決定擴大在國內政治市場的這樣一個優勢，提出的策略是，爭取擔任北京給予台灣好處的總代理，其口號就是在兩岸問題上強調「政府做不到的，國民黨做得到」。

從此，凡是正常國家應由政府出面交涉的事務，國民黨無不想盡辦法「搶頭香」，將政府邊緣化，或是「決策由國民黨和北京一起做，後續執行，台灣政府來」，將政府決策去權威化，使政府成為國共共同的附庸。

從連戰中國行開始，接下來無論在兩岸包機談判、水果登陸談判，國民黨無不採取這個立場，當時，馬英九說他可以替民進黨政府向北京牽線等等，也是一樣想法，可以說連規馬隨，一脈相承，至今不變。

然而，國民黨雖然賣力迎合，但北京也固欣喜，卻未欣喜過頭到就授與國民黨總代理權，其關鍵精神仍可以在反分裂法中找到。

北京既然把統一放在未來，現在沒有急迫感，就不需要急著在台灣內部尋找政策的總代理人，此其一；第二，中國過去過度介入台灣內爭，被寵愛的固欣然而喜，但卻也有引起台灣社會反感的副作用，所以他選擇直接透過民意介入台灣政策形成，而不是介入政爭；三、北京瞭解在台灣朝野惡鬥，雙方的社會支持度都在降低，押任何一個少數得罪社會大眾，划不來；四、北京認為與其交好互爭一方，不如直接把好處給台灣人民，更能收攬民心；五、過度押寶一邊，由於選舉無常，如由另一邊勝，實在沒好處。

北京的這種策略，我早在掌握到中國反分裂法的戰略意義時，就一再公開提醒國民黨，我甚至很清楚地指出，此後，台灣藍綠如在兩岸政策上再爭執下去，中國將會把自己定位為台灣朝野利益衝突的仲裁者角色，而取得上位的戰略優勢。

可惜的是，言者諄諄，聽者藐藐。於是情景一路發展十分令人哭笑不得，諸多如包機、水果登陸、觀光等等協商，國民黨努力陪笑臉，而總代理權總求不到，其癡有如明月溝渠了。

前有我的規勸，後有林中斌教授的提醒，甚至有部分官員也做了建議但都無效，如在二〇〇七年二月三日林教授表示：「中共全面發展對綠關係，不再單押寶國民黨。我認爲原因有四：一、北高市長選後，陳水扁危機已過；二、二〇〇八年後民進黨仍有機會執政；三、國民黨仍完全是一盤散沙；四、馬縱使當選總統，兩岸關係不見得轉好。」

林教授觀察犀利，但，中國對台政策的轉變恐怕不在二〇〇六年北高市長選後才形成的，其大戰略已在反分裂法之中了。中國於立法之後，除了一再不願接受藍軍爲總代理人之外，國台辦主任陳雲林在二〇〇六年初說將鼓勵官員與「鐵桿泛綠接觸」，政策已很清楚了。

也幸好因中共體察到當前國際戰略格局，而有這樣的政策轉變，如延續以前企圖強力直接介入台灣政局的做法，固然對北京沒有好處，台灣政爭之更加混亂是必然的了。

中國這策略弔詭地遲至二〇〇八年馬英九上台後反而才改變，變成以國民黨黨中央架空馬政府，並讓馬成爲「國共論壇的執行長」。

精明的北京知道國共論壇的結論，民進黨政府可以不理，因此，兩岸事務乃以和扁政府交涉爲主；但北京又知道國共論壇的結論，馬英九無力拒絕，便以國民黨來架空馬英九。

虛構的舞台

朝和野雙方都認定台海戰爭迫在眉睫，是撐起連戰登上舞台的兩大支柱，撐起舞台四腳的另外兩根支柱則是扁與宋。

本來由於陳水扁認爲二〇〇四年國會大選勝券在握，將會如同不久前總統大選一樣贏得過半席次，藍軍在國會多數的問題已不足爲慮，進一步的重點便在綠軍中使民進黨多得席次，選戰主軸於是放在與台聯爭奪基本教義派群眾上。然而採取冒進策略，台聯成長固被壓制，但綠軍在社會支持度的擴張力也同時受限，選民在兩極對立中普遍疏離，於是國會綠軍距離過半足足十多席。

爲了解決國會未過半的問題，陳水扁在與李前總統會面後，達成拉攏親民黨的共識。二〇〇五年二月，扁宋會於是上場，雙方商議由宋代表扁到北京去試探兩岸和平契機，但這一來扁既然可以要宋到北京，那麼連去北京不但當然地除罪了，而且還更襯托連去的重要性，地位更加穩固。於是萬千觀眾聚焦這一個建立在誤會上的「歷史大舞台」，看連宋的演出。

讓宋到北京，對扁來說有多重意義。

首先是做爲扁獲得親民黨在國會支持的交換條件，其二，扁在二〇〇〇年上台之初，就夢想一手締造兩岸和平，以便歷史留名，其後歷經諾魯斷交、一邊一國、公投、制憲等一連串風波，夢想不得不打消。但在反分裂法的動盪牽動出的詭異時局中，許多人既然熱衷於向中共示好以求兩岸和平，總統見獵不免心動。二〇〇五年五月中，在電視訪問中被問到是否可以因此而得到諾貝爾和平獎時，扁一方面否認，一方面對眾人都罵遍了，唯獨對胡錦濤肯定有加，弦外之音不言可喻。另一方面，更強調「不汲汲於得諾貝爾獎求歷史留名」，但在否定的語句中，其怦然的心跳聲隱約可聞。到了接受德國媒體採訪時，更強調他自己和胡錦濤都將是「創造歷史的一代」，彷彿美景在望，勝券在握，其心動之情已經全部滿溢而出了。

諾貝爾獎當然是空夢一場，而扁宋會則成噩夢一場。

扁為了強化他策略的正當性說：「美國過去對台灣和中國間從不促談，但是現在變了，希望我們談。」

事實上，這看法是欠缺對美國的戰略瞭解，因美從來的政策是在政治議題上鼓勵對話，但促談則限於經貿議題。

另外，陳總統說，美國現在對陳總統的誤會已經被處理，布希現在對他很有好感，他舉例說，布希向胡錦濤提醒阿扁是合法總統，胡不應只理連宋，不理陳總統。

布希的做法其實好有一比：兒子不爭氣，到外面沒人理，求外人理他，這對父親是難以啓齒的事，連向好朋友說請你照顧一下都難為情，如今不得已要去和自己交手的對手討人情，做父親的不一肚子窩囊、一肚子氣才怪，陳總統卻可以解釋成他和布希關係改善，非常驕傲，實在是超級大天才。

扁宋會結局，我委婉地表示這恐怕是不會成功的，扁宋會將無法達成預期效果，後來預言又果然成眞。

扁和李登輝一樣，分析事務動輒從上層出發，認為上層講好了，一切就好了，我認為這低估了下層群眾的感受，是不會成功的。

在扁宋會中，阿扁雖然從善如流地在扁宋協議中擋掉了宋要求的「未來一中」、「統合」、「凍結台獨黨綱」。對國家定位採取的是中華民國憲法的「法理」和「現狀」的定位，大抵上符合了「擱置主權爭議」的要求，容忍雙方在基本立場有各說各話的空間，然後承諾在具體政策的追求共識，這對長期以來尖銳對立的兩黨是很不容易的。由於阿扁是國會少數有求於人，所以在協議中，只好接受突出「中國」的符號，淡化台灣的符號，不能說完全沒有吃虧，也因此引起台聯和許多獨派人士痛加撻伐。

沈富雄說：「這協議很好，符合中間路線」，這話說對了一半；協議中，兩岸主權政策既不強調一中，也不強調台獨，是符合中間路線；但在符號的選擇上強化「中國」、淡化台灣，恐怕反而是偏離了中間。就在協議的幾天前，有一份民調，台灣民眾認同自己是台灣人的，由去年的五十％餘上升了三％，認同是中國人的卻從二十四％掉到了十四％。

這民調說明了認同台灣符號早跨過了五十％的中線，又向前侵入了三％，相反的，不只認同中國的剩十四％，變得非常邊緣；甚至在台灣／中國中不偏不倚的比率，過去被認爲占據社會中堅位置，都一併被推到離中線十三％——都邊緣化了。

當整個社會在符號認同向台灣大幅傾斜時，扁宋兩位政治領袖卻向邊緣化的中國傾斜。寧捨社會多數而就少數，怎能叫做中間路線呢？這一定會使扁宋兩人的路愈走愈窄，這是因爲宋的意識型態嗎？不是。扁宋會後，我三月三日在《蘋果日報》上指出：

「極端主義的群眾在挾持宋的時候更挾持了親民黨的立委，這時縱使宋願配合扁，立委在基層的挾持下也不敢跟隨宋，何況，上屆的諸多『形象牌』親民黨立委當選並非有自己群眾基礎，而是憑宋的提拔，宋自然有支配性的權力，但經過再選連任，立委自己的基礎已經穩固，和宋之間的關係已主客易位了。

「縱使扁向宋有所讓步，但那樣的讓步，親民黨的基本教義派群眾是完全不能滿足的，而其結果就是宋要親民黨立委在國會中挺扁和國民黨對抗，叫得動的根本沒有幾個，扁宋會於是注定兩人都會在基層的反對中成爲噩夢一場。」

事後，事情也的確如此。

從基礎結構出發，固然不是扁的思考模式，但對一位社會主義者的李前總統應是標準程式，這裡，李前總統不免有所閃失了。

這種忽略了結構性因素而只重視到權力上層的操作，認為他們的意圖是歷史決定性因素而造成的疏失，李前總統在反分裂法的對抗中還發生了另一次。那就是認為反分裂法是中國採取對台立即性「將軍」的策略，因而他甚至突然降低了在台獨或「國家正常化」的步調。

卡珊卓？反卡珊卓？

在從去台獨化到冒進台獨及過境外交，乃至中小企業主領導風格、施政戰略，以至處理國會少數問題上，我不斷地提出各種建議，全不被當局接納，最後的發展不幸卻又幾全都在我事先的警告之中，我眼睜睜地看著它發生，有如卡珊卓在希臘神話中的處境。

現在，在整個反分裂法事件中，我的話，同樣完全不被接納，但在神話中，神要特洛伊毀滅，而當代的國際政治格局則很清楚為台灣留下一定的發展空間，我指出這空間的存在使中國不但無能為力發動即刻性的戰爭，因此無法立下「武力攻台法」，況且，還不得不立法承認台灣現況合法，乃至只能對台採取務實統戰。這次我這樣預言了機會，不再像卡珊卓預言毀滅，卻仍然不為當局所信。對當局不知掌握機會，反而採取錯誤政策，致國家、民進黨，乃至最高當局自己都受傷甚重，結果仍然令人同樣懊惱。

在這期間，最堪驚異的是，一旦丟開只從上層英豪們的意圖和演出著眼，而從結構出發作分析，我事先在報章上接連發表的許多文章，竟成了其後兩岸政局演出的劇本：

一、不會有帶來即刻戰爭的戰爭授權法，不論是叫統一法或反分裂法都一樣；二、戰爭法會被北京當局偷天換日，爲自己解套而面目全非；三、北京鷹派和務實派的爭執將使人大常委會提不出版本；四、北京將以「台海現狀合法」做爲立法基礎；五、立法一旦通過，北京務實統戰將層出不窮；六、立法一旦通過，江八點、一國兩制都將成明日黃花；七、北京將再沒有興趣積極介入台灣政爭，而反會站在制高點扮演仲裁者，從而弱化台灣的「國家性」；八、北京將不會以藍軍做對台政策總代理，此後務實政策將直接做給台灣人民；九、台灣會因爲失去制高點而在兩岸互動淪爲被動……。

諸如此類的事先預言，可說全成事後發展的劇情。到了二〇〇七年春節前夕，諸如林中斌教授提出了一些觀點與我所見略同之外，李前總統固然在過程中對局勢有誤判，但到二〇〇七年在接受媒體專訪時，終於提到胡錦濤是個務實、而且求穩定的國家領袖，又說兩岸狀況趨於穩定等觀點，總算是總結了在反分裂法事件後的兩岸大局。

難以想像台灣各方竟因掌握了太多「眞實」的情報，反而造成事實的誤判，這充分說明了，如果欠缺戰略的洞察力，情報愈多、愈正確，判斷反而愈錯誤。

其結果是中國有意調整比較務實的對台政策時，由於陳水扁的無知、慌亂、妄想兼而有之，兩岸一個建立務實往來制度的機遇流失了。

第六章

歷史劇場

騎士夢

執政後情勢發展，太多不幸的事被我料中，朋友笑我是預言家，我苦笑，就如同聽到邱義仁說我好像諸葛孔明高瞻遠矚一樣，只有苦笑。一生的志業本來始於參與獨立建國的工程，如今竟淪落到路邊擺攤當預言家。

回顧戒嚴時期，整個社會把台獨當成毒蛇猛獸，幾個朋友，呼朋保義，投身運動，有如遠古時期冒險故事，騎士遊俠提戈躍馬，在蒼茫天地間行走，所到盡是窮山惡水，沿途少見人跡，前往挑戰噴火恐龍占領的城堡，途中夥伴又多有折損，如一九八七年十月十二日，政治受難者聯誼會許曹德、蔡有全被李登輝政府高檢署以主張台獨收押等等無非如此，但雖然前途難以預期，但騎士心思單純，總覺得騎士生涯本當如此艱苦寂寞。

這時冒險故事中，騎士的命運既是古典的，也是浪漫的。

浪漫只在騎士的內心世界，他相信他必須依據理念、熱情和自我的意志行事而非服從命運。古典則是外在世界的面貌：外在的世界幾乎是命定地一成不變——非歷史性的體制猶如巨大的噴火龍，碩大無比，難以戰勝，火龍占據的城堡又有最強固的工事：萬年國會、思想控制……，於是儘管騎士如何挑戰，進展有限，時空猶如古典世界，若非恆定就是循環而不變易的。

到了民進黨建黨，情勢大變，忽然之間外在世界變得可以扭轉，騎士的浪漫想像可以成真。

浪漫的實踐

民進黨是台獨黨，現在這定位很清楚，但在一九八六年建黨時，民進黨在國家定位上的主張只提到台灣前途應由台灣人民自決決定而已，至於獨立主張，當時既犯天條，又不被社會同情，甚至，民進黨員中也只是約六成支持而已，至於黨內領導階層的公職人員則更多疑慮。面對這樣處境，台獨騎士們的策略是逐步地突破禁忌——包括社會的禁忌和黨領導階層的禁忌。

一九八七年十一月，由江蓋世發動，由我起草，在民進黨黨代表大會提案，通過台灣人民有主張台灣獨立的自由，當時主席為江鵬堅。

一九八八年四月十七日，由黨主席姚嘉文發動，由我擬初稿，通過台灣主權獨立不屬於中華人民共和國的四一七決議文。

過去，台獨運動採取台灣主權未定論，是從國際強權角度出發，認為台灣主權尚未被國際強權所定，如今姚嘉文提出主權已獨立，回歸到人民主權立場，是革命性的觀點。

一九九〇年，再由姚嘉文發動，我參與起草，在民進黨黨代表大會通過「台灣主權不及於中國大陸及外蒙古」的一〇〇七決議文。

這些決議文在黨代表大會開會時，不只備受外面的壓力，黨內陳水扁所參與的最大派系美麗島系無不努力杯葛。

到了九〇年代初期，雖然戒嚴已經解除，廟堂主人也已經換了李登輝，而建國主張仍然是禁忌。在十年前同時並肩出發的夥伴，如許曹德、蔡有全又被打入叛國地牢。這時，國內環境雖然仍險惡，但在台灣這個城堡之外，世界正風雲震盪，東亞有天安門事件、菲律賓人民革命，東歐則波蘭團結工聯叱吒風雲，蘇聯帝國爲之震動，心思單純的騎士，不可能不震動不已。在一九九〇年，夥伴中的周威佑和我共同商議，應該爲獨立建國運動規畫出實踐的時空座標圖，這藍圖是在同一個時間的橫剖面上，把空間區隔爲不同的實踐領域，如台獨團體、民進黨、立法院等，然後依時間軸的推演，在不同領域中推動不同強度的台獨政策：

—在台獨運動團體中，深化理念，強化運動力，使其成爲運動尖兵。

—在多數黨員有強烈台獨傾向，但總體對台獨仍有爭議的民進黨內，提出主權獨立的較低綱領，並隨著把握時機使民進黨進一步台獨化，使其成爲台獨的火車頭。

—在立法院內等空間，民進黨屬於少數的體制內政治戰場，則提出更低綱領，但又具台獨色彩的公共政策與法案，以循序漸進。

一九九一年世變加劇，有如天旋地轉，蘇聯帝國霎時崩潰，眾被關進鐵幕國家紛紛獨立建國，世界舞台突然之間二、三十個新國家昂然站起，眾騎士遙望之際，有爲者亦若是的雄心勃然而發。洪奇昌提議，民進黨應該對台灣前途有更明確的看法，於是我起草台獨黨綱基本綱領，周威佑起草台獨黨綱行動綱領，在民進黨黨代表大會正式通過。順理成章的，統治者將我交由檢察官偵辦。

在民進黨逐步台獨化的歷程中，浪漫騎士們既要面對統治者的壓迫，也要面對黨內保守力量的牽制，過程大經波折，一九八六年到一九九一年間，遭受鎮壓、被投入監牢的屠龍騎士，除許曹德、蔡有全之外，還有從海外硬闖進火龍占據的台灣城堡而被捕的騎士英豪，如：許信良、羅益世、李應元、王康陸、張燦鍙、陳榮芳、陳婉眞等等。他們之中我或認識，或天各一方素昧平生。他們一旦闖關成功，支持群眾無不興奮莫名，或群聚機場迎接英雄，對抗軍警，或在神祕的夜晚群眾大會爲現身騎士歡聲雷動，場景無比浪漫傳奇。

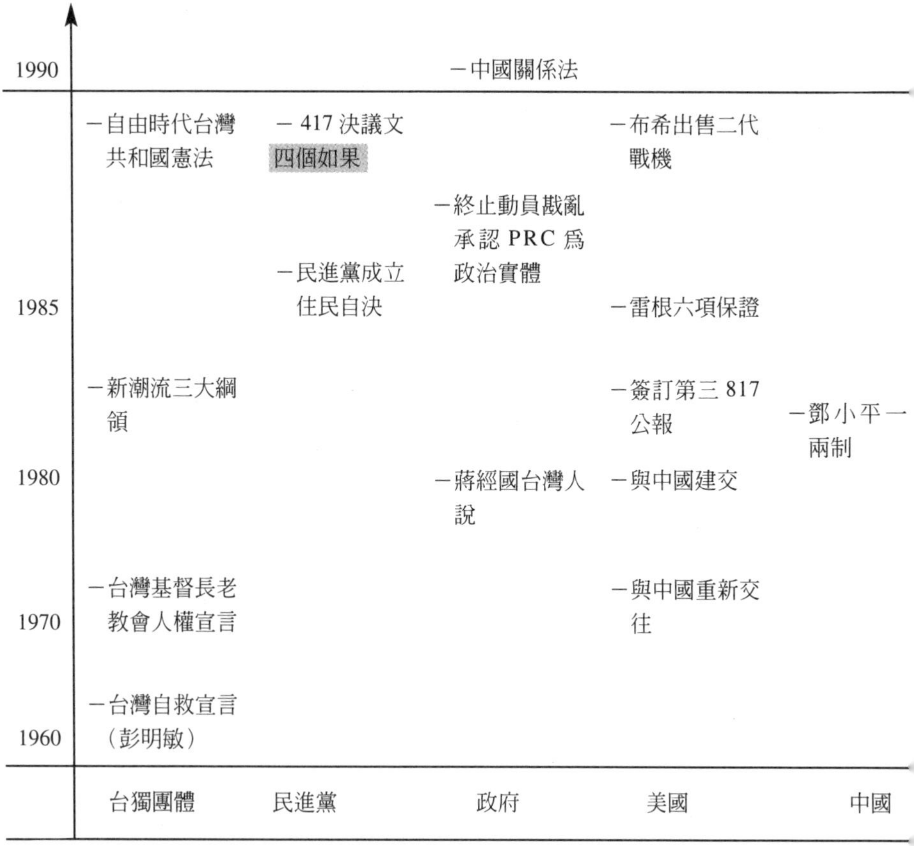
1990
－中國關係法
－自由時代台灣共和國憲法
－417決議文
四個如果
－布希出售二代戰機
－終止動員戡亂
承認PRC爲政治實體
－民進黨成立
住民自決
1985
－雷根六項保證
－新潮流三大綱領
－簽訂第三817公報
－鄧小平一國兩制
1980
－蔣經國台灣人說
－與中國建交
－台灣基督長老教會人權宣言
－與中國重新交往
1970
－台灣自救宣言（彭明敏）
1960
台獨團體
民進黨
政府
美國
中國

周威佑時空座標圖

這時，國內政局又有兩個關鍵性的巨變，一個是由學運導致的國會全面改造，一個由教授和學生發動而成功的刑法一百條修正案，根本地改變了台灣的威權體制。其結果是台獨的除罪化，而國會全面改選後，民進黨在國會席次從不到二十席躍升到五十三席，台獨得到實踐的舞台。於是正式宣告騎士挑戰毒龍的時代終結，一個可以在體制內實踐理念的時代開啓。

有趣的是民進黨五十一位立委中，包括我在內有十五位曾是政治犯、五位政治犯家屬、四位叛亂犯辯護律師、二位幾十年放逐在外的「黑名單」，一共二十七位，這無疑的是一個很傳奇的紀錄。

刑法一百條修改及國會全面改造之前，台獨運動的重心在於改造民進黨成爲台獨的火車頭，到一九九一年台獨黨綱通過是一個段落。在之前，台獨實踐的時空座標確立了穩健台獨的實踐途徑，台獨黨綱則架構起了穩健台獨的具體內涵。台獨黨綱基本立場是「台灣主權已經獨立，建國工程尚未完成」，認爲台灣不論是國家領域、憲政體制、國家政策、國民文化教育、對外關係，都應以台灣實際的主權現實加以調整。

這些議題，在國會中和法制委員會牽連最深，所以我一九九二年當選立委後就一直留在這冷門的委員會，直到二〇〇〇年陳總統執政之前，我依台獨黨綱規畫的內容，或主動發動體制的改造，或以主權獨立的內容調整相關法案內容：

一九九〇年主持新國會研究室，一九九二年起草「中國大陸關係法」草案，做爲立法院中國民黨「兩岸人民關係條例」的民進黨團對案，其中諸如以「政治實體」定位中華人民共和國，及海基會的定位立場，在審查中被國會接受；將中國從既有的「叛亂團體」提升爲過渡性的「準外國關係」。

一九九六年，參與港澳關係條例制定，我提出「適用國際法」定位，而和藍軍「國內法」關係，折衷出「類推適用國際商法」原則的過渡性定位，使港澳成爲「準外國關係」。

一九八六年，我起草第一份民進黨「總統直選」文件（洪奇昌等人的國代競選政見），十年後一九九六年，國大完成總統直選修憲。

一九九三年，提出海基會監督條例，改變海基會的定位，使其從「人民團體」變更爲「國家機關」的性質，其中最重要的關鍵在於行政官員可以直接兼任或調任爲海基會官員，不必如舊法規定，要停職轉任。

一九九六年、一九九七年兩度提出廢省修憲案，兩次連署分別有八十人和百人連署，一九九八年通過修憲凍省，使台灣不再屈於「省」的位階。

聯合國海洋公約對領海新規定公布後，行政院起草海洋法，並依草案草擬了很荒唐的海圖，依其草擬的海圖，中華民國領海北從中國遼東半島一路畫到廣西和越南交界，由於海圖是我國據以管理各國船舶的根據，如按行政院版的圖執法，將十分可笑。於是一九九八年我提出與行政院領海及鄰接區法的相對條文，要求國家放棄虛擬的「歷史水域」而依「統治權所及的事實範圍」公布領海海域，在堅持後通過。（見下頁圖）

另外在攸關主權維護的國家國防安全體制上，一九九三年提出國家安全會議、國家安全局的立法對案；一九九八年以聯合作戰觀點修正國防二法草案，並起草參謀本部組織法；一九九三年，修訂間諜條款；一九九六年起草刑事訴訟法有關國家機密訴訟程序，後納入國家機密保護法中。

當然在二〇〇〇年之後也有一些成就，如，二〇〇二年起草立法院情報委員會組織規程，並規畫國家情報法架構，後者爲國安局接受成爲政府草案基礎。二〇〇三年爲民進黨政策會執行長，負責公民投票法草案起草，並納四一七主權獨立決議文精神爲防禦性公投條文等。但比起二〇〇〇年前，實在數量少得太多了。

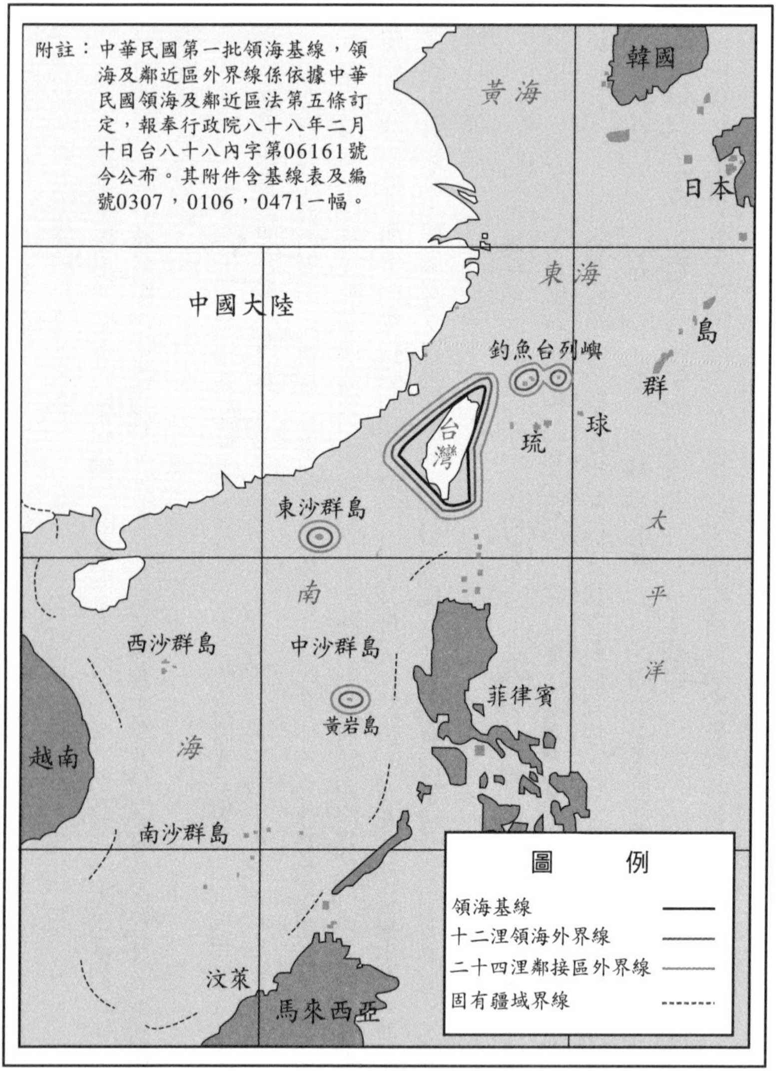

中華民國第一批領海基線、領海及鄰接區外界線示意圖

除此之外，台獨黨綱所規範到的諸如正名、鄉土教學、母語教學等等內容，在民進黨國會黨團全力衝刺下也全面展開了，但本土文化在象徵符號的工程中，我唯一的貢獻是主導通過了「台灣文學館設置條例」的主法，使台灣文學館得以順利成立。

我在文化工程另有所為，那便是我認定在文化象徵符號、符號的正名已成趨勢，努力的大有人在，所以我轉向從自由主義的角度投入立法，建立文化的軟硬體基礎建設。首先，我在立法院創設了文化立法聯盟，結合文化界人士，進行立法修法工程，例如，為嚴秀峰女士結合文化界人士修訂的文化藝術獎助條例領銜提案修法，又如，全面檢討國家文化建設硬體先於軟體工程的偏頗，召開首度民間文化會議，全面檢討投資達數十億的「五項文化建設」——台灣文學資料中心、南部技藝園區、傳統藝術中心、藝術村、民族音樂中心的對案，全面推動文化行政專業人員聘用制度，乃至live house的合法化等等。此外，全力維護華山由非營利的民間社團永續經營，使它繼續成為台灣連結全球各地實驗性藝術家跨界交會的場所，並阻止由營利機關經營的策略等等。但不幸的，由於理念上的不合，很慚愧的，只有主導通過了「台灣文學館設置條例」的主法以及協助The Wall、地下社會度過被取締危機，此外多未能成功，其理由，很不幸的，由於我採取自由主義的立場，和不論藍綠兩政權皆採強力的國家主導文化立場常多相牴觸，以致迄辭去立委為止都未能成功。

騎士與卡珊卓

依此，整個九〇年代，雖然沒有人看到民進黨有執政的機會，但是一群浪漫騎士，卻已經依照自己的理念，逐步地、具體地改造了體制。對騎士來說，最值得振奮的是整個社會和統治者的價值觀都隨著巨幅地改變，這時騎士不再孤寂：

九〇年代初，台獨支持者在十％以下，少得可憐，但到了九〇年代末，依據《聯合報》的調查，已經越過四成而領先統一的支持者。在這同時，我們也看到了，在九〇年代早期不斷把台獨分子送進監牢的李登輝總統，轉而主張「特殊的兩國論」。

從一九八〇年到二〇〇〇年，由於社會價值的變遷，民進黨的國會席次逐屆上升，不過由於李登輝總統向所謂「本土化」的轉向，卻也使國民黨分享了社會價值變遷的成果，甚至一直把民進黨在國會選舉得票率壓縮在三十三％上下（這和一般認為民進黨的成長，全因李登輝挹注的社會刻板印象相反）。但不管如何，如純就理念的實踐來說，九〇年代，不只是國內情勢的發展令騎士振奮，國際的情勢也同樣令人鼓舞：

一九九一年後，東歐數十個國家紛紛崩潰，從蘇聯帝國中獨立建國；冷戰結束，美國聯中制蘇時代結束，各國對台關係全面提升——雖然並未達到正式建交的階段，但至少他們和台灣的關係已經從「純民間關係」提升到「準官方關係」，雙方官署之間恢復了往來。二〇〇〇年美國小布希上台，台美關係步入黃金時刻。

情勢的發展是這樣地順暢，因此，當二〇〇〇年陳水扁意外地取得政權之後，合理的預期是一個更開闊順利的台灣時代就要降臨，然而接下來發展卻意外地事與願違。

首先，在九〇年代民進黨是一步步地推動台獨，但是陳水扁一當上總統就逆向地宣布四不一沒有，和台獨劃清界線，並密集地推動一連串去台獨化的「新中間」政策，令眾騎士挫折不已；二〇〇三年後，陳總統又全面推動冒進路線，導致美國全面壓縮台灣「法理台獨」空間。

變形記

遠古希臘，神話的時代，傳說故事的主角，心思純一、個性鮮明成爲典型；時序進入世俗化的羅馬時期，現實主義抬頭，衝擊下，人需要不斷扭曲本性以遷就現實，於是出現了「變形」的故事，有名的羅馬金驢故事，主角盧基奧斯就是先由人變形爲驢，再變成大祭司，不斷轉換角色。

在價值迅速變遷的時代，人的變形往往成爲常態，尤其要不斷尋求大眾關愛眼神的政治明星尤其如此。

．李登輝

李登輝在蔣經國時代，對蔣恭謹有加，最著名的故事便是，在蔣的面前，他坐椅子一定只坐三分之一，不敢坐滿，但等到成爲總統，卻成爲二十年來最爲強勢的政治領袖——這是姿態上的變形；甚至他雖然有左翼理想和強烈台灣人意識，但在權力縱橫的場合，其政策也經常出現一些異形。例如，在經濟自由化和政治本土化之下，把原先只是分食地方經濟利益的地方派系引入中央，又大幅擴張黨營企業，無論從健康的民主或他信奉的左翼理念，都屬異形；等到台灣的全球化進一步深化，內部貧富驟然拉開，二〇〇六年他又猛然變形回到「中間偏左」的社會民主主義立場，甚至想透過個人的強勢領導，要把右翼保守色彩濃厚的小有產者的台聯黨也一併變形成爲左翼；再如，在兩岸政策上從九〇年代初期的「以大陸爲腹地」和台灣是「新中原」變形到戒急用忍，再變形到開放三通、開放大陸觀光客；另外在憲政上從修憲變形到制憲……，在各種面向上不斷地「變形」。

·陳水扁·朱高正·郭國基與康寧祥

李登輝雖然善變，但在劇變的時代，要說「變形」，陳水扁和朱高正無疑才是兩個最戲劇性的典型。陳早年號稱「百變陳水扁」，朱高正則在短短的時間內從民進黨員跳出去組社會民主黨，再加入新黨，退出後，又跑到共產黨的中國去教書，政黨身分一變再變。

民進黨建黨之前，朱由於強烈的台灣意識，無法容忍國民黨政權對台灣的威權統治和對台灣本土的強烈歧視，在選舉時，以最強悍的姿態向群眾演說「最理性」的康德哲學，並帶領情緒高昂的群眾和官警對峙，號稱台灣第一戰艦。

到了立法院，不改戰艦風格，一九八七年三月二十日在立法院首創用台語質詢，老立委大怒拍桌，朱不客氣地也拍桌罵回去，雙方對罵，輿論駭然，一片撻伐。

不久，六月中旬，立法院審議國家安全法，民進黨發動群眾包圍，朱高正更跳上桌子對抗，輿論更加譁然，於是朱一舉使國會街頭化。

以一個學康德理性主義哲學的法哲學博士，做這樣國會街頭化的激情演出，不斷劇烈地變形，在其生涯中他四處闖蕩，毫無止息，和一生未離開老家的康德完全背道而馳，根本是反康德了。因此，康德與其說是他實踐時服膺的對象，不如說是因為靈魂中的欠缺，而成永遠渴慕的對象。

他的做法和康寧祥好有一比，康一生的志業就是為備受歧視的台灣爭一口氣，他努力上進，由議員而國會議員，到了國會，為「洗刷草莽色彩」，努力向幾位好的老立委如吳延環、費希平等請教，並大部分時間都待在國會圖書館學習，要證明台灣人也懂得廟堂朝儀。

然而朱高正則反其道而行，認為不民主的廟堂朝儀無非虛假，不但不必學，反而要倒過來向他們教訓他從德國學回來的民主，如果教不會，乾脆怒罵、翻桌，根本視廟堂爲無物。

對朱，長期飽受歧視的老台灣人，始則瞠目結舌，繼則膜拜有加，南北各地流行打造「金牌」向台灣第一戰艦崇拜供奉。

然而，和他台灣意識同樣強烈的，卻不巧又是大中國意識，他對中國言必稱祖國，於是在民進黨台獨化之後，脫黨而去，既自組社會民主黨，又參加新黨。

李、朱、扁三人雖同屬變形一族，但軌跡，尤其心路歷程大異其趣。

朱高正在政黨歸屬上一變再變；陳水扁則被逼仍堅不退黨，直到得知中常會即將開會處分，才悻然而退。若從表面上看，朱高正毫無忠貞可言，而陳水扁則相反。但是，問題可沒這麼簡單。

李登輝雖變形，但所有的變形環繞著三項不變的核心價值：台灣意識、民主主義和社會主義，在數十年歷史巨變中，他以這三項精神和環境、統治者及社會對話，在理念上，有一定的脈絡可循，換句話說，變形是策略、理念實踐是目的。主導陳水扁變形的核心，則是力爭上游的堅毅企圖心或是權力意志，至於理念和價值都是力爭「出頭天」時攻敵殺伐的工具武器，他說服跟隨者，世界是善惡二元對立的，他則是秉「最高道德標準」和邪惡作戰，帶領大家進入善、正義、幸福、快樂、希望、眞善美，所有正面價值滿溢的世界。這種策略，在《阿扁的異想世界》一書中有非常精采的描述。

他認定價值理念只是追求權力的工具，因此可以應不同觀眾的要求，隨時向他們掏出不同的價值理念，甚至跳到完全對立的立場上面去。信仰的「改宗」不要說對宗教家，甚至一般正常的人都是非同小可的大事，但對他來說，是輕易之舉。

他自稱的「做什麼像什麼」，崇拜者美稱的「百變陳水扁」，對手鄙視的「見人說人話，見鬼說鬼話」，評價的正負意涵雖大相逕庭，卻都能完全妥當地點出陳水扁的特色。

在對立的理念中悠遊自如的陳水扁因而成爲所有看法天差地遠的老師的共同模範生；眾人驚嘆中，在蝙蝠俠、宋七力、超人種種之間不斷變形的「百變陳水扁」；時而受馮滬祥稱頌，時而受獨派大老擁戴的好總統。然而，陳水扁討好眾人的策略，經過幾年下來不意外的結局是：他幾乎成了眾人的敵人。

陳水扁雖然理念、造型不斷幻變，直到二〇〇八年被民進黨逼迫退黨前，他始終維持民進黨黨籍，並長期以領袖身分充分掌握民進黨；但最後，民進黨人逼他退黨，黨人對他避之唯恐不及。

相對的，朱高正的變形大有不同，朱的理念轉變時，往往其所屬政黨的身分也隨著變形。

不同於陳水扁將理念當做奪權的工具，只有工具性價值；朱高正把各種精神世界中的理念當做目的性價值，然而朱高正由於絕頂的聰明，對各種多元不同的理念價值都有深刻的領悟能力，這些價值理念在他心中充分而深入發展，無奈他卻沒有能力加以整合，以至於不同理念經常在他內在互相衝突，其中最大的衝突無非是台灣意識和中國意識的矛盾。

朱高正的精神世界最貼切於德國人的浪漫主義，德國的浪漫主義以他們的音樂爲例，既追求理性的極致，又追求感性的極致，往相反方向的兩個極端追求後，又回頭追求兩個矛盾精神的整合。

假使朱高正的生命有何悲劇精神的話，那便是他在一生的政治生命中，不斷地強行整合他的理念世界和感性世界，換句話說，他認爲他的感情必須向理念價值徹底地效忠，而不幸的，他心中的幾套理念偏偏又是互相衝突的。

他的精神世界既多元矛盾，卻又力求感性與理性的一致，於是在台灣意識成爲生命主調時，成爲台灣第一戰艦，民進黨立委；當對「祖國」孺慕油然而生時，成爲大統派參加新黨；當他要爲底層社會爭一口氣時，他組社會民主黨……。不斷變形，於是他成了各式各樣理念向歷史舞台推出的熱情演員，雖然他宣稱「政治是高明的騙術」，但在實踐過程中，每一次變形的演出，他都自信以爲這次是「眞實」的實踐，並沒有任何欺詐可言。

等到他把內在的理念逼迫他扮演的各種角色全都淋漓盡致地演完，演員責任完畢，台下激情群眾也隨戲而散。

朱高正之初出政壇也，以台灣第一戰艦的英雄之姿出場，氣勢有如德國浪漫派音樂一樣氣勢磅礡，驚心動魄；但其退場也，竟又如德國之浪漫派繪畫，孤寂地探玄究微於人跡罕見之荒山僻野。其結局竟然和陳水扁相同。

最後環繞著兩人的剩下統獨兩極的一些極端分子，在社會光譜上堪稱邊緣分子。

朱既天生浪漫主義，自然具備上窮碧落下黃泉的追尋精神，甚至經常沉溺在異端的極端精神狀態中，結交在台灣極爲特異的統盟人士，又造訪中國各地名山，結交道教（純正的道教，非一般民間信仰）乃至台灣龍發堂等等人士，自我的強烈個性帶領他走入了浪漫的孤獨，使他的情感在大社會的邊陲憂鬱。

演出時的賣力，陳水扁和朱高正相當類似，但兩人情各有所忠，朱忠於理念情感的合一，讓自己的熱情不自主地追隨理念而不能自拔；陳水扁忠於權力，任何激起他慷慨激昂的演出熱情的是權力意志，不是價值理念。由於貫穿陳水扁世界的唯一價值是權力，因此他的世界秩序是森嚴的權力階序。有朋友深刻地指出，陳水扁的階級世界中，找不到他的平輩朋友，任何人到他的面前不是他的上級，就是他的部屬，旨哉斯言。

其實，嚴格的權力階序世界是非常生物本能性的，只要是經營嚴密團體生活的動物，皆是如此，因此所謂「人生而平等」與其說是一個先於社會的價值觀，不如說是一個社會進步到相當晚進的時代才出現的。固然在人類古文明樞紐時代崛起的宗教就開始主張「人生而平等」，但那是在神之前的平等，在俗世界，封建的權力階序仍然非常嚴謹，在這樣的世界中，除了權力，一切價值都是虛無的。

三級貧戶出身，上進的陳水扁所謂的上進就是一生在上下階序嚴明的權力世界中飛快地往上爬，往下蔑視。從貧民到小布爾喬亞、到統治者，因此我們如拉開歷史的距離來看，將發現他是向舊統治者奪權的權力叛徒，但從不是從事價值反叛的革命者。

討論到這裡，我們已經可以把所謂忠貞，依權力、政黨和理念三個層次做一個小結論：

朱高正一再變換黨籍，既基於他個人強求理念與情感的一致，更因他相信政黨和理念和個人效忠的一致。所以當他的理念和政黨已經不一樣時，他只有求去，並投入他理念上認同的另一個黨，這時，縱使既有的狂熱支持者流失，以致他權力重挫都在所不惜。

至於陳水扁，只效忠於權力，因此，自己所做、所行、甚至所信和黨已經完全背道而馳，他也不會發生退黨的問題。朱高正不接受台獨便退出民進黨這個台獨黨，但陳水扁卻可以維持黨員身分而宣布四不一沒有、未來一中，還準備接掌國統會。

在二〇〇〇年當選，個人聲望如日中天時，可以不退黨而把黨丟在一邊，也可以在覺得黨不夠聽話時，便修改黨章使自己兼任黨主席，以便貫徹和台獨背道而馳的新中間路線。等到個人聲望重挫，則一百八十度轉向成台獨急先鋒，拿台獨和黨當作抵禦外界批判攻擊的護身盾牌，把台獨和黨推出去替他擋住向他揮擊過來的戈矛，根本不理會台獨和黨這兩面盾牌是否因而受到重傷，既然以黨做後盾，當然緊緊握住黨，不到中常會要開會處分他的當天，不肯退黨。

不只如此，卸職的扁在洗錢案曝光後，他勤於南下故鄉號召子弟兵勤王。雖然引來各地人士批評，認為他繼續要綁架民進黨，挽救官司，製造政治社會動盪，但其實他已掀不起有效果的風波，台灣、民進黨縱使因而受損都已微乎其微，眞正受傷的是仍舊挺他到底的子弟兵，他們的政治前景無疑將大受折損。扁連親情善意都這樣運用來繼續為惡到底，其虛無主義的本質到此一覽無餘！

朱高正在他專情於單一理念時，情感、理性是合一的，因此看不出他價值的內在衝突，然而當他轉向時，過去支持他的，包括群眾、親近的人絕大多數難以跟隨他轉折，於是俱皆遭遇巨大衝擊，或者把他當做叛徒，或者陷入親情和理念的衝突，於是朱高正把他內在價值的衝突轉嫁出去，由他們承擔了。

統獨不整合的變形現象，朱其實還不算始作俑者。

郭國基是戰後早期最著名的民主運動者之一，他一生名言不少，但在在矛盾。

他最煽動台灣人悲情的是「乞食趕廟公」、「國民黨像關公借荊州，占荊州」、「豆油借你搵，連盤子都搶去」，完全是大台灣主義，表現了強烈對抗中國人的意識；他又對香港、澳門被西方帝國主義占領十分不滿，在省議會質詢要求派兵給他帶領前往攻打，收回失地，這又是大中國主義；他還凡事必稱「大高雄」，又有強烈前近代的地域主義。

郭、朱每次變形都信自己為眞正，只不過朱每次的變形，都維持一定時間的定型，把角色淋漓演出，郭國基的變形則隨時交錯演出。

・卡珊卓

現在，可以回頭看一看在陳水扁意氣風發的歲月中，我自己怎樣尷尬地變形了：

更早的時候，自以為是浪漫騎士，五二〇農民暴動變成階下囚，國會改選搖身變形進入殿堂，成爲在野黨國會議員。政權輪替後，再變形成爲執政黨政策會執行長，因自己穩健台獨的理念立場和掌權的總統相左，雖然曾擔任政策會執行長，但幾乎所有建議都不被接受，所有的警告都不被注意，最後徒然成爲不幸的預言，以致變形爲卡珊卓。

在擔任政策會執行長其間，身分上是「正規軍」幹部，列席中常會和黨政協調會議，但遇到二〇〇四年總統大選，卻只能到外面自己打游擊戰，成爲游擊部隊，有時甚至在兩軍酣戰時，成爲焦慮觀戰的「吟遊詩人」。

因爲鬱卒，在朋友眼中又變成可笑騎士——唐吉訶德，不合時宜地騎著瘦馬，提著破槍，莫名其妙地直向風車衝過去，而在九〇年代的浪漫歲月中並肩的夥伴只是遠遠地甩頭而去或嘲諷。

於是曾在古典歲月中孤單的騎士，歷經意氣風發地馳騁的浪漫歲月，現在回到了比戒嚴時期更加孤寂的歲月。

由於現實嚴酷的考驗，所有曾經一起攬轡啓程的騎士，再也回不到古典時期那一個單純、善惡可以清楚劃分，人我可以明確歸類的傳奇時代了。

歷史變形

「誰控制過去，誰就控制未來；誰控制現在，誰就控制過去。」

——《一九八四》，喬治・歐威爾

一、陳儀箭垛

隨著戒嚴，四百年來，台灣歷史上最巨大的悲劇二二八事件眞相也一併被禁錮。一九八六年，在解嚴的同一年，鄭南榕——一個外省人，以「自由雜誌社」做爲辦公室，在二月四日成立了二二八和平日促進會，在台灣全島推動一連串的群眾演講和遊行。當時所訴求的平反、釋放政治犯、公布眞相、道歉賠償、設立紀念碑、訂立紀念日，如今已經一一實現。二二八事件是台灣史上百年來最大慘劇，而二二八和平運動則是台灣史上歷時最久、著力最深的人權運動。

二二八和平日促進會，我也是原始的發起人之一，但在共享參與熱情時，諸多幾乎都不與人同的深沉感觸卻不斷浮上我心頭，於是我有時反而如參與整個戰役的吟遊詩人，在諸戰友忙於征戰而未及詳見戰況整個過程時，我看到了許多值得記下歌詠的事務，在接下來的篇章便是記錄的鋪陳。首先，要記下的是對陳儀的評價。

陳水扁曾以「台灣之子」承擔台灣所有的善和希望，成爲箭垛人物；陳儀在社會通論中則長期以來也成爲箭垛人物，集貪腐、無能、專制、殘暴於一身，一般人認爲他是二二八的罪魁禍首，也因此，當他被槍斃死時，很多人鼓掌稱賀。

但這不是陳儀本來面目。我傾心力閱讀各式各樣逃過國民黨「焚書」的二二八事件古記載、原始文件、檔案，並訪問過一些前輩之後，我發現我不能同意前述的通論，並遽然心驚地發現陳儀和他的團隊在中國的政界是不容易找的好官，同時我竟得到「**二二八是一個歷史命定的悲劇**」的結論。我惴惴不安地拿我的意見請教幾位台灣史學界的大老，他們對我的看法大不以爲然，他們並未明確地告訴我他們的理由，但我可以想像出他們的質疑——假使悲劇是命定的，那麼陳儀和當時的當權者還要負什麼責任呢？對滿手血腥的他們，還可以追究到什麼程度？

台灣社會以自己的經驗，認為陳儀帶來的無非痛苦與倒退，但在中國中央對陳儀則另有評價，二次大戰後，中國接收的所有原日本占領土地中，「資源委員會」的評鑑中，陳儀的成績是全中國第一，這原因相當多：

一、台灣各項軟硬體建設相對進步，由台灣發電容量竟達全中國的六十％等可見一斑。

二、陳儀接收台灣和其他官員接收中國各省相比，計畫最為周詳。①

三、陳儀對屬下雖多所包庇，但一方面本人清廉，另一方面，其屬下的貪污雖在台灣人看來有如天方夜譚，但比其他各省還算守分寸。

四、最重要的，他力抗當時孔宋家族全面接掌台灣財經金融，非常有氣魄地悍然拒絕「中、中、交、農」四大銀行及中信、郵儲兩局派人來台接收金融機構，將其來台人員原機送回。又拒絕使用法幣，單獨使用台幣，使台灣的金融、貨幣獨立於中國大陸之外，相當程度地減緩了中國崩潰的金融衝擊到台灣。

這政策有一個迄未被重視的核心理念：「**台灣特殊化**」。在這理念下，台灣自行發行獨立的貨幣，建立獨立的經濟體系，換句話說，就是不把台灣整合進大中國的經濟共同體之內。此外，在政治上，陳儀獨攬大權，事實上使台灣與中國之間介於聯邦和邦聯之間的高度自治。陳儀認為這樣才足以保障台灣不受中國戰亂和經濟崩盤的波及，是所謂的防波堤策略。

他這種政策被批評為自立王國，但是，陳儀的防波堤畢竟也發揮了一定作用，例如台幣貶值遠不如法幣嚴重，效果十分顯著。

在許多成績上，陳儀做到了「全中國第一」，因此，連和國民黨唱反調或和陳儀不和的人士，也有所肯定。

《大公報》在二二八事件發生前夕這樣說：

「中國是有好人的，台灣接收經年，能保持有今天的景況，就是其中還有好人在。」

在政治統治方面，台灣人認為陳儀集立法、司法、行政之大權於一身，比日本總督還糟，人民無法忍受，但是在中國記者筆下，陳儀的作風卻是：

「省參議會……議員在會上批評時政都能毫無顧忌，暢所欲言，這和當時大陸上各省情形相比，陳儀實在相當開明。」「王添灯辦的《民報》、林子畏辦的《大明報》，批評省府也相當尖銳，長官公署也未出面干涉……。」

和陳儀在派系上對立的台灣憲兵隊負責人高維民說：

「陳儀本人非常清廉，絕不枉法，他的這個班子用人，也都是一時之選，海派作風不能講沒有，但能力很強、清廉。」

在當時，台灣社會和中國對同一個陳儀的評價是難以相信的兩極化，其關鍵在於中國方面用來對照陳儀政績的是當時的中國，拿台灣和中國比，陳儀狀況之好是難以想像的，例如當時上海的法幣，相對法幣從一比九十五元難以想像地貶到一比一千八百三十五元，相形之下，台幣太穩定了。但台灣社會拿來對照陳儀政績的是過去的台灣，兩相比較，是難以想像的大倒退；一九四七年一年之內，台幣官價從一美元對三十七．五元跌到一比一百多元，對台灣社會是天方夜譚地嚴重。

現在，無論政界，甚至史學界，大概沒有人在討論二二八時，會再去尋找當時這些對陳儀「有利」的史料了，在歷經「變形」之後，陳儀已經典型地被當做人民「正義憤怒」的傾洩對象和國民黨傾倒責任的垃圾桶，以至於成為眾惡所集的「歷史箭垛」，近年來，也許唯一替陳儀講話的只剩李敖了。陳儀死前一直認爲台灣人對不起他，而李敖甚至進一步說，「台灣人對陳儀恩將仇報」。「陳儀失政是二二八事件關鍵」的評價，趨於一致，意味著時代精神的轉變：歷史不應由外來統治者的角度來理解，而應由本地人民的立場來瞭解；價值不應由外來的他者來界定，而應由社會主體來界定。這一點殆無疑義，以至於堅守中國觀點的李敖聲音愈來愈孤單——連藍軍中都聽不到呼應。

然而，如果把二二八的起源完全歸諸於陳儀，甚至完全否定陳儀在統治台灣前的籌備工作的努力，以及其對台諸如在財經上「台灣特殊化」築防波堤以阻止中國經濟崩潰波及台灣的措施的正面意義的話，則將忽略了二二八事件更深沉的結構性意義。

在九〇年代初，台灣一些史學界大老不贊成我說二二八是命定的說法時，我認爲很危險，因等於承認二二八是一偶然事件，只要中國派來的統治的不是陳儀，歷史就會不同。事實上，換掉了陳儀，情況正是更壞，在陳儀三年省主席期間，台幣對美元貶值達二十倍固極驚人，但在魏道明接替陳儀之兩年後的一九四九年，台幣已經貶到一比八萬多了，米價更漲至一斗二十四萬元！至於專制，當時記者的報導是這樣的：

「陳儀出巡，帶了很少人，魏主席南行，一行專車……緊緊跟著他還有一批到台灣來專事牟利的商人。」（江慕雲，《爲台灣說話》）

「陳儀時期雖不標榜民主，而還有著民主，魏道明雖標榜民主，但是槍砲子彈，卻反比陳儀更足，老百姓曉得橫豎沒有民主了，所以索性也不想民主……」（陳篤，《創世》四期）

從這樣的事實來看，假使陳儀是因失政應受制裁，魏道明豈不是更失政，更應受制裁？

希臘悲劇，價值衝突的世界中，主角在命運的安排下，一步步走向命定的犯行，終致面臨悲慘的結局。犯行是命定的，但犯行又是必須被究責的，這是悲劇最令人震撼的所在。而在這樣的震撼中，人察覺到人的有限性，並身陷價值的衝突中，無法自拔，然而也正唯有對這處境的察覺，使人得以在悲憫和虔敬中，靈魂得到淨化。

現在回顧起來，二二八就如同令人震怖不已的悲劇：整個台灣陷入台灣立場和中國視野下價值的衝突，人人無以自拔，而陳儀終於命定而不自覺地成為悲劇中的罪人。

經過解嚴，再經二二八和平日運動，如今陳儀已經典型地被一方當做「正義憤怒」傾洩的對象，又被另一方當做「承擔一切責任」的對象，變形成為眾惡所集的「歷史箭垛」。若陳儀承擔一切責任，那麼是不是只要換個人來接收就沒事？甚至進一步由此推論出中國對台灣的統治並非注定是帶來悲劇，悲劇是可以避免的。箭垛的看法固然最有利於情緒的抒發，卻反而阻止了我們進一步去質問：中國未經台灣人民公決就統治台灣是不是在本質上是正當的。

中國要把分離半世紀的台灣整合進中國，要順利、要有效地整合在一個主權下有根本的困難，不是靠換掉陳儀或改採任何明智的政策所能解決的。

李登輝當總統時委託美國學者馬若孟和中研院賴澤涵的二二八研究報告初稿拿中國曾被德國統治的青島等地收復後的暴動和二二八比較後，認為二二八的關鍵起源在於不可避免的「文化摩擦」，這看法顯然和我非常接近，但台派的歷史學者始終對「不可避免」的說法耿耿於懷，認為是替國民黨脫罪的說詞。

對台灣歷史上第一大悲劇二二八，這種認識恐怕才眞是一個最重要的理解角度。探討到這裡，我們才赫然瞭解左翼的統派王思翔在事件後會說出這樣令人震驚的話：「**光復是二二八之因**」！

惴惴不安的，我終於寫了下面的字句描述二二八：

悲劇爆發，無數眾生，不論賢愚，從陳儀到俞國華，由林茂生到陳文成，在其間痛苦，呼喚奔走，馳騁逃亡，無分崇高卑微，竟不免全淪為（歷史的）道具芻狗。

——〈刀光血影猶在的那把利刃〉，一九九〇

二、他們為什麼在恐怖中消失不見

美國學者馬若孟在國民黨執政時代，和中研院合作作了研究後，對國民黨當時為什麼要那樣地進行屠殺，而死者「多數在恐怖時期消失不見的人，其實與城市暴動毫無關聯」（〈二二八事件：怨懟、社會緊張與社會暴力〉）感到很難理解，現在被披露的各項文件實在已經足以回答他的疑惑了。

二二八事件中，台灣人要求的非常清楚是高度自治，不是獨立運動，但是根據最近才陸續被公布出來的資料，都顯示當時高層的統治者，卻都特別強調二二八的獨立運動性格，是「希望脫離中國」（台灣省長公署二二八暴動事件報告提要），「據事後瞭解，暴民原定於三月十日接收政府，宣布獨立，各處人員皆已擬定」（楊亮功年譜）。

吳三連基金會擁有的原張任飛收藏中央通訊社台北分社拍給南京蔣中正的一批密電，台獨的指控非常之多。

一九四七年三月十八日，蔣經國是這樣向他父親報告的：「林茂生、廖文毅與副領事 Kerl，請美提供槍枝及 Money」，蔣經國又報告台灣人獨立的「國旗已有」、「決定八日夜暴動」，所以他肯定劉雨卿的大屠殺是適時的決策，否則「國軍倘遲一日，不可收拾」。

中央通訊社台北分社密電還一再強調：「由反外省而變為反中國」、「今日之問題已非陳儀能否

統治台灣，而為祖國能否保有台灣矣」（二月二十八日午夜密電）、「陳氏對記者稱……余所以力拚，厥為維護台灣主權」（三月六日密電）。

對「台灣自外於中國」的憂慮，非常普遍，以至於自稱「阻止大屠殺有功」的白崇禧也是一樣，他在二二八視察離台前夕，「對台北各機關訓詞」時，正是以這句話作最後結論的：「中國不能分離台灣，（台灣？）更不能離開中國……」

到這裡，我們也已經可以從變形劇場的角度更清楚地看出二二八和台獨的因果關係：為了處理兩個異質社會，台灣人民天眞地追求民主的高度自治，但由於高度自治和獨立間界線的模糊，中國則當做獨立來鎮壓，這和今天達賴喇嘛不斷地強調西藏只要求高度自治，就如香港式一國兩制一樣，但中國卻堅持以鎮壓獨立運動的方式對待，完全如出一轍。

台灣人追求高度自治而不可得且受到屠殺，於是許多台灣人民的主張就由高度自治轉向獨立運動，因此二二八是一個儀式劇場，經過劇場的儀式之後，台灣人民政治運動由高度自治「變形」為獨立。

於是陳儀、王添灯等當事者竟都是歷史安排好的演員。

三、二二八劇場儀式的不斷變形

二二八和平日運動第一步，最重要的目標之一，就是「公布眞相」，接在眞相逐漸公布後就是「歷史解釋」的問題。歷史解釋一向是任何權力集團構築權力意識型態的核心工程。

二二八作為歷史上各種政治力量、理念、對決的儀式性劇場，在一九四七年以悲劇形式出現後，二二八這一個歷史場所在台灣持續性地被一再演出。然而雖然同樣叫二二八儀式，卻因時代的變化被不同的人賦予不同意義而不斷地變形。

・**分裂的儀式**

在二次大戰結束後，台灣以歡欣鼓舞的心情，回歸華人中國世界，也歡欣鼓舞地迎接來台的陳儀，在主觀意願的昂揚下，完全不瞭解要把兩個分開那麼久，發展差距那麼大的社會整合成一個國家有多麼困難，等到這些困難造成劇烈的全面性衝突，這時，一九四七年的二二八悲劇成了社群分裂的儀式劇場。

・**權力儀式與過渡儀式**

對中國的政治領導人來說，二二八強力鎮壓是展現統治地位的「權力宣示儀式」；對台灣的政治運動家來說，則是把政治目標從統一過渡到獨立運動的「過渡儀式」。

・**記憶與淨化的儀式**

法國學者雷南說，民族主義固然運用共同記憶做為經營共同意識的策略，計畫性的遺忘，也是不可或缺的策略。

二二八以後的戒嚴體制下，從「清鄉」開始，統治者長期對二二八進行一個「去記憶的」劇場演出；一九四八年後的「清鄉」與在歷史文件中努力消除二二八記憶的意識型態工程是一種「心靈淨化儀式」；相對的，民間進行地下化的自我悲劇的「再記憶儀式」。

・**平反劇場**

一九八六年二二八和平日運動，把再記憶工程檯面化，要求公布眞相，其核心意識在於台灣人意識的除罪化和「再尊嚴化」。在這樣的劇場中，對「消失的社會菁英」的崇拜，成爲儀式重點。諸多消失的社會菁英原先是被統治者屠殺的叛徒草寇，如今透過紀念儀式變形爲「**英靈・先烈**」，被朝野尊崇至今。

在這一個變形的新劇場中，國民黨的態度前後有劇烈的變形，最象徵性演員正好是李登輝前總統。

在一九八六年二二八和平日運動推動時，面臨的是軍警棍棒在街頭的伺候，當時的副總統李登輝先生代表執政黨，出來說：「現在推動二二八運動的年輕人，在二二八當時都還沒出生，懂什麼二二八？我們要向前看，不要老去談過去的事。」

然而，已成爲總統的同一位李登輝先生，一九九五年二二八紀念碑在二二八和平公園落成時，爲國民政府在一九四七年的二二八事件，公開向全國人民道歉。

民進黨同樣有變形的明星，一九八七年二二八和平日運動發動時，曾努力敦請當時民進黨兩大新星，謝長廷和陳水扁做爲領導人，但兩人都認爲氣氛不宜拒絕了，等到歷經鎮壓的和平日運動成功地突破禁忌，李登輝代表國民黨爲二二八道歉後，謝長廷變形轉而積極並爲受難家屬起草二二八賠償條例；陳水扁則在當上市長後，把新公園改爲二二八紀念公園。

「消失的社會菁英」當時固然對陳儀政府有強烈的不滿，但除王添灯等，絕大多數並無挺而抵抗之志，多數是冤死的。因此九〇年代，他們的家屬要求舊統治者給他們平反「罪行」是屬合情合理。但是，無抵抗之志而成群冤死者變形而被尊爲英烈，恐怕在人類史上絕無僅有；相反的，諸如那些進攻高雄炮台壯烈而亡的，如今卻不見追崇，這也是奇蹟。做爲見證者的吟遊詩人，不免黯然感嘆。

・和解與共同體形成劇場

二〇〇四年，二二八手護台灣聯盟效法波羅的海三小國在一九八九年人民總動員，超過二百萬人牽手，把三國距離六百公里的首都聯接起來向蘇聯嗆聲的做法，在基隆和平島到恆春間四百公里牽手表示護台灣的決心。會有這麼多的人民參加，是因爲被這個運動感動的，跨越了族群和黨派的界限，對應著這運動的是，藍營百萬人在同年三一三由連宋代表跪吻台灣這塊長期被統治者蔑視的土地，這兩個儀式意味的是帶來台灣族群間最深刻傷痕的悲劇，如今經由痛苦過程的洗禮，悲劇已帶動和解的昇華。

台灣主體意識、台灣共同體意識從而躍爲主流價值，在這裡，非常弔詭的是，在選舉對決中被推出互別苗頭的群眾動員，反而成了一個整合性的儀式。

所以如此，固然因爲二二八悲劇本身具備難以置信的撼人力量，逼使社會從悲劇中自我提昇；另外，也由於雙方在從事這儀式時，採取了非常質樸的形式，保持不在政治上多做踰越性解釋，並刻意突出儀式的整合性功能的緣故。

在所有的二二八再現的儀式中，無疑的，一九八六年，在台灣全島繞一圈跟軍警對抗的和平日運動是最開創性的一次，而二二八手護台灣則幾近總結。這是最壯闊動人的一幕。

然而，主辦二二八手護台灣和三一三跪吻的藍綠雙方雖然很令人稱道地強調自己的動員是去政治化的，但另一方面則全力抹黑對方做的「完全是政治操作」。只有我一個人，做爲吟遊詩人，固然投入二二八的動員，卻賣力地替對方的盛舉大力讚揚，在《蘋果》專欄上一讚再讚，這做法和雙方陣營氣氛大不相容，於是我既做爲二二八動員者，卻又成了局外人。

・悲劇悖離與和解的消失

領教了二二八悲劇力量，再加上二〇〇七年既是二二八六十週年，二〇〇七、二〇〇八兩年又都有大選，於是雙方進行大動作的紀念動員，相較於二〇〇四的手護和跪吻的樸素，雙方進行花俏的「解釋戰」，演出難以相信的「受難家屬搶奪戰」，藍軍甚至爲了「歷史解釋戰」找來受難遺族說謊話，眞是荒腔走板。

假使二〇〇四年的兩個儀式，我們看到悲劇帶來了社會和解，如今我們在二〇〇七年後新的儀式中嗅到的是不幸的濃濃煙硝味。這樣的儀式中，人失去了面對悲劇的虔敬，甚至意圖成爲悲劇力量的收編者，於是和解和昇華在其間一併消損。

・從去階級化儀式到再階級化儀式

在二二八和平日運動開始時，民進黨上層公職菁英人士，基本上是缺席的，投入運動主力的，差不多都是一些社會底層的草根運動者，他們在主流社會固名不見經傳，甚至在反對運動中都是邊緣人物。

然而這反而出現了二二八運動最令人感動的階段，律師、醫生、立法委員、省議員及社會最底層和被壓榨得最慘的政治犯並肩而行，不分高下，對抗軍警的鎭壓，有的人甚至因而坐牢，這時彼此「合爲一體」，具有宗教性的虔誠。

歐洲的嘉年華會，基本上是一個去階級化的狂歡節，在儀式中，所有的參與者地位一律平等，而平時屬於上層的僧侶在這時反而被安排爲被嘲弄的對象，在北非，統治階層甚至還要接受象徵性的鞭打，透過這樣的儀式使不得不接受階層秩序統治的人，回到人人平等的無差等「初始狀態」。

嘉年華會是狂歡的，二二八和平日的街頭運動則是悲壯的，但創造出人人回到無階級性的初始狀態，卻又是類同的。

到了一九九二年，無論朝野的主流勢力迅速地接納二二八和平運動，於是從二月底、三月初，各式各樣的二二八紀念活動紛紛展開，在這些繁複眾多，遍及台灣各地、各階層的二二八紀念活動中，我們看到肅穆端莊的音樂會、令人哀怨的畫展、劇場表演、群眾遊行、紀念碑紛紛建立、官方報告的重新撰寫、許許多多口述歷史見證的出現、二二八公聽會、受難賠償……當然還有統治者第一次爲大屠殺認錯等等。

一九八六年檯面化的「二二八和平日運動」不斷地強調無辜「被屠殺的台灣菁英」，是台灣人「再尊嚴化」的儀式，向以貴族自居的統治者展現自己也有華貴的一面，因而是一個價值重建的神話營造；當時統治者對和平日是採鎮壓處理，仍屬「去記憶化的」淨化儀式性質。早期的和平日運動成員內部的「非菁英性」（與訴求被屠殺菁英，兩者在精神上出現了矛盾，這也是後來走向尋求統治者予以肯定的平反、賠償的訴求，而種下「被收編」的內在因子）和對統治者的對抗行爲，使其又成爲「去階級化」的儀式。

五年前才走入街頭、飽受軍棒警棍、被定位爲別有居心、挑撥離間、甚至幾位草根人士因而坐牢的二二八紀念活動，到一九九二年已被整個社會肯定爲悲天憫人、尋求台灣社會正義和解的義舉，這現象，無疑的在五年前是無法想像的。

二二八公義運動已經由街頭而入廟堂，由流血流滴的悽愴悲壯的運動，而成典典雅雅合禮合樂的活動，活動中，潔淨地揮灑衣袖蜂擁而出，遮去了街頭襤褸的衫褲，原先在街頭極少見到的二二八受難遺族，如今挺身而出作見證的愈來愈多了。

紀念儀式愈來愈典雅，愈來愈由朝野的公職依體制上的職務位階安排儀式程序，於是原本大家在神面前的那種生命一體感及平等感卻喪失了，去階級化的儀式如今成了既有社會階級的確認儀式。

在這裡，我們看到了體制巨大的收編能量，而經過收編之後，儀式中的主要演員也全然被變換。

九〇年代後，二二八由舊統治者主導在政治面成爲「和解和收編儀式」；在社會面則重樹階序而成「階級再分化儀式」。

從階級再分化儀式的成型，我們驚醒，爲什麼「消失的菁英」被尊崇成英靈，而那些戰死高雄炮台前的高中學生沒人聞問了——教授、醫師到底和高中學生身分大是不同。

當儀式發展到這裡，我從儀式中退出，自李登輝主持紀念儀式那一次開始。

・回到草根的儀式

二二八近年朝野都舉辦場面盛大的儀式，雖然雙方都強調和解，但其實都無非是動員收編二二八的悲劇能量，以進行朝野對抗，儀式，是一個神性的表現，然而竟由掌握權力的凱撒主導了，儀式要回到虔敬，恐怕只有另尋途徑，或回到民間主辦、或由宗教家主辦，在二〇〇七年，我們初步看到了民間這樣的深刻反省。

那便是獨樹一幟由民間獨立樂團所辦的「正義無敵」搖滾紀念會。

「正義無敵」搖滾紀念會值得肯定不只是在九〇年代參與捷克絲絨革命的著名樂團「宇宙塑膠人」欣然前來參加，又有英國著名人權樂團「MUSE」昂揚的演出，更因爲在演出中，眾政治人物不得上台演講收編，甚至只能參與簽名支持，而不能入場，於是「人民」再度成爲儀式的主體。

無論如何，儀式只有回到草根，回到虔敬，尤其回到開放性的溝通，儀式才能帶來台灣的和解。

中國變臉

從一九四七年到今天，六十年來，二二八悲劇不斷被書寫、口傳、刪改、塗抹、變造、重新解釋，在不同的歷史年代不斷地變形。而其間出場人物也一再地變形。

中國同樣在不同的歷史階段，隨時隨著對台統戰戰略的變化不斷地變臉以面對二二八：

毛澤東時代，中共的標準說法是：「中國人民在毛主席和中國共產黨領導下，是反帝反封建、反官僚資本主義的新民主主義的一部分。」

逃亡中國的謝雪紅和江文也被推崇有加。二二八事件剛結束的那幾年，逃到中國的統派在中共支持下成立了「台灣自主自治同盟」。

但是很快的，「高度自治」被認爲太獨立了，於是謝雪紅在右派反動分子的帽子下被鬥得死去活來，追隨謝雪紅的江文也在激憤之餘脫口而出：「廖文毅的宣言有相當的號召力，得到台灣人的共鳴」，說這句話的這一位國際性作曲家，從此失去了作曲的環境。

在當年三月八日的廣播中，中共廣播說：「台灣人民的武裝自衛乃是被迫的，是必要的，是正義的，是正確的。」

一九四九年以後，中共除了在一九六六年到一九七一年中國文化大革命的大混亂期間之外，每年都舉行二二八紀念會，「替台灣人民控訴蔣幫的罪行」。

在一九七三年以後，把紀念會的主辦單位從「台灣民主自治同盟」提昇到「政協全國委員會」，以表重視；另外，參加紀念會的人民也由早期的一百人以下增加到兩百人。

一九七八年以後，中共對台灣統戰政策由早期「血洗台灣」的一個極端，轉變到「三通四流」，「只要統一，國民黨可以在台灣維持其特務組織」的另一極端，於是對二二八的評價一百八十度地變形。

在這階段，中共對台灣，從蔣經國以下的當權者都想盡一切辦法來討好，其做法包括替他們修祖墳，破格優待其在大陸親戚，充分運用「符合中國封建傳統」的手段。此時台灣人民被丟在一邊了，於是一九八〇年，依據「黨的方針」下令停辦舉行了差不多四十年的二二八紀念會。

不但如此，還有更驚人的：

一九八五年十一月七日，中共《人民日報》海外版，居然登出這樣的一篇文章〈追思先輩盼統一——訪陳儀將軍之女陳文瑛〉。

這篇文章登在第一版，同時占了三分之一的版面，可見中共對這篇文章的重視，她說：

「唯一的遺憾是不能去台灣祭掃父親的墓，不能和還在台灣的親友見面，如果我能活到台灣回歸的那一天……」

文筆十分溫情感人，然而當我們想到中共今天要溫情地追思的前輩，竟是三十多年前在廣播和《人民日報》的社論中，中共要台灣人民向他採取「武裝鬥爭」，「主張妥協，就是出賣台胞，應該堅決把他洗清出去！」的對象陳儀時，實在不得不令人駭異。

註：

① 參見鄭梓，〈國民政府對於「收復台灣」之設計——台灣接管計畫的草擬、爭議與定案〉。

第七章

地獄變

煉獄是死亡與永生間的所在

子彈與群衆

哲學家說：「我思故我在」，政客是「我作秀故我在」，現在台灣政壇的座右銘是：「我猜疑故我在」。二〇〇〇年後的八年，不是什麼願景、理想，而是「猜疑」成了貫穿所有政治事件的核心價値。

「猜疑」的力量如果凝聚起來，大得無法想像，在歐洲，因爲猜疑，結果就是猶太人被大屠殺；在台灣，因爲猜疑，雙方不斷聚集聲勢壯闊的群衆；因爲猜疑，雙方從靠邊的媒體、議會到街頭抗爭不斷；因爲猜疑，藍綠對峙；因爲猜疑，鬥爭廝殺蔓延藍綠各自的內部，內奸疑雲因而漫布。

猜疑力量的巨大是不必懷疑的。事實上，民主制度就是建立在強大的理性猜疑之上。由於不相信權力不會導致腐化，所以我們把國家的權力一分爲三，立法、行政、司法互不隸屬，互相制衡——這是「猜疑」這個負面人性的正面功能。

但是，現在台灣的猜疑，已經到了連三權分立制度本身都被徹底猜疑的程度。最後台灣成了猜疑共和國。

二〇〇四年藍軍認爲總統選舉不應輸而輸，完全是作票和陳水扁自導自演兩顆子彈事件兩個緣故。兩件事他們都要調查，並發動長期群衆抗爭。

兩顆子彈事件，在藍軍自己推薦的國際知名刑事鑑定專家李昌鈺鑑定三一九事件中陳總統確實受到槍傷，子彈由車外（熱區）射入，奇美醫院沒作假時，藍軍猜疑：李昌鈺看不出他驗的吉普車被掉包。李認爲槍擊事件要自導自演的話「風險太大」的說法，被藍軍猜疑，認爲李昌鈺不說出槍擊動機等等都是有所隱瞞。於是連戰仍公開說槍擊案是民進黨事先規畫陰謀，連甚至堅信李昌鈺是被騙了。

連宋一口咬定作票，顯示出的，實在是藍軍聚集在台北的中央權貴是很久不食煙火了。

早年國民黨在全台灣普遍作票，但漸漸地在台北作票行不通了，不過中南部地方派系角頭，直到九〇年代之初仍有作票行爲。作票要靠基層選務人員，而這些人多是公教人員。由於公教人員十之七八是藍軍，藍軍占有五比一以上絕對優勢，其結果就是沒有一個投開票所不是在藍軍掌控之下，綠營根本沒有作票空間，北部深藍領袖一看廢票高過三十三萬，便發動群眾運動訴求驗票。南部地方派系出身的土藍，「作票」知識世界一流，有沒有作票，一看便知，知道票驗不得，所以一開始對不食煙火的藍軍中央權貴訴求驗票，動員群眾，興趣缺缺。但藍軍中央，仍堅信自己的猜疑，認爲敗選是因爲被作票，無論如何不認輸。於是三一九大抗爭上場。

三二〇、三二七群眾動員的規模連藍軍都大大嚇一跳。群眾就是力量，沉寂已久的新黨見獵心喜，充滿危機的宋家軍大爲振作，連猶豫再三的「本土藍軍」最後都跳出來了，大家把群眾當藍軍復興的生力軍。這構想當然沒錯，但群眾是複雜的，大抵有三路：

一、凝聚力最強的是日趨沒落的統派；二、地方派系樁腳；三、充滿正義感的中產階級。

前兩路是藍軍老隊伍，最後一路才是生力軍。假使藍軍將來群眾基礎轉到這一路之上，有機會脫胎換骨，對台灣民主不是什麼壞事。這力量藍軍得好好珍惜。

這群眾力量現在雖然浮出來了，但可以保證一定爲藍軍所用嗎？從歷史上來看，群眾是殘酷地多變，且不要說法國大革命或二次大戰後立即拋棄戰爭英雄邱吉爾的英國，台灣的政黨就大有被群眾造反的經驗。現在我們就來端詳一下中產階級這股生力軍。

齊瓦哥醫生

包圍總統府的群眾，年輕人，不只和以往比較比例特別高，而且多是有教養的中產階級模樣，多的是學生，他們看來充滿了正義的憤怒，典型的飛碟族，這是老朽了的藍軍最值得珍惜的生力軍。

雖然憤怒，這些在台灣經濟最順遂時期成長過來的臉龐，英挺未經風霜，但英挺臉龐的背後，我卻看到一股淒涼無遠弗屆，一個久久難忘的影像重新浮現眼前。

三十多年前有部大衛連導演改編自巴斯特那克小說的電影——《齊瓦哥醫生》，故事背景是俄國大革命，在白俄驍勇善戰的正規軍傷亡殆盡時，許多好教養、清純的貴族子弟，英勇地組成軍團，多數年齡還不過十五、十六歲，看看銀幕上英挺俊秀的身影，令人心底浮出是無盡的淒涼——因爲大家早知道他們的結局。

他們是那麼年幼，舊政權再不義，處罰也不該輪到他們頭上，但殘酷的歷史卻安排他們作新歷史展開的祭品，清純生命的犧牲，唯一的意義竟是確認他們站的位置是在歷史錯誤的一方！

現在總統府前這些好教養的年輕人就像白俄的少年軍一樣，投身的是一個注定失敗的戰役——叫做「驗票」的戰役。

他們當然不會戰死，但在他們全心全意投入之後，票驗出來，他們將親眼見證，他們並不站在正確的一方！

他們知道他們投入的是這樣一場戰役嗎？他們並不知道，但是帶領他們投入戰爭的歷史知道，因爲這正是歷史的本意，帶領他們投入的父執領袖也知道——但父執領袖卻已經別無選擇。

他們不會戰死，但他們將帶著怎樣的心情離開戰場？不久，歷史將正式揭開它密封的答案。歷史是殘酷的。連戰帶他們上戰場的第五天，我在《蘋果日報》上留下了這一個問號，等待歷史的答覆。

淒涼

答覆來得很快。兩星期後中正紀念堂廣場上帶頭絕食的學生代替歷史答覆了這一個藍軍的生力軍最後將怎樣離開戰場的問題：撕毀國民黨和親民黨的黨證。

撕黨證是大動作。過去陳師孟燒毀黨證是大新聞，但如今絕食學生複製了毀黨證的動作，卻幾乎是沒有人談論。差別這樣大在於陳師孟毀黨證是正式告別國民黨——包括理想和組織——並走進一個新的價值世界：本土、民主、自由。但絕食學生撕黨證是不是告別國親組織？沒人知道，至於理想，「要眞相、反歧視、要未來」，就是理想嗎？

他們複製藍軍「族群平等法」及設「族群和諧委員會」的主張，並進一步極端化爲反歧視，好像台灣面臨了美國馬丁路德．金恩黑人民權運動或台灣萬年國會時代存在著反人道的種族歧視制度一樣。

他們又要複製野百合。但江山代有才人出，野百合和以前自由中國組黨、《文星》雜誌、《大學》雜誌、美麗島運動、五二〇……等等都是面對自己獨特的歷史使命而出生，不是要重現什麼已消逝的運動——到底，不同時代有不同時代使命，運動沒法複製。

他們說要維持學生的純潔性，於是撕毀黨證。咦，有黨證就不純潔了嗎？那藍軍豈不都不純潔？他們說要維持主體性。但野百合主體性是靠自己發展理念理論，自行進行組織工作團隊乃至糾察隊來維持的，如今他們自主性的組織付之闕如，靠隨時失控的藍軍民眾保護，而思想、口號、形式全是複製。

當他們初步踏上凱達格蘭大道時，標榜「中間色彩」的反台獨學界人士大爲振奮，讚嘆說這是台北的「新民主運動」，是「野百合再生」，是中華民國希望所託。不料一路演出，他們青春的軀體和熱情引發的飽滿憤怒固都那麼令人珍惜，但他們運用那麼動人的青春熱情，傾盡心力只是在做一些簡單而意義模糊的複製樣品。唉，空洞的台北，淒涼的青春。

於是在這裡我們看到了蔣友柏指出的一些老國民黨的 low 格調，在本土化、民主化衝激下，失去了中心價值後的焦慮，價值空洞化後的 low 格調。

重建中心思想談何容易，藍軍如今更沒興趣，只能靠不斷鼓動反智的猜疑來凝聚群眾，猜疑成了藍軍的中心思想，藍軍因而「我猜疑故我在」。

藍血神話

先看這一段：「以中產階級爲主」，「五十六%是白領階級」，「前軍官比例很高」，「十三%是學生」，「在報界極受好評」，是「由下而上的群眾運動」。「眼看那些反對黨……搖身一變，成爲政府要員」，面臨「經濟大衰退」，「一邊是大企業迎面擊來，一面是『吃檳榔的』擋在前面」，認爲

『族群分裂』是一切不幸的根源」，向「社會受害人」，推崇「昔日時光」，「有保守圈的價值觀」，面臨「百姓人心渙散，對局勢極度不滿」，「渴望脫胎換骨的大改變……」。

再看這一段：「全靠直覺意志當家的運動，理論基礎非常薄弱」，「採用街頭暴力」，「一心想重回舊日價值體系」，「吹噓占得街頭」，實際上是「自由體制的沒落」。

三一九抗爭後三週之時，對凱達格蘭大道上的評論大概不出於前兩段對立的文句了。但不必猜是誰寫的，因括弧中的句子都是從史家霍布斯邦的名著《極端的年代》中抄下來的，只用「吃檳榔的」替代「勞工」；「族群分裂」替代「猶太人」而已。這些句子全用來描述法西斯主義。

嚇一跳了吧！不錯，中產階級在台灣是用來標榜優越感的字眼，但要記得，他們有兩面性：是民主的支柱；但法西斯也是如假包換的中產階級政黨。台灣沒眞正出現過法西斯，法西斯是群眾政黨，蔣中正雖心儀法西斯，但他的黨卻是半吊子的法西斯，另外半吊子是列寧黨，取職業革命黨民主集中制中的「集中」而捨「民主」，強化了由上而下的控制，但也失去草根群眾，完全不像法西斯。很多人遺憾國親不能領導由下而上的群眾，又沒魅力領袖。我說幸好如此。如果這些中產階級，理論空洞、情緒高漲、國家主義、不安全感、充滿猜疑、緬懷美好昔日、沒有中心思想，一切依舊，只要補上群眾組織能力和魅力領袖，法西斯黨就誕生了。好險！

本來二十年來，運動的學生主流是投向綠營，如今機會給了藍軍，不料由於帶頭的連爺爺，基本上對群眾是基於自我高貴的藍血而生的疏離甚至是恐懼，以至於在那些學者文人「台北新民主」的歌頌聲中新投入的學生終於撕毀黨證，而年輕中產階級群眾也隨後四散而去。

深藍軍凝聚在驗票的亢奮中，但一旦亢奮之後，藍軍怎樣交代驗票結果，怎樣擁有黨產和無數包袱，卻領導充滿改革正義的群眾，更重要的是怎樣創造出新的價值願景，使群眾信服，無比嚴酷的考驗擺在藍軍前面。

蔣友柏與馬立強

針對沒完沒了的抗爭，蔣友柏在幾年之後說連戰把台灣的民主政治玩 low 了，從格調品味出發他表達了充分的不屑。蔣友柏高格調的不屑鏗鏘響亮，相對於他的公然發難，更低調但更大動作的抵制早在二〇〇四年已在藍營內部發生：馬英九的市政府舉牌警告連戰非法集會。和馬英九相似的有朱立倫和胡志強，朱的桃園沒有強烈的群眾運動；台中的群眾雖然比台北激烈，但在胡志強勸告下就回家去了。

馬立強和連戰乃至蔣友柏不同調，是因為國民黨的世代之爭嗎？

雖然國民黨中生代到現在還有人對連戰耿耿於懷：只要連宋不把自己占大位看得比國民黨前途更重要，二〇〇四年讓馬英九選，當時輕鬆地就把江山拿回來了。

何況，連戰的抗議群眾中，老兵模樣的人固然少不了，但是，令人驚奇的是更多比馬英九小上二、三十歲的年輕人，而這些人多是馬迷，並沒有連迷。

人是成千上萬地多，年齡是二十、三十地年輕，崇拜的偶像是漂亮的馬英九，而站出來領導的卻是不搭調的連爺爺。景象真詭異。

猜疑是中心思想

綠軍一般認爲在台上、在電視鏡頭前，慷慨激昂地指控李昌鈺說兩顆子彈不是自導自演等等說法只是藍軍領袖和宣傳家的策略，不是他們心中眞正的想法。原先，我就這樣想，並爲他們竟採取這樣不誠實的策略而憤怒，我經常上電視和他們辯論。不過，很快地我由憤怒變成了驚訝萬分，在電視Live的廣告空檔，幾次私下和藍軍的立委、名嘴、學者交換意見，由於我過去向來對扁批評得相當嚴厲，因此他們以「向自己人」講話一樣，態度由慷慨激昂轉成了誠懇，對我重述和電視鏡頭前講的一模一樣的兩顆子彈的講法。這使我大大震驚，原來他們的猜疑並不是策略，竟是他們和學者、群眾共同的眞心信仰！是他們的中心思想！是他們腦中的程式！他們對世界的看法全在這程式的制約下運作。在這樣的程式制約下，我們看到群眾、立委、名嘴慷慨激昂，我們看到一群名儒碩彥積極參加違憲的眞調會，要去發掘李昌鈺不願說出的眞相，我們看到他們癡心等待李昌鈺有一天能心回意轉地說出眞正的「眞相」。由於李昌鈺被逼到說出自己也是藍色背景時，他們更相信値得繼續期待。

畢竟像我一樣願意相信藍軍老少們說兩顆子彈是扁自導自演是出於確信而不是惡意編造的，在藍營之外是少之又少，在綠營之中，更因此深信藍色權貴有一種抵死不願讓台灣人當總統的封建性族群立場，在雙方這樣各自認定下，彼此於是處在只有猜疑不可能有互信的「敵我關係」中了。

猜疑不只在藍綠之間，也不只在連爺爺和藍營中生代少數明星之間，還在深藍和土藍之間。深藍無論如何無法諒解，當他們在凱達格蘭大道發動生死存亡的抗爭時，南部的土藍一開始意興闌珊不願力挺。

外。

第一滴血

凱達格蘭大道上士藍和深藍間的矛盾猜疑只是先登場的揭幕式，眞正的大戲將大出眾人意料之外。

且從深藍群眾談起。

台灣民主化、本土化過程中，產生了對未來充滿不確定感的統派孤臣孽子群眾。他們等待著英雄偶像的揭竿起義。於是，新黨一出，無不群聚其下，但他們一旦看到更有希望的宋楚瑜，毫不猶豫地把新黨棄之如敝屣——儘管今天新黨的立委評價仍遠勝親民黨，但他們票投親民黨而不投新黨！這兩年馬英九崛起有如新星，立刻就取代了宋，在短短兩年之間，在民調上宋從超人氣掉到扁呂連宋的最後一名！宋不只流失了中間選民，深藍民眾也從而轉向了，宋清楚地察覺到自己的危機，心情低劣，二〇〇四年總統選舉期間一再脫線演出，並在三二〇以後比連更加賣力掙扎。

宋的危機是馬的機會也是新黨的機會，在電視台遇到郁慕明時我告訴他，新黨復興的時候到了，他回以神祕的微笑。

三天後預言成眞。

凱達格蘭大道，被台北主流論述當做台灣「新民主運動」的聖地。星期天清晨，在這裡流下了第一滴血：血不是流在「正義」的藍群眾和「專制」的綠統治者之間；也不是流在精忠赤誠的深藍和投機到快成爲「叛徒」的上藍之間。在台北市警察局驅離「民主群眾」時，血流在深藍的群眾和深藍明星所指揮的台北市警察之間！

果然，充滿孤臣孽子情懷的統派群眾，以前爲擁新星宋楚瑜把新黨棄之如敝屣；現在又爲擁新星馬英九開始要拋下宋了，所以這次驗票運動是連宋鞏固群眾的最後掙扎：把群眾鼓舞得極端起來，帶離開溫和的馬，馬如不制止，群眾就帶走了；馬如制止，群眾大起反感走得更遠。群眾愈鼓舞而愈極端，跟馬路線就愈相剋，馬又是指揮警察維持首都秩序的市長，於是第一滴血就在宋連和馬之間滴下了。

這滴血大概是局部地穩住了宋深藍領袖的地位，也局部地穩住了親民黨的基本盤，否則親民黨毫無疑問將隨同宋一起被深藍拋棄，而成泡沫有如昔日新黨。

但這一滴血當然不是沒代價的。土藍當然被嚇跑了，將來合作難乎其難。嚇跑的還不只土藍，那些充滿正義感，又不知政治江湖險惡而投身凱達格蘭大道的年輕中產階級們當然也要跑光了，被感召而來的青年學生連黨證都燒了。生力軍既撤走，主力又分裂，藍軍處境艱難。

但你能要宋楚瑜怎樣呢？光復河山夢雖美，卻總在遙遠的未來，如讓深藍的新星燦爛升起，群眾改宗，他怎樣向聚義的親民黨幹部交代，這是道地的眼前危機，他必須優先處理；當然，郁慕明現在正怦然心動地看兩大明星對峙時所創造出來的裂縫。

危機如此複雜糾葛，將注定不會讓深藍只流一滴血。

第二滴血

才一星期，凱達格蘭大道上的第二滴血再度流在深藍的馬宋之間，血流得比第一滴血百倍地慘烈，深藍立委再不掩飾了，清楚地、聲淚俱下地、集體地控訴馬英九，要他負起下令驅離，軍警踐踏深藍立委身上而過的全部責任。這時宋楚瑜出面擁抱馬英九，叫大家不要怪馬，說他身不由己，所以要怪的是陳水扁。

大內高手的擁抱是無比殘酷的溫柔。

藉著擁抱，宋告訴深藍的群眾：你們要抗扁，但身不由己的人沒資格也沒能力做你們的領袖。在你們性命交關的時刻，身不由己的人不但不能領導你們，甚至不能爲你們所用，反而爲扁所用！簡單地說，馬已經不是我們的人，至少不是我們的領袖了。所以宋的溫柔擁抱是一個告別擁抱！殘酷的溫柔。

再重複一下凱達格蘭抗爭第一個星期我的話：在驗票、驗傷都必敗之後，最慘烈的戰爭將不在藍綠之間，不在土藍深藍之間，而在深藍的宋、馬兩大天王之間。

理由在於：充滿危機感的統派飢渴地尋求寄託未來的救星，以前是新黨，宋楚瑜一出，新黨被遺棄有如敝屣，當時新黨對宋怨恨之深直逼李登輝和民進黨，如今馬既然如上升明星，群眾急速改宗，宋危如累卵，勢必拚命反撲，果然兩者間一再流血。

而連戰，一心想當總統，先是和宋聯手逼退了馬，也把藍軍唾手可得的大位逼掉了，如今心存翻盤的僥倖，自以爲肩負整合各路藍軍以抗扁的大業，但不自知地淪爲宋打馬的龍套副手，土藍、深藍既未整合，土藍內部反而因挺宋與否爆發劇烈內訌，現在又和宋一齊登台高呼五一九重返凱達格蘭大道，舞台既要再搭起，馬宋之間流下就肯定不是兩滴血了。

天王遶境

從三一九以後的藍綠、藍藍，甚至大綠、小綠間全面大混戰，戰果在同年七月高雄市議員補選中做初步驗收。

高雄市議員補選，台聯成了大贏家，四個選區，選票從四萬四跳到四萬七，全高雄市席次從兩席跳到五席，國民黨從十二席掉到十一席。

由於四大政黨都有賄選家族候選人，高雄人氣壞了，投票的人從上次六十五萬直落到三十萬，超低的投票率表現了對四大政黨嚴重的猜疑，其中國民黨總投票數從十七萬五千票掉到九萬九，席次減少，支持者更跑了四成多。

台聯擠下親民黨成爲第三大黨，選票占綠軍的三十八％——已經和民進黨四六分了。台聯喜形於色，民進黨則憂心忡忡。台聯此後包括同年底立委繼續成長，擠壓到民進黨選票已經成定局了。這趨勢其實在民進黨走「新中間路線」時就確立：民進黨既去台獨化，成長的台獨群眾猜疑之餘只好向台聯集結。等到選舉到了，爲了要選票，民進黨跳回冒進台獨路線，雖穩住陣腳，卻引來美國大大猜疑，於是只好再度躍退，然後台聯拿民進黨承諾的「制憲」等冒進口號追殺民進黨，民進黨支持度再度萎縮。民進黨在陳水扁領導之下，在選票和美國壓力之下，不斷躍進、躍退，政策反覆再反覆，美國和台獨民眾兩邊的信賴感一再流失。愈流失，危機感愈大，又愈加躍進躍退，民進黨陷入惡性循環。

最慘的是親民黨，號稱不屑國民黨的黑金，卻提名最高比例的賄選家族，結果全軍覆沒，選票從六萬掉到二萬九。連左營眷村鐵票都生鏽，眞是慘不忍睹。在「求眞相」後採取冒進路線，押錯賭盤，如今又提名黑金，形象大壞，宋楚瑜魅力更早已不再，前途堪虞。

高雄選舉，一葉知秋，年底投票率鐵定低。對老政黨、老政治人物的失望，投票率節節降低，其實並不是始於高雄選舉，年前花蓮縣長補選跡象已明。年初總統大選投票率沒有顯著降低，並不是候選人的吸引力挽回了這頹勢。大選中一再顯示候選人得不到什麼歡迎，候選人的「得票率」全高於「滿意度」的荒謬現象，說明了在強烈的不信任危機之下，對對方的高度猜疑才撐起了投票率。

高市選後爲台灣政治卜卦，前景可以明確地看到的竟只有台聯，這樣的台灣實在令人擔心。台聯既然成了阿扁的腹背之痛，而藍軍又陷入空前的混亂，於是怎樣壓制台聯便成了陳水扁的首要之務。

他選擇的戰場是二〇〇四年底的立委選舉，他選擇的策略是以冒進台獨的競選訴求襲奪台聯的基本盤，陳總統的激情策略確實從台聯搶回了深綠的選票，但彼此猜疑加深，已無可縫合。

立委選舉藍軍過半，國民黨席次上升，喜形於色，但合併了新黨，得票數反下滑萬票，藍軍總得票數更重挫五十九萬。所謂過半其實只占總投票人口的二十七．五%，顯示人民對其信賴和對陳水扁一樣同步下滑，得票率下挫達三．七%。

由於民眾熱情下滑，選前我預估投票率六十%，大家不以爲然，結果是五十九%創新低，我仍高估了，投票人口增加了七十二萬，投票數反而掉了四十六萬。顯示儘管政界領袖賣力廝殺，換來的是選民對政界的猜疑而不是熱情。其中以左右兩個極端政黨，前途最堪憂慮。

李、扁、呂、連、宋五大天王選舉賣力無比，主導風潮，聲勢把立委候選人全面壓得快看不見了，但效果大有問題，因在投票前民眾滿意度和不滿意度之比很不漂亮，扁是四十二比四十一、呂二十七比六十、李三十八比四十三、連三十比五十三、宋二十六比五十六，眾天王不滿意度這樣高，對立委的助選效果怕是負面大於正面。

扁、李滿意度和五、六屆綠軍在立委的得票率四十%出頭相當，可說其助選對總體得票的加減都有限；連、宋滿意度遠低於藍軍得票率十五%以上，不滿意度又遠高於得票率十%以上，愈助選怕只有愈把選民趕走，呂之於綠也一樣。眾天王的「反輔選」，造成了超低投票率。天王這種「反輔選」戲碼在花蓮縣長補選早已演過一次了。

對整體得票是反輔選，候選人卻搶著要，並非用以對外擴張選票，而是用在對內搶配票，在複數選區制度下用作對內向同黨同志攻伐的利器，眞是奇也怪哉；天王本身也樂於輔選，因爲四處站台有如「神明遶境」，可以展現神威鞏固內部領導權力。

如此地爾虞我詐，這時我們赫然察覺台灣的內內外外猜疑瀰漫，猜疑無所不在，台灣已成了猜疑共和國。

異類

廝殺中，只有一個人得分——馬英九，他不廝殺，一副好人模樣地回應：不反對正名，但說敲鑼打鼓地正名反而會使正名壞事；不否認教科書要改，但要完整呈現歷史，還說國民黨要好好研究台灣史；不贊成未定論，但承認美國確曾採未定論，還接受台灣主權已定，屬於二千三百萬台灣人民……，可說棒棒安打。綠軍該慶幸的是，安打反使馬成爲國民黨中的孤星，否則綠軍戰果只有更惡劣。

至於扁，執政四年多，立委得票率只從二〇〇一年四十一．二%微小地增到二〇〇四年四十二．八%，更遠比不久前的總統得票率五十%少，國會繼續處於少數。選前陳總統要求選民相信他，還動用龐大資源，向人民討個國會過半讓他好好執政四年，結果選民沒答應。

小型的陳水扁

總統跳過政黨和體制直接做爲全民意志的整合者，這樣的角色扮演，很被游錫堃和其幕僚林佳龍及其一些留美學者們欣賞，便把這套領導模式縮小規模，當起小小陳水扁，拿來在當民進黨黨主席時採用。陳水扁跳過黨和體制，游則在黨內進行「派系消滅」工程，讓自己直接領導黨員和體制，就像陳水扁跳過政黨和國家體制直接領導全民一樣。他們還隨心所欲地改變黨內遊戲規則，以便貫徹自己的意志，有如不依憲政體制的遊戲規則一樣。

二〇〇五年縣市長「三合一」選舉大敗後，扁迅速換下閣揆謝長廷，由黨主席蘇貞昌接任，黨主席一缺由游錫堃、蔡同榮兩人競爭，許多朋友支持游錫堃，認爲他縱較聽扁的話，但較忠厚，不至於走上蔡的冒進路線，我獨獨認爲游號憨牛，一旦固執起來，恐怕誰的話也不聽，但沒有人認爲我的憂慮有根據，況且當時情境無論如何在游蔡相較之下，已無選擇空間，於是游當選主席。其後，智略本不高，而志向極高的游果然在林佳龍及一批留學歸國的極端主義者規畫之下，在黨內掀起了殲滅改革派之戰的滔天巨浪，造成民進黨其後在立委、總統大選潰不成軍的局面。

陳水扁的超黨派策略造成的是政壇高層離心離德，猜疑四起，游的滅派系策略則啓動了黨內有史以來最慘烈、最無秩序的惡鬥，並把黨進一步往台獨極端冒進的路線上推進。

新獵巫運動

二〇〇七年民進黨國會初選，在游、林推動、謝配合的「效忠檢驗」的新提名制度、特定媒體的效忠審查，以及謝系發動的「反新系和新系之戰」等火網的交織下，有十一位初選候選人被稱為不忠於台獨、扁和民進黨的十一寇，他們加上蕭美琴和新潮流，成了被集體獵殺的對象，境遇可比喻如十六世紀中葉歐洲對「巫師」的集體獵殺。

強烈的排除異端的運動不發生於代表保守勢力的藍軍，反而出現在曾主導台灣民主、自由運動的民進黨內，雖詭異，但拿歐洲獵巫運動來比對，則不意外。

歐洲禁巫和異端裁判所雖都始於天主教，但卻是在新教興起之後，才由「宗教的進步力量」基督新教雷厲風行地推動的。宗教改革者馬丁路德對「魔鬼」充滿了畏怖，他和另一改革者喀爾文教支持者對巫師動用死刑，在新教地區，獵巫運動遠比舊教地區為慘烈。

獵巫並非底層民粹群眾所發動的，相反的，領導的正是當時一些進步的知識菁英，馬丁路德、喀爾文之外，還有諸如博學的讓．布丹和一群法官們。獵巫和「進步力量」的連結還不只如此，獵巫的知識正是透過日益發達的印刷出版技術，才得以擴張的，各種對付魔鬼之書的著作由新教牧師編作，在知識圈內暢銷，讀者可都是富裕和中產以上的都市居民。

這些知識階層處在宗教戰爭以及天災帶來的動盪的社會處境：饑荒、黑死病、教義的尖銳爭端。層出不窮的危機使他們認定十六世紀是一個魔鬼和巫師帶來的災難世紀，更弔詭透頂的是因為恐懼進步改革的失敗，改革者進行了殘酷倒退的異端獵殺。在教義上，新教直接「回歸舊約聖經」的進步運動又反帶來了對舊約基本教義式的解釋：比起新約，舊約更多對魔鬼的強調，造成魔鬼無所不在的信念，結果教皇都被當成偽基督，將帶來撒旦的統治。新教狂熱的道德情操固然會使人全心投入於行善，例如馬丁路德，卻也激發他對任何阻礙其行善、令他痛苦的事物懷抱無比強烈的恨，因此，馬丁路德對教宗、猶太人、土耳其人、造反的農民，甚至女人充滿強烈的憤怒，於是「既愛神，又對他們咬牙切齒」，獵巫行動因而展開。

如今，民進黨也因面臨了重重危機，而進行了慘烈的獵巫行動，祕書長林佳龍在初選告一段落後宣稱「落選者都是投機分子」，充分流露獵巫成功後的大喜悅。

做爲獵巫者，他們的重重危機是這樣的：國外則有中國日益增多的飛彈威脅、經濟磁吸、外交打壓；還有美國聯手北京，壓制台獨；國內則有向北京傾斜的親中集團；但就扁來說，是家庭弊案和縣市長敗選帶來的眾叛親離；而非新系人員則是初選備受新系競爭壓力。

做爲獵巫者，新教以舊約做爲基本教義的基礎；民進黨內則以扁的要台獨、制憲、正名、公投的四要，加上「扁倒則台灣倒」做爲基本教義，新系和十一寇則被指控是以「改革」爲名、行倒扁親中之實，從而編造中國琴、假台獨的故事。

在學生時代就在美國 FAPA 總部當義工，爲台灣外交前途努力，和中國對抗的蕭美琴，一定沒有想到有一天會因黨內初選被自己黨內同志打成中國的同路人，叫她「中國琴」。

在一項挺扁反十一寇的活動中，她被列名十一寇的同路人，運動者認爲十一寇是「呼應紅衫軍」倒扁的，而倒扁是符合中國利益的，所以蕭美琴是中國琴，且被林佳龍歸類做投機分子。

蕭認爲太冤了、太不公平了，她在紅衫軍作亂時是那麼地挺扁，怎麼可以拿她和十一寇相提並論。蕭在生氣之餘，印了一張「消毒文宣」大量散發。在傳單中，她洋洋灑灑地列出她接受國際各大媒體、《紐約時報》、美聯社、英國廣播電台、CNN、法國《費加洛日報》、半島電視台等等的採訪紀錄，來說明她怎樣「突破親中媒體封鎖、在國際上替阿扁澄清」，是「最有能力在國際上捍衛台灣」的，怎麼竟成中國琴。

爲了初選，受到這樣惡質抹黑的人，蕭一點也不是孤例。我當然和蕭不同，我並不挺扁，但一生以台灣獨立建國爲職志的我，既被列爲十一寇，更被稱「假台獨」。蕭面對這些攻訐，回頭去整理了一大堆在紅衫軍運動時她挺扁的種種紀錄向群眾說明，我也把自己在當立委以來推動台獨的努力整理一遍，辛苦地向過去的支持者解釋。蕭解釋時一定很生氣，我雖不生氣但很懊氣：想不到在媒體扭曲下，支持者對自己的誤會有這樣深。比較意外的是，一整理下來才發覺自己在獨立建國這條路上竟已經走過如此長的路程。蕭整理的內容是國際媒體的報導，而我是在立法院推動的諸多「台獨」法案，累積起來竟同樣至少有二十案左右之多。更意外的是，這些法案固然有些其他立委也共襄盛舉，如黃爾璇之於公投法、港澳關係條例，李文忠之於國家情報工作法，蔡明憲之於國防二法，蔡同榮之於公投法；但其餘七成可以說我一個人十四年來留在寂寞的法制委員會獨力完成，或者主動提案立法修憲，或者是提出和行政院競爭的對案，至於那些在台獨法案上毫無建樹的一群立委只因挺扁就成了台獨旗手。所謂台獨媒體、名嘴之可恥竟到如此不堪地步！

做爲獵巫者，新教有進步的印刷術爲宣傳利器，民進黨主流則擁有兩大電視台以及綠色友誼爲主的廣播電台以及某周刊；然而新舊獵巫者也有不同，從路德到其他中產階級的群眾都相信他們教義和魔鬼和巫師都是眞實的存在；但台灣的獵巫群眾固然也被說服而確信「四要」是眞理，眞有蕭中國琴、林假台獨以及中國流之可怕。但主導宣傳的謝集團及其上層幹部是否也相信，答案清楚的則是否定的！

因此，新教徒可說是時代悲劇下的「確信者」，而台灣的獵巫集團完全是道德的虛無主義者。

至於獵巫中，新系爲何一敗塗地，應是因除了極少數外，只求閃避而不對抗倒退力量。

民進黨主流在危機感中進行獵巫之後，雖然鼓動了不少群眾支持，但也激起另一批改革民眾同樣強烈的焦慮，兩種焦慮對峙，結果群眾支持向「冒進改革」（如沈富雄、羅文嘉）和獵巫集團分頭集中，這時群眾焦慮地期待領導，但新潮流閃避爭議放棄領導，不願面對他們的焦慮。

獵巫成績是如此斐然，但進步力量受到如此嚴重傷害，如何收拾局面，是無比艱鉅的工程。

塔里班

謝長廷於二〇〇七年五月確定成爲代表民進黨競逐總統大位的候選人，而其後冒進台獨立場的游版正常國家決議文在民進黨全代會被以懸殊比例的票數封殺。若單以此就推論出民進黨穩健力量全面上升，是非常浮面的看法。如果穩健力量那麼壓倒性地強大，那麼一向訴求「中間路線」的、甚至「一中憲法」的謝長廷就不必憂憤到躲起來「放空自己」了。沈富雄的退黨，粉碎了粉飾的太平。在決議文一案，向來未成爲魅力明星，又毫無赫赫戰功的游卻有大批基層黨員奔走連署支持，而不惜頂撞上位的諸大著有戰功魅力領袖如扁、謝以及新、綠色友誼諸大派系領導人，實在非同小可，這正是謝憂憤失常的根源所在。

這些徵象說明的是民進黨高層在路線上雖然矛盾跳躍，難以信賴，但基層則基本教義派已蔚爲穩定的主流，以致立委初選時，舊有派系受到衝擊極爲強烈。在總統初選方面，扁、新、綠色友誼三大派系及蘇系四派力拱之下，蘇貞昌竟然落後於謝，而且諸派還都有一些選票流向游；立委方面，新系更瀕崩盤，而綠色友誼也大量流失基層，出線的扁系也是全面向基本教義派靠攏的。

游受到諸多基層黨員跨派系的支持和聲援，又有大批基本教義的學界人士支持，儼然在歷史悠久的諸大派系之外異軍突起，一夕之間新創足以並峙的派系。不過該重視的，並不見得是一個新的派系是否產生，而是民進黨基層黨員的全面冒進化和教條化。

民進黨不分區初選，「排藍」民調的民調對象被剔除到剩十八%的深綠，其中支持明顯基本教義派的約三分之一，換算成總體民眾雖只有六%，但無疑的，民進黨的黨員約二十多萬，也就是總人口的一%，而這一%幾全在總體民眾的這六%之內，「純度」非常高。湊巧的，一%也正是目前冒進call in節目的基本收視率，數目極小，但製作成本更低，在商言商，仍有利可圖；同時這一%也正好是選戰時不能或缺的前線戰士，地方頭人不能不重視。

透過電子傳媒，基本教義派大為振興，這完全類似美國在八〇年代後，充滿了仇恨宗教色彩的基本教義派的興起，這個教派在八〇年代後聲勢洶洶，傳播的利器就是電子傳媒，其間，如主持PTH（北卡讚美主及慈愛的人們廣播網）的廣播名嘴、布道家佛威爾以及後來聲敗名裂的貝克夫婦和史華格聲名最爲顯赫，每當傳教，教徒為之瘋狂。

民進黨創黨初期，台獨基本教義派原是少數，最大派系美麗島系的黨員則被譏爲沒意識的人頭黨員。不過，二十年下來，我們發現在決議文風波中領銜挺游的縣市主委，美麗島系出身的反而占了多數！轉變之劇烈眞是驚人。其原因，首先，早期美系黨員被譏爲無意識，其實那是在黨內比較結果，如果擺在整個社會光譜裡面，他們無疑仍然是在最有意識的一%之內，此其一。

接著在二十年朝野的尖銳鬥爭中，這些人，既以參與民進黨爲榮，又性好爲人先，要做基層意見領袖，當然不滿在黨內被譏爲無意識，於是便脫出派系高層領袖控制之外，去尋找「意識」；到黨的外面，他們又要積極去「與敵」作戰，更需要思想武器。本來思想武裝早期只有新潮流和謝系在做，等到執政後，新潮流以配合扁爲優先，基本上也不做了，這些黨員便向提供冒進論點的電台、電視、報刊，如謝的綠色和平、蔡同榮的民視，以及挺扁、謝的周刊及挺謝的有線電視台等等媒體上去尋找作戰的武器裝備，既打藍的外敵，又力鋤綠的「內奸」，於是基層黨員全面冒進化。在紅衫軍與初選時，全聚集在藉冒進來鞏固內部領導的扁游和以謝系爲大宗的冒進立委旗幟之下，打了幾場美好戰爭。

游錫堃成爲極端冒進的台獨主義者，所有的人都非常意外，過去的游錫堃被認爲誠篤可靠，路線和冒進沾不上邊，初入黨外，跟隨保守的康寧祥和激進的美麗島雜誌社不同道，後來跟隨陳水扁，擔任民進黨祕書長時，努力執行扁修改台獨黨綱的去台獨化任務，會被扁拔擢爲閣揆，一般的論點是他的誠篤、不躁進，做人可靠而才具又不必顧慮其「功高震主」，在他競選黨主席時，也因這特性而得到許多人支持，他又一向對「主權」這類議題少見其主張，因此他的地方派系性格，反而比較濃厚。

一九七九年，適逢台美斷交，風雨飄搖，黨外人士憂心之餘，奮起組織美麗島雜誌社，力抗國民黨，想要力挽狂瀾，而當時當模範職業軍人的林毅夫則選擇潛逃投奔意氣正大大風發的中國，然後在台被國家通緝至今。

二〇〇二年五月，林毅夫父喪，二十九日申請回台，游錫堃正好當行政院長，基於同鄉情誼，全力斡旋，軍方雖然強力反彈，但政府高層基本上都處理好了，五月三十日消息公開，包括蔡同榮多人都支持「結案，讓他從黑名單解禁」，讓他回來，我一看林毅夫回台大勢已定，非常不以爲然。我認爲他和海外被國民黨迫害的黑名單人士不同，不能同等以解禁對待，他不能回台情固可憫，但當兵叛逃則罪無可逭，若因他是經濟學界知名人士，並和游世交，就容他自由來去，將來軍紀不可能維持。如他仍在追訴期限應奔喪後服刑，若超過時限，應許他回台，然後以不受歡迎人士驅逐出境。我公開說，否則，要不就廢國防部算了，要不然此後大家都不要當兵，只有宜蘭人當兵就好了，因爲這種兵只有游的同鄉才會當。

不料，我一發言，突然引來朝野立委轉向支持，三十一日在國會國是論壇中紛紛發言呼應，連蔡同榮也轉向。這時，民調機關做出調查，支持法辦的，以六比一壓倒反對的。游這時再不滿，也只好放棄讓他回來的努力。

昔日游在主權立場上如彼，如今如此冒進，居然也成了「遲發性冒進主義者」。

然而，對我來說，這並不意外，他擔任閣揆時，我發現他竟然會把四百多法案全列爲優先法案時，我已經察覺到他已遇到了一個管理學上的定律：任何人都會爬到他能力不足以承擔的位子上。這時，如果他不但不知退，反而野心勃勃、意志堅強地更求往上爬，狀況必定非常嚴重，因此我提醒支持他當主席的朋友們：他牛起來時會很麻煩，只是卡珊卓的預言只令人嗤之以鼻了。

事實上，游固然因爲野心大於能力而狀況百出，而其他諸天王又何嘗不然。

基層部隊是要有堅定信仰，而基層確已如此；然而上層將帥則要兼具信仰和戰略，今天將帥只有短線戰術而無戰略，而信仰又因路線跳躍而被質疑，於是造成了機變的上層和質樸的下層的斷裂，也造成了平庸的游擁有不可忽視力量的基礎。長期而言，怎樣整合這上下層的斷裂以維黨的永續發展，是最嚴酷的考驗。

明明藍軍基本盤頂多只占人口的三、四成，但「排藍」卻排掉八成，而綠的基本盤也明明有三成以上，卻排到剩不到兩成，可見排藍完全是騙局。遊戲規則成了騙局，猜疑自益形滋生。

迷宮・噤聲・悲憤

游錫堃主席在決議文上一再反覆，完全不顧體制與謝強調的「和解共生」的價值和謝主張的

「誰成功就代表誰路線正確」的遊戲規則，不斷以冒進路線對黨提名去打江山的主帥謝長廷追殺不已，謝長廷悲憤而喊停大選的造勢大會。

然而弔詭的是正是游的毫無體制觀念、一再反覆以及冒進的提名策略才造就謝本人和謝系立委的初選勝出。競選台北市長之前，謝人氣低迷，全賴游一再反覆，破壞體制，硬擋下沈富雄，使謝參選，才使得謝奠定善戰之聲而聲望鵲起，然後，因爲游在提名方式一再反覆，最後游謝聯手採冒進路線的排藍民調，才既使立委方面的十一寇中箭落馬，而蘇也被打成蘇修，縱操作正名自救都無效，謝也順利成功成候選人。爲何同樣是反覆，也同樣是冒進路線，當時謝樂於享受其好處，如今卻鳥盡弓藏，游同樣悲憤。

還有，當初扁國務費風波，游和謝系立委力挺才保住扁不必下台，如今游的特別費比國務費是太小兒科了，反急著逼游在全代會前下台，放大捉小是何公理？至於謝一面主張特別費要大赦，一面又借特別費逼游下台，豈非厚於馬而薄於游？另外，在整個初選過程中，大家都相信，民進黨怎樣內訌，最後一定會在選民的壓力下團結一致，所以號稱挺謝立委，初選手段再怎樣粗魯，便也都有恃無恐，而也不見謝有所擔心。既然如此，游在決議文上再大戰一遍，有何不可？游的悲憤基礎雄厚。

縣市黨部主委也同樣悲憤，他們長期在兩大電視台，和由謝親信掌控的廣播電台和某些平面媒體歷經近二十年的「文化教育」，才「深悟」冒進的正確，於是在紅衫軍起時挺扁，又在初選和謝系合作，力挺游謝合作的冒進提名策略，最後立下汗馬功勞。沒想到，剛共同打完了美好的一仗諸如中國琴者幾全殲滅後，卻在全代會中聽到謝幾位首席的親信上台說的「肺腑之言」是：冒進路線是害黨害國。豈能不錯亂悲憤？

謝長廷在和馬競選總統時，曾經在電視辯論時猛烈批評馬英九，指出馬英九一方面由自己訴求和解，替自己營造好形象，另一方面，其大批輔選部隊則張牙舞爪，惡言攻擊對手，是雙重標準言行不一。謝這樣的指控完全符合事實。但這倒過來指控謝在擔任閣揆時，既由自己高唱和解共生，又由其部屬和對手廝殺到紅了眼，並沒有什麼不同；而在黨內惡鬥時，由《新台灣》雜誌等媒體一方面力捧要守「一中憲法」並依一中兩市原則訴求高雄廈門互訪的謝長廷，另一方面痛批謝的黨內對手是對北京軟弱的「修正主義」，則甚至是更加惡劣的做法。

沈富雄等十一寇，其路線「傾中」遠不如謝的「一中憲法」，就被挺謝人士打成中國流而下馬，沈已退黨，而悲憤則留在黨內。最後，衝突兩造之外的黨員看到自己理想所託的黨亂成這樣，當然也無不悲憤。於是，舉黨無不悲憤！然而更詭異的是，悲憤固然空前，但竟在悲憤之餘，舉黨噤聲！

黨內悲憤地劇烈對立，顯現的正是黨的路線陷於混亂。

什麼是正確的路線？謝說得好，就是「成功」的策略。那麼在初選大獲全勝的正是謝團隊，問題是謝系立委是靠把十一寇打敗的冒進路線而勝出的，謝本身則採兩岸經貿鬆綁和「一中憲法」立場而勝出，於是相反的兩條路線全部成功了！不只如此，謝叫游好好去處理特別費官司，展現了操守上的優越感，但他在立委初選又力挺舞弊的子弟兵，反對進行調查；還有，一方面由自己高唱和解共生，另一方面無論初選過程內對自己同志，或謝任閣揆時，雖高唱和解共生，其內閣團隊對付對手的鬥性之狠辣又空前絕後。諸如此類，一整個團隊採各種完全對立的路線都大獲全勝，於是所謂路線似乎只剩一條：團隊對領袖的效忠。這一點團隊內固瞭如指掌不致困惑，但外面的人如要瞭解謝這路線便有如進入迷宮。甚至，瞭解謝比陳水扁加倍困難，扁的路線矛盾只是前後不一，一再變化；謝的矛盾則是同時並存的，以至於前後連變化都不必。

恐懼的本質

在新國民黨連線毅然脫出國民黨組黨和李登輝決裂，到新黨群眾毅然捨棄他們的領袖擁抱宋楚瑜，再到捨宋而就馬，以及二〇〇四年三一九亢奮的大抗爭中，多年來我們看到了右翼大中國基本教義派心中的恐懼，而正是這樣的恐懼主導了他們一連串戲劇性的抉擇；如今我們從民進黨內的新獵巫運動中，我們同樣發現了：群眾的核心動力也正是恐懼。

事實上，爲恐懼所俘虜的極端行爲，無論三一九、新獵巫，其實是小兒科了，更嚴厲的極端行爲是國民黨在威權統治時期進行的二二八屠殺、白色恐怖以及長達三十八年的戒嚴——一個以禁錮他們所不信任的人民的參政權的體制。

一九九〇年後，統獨雙方的基本教義派，還有其他的類似之處，例如，他們同樣懷念未被對手摧毀的「過去美好時光」，又憧憬未來勝利後的千禧年；但又對現狀憂心到恐懼的程度。

至於雙方差異，除了國家認同外，有明顯的階級差別。統的一方是以軍公教爲主體的中產階級和大資產階級；另一方是醫師、律師等中產階級小企業主和更多的下層階級。工人階級數十年不變地是黨外和民進黨的支持力量，農民則在二〇〇〇年前一面倒向國民黨，全球化進一步深化的二〇〇〇年之後，則大幅地倒向民進黨——農工都因對全球化深化的現象充滿憂慮而逐漸轉向經濟民族主義，成爲民進黨的支持者。

謝長廷與李登輝／陳水扁／馬英九

在台灣幾年來，數盡政治領袖能從價值哲學出發，鋪陳出宏觀願景的，只有三位，一是李登輝，另兩位是謝長廷以及許信良，三人湊巧又都有一定偏左傾向，李謝兩個人又非常湊巧的都是日本京都帝國大學出身，或許因而受到京都學風的影響，是兩人既都有哲學思維又有左翼色彩的來源，一個重視農民，一個主張弱勢優先。另外，兩人在進入道德哲學後，又都同樣的在從政必要時，採取不惜和魔鬼打交道的斷然作風。李登輝運用黑金奪權固不必論矣，謝則一方面高唱和解共生，一方面養了最大群的「虎仔」做權力基礎。

相對於李、謝兩人，扁站在另一個極端，扁只對實用的知識有興趣。所謂哲學、願景、價值，每一樣對他都是遙遠無趣的事務。當立委時，被記者們捧爲空前絕後的優秀立委的他，當採訪記者問到平常念什麼書時，他回答，「每天讀助理的報告都讀不完了，還念什麼書」，非常生動地流露出他的興趣所在和精神世界的內容。不過他精神世界的空洞也使他得到一個好處：在用人，或支持創意時，沒有包袱。當年羅文嘉、馬永成一當完兵馬上受到重用，甚至經常對他們言聽計從，使兩人迅速平步青雲，雖側目的人稱之爲童子軍治國，卻也表示他有用人之量。

至於謝則太過自戀於自己的理念，他的「中心思想」固是他成爲領袖的魅力所在，卻也成爲用人授權時的負擔；相對的，扁較能授權，且意外地因爲沒有中心思想而不成爲對部屬信任的負擔。另外蘇則雖不見其理念，但高度的潔癖和強勢領導，和謝雖不同，卻異曲同工地形成爲官員相處時的重大壓力。相形之下，只要獲得信任，則替扁做事，就官員的經驗來說，實最愉快。尤其是他雖無創新的想像力，但既鼓勵創新又能授權，而使得做事的人有機會的話，在他的團隊中能有創新和自主空間，這也是他能有忠心幹部的一大原因。

那麼，馬英九呢？他是在李、謝／扁這一對照組之外的另一極端典型。馬之好學不下於李，馬之尊重被稱爲法哲學的法理，不下於李、謝對哲學的愛好。然而，李、謝常能悠遊於哲理時開創動人的觀念，如李的台灣人的場所悲哀、台灣生命共同體，至於謝則開創力更爲豐富，他提出的台灣優先、弱勢優先、環境優先、命運共同體、價值經濟等等理念，都十分生動。

大體上，謝是「柔性的中產階級式左翼」，同情弱勢，但不致使資產階級害怕，是一種「去階級化」的左翼，距離社會民主主義有相當距離。他既秉柔性的左翼，又主張和解共生，且主張柔性政黨、幸福經濟、「一中憲法」，在這諸般主張中，「柔性共生」成了貫穿其中的核心理念，他並以法哲學訓練使他各範疇間維持邏輯的一貫性。只是柔性、共生等等雖都可追溯到人性的普遍根源上，但也表現了他對犀利難題的迴避態度。其結果則是他以柔性觀念帶領的龐大團隊，成員理念南轅北轍，於是弔詭的是，在理念的柔性包容之下，必須以他個人強烈的權力意志貫穿，做幫派式的領導。

馬和扁最大的不同是他天性有誠篤的一面，對價值哲學，有一定的虔敬，但他又在洞察力上不夠敏銳，使他成爲一個跟隨既定價值觀念令人佩服的辛苦跟隨者，做爲虔誠的價值跟隨者，他意外地反而跟價值虛無主義的扁同樣表現出沒有中心思想的模範生性格。往上爬時，這特性並不覺得對他有太大的問題，頂多逼使他在難以決斷時，會做個不沾鍋，而意外的反而使他維持了搪瓷娃娃的乾淨漂亮和持重。但一旦登上「唯有一人」的權力高峰時，隨時要在時間窘迫、資訊有限的條件下，要爲全國所有重大價值衝突的處理作抉擇時，便窘態百出，或舉棋不定，或前後跳躍矛盾，原先的持重形象爲之破壞，而且久而久之竟出現和扁類似的價值虛無的味道。

在這裡，顯然的他和其他諸天王們都如管理學上著名的定律所說的，他已爬上了超乎他能力所能負擔的位置上了。

找回來

二〇〇七年在慘烈無比的總統與立委候選人初選之後，兩大黨都面臨了嚴重的整合危機，雙方的支持者都憂心忡忡強烈地要求當權者「把受傷的人找回來」。

過去，大家認爲民進黨的內爭雖更表面化、激烈化，但都不至於發生分裂，而國民黨則否，差別所在，在於一個把「受傷者」找回來了，一個則否。

其實民進黨何嘗把受傷者找回來了，從費希平、朱高正、林正杰，到當過主席的許信良、施明德、林義雄沒有一個被找了回來。

眞正的差別不在受傷者找不找回來，而是新黨和宋出走時，帶走了一大批精銳幹部，而許、施、林等則否。至於精銳幹部爲什麼會有跟隨出走與固守的不同，關鍵則在於基層群眾的分裂與否。而群眾分合的基礎又在於社會的矛盾與理念。

如從社會經濟的理念上來看，藍綠陣營內都既有保守主義，也有自由主義；既有些許左翼色彩人士，也有右翼色彩強烈人士，因此在西方國家劃分政黨的價值信念並非台灣區別政黨的基礎；在台灣政黨分野主要是架構在本土・台獨／中國・統一之上的。換句話說，這些分野才是台灣政治社會的主要矛盾。

民進黨是涵蓋了自由主義和保守主義的台獨統一戰線，由於群眾台獨立場的一致，所以費希平、朱高正、林正杰出走帶不走群眾；施、許和扁之爭當時也僅止於同立場上的路線之爭，無涉立場之別，是「人民內部矛盾」，其爭端不造成群眾的分裂。因此，群眾既然不跟過去，仰賴群眾的精銳幹部自無隻身投靠的理由。

國民黨則不同，來台灣後自始有本土／反本土的內在矛盾，其權力安排，在戒嚴時期藉由中央利益由反本土人士壟斷，地方利益則由本土地方派系分潤而達到平衡。但解嚴後本土菁英既由國會全面改選進入中央進行權力角逐，非本土菁英也掉落凡塵，參與區域選舉。弔詭的是，戒嚴的解除，使國民黨失去舊時的秩序平衡安排機制，雙方便從中央到地方都開始短兵相接。九〇年代社會的台獨支持度一路攀高，如今已越過五十％，形成對國民黨舊的國家認同意識型態的強大壓力，如今國民黨內部從群眾到幹部也隨之被誘發出堅持統一／去統之爭。國民黨的內爭既以社會主要矛盾做基礎，具備了「敵我矛盾」的色彩，所以一爭則易分。

在這樣的邏輯下，從國民黨中分裂出來的政黨，色彩十分奇異；國民黨的本土派系由於依賴傳統社會網絡而存在，是非常保守的右翼，但是在本土化、台獨化的大趨勢上又有一定的進步性。相反的，國民黨的非本土派和新黨在國家認同上是堅定的保守派，他們中產階級的背景還使他們在國家認同議題上出現法西斯主義的傾向（這原是蔣介石最心儀的意識型態），但也在社會價值上使他們有明顯的自由主義傾向。後來取代新黨的親民黨一方面承繼了新黨這樣的群眾基礎，另一方面又有大批由宋招攬而來的地方派系人馬，色彩的複雜和矛盾性就更高了。

群眾對幹部的制約能力，二〇〇五年有個鮮明的例子，宋要與扁合，親民黨群眾強烈反扁，結果依賴眷村選票的立委只好跟隨群眾而棄宋，最後終於使宋扁破局。

過去，民進黨的內爭既不涉統獨立場，甚至也不涉自由主義、保守主義的理念，但這次初選虛擬了「台獨／中國流」之爭，創造表面上鮮明的「敵我矛盾」色彩，而實質上則是極端右翼和自由主義的矛盾，本土統一戰線在理念立場上首度出現了裂痕。

如今兩黨詭異的內部矛盾，既有其歷史結構上的基礎，以至於黨內部在理念立場上的矛盾對應了基礎群眾的分裂，其裂痕恐怕不是簡單一句「把失敗者找回來」就可以解決的，眞正要找回來的是用以鋪展願景的中心價值理念。

謝教授

雖然謝志偉教授對二〇〇八年初立委選舉的助選，我認爲造成負面效果，但我一直不願跟著大家說要他負責，但對他主動辭職則叫好。但最後他說「高層像強力膠慰留」而留下來了很令人嘆息。

高層強力慰留理由很簡單，謝被批評是因令人覺得他是冒進路線戰將，但高層依賴訴求冒進動員紅衛兵自保，如准他辭職等於承認冒進錯了，那怎麼可以。

根據美國經驗，極端路線有利於初選出線，但不利於大選過關。在美國這本是家喻戶曉的事，陳水扁由於選戰經驗太豐富，所以以冒進路線訴求基本盤不利於單一選區選舉，其實也非常清楚。既然如此，難道他不希望幫助之後的謝長廷當選總統？並非如此，謝當選一直是他的最愛，因爲他認爲這對他五二〇下台後的處境有致命性的關連，所以選情如五五波，他一定有分寸，也不走冒進路線，但他如認爲謝鐵當選或鐵落選，他的謹愼與否都無關宏旨時，他便會在冒進路線上衝鋒陷陣。問題是他穩健與否可能和總統大選勝負無關，但對許多處在五五波的立委選情就大有關連了，他們因此就被拉下來，甚至北台灣基本盤最強的士林、大同都輸了。

在二〇〇五年縣市長選舉，民進黨大敗時，他眾叛親離，個人危機強烈無比，於是便訴求冒進路線，動員極端主義者的擁護，結果兩年來證明這策略十分成功，一時立委、電視名嘴、綠色和平電台無不力挺，助他順利度過紅衫軍危機，對內掌控甚至比二〇〇〇年初當選聲勢如日中天時更穩固。因此，既然在謝的總統選舉輸面確定，他的言行便不必再慮，於是他便強化冒進，繼續尋求極端主義者的擁護以自保，不顧立委輸贏。

把個人危機轉化成集體危機，成爲民進黨、甚至台灣人的共同危機，同樣的做法在中國也曾發生過。當毛澤東因大躍進失敗，大權失落時，便把自己的危機轉化成黨、無產階級和國家的危機，鼓動民粹，發動文化大革命，很湊巧的，其策略中大有和扁相同的脈絡，如全面、不講條件的「破舊」、「正名」、宋斌斌被改成了宋要武等等，不一而足。

毛路線是成功的，他完全打垮了政敵，但也是失敗的，他死後留下來的盡是一群靠毛上來的庸碌之徒，四人幫乃至華國鋒逐一垮台。

邏輯陷阱

由於台海兩個政府分別在不同的領域上行使統治權的現實已持續了近六十年，就像國會改選一樣，台灣在許多重大國家行爲上，便「像一個主權國家」地爲所當爲，透過這行爲產生對主權範圍重新界定作用的情形不斷發生，並一再引起中國的不滿。其中比較重大有公布管轄範圍僅及於台澎海域的領海海圖；和各國簽定具國家獨立主權意涵的航空協定；廢除省政府，使台灣「不再是一個省」；修憲，使憲法只適用於台澎金馬，排除中國大陸人民在憲法上所有國民權利義務規範的適用，並以「移民法」的精神管理中國人民出入台灣行爲；對所有中國貨物進口，不再以國內貿易視之，而行使海關主權予以管轄……等等。（中國、香港兩法律領域之間人民貨物的往來雖也由各自的海關管轄，但香港海關法權最終來源仍然是中華人民共和國的憲法，而台海兩岸之上則無一個共同遵守的憲法。）

由於兩岸分立的現實不是一時能推翻，所以中國對與台灣人民商務往來，諸如通關等等規範所依循的也是「國際商法」的精神。所以兩岸愈往來，就愈在實務上，不斷地「宣布」在「法理」上主權的彼此獨立。或更準確地說，在實務上愈「默認」主權分立，而口頭上愈加需要予以否認。

既然在兩岸往來實務上，無法實踐把主權及於對方的原則，於是中國開始縮小「法理台獨」的範圍，認爲諸如制憲、公投、改國號、口頭宣布獨立等，才叫法理上的宣布獨立。

然而，北京因此落到了一個邏輯的陷阱：默認了「事實台獨」是可以的。然而，事實台獨與法理台獨常難區分。

主權猜疑主權

台灣的政治對立被認爲充滿了宗教性：既多的是諸如迎旗、默哀、擊鼓、證道、悲情、得救等等宗教儀式，更充滿了宗教性的不寬容。黃德祥博士曾如此評論，他認爲這「不祥」。

那麼這種「宗教性」對立的不祥從何而來？這恐怕要到台灣政治對立的主題上去找，台灣政治對立主題在於統獨的認同。主權的本質特性使得在脫離了政教合一的神權時代後，成爲世俗化的政治世界中唯一殘存具曖昧的「神」的色彩的部分。

馬丁路德認定在人世間已經沒有了神的蹤跡，因此認定政治就成了世俗的，聖俗從此分離。然而，如果沒有神的權柄做最後的依據，世界怎樣能判定是非、政府怎能行使獎懲呢？因此，人不得不安排一個替代性的神——主權，成爲世間萬法的根源，以規範善惡，定人生死。

因此霍布斯在《利維坦》一書中爲主權的這個性質取了一個古怪的名字：「非不朽的神」。主權這一個至少是「近神」的色彩是無庸置疑的：法秩序，按理是後於人而存在，但爲了維護法秩序，卻可反而以國家主權名義剝奪人的自由甚至生命，若非主權被賦予超越人的神聖性，何至於如此。

透過這一個人造的神，世俗世界可在上帝缺席的情況下不至於陷入無政府的狀態。同時，也透過這樣一個人造的神，俗世可以安全地免於像杜思妥也夫斯基擔心的神隨時巡行於人世，干預俗世的秩序，造成人世間極端基本教義派四處充斥的災難。然而，也因爲這樣一個人造的神是上帝授權的，於是既分隔了聖俗又連結了聖俗，使政治保留了最後的神聖性。

神的性格是「最高、唯一、排他」，這正好也是主權的性格。有人若對主權最高、唯一、排他的地位進行「非法」挑戰，並另立主權，包括任何民主國家在內的任何國家，都屬於「內亂」、「外患」重罪。

神的存在正好是映照出人的有限性，居於永恆的神，有權對人的自由、自主採取限制，於是在自由的兩端，人和神處在緊張的關係。自由的追求到了一個限度便成了對神的反叛：追求獨立的台灣人之於擁有神格的中國主權間的關係就是如此。

縱使如加拿大容許魁北克，或英國容許蘇格蘭以民主方式追求獨立，但一旦獨立成功，也等於在魁北克主權／加國主權、蘇格蘭主權／英國主權間擇一確立，不存在兩主權並立的情形。又如美國南北戰爭時，南方獨立是南方人民的多數民意，但仍爲北聯邦政府所不容。

因此，民主國家縱使接受人民以民主方式另立主權，卻也不接受兩主權並立於同一土地之上，否則，現代國家的對內和對外的法律、政治、秩序勢必陷入混亂，因此，兩個主權之間，其本質是互相猜疑的。各國內亂外患罪的重罪規範就是建立在這種主權互相猜疑的前提上。

由於主權的本質如此，因此涉及主權的議題便不同於一般的公共政策，也因此政治人物要有所主張勢必特別小心，但小心分寸固不易拿捏，有時小心過頭的又成了如陳水扁在一九九九年發動修改台獨黨綱和國民黨在統一立場上愈來愈含糊其詞的現象。主權本質既然如此，因此固然任何政治主張都有「極端主義者」，而涉及主權立場的極端主義者其態度也必定最爲激烈。在民主時代，主權尚有討論空間，但台灣在動員戡亂解除前並不是民主國家（只解除戒嚴仍然不算），其國家主權的歸屬與其說是國民全體，不如說是一個以「堯舜文武周公、孫文、蔣介石道統一脈相傳」和三民主義神話建立鞏固起來的統治權貴所有。因此，台獨對他們「唯一」、「排他」的主權挑戰，自然被權貴非人性地殘酷地予以鎮壓，而鎮壓與反鎮壓則進一步深化了台灣社會的彼此猜疑。

血祭、主權與神聖

君主國家，擁有的主權來自於君權神授，或是自然法，但在民主國家，是來自人民的集體授予，就後者來說，主權是人所造，但是在創設主權或維護主權的艱辛過程中，主權由於人民生命鮮血的澆灌而獲得生命，因此自我神聖化了——血祭，本來是古代世俗的人聯接超越界的神所必需的儀式，此華人所謂祭祖必以血食，聖經祭神必有羔羊犧牲，常有部落甚至以人爲犧牲祭神。現在中華民國因爲辛亥革命、北伐抗戰諸多血祭而神聖，原先孫中山所謂一盤散沙、沒有現代民族國家觀念的華人從而建構了中華民族和中華民國，電影《色戒》說的就是中華兒女以先天的生命獻祭於後天神聖的國家的故事。

至於台灣人，不斷追索二二八記憶、白色恐怖，乃至美麗島、五二〇事件，也無非是透過血肉之軀的犧牲神聖化主權的儀式。

雙方愈透過犧牲儀式神聖化主權，主權與主權間就愈不兩立，在人類歷史中，主權之爭演變成眞正的宗教聖戰還所在多有，貞德、蓋達等等都是被當做神聖故事歌頌的悲慘事跡。

台灣有主權之爭是難以迴避的歷史命運，於是既然主權爲聖，各種常態社會的不正當手段就成了維護神聖主權的緊急手段，就如同人在緊急危機時有緊急自衛權一樣，主權也有自衛權，在常態國家，這種自衛權被限制在國家情報工作等的最小範圍內，但在台灣這樣兩個主權並立的非常態國家，這樣的「緊急權宜手段」行爲成爲政治鬥爭的常態，於是並立的主權間，猜疑無解。雙方愈透過犧牲儀式神聖化主權，主權與主權間就愈不兩立，採取用來維護神聖主權危機的手段就愈被類比成緊急自衛權，排他性就愈加在猜忌中被強化。基本教義派由於懷抱深沉的憂慮，使他們採取強烈的攻擊態度，如同美國基本教義派，既攻擊內部教徒中的叛徒，也攻擊外部的自由主義者和理性思想，終致帶來自我毀滅一樣。

爲「維護主權」，在民進黨內鬥中，蕭美琴成爲中國琴；爲維護主權，在外鬥中，基本教義派認爲危機如此嚴重故認爲應考慮戒嚴——而戒嚴，正是早年國民黨基本教義派面對內部台灣社會本土力量和共產黨外在威脅的雙重恐懼時採行了三十八年的策略。恐懼和恨意表達到這樣肆無忌憚的程度，其基本教眾固陷入大興奮，有如美國教眾聆聽貝克夫婦廣播福音一樣；但終於使他們努力捍衛的扁和謝長廷聲譽大挫，也有如福音教派一樣。

爲了主權，鬥爭愈來愈不擇手段，於是主權便具備了在此爲神、在彼爲魔的兩面性，人類古代各擁守護神互相爭戰正是如此：我神爲正教正神而彼神爲異教邪神。於是神魔混戰。

在第一次世界大戰以前，歐洲的戰爭，基本上守住啓蒙時代「文明戰爭」或「人道戰爭」的觀念：戰爭是軍人之間的事，不能傷及平民，也不能拷問和屠殺戰俘。但是從第一次世界大戰開始，史家霍布斯邦認爲戰爭的各方，或爲階級而戰，或爲民族而戰，都被賦予無比的神聖性，以致都已回復到「宗教戰爭」的性格，「文明戰爭」被取代了，其結果使得戰爭有如瘋狂。據統計，一九一四年到一九九〇年，有一億八千七百萬人被屠殺。由於戰爭變成了神聖對抗惡魔的鬥爭，政府要求人民作無限制的犧牲，人民也情願參與了總動員，**戰爭中不再有戰鬥人員和非戰鬥人員的區分**，尤其在「民主民族體制」和「社會主義人民共和國」，乃至「納粹體制」全都盛行把敵人妖魔化後，對付敵人一切手段都被允許，集中營駭人聽聞的酷刑正是其產物。

近代歐洲史上戰爭的殘酷，遠非台灣內部主權的鬥爭所能比擬，但神格性的主權之爭，一旦在台灣發生，自不免沾了一定程度的宗教戰爭性格。

據柴契爾夫人的名言「階級戰爭中，上層所夾帶的恨意往往比下層還重」，因爲被統治者的反抗被認是對神聖秩序的反叛，所以白色恐怖的鎭壓和獄中酷刑，不管是針對共產黨徒或台獨人士，雖駭人卻不意外，至於對人民實施戒嚴更是順理成章的產物了。

主權、政權與黨權

在台灣同一塊土地上有兩個主權認同，這已經夠麻煩的了，更麻煩的是統派的主權認同不只是和台灣內部的獨派是對立，又和對台灣有領土野心、不斷以武力威脅台灣的北京政府一樣，這使得台灣內部的政爭引入了外敵的因素，於是內部的政權之爭和對外的主權之爭分際混淆。

目前朝野對內外分際的拿捏比起李登輝主政時代，甚至是大倒退，在李的時代，民進黨政治領袖在出國訪問時，國民黨政府外交部經常會認眞地進行各項協助。

起初雖有民進黨立委斥責國民黨進行凱子外交，但後來民進黨卻和周陽山等新黨及國民黨立委在外交委員會做成決議，認爲在接受充分的國會監督之下，國家的外交預算應該適度增加到總預算三%的比率。又如民進黨高雄市議員在中國東北不幸遇害身亡，北京認爲獲得了一個分化台灣朝野的機會，宣布民進黨可以派代表前往處理善後，但海基會則不可以，當時民進黨中央在我前往要求下，正式宣布海基會理所當然是民進黨高雄市議員林滴娟法定的代理人，最後北京只好接受。這樣台灣共同的尊嚴既獲保障，而朝野和兩岸的內外分際也義理分明。民進黨這樣做是愛國民黨嗎？非也，愛的是我們共同的國家。

這些事例都說明了在九〇年代台灣內部雖然有主權「認同」的歧異，但在面對外部時能嚴守內外的分際。不幸這樣的分際在二〇〇〇年朝野猜疑不斷升高之後，不再存在。事例層出不窮：

—二〇〇〇年，陳總統邀請蕭萬長代表國家出席 APEC 會議，蕭有意願，連戰卻嚴厲地禁止。

—冒著時機不宜的批評，連戰在中國制定的反分裂法還熱烘烘時進行中國之行，但情不自禁仍自承聯共反台（獨）。無論是北大的演說，甚至國共聯合公報，都鮮明地表達這一立場。連戰還以手指北京中國土地，宣布台灣的政權在國家認同上有問題，而贏得如雷掌聲，前面一副臉孔情殷情切地和北京訴說共同的民族主義衷情；後面一副臉孔對在台敵人的鄙視氣憤，對比十分鮮明。無疑的，他在營造民族情感時也在鼓動對民族敵人的仇恨，也不顧慮民族衝突一直是人類最慘烈的悲劇來源。和平之旅原來要帶來的是「非和平」！

—國安會祕書長蘇起在馬重新執政前一年多前非常賣力地向鳳凰衛視的主持人強調國民黨和馬英九的兩岸政策，和民進黨與謝長廷是多麼不同，他還嚴厲地批評民進黨政策前後不一，而國民黨則前後一貫。當他被北京的「圈內人」問到，北京認爲馬、謝基本上差別不大，都在向本土方向靠，對此他有什麼看法時，蘇起不斷加重語氣否認，以向北京表示我是大好人、民進黨是大壞蛋。

北京長期以來不喜歡民進黨政府，北京向來的政策是，只要台灣不承認一中原則，兩岸就不能有官方往來，只有「民間關係」，以達到台灣政府「去合法化」、「去功能化」的目的。對北京這個政策，國民黨看在眼裡，喜在心頭：二〇〇二年，在兩岸春節包機談判上，高舉「政府做不到的，國民黨做得到」的大旗，號召藍軍組成壯大陣容，大隊人馬包括政策會執行長、黨發言人、兩個中常委、幾個中央委員、一群國會議員，浩浩蕩蕩地就要到北京商談。到了北京，發布消息，說是北京以「超高規格」接待。什麼是超高規格呢？原來只是台辦經濟局長接機而已，後來好不容易大軍見到了台辦主任陳雲林，但是「正式洽談」的對口是民航局副總局長。國民黨眾中常委、眾中央委員、眾國會議員們排排坐，眾星拱月，拱的月連對方的中央委員都不是，只是個副局長。在涉外事件，國家儘管有大小，但仍講究對口要對等，因爲攸關國家尊嚴。結果國共一對口，位階差了五六級，國民黨竟然說這是「超高規格」，以地方政府心態求見中央。姿態之難看，實在叫人難過，竟還回頭驕其鄉里。

難看的事不只一樁。回台北又興師動眾前往陸委會，硬替北京撐腰，要求協商時絕不可以有官員出席，以便幫助北京使台灣去官方化，不料表態過頭，事後北京說，海陸兩會官員北京雖不歡迎，但台灣民航局官員以顧問頭銜可以參加。國民黨馬屁拍到了腿上，也不以爲意。

民進黨執政時，二〇〇五年，北京要求和台灣談水果登陸，台灣政府就說由外貿協會談。在北京對外貿協會未做決定時，藍軍又跳出來說，這樣兩岸就不是「國內問題」成了國與國問題，國民黨立院黨團開記者會痛批，認爲我方應是「省」的身分，所以應由台灣省農會談，以自我矮化成地方政府的方式來討好北京，並宣傳民進黨阻礙談判，不顧農民利益。但北京知道，農會對農產品外銷經驗等於空白，大大不如貿協，於是故意在藍綠之間繼續保持高高在上的姿態，答應兩個會談都合格。

層出不窮的這類行事，眞是令人慨歎不已！

台灣的首都

藍綠本來不碰頭的，但是宋楚瑜去了一趟美國，扁宋會了；扁連本來不來電的，但國民黨見了美國在台協會處長後，扁連來電了。

連、宋、扁三個人見面千難萬難，但是連、宋、扁爭著見同一個胡錦濤。

陳水扁二〇〇〇年既四不一沒有又未來一中，且準備接國統會，等到二〇〇二年當黨主席時任命陳忠信當中國事務部主任。於是藍營傳言，陳水扁交代陳忠信任務，要他在總統任期內要安排扁到中國，和中國領導人會面，以留下兩岸和解的「歷史地位」。坊間則傳言頗有人建議：金大中兩韓破冰，贏得諾貝爾獎，扁當有爲者亦若是。

藍營的上層爲此大爲緊張，深藍對扁和中國建立管道戒心最爲強烈，例如新黨，一方面其公職勤跑兩岸的頗有其人，另一方面絕對不容民進黨接觸中國，稍有風吹草動就攻擊陳水扁和中國私下建立管道，砲火極爲猛烈。

對扁「通中國」無比戒懼謹慎的藍營，在中國制定反分裂法準備取得「犯台法源」的嚴峻局面下，二〇〇五年初搶先扁一步到北京「爲兩岸締造和平」。這下輪到扁大緊張，扁說你們不必爭著搶頭香，我是政府，我跟胡錦濤見了面，一切才眞能算拍板定案。藍軍引胡錦濤以自重，陳總統看得心癢癢，在電視上罵遍眾人，唯獨對胡肯定有加。這時他甚至對美國產生了誤解。例如，他接受美國媒體的訪問說，美國過去對台灣和中國間從不促談，但是美國現在變了，希望我們談，希望兩岸對話。明顯的，他想找美國背書。

連、宋爭著向胡錦濤要風光的禮物，先是江丙坤討了十點共識，連接著要到了一公報、三體認、五促進；宋說，我不酸溜溜，因爲我討到的會更具體；本來說現在跑北京時機不對的扁說，這些都不算，主戲要我擔綱，而且很快就要開鑼了。北京唯恐各方爭寵吃醋過頭，爭翻了桌子，於是說，連宋很好，但我也想和民進黨會面，而且送了貓熊、農產品進口、觀光三項禮物，卻不當連戰的面給連戰，指名給台灣，表示給的是公的、不是私的。

本來在兩岸間不通的「軍事信任機制」，在連胡公報中出現，陳總統馬上爭著說，趕快推動，而且由我來推動才算數。

扁、連、宋三人賣力演出，天天有新招，看得大家眼花撩亂，看得北京心花怒放，看得老百姓心頭亂撞，甚至連美國都看不下去了。

這些亂象都說明了一個台灣當前最重大的危機，那就是在朝野彼此猜疑而寧信外敵時，國家的功能已經快速地走向瓦解。

人民願意接受國家的統治是因爲國家政府可以整合人民的利益，創造共同生活的秩序，現在面對中國問題，扁、連、宋三人各行其是，國家已經失去整合這些政治領袖的利益的功能。相反的，扁宋會面談政黨共識及扁連之間連個禮貌性的整合靠的都是美國政府，我們不禁要問，到底台灣的首都在哪裡？是台北還是華盛頓呢？三人爲見胡爭得狀況百出，當然是北京充分發揮裂解台灣的效果，但北京現在似乎擔心的已經不是台灣沒辦法裂解，而是已經裂解過頭了，於是一再對台灣諄諄教誨，你們每個人都不必急，我給好處會很公平，一定會大家雨露均霑；於是對裂解了的台灣，北京又成了一個利益的整合者。慌了方寸的老百姓，還赫然發現原來台灣不只有一個首都華盛頓，而是有兩個，但另一個仍然不是台北，是北京！

當這些毫無遠見，毫不顧國家安危只知沉迷於權力鬥爭的偉大領袖們已經瓦解了國家和政府的功能，已經使台北不再是我們的首都，已經使北京和華盛頓都要變成爲我們眞正的中央政府時，你會不嚇出一身冷汗嗎？

天佑台灣！

流失的五個機遇

二〇〇八年，海基、海協恢復中斷了十年的會談，與會官員且升級到副部長級。中國熱有如沸騰，國民黨誇說自己創造了「百年難見的機遇」。

陸委會前主委陳明通潑冷水說：直航中國是客運優先，我方卻是貨運優先，去年春，雙方本來都談好「週週有客運；天天有貨運」，如今只剩客運，實有倒退。陳前主委的話意思是，民進黨來談，條件將更好。是這樣嗎？他的依據是什麼？而當時既然談好了，爲何不正式簽下協議，平白把機遇拱手給國民黨？

事實是這樣：中國看到二〇〇六年北高市長選舉結果，認爲北高兩市逆中取勝已證明民進黨善選舉，此後交涉對象恐怕仍是民進黨。於是二〇〇七年春，在沒有什麼「九二共識」前提下和台灣談好前述的三通內容。不料，當時民進黨走極端主義，閣揆一直陷入被批爲修正主義的抹黑中，行政院官員拿談好的內容上呈時，被閣揆痛批「你不知道我在總統初選嗎？」於是比後來國民黨更好的協商內容胎死腹中。

這裡，我們看到了閣揆和前任的謝長廷的不同，就操守自律而言，閣揆以潔癖著稱，社會聲譽在諸天王中號稱第一，在執行力上甚至還超過陳水扁，但和陳水扁一樣欠缺謝的宏觀理念，也因此對政策的立場便因缺少理念的支撐而無法一貫；相反的，以提倡「和解共生」爲例，謝並不在意他的團隊行爲和他的理念是否一致，以至於被批評爲言行不一，但因有宏觀習性喜依大格局作決斷，謝對自己個人的宏觀和理念有堅定自信，甚至到了自戀的程度，以「一中憲法」爲例，非常在乎自己能否維持前後一貫的說法。純就理念和依理念衍生的政策而言，謝極少退讓，因此，如謝繼任閣揆，相信對官員談好的三通應會支持推動，功勞就不至於拱手讓給後來的馬政府。局面自然是會大大地不同。

被扁政府高層荒棄的這類攸關台灣大局的機遇，共有五次，其他四次是：

早年扁總統宣布四不一沒有，本想以極低姿態討個三通，但北京卻採信李光耀「陳水扁抗壓力低」的話來理解，不予理會。直到扁不耐打壓只好拋出一邊一國。當時扁和他的國安親信相信這既大得罪北京，情勢緊張，也就不再奢望三通了。但我在中常會力陳，北京經此事件，固然發火，但也將發現到無論外交、軍事進一步打壓都不切實際，反而因此覺悟要拉住台灣，唯靠三通，所以必對三通更有急迫感。果然，很快北京交通部乃至錢其琛都正式宣布「趕快三通，不必一中前提，航線非國際、非國內，定位爲兩岸特殊航線就可」。我的建議和北京的喊話，扁及其高層都認爲不足採信，於是首度喪失了「沒有一中前提的三通」的機遇。

其次，林信義本和新加坡說好在WTO架構下雙方簽FTA，但國安高層認為無論中華台北或台澎金馬名義都絕不接受，堅持台灣名義，於是再度喪失對外關係突圍的機遇。

第三，中國制定反分裂法，我不斷呼籲應注意該法中雖大有倒退的部分，但不只絲毫無發生戰爭的急迫性，反而務實統戰將層出不窮必須妥善因應，不過扁和連戰卻都認為戰爭即將發生，一個努力反制，一個前去求和，民進黨又喪失一個不必像國民黨一樣低聲下氣卻可以建立穩健三通的機遇。

第四，一九九〇年後，中國阻擋台灣實質的國際參與並不一定得心應手，台灣還是提昇了和各國的準官方關係，並加入了WTO，於是二〇〇〇年後中國改採封殺台灣國際法理主權但不否定事實主權的立場。

遠比WHO更重要的WTO，台灣都已加入了，因此中國阻擋台灣對WHO的參與，在國際並不得到肯定。其實早在政權轉移之前，西歐各國已替台灣奔走，德國輪值主席積極運作使台灣以WHO「對口單位」方式參與，不巧正遇到扁走激進民粹路線，抬高參與條件並堅持以正式代表方式，有利的機會因而消失。扁既把機會讓給馬，如今一方面馬政府以不斷自我矮化的方式尋求中國「批准」參與，中國更自然是大可順手地在參與上讓小，在主權上賺大；另一方面馬求中國經濟上救台灣，中國自顧不暇，自知成效有限，為穩住馬對台統治的局面，俾在民進黨重獲政權前形成難以逆轉的兩岸結構，因此在WHO或WHA讓些中國批准下的鳥籠國際空間是遲早的事，如今民進黨以WHO題目奚落馬政府，將來會十分尷尬。

五次機遇的出現，關鍵在於全球化既成趨勢，連中國（或新加坡）都難再守住過去極端僵硬的對台政策所致。執政八年中，扁及其高層或昧於趨勢，或誤判情境，或基於內鬥考量致未能採穩健台獨路線，守住台灣立場，創造較國民黨有利的三通條件，結果機遇一再流失，台獨立場或有固守，但卻反而只是替國民黨製造向中國討得好處的籌碼，讓國民黨收割然後吹擂成自己創造了百年機遇，並形成二〇〇八年政權輪替前後的一段時間連民進黨公職都手忙腳亂、唯恐自己趕不上列車的過度中國熱，國家和黨的利益因而流失，民進黨在馬英九的親中政策讓社會受不了後才重新改變方向。

如今，成為在野黨的民進黨，只有痛定思痛，重擬妥當大戰略，才能內有以監督國民黨，外有以保國家利益，並圖東山再起。

虛無與權力意志

二〇〇〇年選後一年間，政治人物的對立益趨極端。在本土化／去中國化／台灣人／一中原則的叫陣中，原來分別屬於建國黨、新黨光譜而在市場居於邊緣的金美齡、馮滬祥、李慶華儼然成為國家定位的主要代表人，一時間，極端的意識型態主導了兩極對立，台灣因而充滿危機。

然而，這恐怕還只是表面現象，因為假使意識型態真的成為行為準則，就無法解釋：一、為什麼堅持「一中原則」而造成新政府很大困擾的李遠哲，他主持的中研院會在立法院受到在「一中」志同道合的在野黨聯盟最大的杯葛。二、主張統合論、新中間路線、「五不」的新政府，大量以資政、國策顧問等國家「最高榮譽職」授予台獨基本教義派大老。

這種意識型態訴求強烈，行為卻另一回事的情形，不只出現在國家定位領域，也出現在公共政策領域和憲政運作上：二〇〇〇年主張經濟發展優先的保守國民黨，一夕之間在國會通過了最激進的工時法案；執政的民進黨一方面號召團結而於二〇〇一年舉辦經發會，一方面卻進行李扁合作，扯裂國民黨……。

政黨的意識型態固然常受質疑，但連最實用主義、拿來主義的美國政黨都各擁意識型態。這是因爲意識型態是政黨對內凝聚，維持政策穩定一貫、整合的基礎；對人民則意味著價值的信守，對照現實給予未來理想的政策承諾；對其他政治力量，則是政治結盟的準則。

然而從前面事例看來，政治人物標舉的意識型態，已經和價值、許諾、理想和結盟的準則失去關連，只成爲政治攻略中爲權力服務的工具而已。因此，台灣的危機恐怕還不在於意識型態的僵化，而是意識型態空洞化、工具化後導致的價值虛無主義，在價值虛無中，對照出權力主體的無所禁忌。因此憲政原則失去規範力是勢所必然，其對社會的衝擊，是信心的低落，甚至是凝聚社會的主流價值的流失和主體意識的消退。於是我們在二〇〇二年怵目驚心地看到：台灣在台獨分子愈加極端化的同時，「一國兩制」支持度大幅上升——這意味著台灣各政黨都已失去對各自統獨民眾的主導權，對統派來說，甚至已將主導權拱手讓予北京。

兩個主權之爭不只混淆了國家的主權和政權分際，也混亂了政黨內部的黨權之爭和外部的政權之爭，例如幾年後民進黨內部發生的排藍鬥爭。

當主權之爭／政權之爭／黨權之爭的層次分際全都陷於混亂時，毛澤東所謂的「敵我矛盾和人民內部矛盾」完全失去拿捏的分寸，於是經常爲了隨人顧生命而手段不再講究的情形層出不窮，猜疑於是充塞政壇。

前鋒、後衛、守門員與大赦

二〇〇六年，陳總統國務機要費和馬市長及其他部會首長特別費風暴爆發，案情變化緊扣台灣社會的心弦，北高兩市市長選舉時雙方陣營候選人的支持度，更是隨著檢察官辦案的指揮棒而起伏上下，如高雄陳菊的支持度本來遙遙領先，但隨著國務機要費爆發大幅下挫，等到紅衫軍全國巡迴大鬧一通，又開始微幅領先，一旦陳瑞仁檢察官起訴機要費案，又大幅下滑，侯寬仁檢察官積極偵辦馬市長特支費，起訴氣氛愈來愈濃厚時，雙方差距又重新拉近。

曾幾何時，主導政壇起伏的，竟不是政治領導人物的才情能力，甚至操守，而是檢察官的辦案。

本來在權力分立的角色分配中，行政、立法、司法各有所司，行政立法互相制衡，相激相盪，主導政治走向；司法則被要求去政治化，職司被動的秩序維護者角色。在台灣，過去司法甚至連「去政治化」的角色都守不住，所謂去政治化既是行使職權時在政治上採取中立，也是不受政治力量的支配，依法辦案，但台灣的司法過去往往受到政治嚴重的干預，甚至甘為有權者服務。由於自己角色未能謹守，司法界在社會上的評價往往遠低於行政體系，和先進國家完全相反。

如今台灣政界由於長期激烈互相內耗的結果，把自己的社會信賴耗損殆盡，已經毫無權威可言，擁有主動領導權的政界既失去了領導政治走向的能力，於是竟意外的由職司被動性角色的司法權取而代之，這實在是世界奇蹟。

比諸球隊，行政、立法有如前鋒後衛，球賽開始，雙方馳騁全場，攻城掠地；至於司法則如守門員，只能固守球門，如今前鋒後衛全數犯滿離場，剩下守門員衝到對方球門射球，主導球賽，真是荒唐古怪。

無論國務機要費或特別費，看來個別涉及金額不大，可能涉案的六千五百名首長，涉及總額竟也才區區三兩億，但其「集體性」貪小便宜實在出乎社會想像之外。日本在此之前也爆發了政界高層集體性的貪小便宜事件，包括內閣官房長官在內——甚至有些形象本來十分正面的國會議員，被發現超過一百人長期未繳交保險費，這令得日本社會譁然，喧嚷了一時之後，由內閣官房長官領頭多位議員辭職而結束荒唐的一幕戲，由於已由領頭的政治領袖辭職這一項「政治行爲」來「結案」，於是檢察官就沒有進一步主導事件的空間，行政、立法守住了政治領導的地位。

如今台灣全面由檢察官接手主導政局發展，很清楚的，那是由於政治領袖們未在政治上採取由自省、自我處分來換取領導權的做法的結果。

雙方領導人會這樣做，無疑的，是檢察官起訴或積極偵辦之前，非常自信司法是「站在我這邊」的緣故，因此心存僥倖，等到警覺事有蹊蹺已經來不及了，於是雙方手忙腳亂。

政界失去領導能力，當然是非常不幸的事，但台灣的檢察官卻因政界能力的衰敗而意外地獲得了辦案的空間，而重獲社會信賴，甚至成爲「時代的主導者」，眞是令人慨嘆不已。

拒絕救贖

特別費風暴，唯一的解套方案是大赦，這是我從二〇〇六年紅衫軍事件就持續不斷的呼籲，這呼籲除了王金平之外，朝野中找不到支持者，包括馬英九都持可笑的「嚴正」反對態度。直到當選總統後，馬英九開始試探他就職後行使大赦的可能性，但很快地又退縮了。

馬英九的案子雖經三審無罪定讞，使馬得在法律上脫身，三審法官認定特別費是公務支出，並非判馬無罪的二審法官認定的「實質津貼」，這較合理，但問題還是很大，如援爲判例，將留下後患無窮。首先，接下來呂秀蓮、陳唐山、游錫堃將被判僞造文書及貪污重罪，然後，連戰、蕭萬長等藍軍首長中同樣下場的一定也很多。

其次，被檢舉偵辦的首長中，縱使多有讓僞造文書罪成功地由馬的部屬余文承擔，以致將如馬英九般被判無罪者，但卻將使不知道多少替長官經手特別費的部屬「剉咧等」。於是長官拿錢，部屬坐牢，司法正義蕩然無存，台灣簡直是回復到了刑不上大夫的封建時代。法官這樣的判決實是「政治判決」，但縱使認爲是出於使未來元首免於政治風波的善意，卻是以爲以法條和法官之尊嚴便可以擺平政治風暴，完全是司法過度自我膨脹的越位。

事實上，政治的擺平仍須回歸政治，而其途徑則是大赦，法官如有僭越，如馬案，自行赦馬而不赦余文，不只無法解決風暴，反而使正義嚴重受傷。

判決雖然使馬英九在法律上無罪，卻陷馬英九於道義上的不義，而成爲不義的總統，所以大赦不僅是赦免仍在司法程序中的各首長的案，也赦免了余文及各首長部屬法律上的罪，也連帶赦免了馬英九在道義上的罪。

赦免的意義，不只如此，特別費延燒兩年多的風波，不只導致朝野慘烈惡鬥，甚至造成藍綠各自內部令人驚嘆的涼薄現象：綠營有人痛批檢察官不起訴許添財，因爲許、馬案情有類似之處，許若無罪，則不能課馬以罪；藍營則不敢爲余文喊冤，因爲這等於質疑判馬無罪的法官審判不公。因此，大赦等於是宣告外部惡鬥、內部猜忌的終結，讓社會獲得集體的救贖，從令人駭異的社會集體心理變態中解脫出來。

過去，首長們支領特別費，雖於法不合，但卻已成共業，舊時成習爲常，但在新的社會價值觀及法治精神下實爲不容，只是若要追究，將成政治風暴。這有如香港當初設立廉政公署之初，若驟行新法，警察將幾盡全部入獄，於是先行集體赦免，再厲行新制，香港做法，不幸在我國特別費一事不願取法。

蘇友辰律師先後幾次建議陳總統及即將就職的馬總統對特別費涉案官員行使大赦，他主張「那些正被折磨或即將被折磨的政府首長」應被大赦，蘇律師的發言出於悲憫和超越政治的善意。然而，不幸的是，目前許多政界人士發言盈庭反對大赦，卻正是要以特別費這一個歷史的共業繼續來折磨政治的對手；同時或僥倖以爲自己可以脫罪，或自己陣營同志縱有折損，但只要整到對方就一切值得了。

這種僥倖甚至連政界好人馬英九都未能免俗，如他嚴斥陳總統國務機要費的使用，卻爲自己買飼料養馬小九及其他明顯不當使用特別費辯解到底，他甚至無視於余文爲他坐牢，而在大赦與否上猶豫再三。

馬在猶豫後強調不願輕易使用「赦」這一個總統的特權，馬的發言人說，馬認爲「赦免權固是總統特權，但行使必定會對司法權有一定侵犯，所以一定要非常謹慎。」

言下之意，赦既然是總統的特權，赦之當否他便要負全部責任，所以小心，其實，馬的見解錯了。

根據憲法規定，屬總統獨享的特權只有針對單一個案可以進行特赦、減刑，使特定個人在司法程序走完後，免除或減輕其刑。但大赦則涉及特定刑法規範普遍性地（但也有限度）停止適用，這樣的大赦，憲法並未專屬地賦予總統。依赦免法規定，總統頂多有大赦的發動權，依憲法規定，大赦必須由行政院院會議決提出，於立法院審議通過，成爲特別法的形式，才能由總統公布。可見大赦茲事體大，憲法不容總統獨自「特有」，必須內閣、總統、國會共同同意，才能執行，甚至，最後的決定權更非如「特赦」屬於總統，而是移到了國會，因此，大赦權屬於分享，責任也屬分擔。馬的沒有擔當讓司法陷入雙重的自我傷害中：一、特別費共業牽涉眾多，審理起來曠日廢時，司法將不勝負荷；

二、以馬案為例，將造成廣泛的「余文冤情」，以及招致刑不上大夫的惡評。因此，大赦不僅不是傷害司法，反而使司法脫困，免於陷入持續自我傷害的泥淖。

最後，朝野間形成「通案解決」的聲音已漸浮出，這是好事，但如王金平院長認為應以修法取代大赦，因為赦免必待法官判決定讞之後，恐曠日廢時，則恐也是對赦免法的誤解。依赦免法第三條規定，特赦確實應待法院判決之後行之，但大赦第二條則是：一、已受罪刑宣告者，其宣告當為無效；二、未受罪刑之宣告者，其追訴權消滅。由此可見，一旦大赦發布，則被判刑之余文以及在訴追程序中的所有特別費案將一併除罪。

立法院修法為特別費解套其實是違憲的，因為立法院雖有大赦的審議權，卻沒有大赦的提案權，就像立法院有宣戰媾合和條約、緊急命令的審議權，卻沒有發動權一樣。若定要修法解套，只能廢除相關法律，使法既不存，不能依法論處，不可以法律既存而赦免前人。所以國會跳過總統修法解套，是以修法之名行赦免之實，根本是違憲。由於總統懈於職責而讓立法院狗拿耗子而自陷於違憲之地，其無擔當程度真令人嘆息。

在政界荒腔走板時，司法界的高明也有一定局限，檢察官雖勇於起訴高官厚爵，但卻並不表示就是彰顯司法獨立，檢察官在辦案過程呈現挺藍、挺綠的強烈政治立場，無論是馬的特別費案或扁的國務機要費案，不只完全不遵守偵查不公開原則，反而把每一次偵查所得，擇政治效應最大的情節洩漏，讓媒體大篇幅報導，前者用以影響二〇〇六年台北市長選情，後者用以拉拔馬英九在就職總統後不久即陷入低迷的民意滿意度，這些做法都無非是司法的自我作踐，其做法有如中共早期「人民公審」的台灣仿冒版，製造了社會強烈的對立情緒，司法的公正性大受質疑。

在其中最為走火入魔的無非特偵組洩漏 WTO 祕密外交事件，特偵組把泰國政要蘇帕猜名字都洩漏了出來。這種只要達到打擊政治異己聲譽，挽救馬英九如自由落體的民意滿意度就不惜踐踏人權，違法亂紀，甚至置國家外交安危於不顧的做法，喪心病狂程度已達匪夷所思的地步了。

最遺憾的是政界的自我作踐已提供司法可以法辦總統家族、卸任元首，起訴未來總統，這實在是華人歷史偉大的第一遭。但在這空前歷史機遇中，不幸因這些本來備受社會寄予厚望的司法人員無法節制自己強烈的政治考量而難以完美，持續性地一面偵辦一面放話，造成政治意圖強烈的不實揣測滿天飛舞於各大媒體版面，至於執法程序之不當更所在多有，在在既傷害人權，又自我破壞司法的獨立性。

假使社會集體的救贖是宣告外部惡鬥、內部猜忌的終結，讓社會從令人駭異的集體心理變態中解脫出來，並建立一個民主法治的新秩序，那麼台灣整個體制的上層，包括立法、行政、司法，乃至政黨等各部門，都以桀驁的姿態拒絕集體的自我救贖。

世間親像地獄

替馬英九僞造特別費文書的余文在被判決有罪後大聲喊冤，說他沒有貪污一分錢，卻要坐牢，很冤。

馬英九說法官判自己無罪，判得很好；馬英九和整個藍營爲了堅持判馬無罪的法官是公正的，沒有人敢爲替馬犧牲的余文喊冤，馬甚至一改判決前的立場說特別費不是制度陷阱、不應採取大赦來救濟余文，這樣的冷酷無情令人心寒；同樣令人心寒的是綠軍競相批評不起訴許添財的檢察官爲十惡不赦，因爲他不起訴的理由竟和馬英九辯白自己無罪的理由一樣，若檢察官對，就等於馬英九該被放過。這種寧犧牲自己親信、朋友、同志，也要置對方於死地，或只求「領袖」得以脫困的做法，是因爲仇恨已深到不共戴天呢，還是利己已無所謂倫常？

到如今，台北如此繁華，而情義已荒蕪，世間那親像是地獄。

余文、許添財被同志、長官這樣對待並不只不是兩個孤例，甚至同志相殘不擇手段都比比皆是，諸如「中國琴」的出現，偉大的人格者因爲對國會之怒，英明領袖因爲追求一己之功成，合力滅半國會，視被不公平對待如宜蘭、新竹地區的「人民」如芻狗，更不在乎讓自己的黨同志淪爲萬年少數黨，任人欺凌，核四公投人士是這樣強調的「民進黨算什麼」，是的，在偉大的人格者前面，人算什麼。

對同志如此，對性命交付的患難之交也如此，二〇〇四年國會選舉，綠營不過半，親民黨大衰，扁宋成了患難之交，在李登輝引導下共謀再起，鎖定事業是宋的北京之行，但宋才在途上，扁馬上爆料宋與陳雲林有密會，圖使宋破產。

對患難之交如此，更不用說對「台灣同胞」了，爲了討好飛彈對準台灣的中國，連戰跑到北京面前痛斥台獨；國民黨力爭必須讓「省」農會去面對一個中國的中央，不可以讓「中央」的外貿協會去平起平坐；爲了政爭，全力杯葛公投，寧讓世界誤會台灣不願入聯，不願做國家，只願做地方政權……。

所有上場演出如許殘酷劇的主角，當他們踏出政壇第一步時，幾無不雄心英發，或起義同志或左鄰右舍皆曰好人良才，從而在政壇扶搖而上，直到踏入首都這個權力中心，這許許多多的從美麗島嶼的各地魚貫而來的好人，一個接一個地走向黑暗的煉獄。

第八章

紅色的復仇

無比華麗的復仇

十八歲少年，英挺俊發，他，揮別淚流滿面的母親毅然投軍，要從軍中顛覆外來政權。

二十二歲，被認定要和統治者賭國旗①遭判無期徒刑，青春從此禁錮在黑獄中，不再成長。

三十六歲，關了十五年後出獄，面對妻離子散殘破家庭。

三十六歲，才出獄，躲在祕密辦公室為所有人都認為不會當選的政治犯蘇東啓妻子蘇洪月嬌規畫選舉，一戰而勝。

三十八歲，在戒嚴恐怖之下擔任叛亂團體機關刊物總經理全台奔走串連；十二月十日擔任「叛亂暴動」事件總指揮。

三十八歲，官廳展開對叛徒的大逮捕，他，欽命要犯四處流竄，行蹤讓恐怖的警備總部只能捕風捉影，四處撲空，傳奇故事盤據每天的新聞頭版，也一如傳奇故事該有的情節。

三十九歲，被親信出賣再度就捕。

三十九歲，在陰森的軍事法庭現身：眾要犯盡皆垂頭喪氣，他一個人獨獨微笑出場，身著風格華服，從容而談，宣揚台獨和民主，言簡意賅，旁若無人。

四十歲，抗議陳文成命案在獄中絕食十一個月。

四十四歲，江南案發生，無限期絕食。

四十五歲，他的同志在牢房之外組黨，統治者被迫解除戒嚴，但他一再拒絕接受統治者減刑，因為他說只有宣布「叛亂案」的判決無效，他才同意走出牢房。

四十九歲，走出關了他超過半生青春——二十五年的牢房。

五十二歲，接任由他眾多叛亂弟兄組成的政黨主席。其領導的國會同仁，親身或家屬坐過政治牢或曾長期流放在外國不能回來的占有一半的比率。

幅幅景象無不氣象萬千，幅幅景象貫串起施明德爲人所見的精采緊湊的前半生。

逆轉咖啡

五十四歲，他生命在這時肇始了一個翻天覆地的大逆轉。

逆轉由一杯咖啡開始。

在主權纏戰之地台灣，神魔同體，我方英傑在彼無非當成寇讎，當土地上隨處有人總在酒酣之際擊節爲他讚嘆時，台灣的統治貴冑及其扈從乃至良家子弟視之爲理當受殲的暴徒、草莽匪寇。

現在，胸懷大志的的匪寇英雄二爲一體的施明德，認爲他理所當然要來化解這種由主權纏戰牽動的仇恨。

一九九五年十二月十四日，好做大事的施明德爲了化解統獨政黨間互爲寇讎的敵意，在國會邀新黨領導人喝咖啡，意料得到的，是過去跟隨的群眾群起譁然，不斷地強烈抗議，指控他變節。一九九六年，當時由於新黨崛起，國民黨下挫，民進黨上升，施明德運用這機會在立法院運作競選國會議長，他認爲這樣才能根本瓦解在台灣盤根錯節的國民黨，結束國民黨一黨獨大的結構。他縱橫捭闔，大有進展，甚至國民黨內部都有鬆動，但最後投票時，因陳水扁親信立委張晉城跑票，以一票之差，飲恨而敗。這個透過國會的權力重組來徹底重構台灣政治版圖，使民進黨從長期陷於國會少數的窘境脫出的機遇流失了。

張晉城一票爲什麼會跑，迄今仍然是個謎，但是不願讓施明德竄起應是關鍵因素，這樣的說法，早在投票前就已不算祕密了。

先是，施明德遊說陳水扁支持時，陳水扁所屬正義連線固予禮貌接待，但施離去後，則予嘲諷。當時，陳水扁雖在黨內實力已屬最大，所占公職位置也最具戰略性高位，但畢竟只是台北市長，若施競選議長成功，則施在公職的戰略位置上將遠遠凌駕於陳之上。陳水扁模範生凡事得第一的人生座右銘的實踐將告中斷。

競選國會議長是施「和解」策略的實踐，如今既然失敗，於是施在黨內被基本教義派和走去台獨化的陳水扁新中間路線兩翼夾擊，施明德不改其衷，一九九九年，在美麗島事件十二週年紀念會中，他以受難者身分建議「寬容是結束痛苦最美麗的句點，反省是歷史最好的起點」。二〇〇〇年三月陳水扁當選總統，同年十一月，施退出民進黨。

第二年，他以和解爲號召，參選國會議員連任，曲高和寡，右統左獨全不討好，以很低的票數落選。

接著，是他一段沉寂的歲月。

英豪再現

二〇〇六年秋天，台灣在凱達格蘭大道上，一個人類歷史上最華麗的群眾運動舞台搭起了，台下數十萬群眾從大台北地區眾多街巷、車廂中簇擁而出，成群成群衣著光鮮的年輕婦女，更有清涼辣妹，盡皆著紅衣衫——意外的，群眾女多於男，少多於老！空中望去，一片淹沒總統府四周大道的紅潮，節奏起伏地歌詠抗議，如舞地環城行進，配樂既有纖美幽雅的〈紅花雨〉，又有雷動莊嚴的西洋古典樂曲，更和人聲應和，一片火紅中，高高挺立在精心架構的舞台上，一個挺拔的身影，頭頂蒼天，面向群眾，忽地跪下，口中發出有如咒語的聲音：

「感謝上蒼！」

霎時，數十萬如潮湧動的群眾，定如觸電，繼而癡狂峙立。台上這位連通天、地、群眾的巫師正是施明德。

在幾年消沉之後，竟以如此華麗、雄健的姿影躍上舞台，在萬千紅軍簇擁中瀟灑揮軍調度。這一切眾多瑰麗傳奇影像，他的知音范可欽歸納出一句點睛之句：亂世的梟雄。

紅衫繽紛，「阿扁下台」口號響徹雲霄，施明德華麗的復仇開始了，眾人如此認定。

純純的恨

先是施明德敏銳地掌握到這一連串情勢的發展：

二〇〇五年八月高捷弊案爆發，案情如雪球愈滾愈大，十二月縣市長三合一選舉，民進黨大敗，陳水扁一時眾叛親離，閉關一星期，二〇〇六年四月，吳淑珍禮券案、女婿台開案接連爆發，五月三十一日，陳水扁被迫聲明「權力下放」，七月，阿卿嫂事件發生，副總統醫療小組召集人「獲准」辭去職務，投入倒扁……。

七月十五日，吳乃德、李丁贊等親綠學者強烈譴責陳水扁失政，要求扁自動下台。在一片風聲鶴唳之中，施明德挺身號召「百萬人倒扁運動」，發出豪語「不是你倒就是我亡」，英豪既起而揭竿，民眾風起景從。

施明德號召社會上每人匯款一百元，一旦集資一億將進行大規模群眾運動，本來希望幾個月中能募足款項，不料短短一星期，匯款竟已達一億，這說明了社會恨扁有多深。

這樣的募款成就震驚社會，施明德益加意氣風發，有了這樣空前款項，這樣豐沛的恨支撐了施和廣告才子范可欽推出了創意不斷、史上最華麗的群眾運動場景。場面如此華麗，群眾如此多元，藍綠都有，婦女如此眾多，群眾舉止如此文雅，迥異於草莽群眾，但共同的語言只有阿扁下台，共同的心理只有恨。

「唯扁一人」的純純的恨是那麼地純粹，直是容不下其他的雜質。純純的恨的純粹性，後來被馬英九延攬負責文宣的文人楊渡編纂的《紅花雨》一書中，處處有精細的描繪：

「因為人民有憤怒，所以找一個出口，在夜空中，盡情吶喊。」

在這純純的恨的世界中，施明德很犀利明智地要求各路人馬的旗幟都不准在群眾場所豎起。

在恨之外，各路人馬各有理想，或是國家藍圖，或是階級、族群立場，或是事業家庭，由於這些理想太過五花八門，甚至多有衝突矛盾，這些理想常有鮮明的旗幟引導，如今為避免各式各樣的理想互相衝突抵銷，所以眾旗必須皆偃，才能維持恨的純粹性、強大的統合性。不只群眾被這樣要求，所有的幹部，包括施明德都被嚴厲要求。

恨，做為進步的動力

宗教家、道德家固然訓誨人當有愛、當寬恕，然而恨固然是毀滅性的力量，但在歷史上，恨卻也是進步和建構性的動力。

中國古代儒家特別稱讚文王對商紂之恨，由於恨，文王一怒而建立封建盛世，是爲「革命」美事；歐洲，由於英國貴族對英皇的恨，肇始了民主大憲章；法國中產階級之恨，發動了大革命；孫中山由於漢族亡國之恨，締造了東亞第一個民主共和國；中國共產黨由於階級之恨，驅逐了腐敗的國民黨；由於對暴政的恨，人民在二二八揭竿而起；由於對戒嚴、歧視本土、白色恐怖之恨，多少人命喪刑場，而終致二〇〇〇年政權輪替。

正義之恨，既是破壞性的，又是建設性的，在破壞伊始，也憧憬理想的重建。

恨不必說未來

然而如今紅衫軍卻只能被要求有恨，不能說到恨之後的未來。

在《紅花雨》一書中，楊渡這樣仔細地檢驗施明德：

「一手玩群眾，一手玩政治交易……最嚴重的可能是『內閣制修憲說』，以及準備和李登輝、王金平合作，搞倒扁後的權力分配與修憲……」楊渡說這失去了「革命家本色」。由於人類偉大的革命向來一定革命伊始就有對革命後的秩序的許諾，然而楊渡認爲這應當禁止，在這裡，楊渡爲革命下了一個空前絕後的新定義。

楊渡認爲不帶未來藍圖的純純的恨才是革命，不只如此，所有的革命固然都指向不義的統治者，但更高舉據以做爲未來藍圖的核心價值，而這價值是普遍性的，適用於所有的人。例如法國大革命，「博愛、平等、自由」不只用來肯定自己，也用來訴追違背博愛、平等、自由價值的所有人，諸如此類訴求的普遍原則，紅衫軍中也大被反對，紅衫軍的價值設定為反貪腐，而且《紅花雨》認定反貪腐只能對扁一人及民進黨，《紅花雨》指出「清理國民黨黨產，矛頭指向許財利，甚至馬英九的特別費，都是施明德意圖背叛革命的證據」。

在恨扁的大傘下，許多知名學者競相稱頌紅衫軍是偉大的「公民社會」，民進黨親呂立委陳景峻也大加聲援「公民社會」四字說得好，然而所謂公民社會一定是公眾各自提出願景、自由而公開討論的社會，然而如今學者為紅衫軍新定義的公民社會卻是一個只能談恨扁、倒扁，不能自由談願景的社會。

「眞正的男人」與反貪腐

施明德既以英雄自許，認為自己才是眞正的男人，因此結交自多三山五湖人士，瀟灑地錢財來去不屑計較，問政自不曾在反貪腐上著墨。又英雄睥睨世間，目中本無阿扁，自不值得反，但畢生最後一役意外地高舉反貪腐反扁大旗，實是意外。

紅軍組成，靠攏的貪腐人士不少，學者辯解，這是施「包容」的本性，這怪，既以反貪腐之名，大大包容貪腐人士，又以包容為名，大大不包容如蕭美琴等清廉人士。怪歸怪，無非英雄的不拘小節。

這樣的氣質，加上精心的美學設計，添上「愛與非暴力」的道德訴求，撐開了紅軍總部多角化的魅力，在當下時空匯集了不同群眾，形成奇異的組合。

誰是人民，誰是少婦，誰是辣妹

爲什麼青春少婦總是在社會運動中缺席，在台灣爲什麼又奇蹟地成爲紅衫軍的主幹？

台灣過去在政治、社會運動中，女姓本來就少，如果有（除關廠工潮時的女工）總是事業家庭都已沒有顧慮的中年婦女，或是青年大學女生，至於少婦，總是缺席，剛沉浸在新婚愛情恐怕是其次的原因，最主要的是家庭初組，嬰兒剛生，事業剛開始，這一切把她們的時間占滿了，她們因此是對社會抗爭、政治議題最沒興趣去計較的一群，但她們的這一種特性卻意外地反而成了反扁的最重要理由：因爲她們對政治的唯一要求是給個安定的環境，讓她們照顧初起始的家庭和事業，然而，這一點，扁偏偏不給。

扁「君威不可倒」的統治策略使朝野政界人人長期活在隨時會遇到奧步的提心吊膽中，諸如核四停建、正名制憲、迷航外交、朝野惡鬥，層出不窮的事件衝擊得她們最低的安寧要求都無法確保，這些中產年輕婦女，買小股票理財是常態，但每年總有幾次會因阿扁而套牢。她們對扁提心吊膽的程度一點也不下於阿扁政界的對手，所以她們恨扁，所以她們恨得有理。由於她們意外的參與，她們成了紅衫軍中最被歌頌的一群。其次被歌頌的還有一些高中女生和辣妹，人數雖然不多，但是那麼鮮亮地搶盡鏡頭——這些小女生當然也是過去少見的，她們來到紅衫群眾中有如趕時尚風潮，把恨扁當成時尚。

少婦和少女，恨扁、反扁是打從心裡出發的，但由於她們過去對「公共議題」長期多無暇顧及，因此，對倒扁之後的社會、政治願景，除了當下安定兩字的要求外，恐怕乃是留白；既是願景留白，自也表示無意捲入旗幟之爭，但也未在旗幟之爭中累積了什麼對異教旗幟的憎恨，因此紅衫軍總部，叫大家偃旗自不是在顧慮她們，總部的盤算是要吸藍綠兩軍，及對藍綠兩軍都有一定反感的「中間人士」。

搖滾少女

一些學者不能接受群眾有法西斯色彩的說法，辯說：「法西斯群眾有那麼高比例的女性嗎？」法西斯是男性主義的，說女的不應太多似乎成理，但施雖俠骨柔腸，沙文主義恐怕難免是深層性向，一句「馬英九不算男人」，道盡英雄的男性沙文主義底細。

在男性沙文主義下，女性的「公民」身分是可疑的，沙文主義者恐怕是認爲沙文風格最有助於強化對女性的魅力，這和被定性爲男性主義的搖滾樂好有一比，搖滾樂成爲風尙之後，在音樂台下瘋狂尖叫的，少女的尖嗓從來是遠遠壓過男聲。

現在，當廣告才子，在群眾場展現美學才華時，施被塑造有如風尙的搖滾巨星，吸引少女在反叛情懷中追求「純眞的愛和美，以及無私的獻身」。高中生特別多，大概只有中國文革時出現過，但文革極端化成長期獻身和自以爲善的「暴力除惡」，而紅軍少年則只是美與風尙，未反叛成爲極端獻身。

誰最癡心

在紅衫軍中最癡心地恨的，當然是老深藍，他們正是典型的「中產階級」，以軍公教退休人員爲主體，這些人從趙少康揭竿而起選台北市市長後，無論宋的大選，二〇〇四年三一九群眾大會，到現在紅衫軍，無役不與，所求無非救黨救國，維護中華民國道統，是講究秩序——甚至鐵腕秩序的一群。其實群眾中，最先登場的就是這些退休軍公教為主的中產階級，好戰的法西斯色彩，令人印象深刻，連挺紅的媒體都一再說群眾是「綠頭藍軍」，儘管台北學者努力為紅衫軍說是公民運動，但他們的歇斯底里演出，終於一步步地染藍了紅軍。

誰是那個領袖

法西斯是愛美的，美，而且陽剛之美，一直是法西斯的要素，今天奧運會種種美的儀式演出，如聖火，就是希特勒政權的發明。奧運影片，希特勒名導演拍的迄今仍是經典，甚至我們在美國好萊塢拍的反法西斯戰爭片一定會看到，凡德國軍官制服必美、軍官必俊，都令美國大兵相形見絀。

法西斯又不能沒有群眾運動，盛大群眾運動是營造壯美最動人的場合，在這場合，魅力領袖透過美的群眾儀式，領袖，充分神格化了。

蔣介石一生心儀法西斯，但卻從沒營造出美來豐富法西斯，也幸好從來沒有成功地靠美營造出群眾政黨。然而，既是法西斯信徒，一個群眾美學劇場出現，自是胸中的渴望。

在三一九，是第一次群眾運動大實驗，但藍軍既不美，領袖如連戰又絲毫不具魅力，至於馬，俊挺，但一則非主角，二則雖很陽光卻欠缺陽剛。

現在，中產群眾、美、魅力領袖，俱皆無比動人地瘋狂出現。

當施明德，這位范可欽稱之為充滿魅力的「亂世梟雄」在群眾面前既謝天又謝人民、莊嚴地一跪時，他連接了上天和人民，成爲兩者之間唯一的媒介，他以最動人的謙卑，將人民意志集中在梟雄一人身上，施愈謙虛，眾人的領袖崇拜愈牢不可破。

在廣場，無論下跪、圍城、紅色等等儀式性、象徵性的安排展現了無與倫比的群眾美學，使群眾自我昇華、自我純粹化，成爲絕對善的化身，這正是希特勒的擅長而蔣介石之所缺。

三股本質相異的群眾，缺其中任何之一，陣容都將大大單薄，但聚集起來內容又將矛盾百出，於是，雙十節紅軍立委在典禮儀隊中四處衝撞、扭打、追打國賓座車，場面終於失控，學者雖仍努力替他們辯解，但紅軍總部倒很是作了些檢討，如，是否在台上講了太多仇恨的語言等。只是發言帶恨，當時恐也情非得已，因無恨則不足吸引深藍，就如無愛與非暴力無以吸引年輕媽媽，無美無以吸引高中女生，無對貪腐的包容，無以吸引下鄉時各地的補給一樣。

誰缺席了

除了非藍非綠的少婦、少女外，群眾儘管綠少藍多，中產階級也多，但各路人馬、男女老少卻也都不缺。

由於過程是那麼地華麗、和平、壯盛、有秩序，於是大有學者、文士（似乎是標榜左翼的味道）大聲歌頌是奇蹟的新公民社會，是愛與和平的社會運動……。但在這運動中卻有一種人意外地缺席，那就是跟著學者們學習的大學生。

眞特別的是，近代只要正義的運動，從來不可能缺席的大學生缺席了。可是高唱公民社會的教授們似乎不覺得意外。

由於熱情地追求理想和願景，哪裡有鮮明的理想、豐富的意義號召，哪裡就有大學生熱情投入，並且扮演突出的角色，如今他們的師長如此高聲稱頌紅衫軍，他們卻集體缺席了。理由應是青年熱血，固常使他們滿溢正義的憤怒之愛，但他們的愛卻沒有例外地必須被擺在恨與清晰的未來願景之間做爲連結，現在，只有恨，他們的愛沒地方擺了。

由於大學生的缺席，在無比華麗滿溢的恨中，我們看到了意義的貧乏。

遲發的恨

時間往前推到民進黨建黨不久，第一屆中央評議委員會主委費希平由於民進黨一步步走向台獨化，傷痛地退出民進黨，剩下的十席緊急召開臨時會議推舉新的主委。會議中，有位素來最溫和、最不極端，甚至對台獨、族群正義議題平時都迴避發言的何老長者，說召集人選外省人是問題，只有外省人（費希平）會這樣，不料看到旁邊坐的范巽綠正好是外省人，趕快尷尬地說，「妳不會，妳不會。」何老先生的話很令人驚訝，原來最溫和的台灣人卻會有對外省人最強的不信任。

原因何在？應是黨外會公開演講控訴外省人的人，他的恨在公開控訴中已經得到發洩，然而隱忍的人，鬱氣集結在心中日積月累，不得消洩，反而更加深刻。

這種隱忍的恨，我們在許多本土派國民黨身上看得更清楚。

陳水扁是誰

陳水扁在一九九八年前以及在一九九九年到二〇〇二年間，在統獨意識型態上一直是屬於美麗島系的溫和路線，在相應族群議題上似也一樣溫和。早期他的價值觀恐怕還相當呈現符合中國化的主流價值，如他創設的律師事務所叫「華夏海商」。他對主流價值態度既是如此，在求學期間，從未見改革運動的參與，如果不是吳淑珍的因素，恐怕會不會接美麗島辯護律師的工作都是問題。

從早期的接受中國化主流價值到後來成爲冒進台獨，是不是算遲發性族群正義者，恐不易否定。至於他是否像一般遲發性族群正義者一樣積累了特別多的憤怒，也值得觀察。但不管如何，他幾乎是民進黨明星中無論演講、講話和做事風格最具煞氣、最能強烈傷人的人。他這風格直到莊國榮出現才居下風。

在二〇〇二年之前，他在意識型態上採模糊立場，所以強烈的煞氣既不表現在意識型態上，也不在族群議題上，而在他開創的「反貪腐」爲主軸的立委問政風格上，如今邱毅式的亂槍打鳥策略可以說因襲自陳水扁，這種充滿煞氣，四處開火的問政作風，在台灣政壇由他開創，其後成爲國會主流。一人而主導了整整二十年的主流風格，影響力之大令人嘆爲觀止。

如此飽滿的怒氣和煞氣，眞是三級貧戶之子對命運的最深沉抗議嗎？還是甚至是台灣歷經數百年外來統治，從反荷蘭、三年小反五年大反的反大清、反日本的噍吧哖抗暴，乃至二二八白色恐怖持續的屠殺累積的抗議嗎？不管他有沒有這樣的自覺，許多站在他對面的極端主義者和他對抗的恨被激勵起來了。無論如何，到了二〇〇四年三一九和二〇〇六年紅花雨，怨與怨的對峙達到了頂峰。

南方之眼vs.首都之眼

在北部高尚的教授眼中，紅衫軍是公民社會，是超越統獨的，但在遙遠的南方農村，更樸素的鄉下人卻看到紅衫軍的另一面，他們守在電視機前看到的是強烈反本土的意識型態色彩，通論則說紅衫軍是「綠頭紅身」——領袖如施等出身綠營，群眾則一片法西斯色彩的深藍所致。其實這說法並不全恰當，因爲那些做爲主力的少婦們恐怕談不上藍不藍，教授的描述也還不能算對——除非對紅衫軍中那些最熱血沸騰、最投入的的確是深藍民眾，教授們眞的視而不見。在群眾現場，教授們似乎只看到紅少婦，但深藍群眾雖較少，分貝動作卻遠大於紅色少婦，於是在遙遠南方，群眾從電視鏡頭看到、聽到的，不是眾旗皆偃的現象，而是副總指揮王麗萍不斷地爲「台灣國」三字上台向憤怒的群眾鞠躬致歉。

姿態很左翼的北方觀點，如《紅花雨》一再區分南北，盛嘆紅衫軍裡漂亮的中產階級，並因此對照南方群眾的「老人黨」和「鄉村黨」，或「搞暴力衝突的衝組仔」、「都市游擊戰的遊民」。

紅衫總部說，這是一次社會運動，社會運動是經濟弱勢者的運動，但總部中卻有人號召「大資本家」率先參與。這很奇怪，大資本家的確多屬反扁，但像禮券等是他們常送的，他們對禮券案有多反感是可疑的，他們眞正反對的是扁對兩岸經貿的積極管理的政策。這政策我也不贊成，但卻要指出這正是南部群眾反對倒扁的最根本原因。

近十年來，全世界各地都有弱勢民眾反全球化，因爲對他們來說，全球化就是企業出走、勞工失業，台灣南部在九○年代之前是藍軍大本營，過了二○○○年一夕變天，這是根本原因，他們令人哀痛的處境使他們被迫挺扁，是全球化綁架了他們，所以非常弔詭的是，如果社運是弱勢者的運動，他們的反倒扁，正是如假包換的令人哀傷的社會運動！在全球化中各國多數的弱勢者成了受害者，他們之中有的甚至令人哀傷地走上反全球化的經濟民族主義，他們的哀傷成了今天高尚、標榜左翼的學者文人嘲諷的依據。

台北的左翼之高尚且特立獨行，在於天下左翼不質疑全球化者幾稀，但台北質疑的是：台灣鎖國是反全球化惡行。

這些對比式的觀點愈被台北主流論述推廣，南方的鬱悶愈深，對立也愈大。

南方不能理解的還有，反貪腐只反扁，只反民進黨不反國民黨還罷了，紅衫軍的反貪腐大軍不管是在邊緣的，或在指揮中心的，有貪腐紀錄的所在多有，等到紅衫軍南下「遍地開花」時，提供各地後勤支援的，因貪腐而被爭議人物更是主力。這樣的做法根本只是黨同伐異，與反貪扯不上關係。

紅衫訴求愛與非暴力，但林正杰公開打人，在「理性」的群眾中成為簽名一晚上都簽不完的英雄。

就是這些作為讓扁得以綁架南部的群眾，否則以扁當時的聲望，動員群眾根本無能為力，扁的綁架將落空。

本來在縣市長三合一大選時，眾叛親離的陳水扁，遭到故鄉台南縣市當地立委逼迫「和扁劃清界線」，當時要求幾位台南縣市立委突然成為反扁急先鋒的深綠群眾，現在群情憤慨，倒過來挺扁，決定在「台灣社」的號召下北上，以群眾對群眾加以反制。

首先，評估情勢大好的施明德，以軍事指揮官的口氣，訓誡民進黨「昔日戰友」，他說：「我首先要號召的人民就是你們曾經號召過，現在不想被牽著鼻子走的人民。」他說：「我願意事先提醒你們，你們必須脫下西裝應戰。」

口氣既如摩西，又如大將軍，不久，他以勝券在握的輕蔑口氣對南方民眾斥責是「沒有靈魂的道具」，確實，民進黨領導階層中早有只爲私利喪失靈魂的，但大批北上的群眾對台灣愚忠固有之，但說不上爲什麼具體私利而喪失靈魂。施明德口出此言，雙方便唯有決戰，於是逼台南立委和扁劃清界線的群眾，現在要立委全力應戰動員。施原先要求眾旗皆偃以廣收義軍，已完全不可能。

群衆劇場・悲劇・法西斯美學

同樣是和原來所屬政黨的對決，民進黨兩位前主席採取了完全相反的策略。

許信良前主席在一九七九年，還是國民黨黨員身分而違紀和國民黨提名的桃園縣長候選人對決時，發表了傳頌一時的參選聲明。

聲明中說他受到黨國的栽培，在黨中有師友至交，但受到提名黨官的排擠，爲了實踐黨眞正的理想，不得不脫離競選，此後雖然痛心身已非國民黨員，而心卻永遠是國民黨的。

聲明中，面對愛黨和實踐理想的難兩全表達得既哀怨又悲壯，這使得還在戒嚴時期的眾多國民黨員深受感動，肯定他理想、勇氣和情義兼而有之。

許是性情中人，聲明想是深情流露而非策略運用而已，但其效果則有深刻的策略意義，那就是使他的對立面只剩下空洞的黨部，而支持者在國民黨員中大幅擴張，使黨員縱使在戒嚴時期，都倒了過來。

分手時難分難捨的糾葛充滿了悲劇性張力，常成電視連續劇的主題，相反的，假使情人分手，心中既無糾葛，還斷然決裂，戲肯定就不好看了。

恰巧，倒扁紅軍的綠頭們採取的正是和許信良相反的一種策略。

在倒扁廣場上，他們說：「貪腐的留在民進黨，清廉的走出來」，又說：「九一六的綠軍群眾全是沒有靈魂的稻草人」，對民進黨輕蔑地發號施令，還鼓勵扁的副手呂秀蓮挺身倒扁，以便接位。呂絕對有權反扁，但按人情義理應先辭職，哪有裡應外合以奪權之理，呂若在裡應外合之下奪權，基於人情義理，民進黨都只有請外合的呂退黨，怎可能跟在呂後面倒扁如諸親呂律師、醫師、地方幹部，乃至陳景峻立委、呂的親大哥，集體性地挺紅，諸如此類決絕的運作，背常理太遠，使劇情不具備如許參選桃園縣長時的悲劇性。

做法既然相反，其效果也自然而然地相反，本來在總統府和第一家庭弊案爆發時，許多民進黨民眾對扁非常憤怒，導致民進黨許多立委都不得不痛批陳總統，例如王幸男就倡言要民進黨和扁劃清界線，甚至扁的嫡系正義連線的郭正亮都說扁必須下詔罪己。

然而等到外界，尤其倒扁聯盟，從反扁進一步走到對民進黨的否定輕蔑攻擊，尤其不斷對「台灣國」加以羞辱，又對同樣性質的陳總統國務機要費和馬英九特支費採取迴然對立的雙重標準之後，民進黨黨員面對自己台灣獨立的信念和黨的存在面臨根本性的挑戰，而不只是「挺扁」、「反扁」的問題而已，於是過去強烈要和扁劃清界線的群眾別無選擇地重新又聚攏起來，要求立委反對倒扁，於是原來批扁的王幸男、郭正亮都成爲九一六群眾運動最積極的動員者。

施這樣的策略，當然最能動員原先民進黨的反對者和強烈中國國族主義者的群眾，但也非常徹底地封殺了民進黨支持者對紅軍的支持，這種恩斷義絕的做法也解消了紅軍綠頭們身上可能具有的悲劇性感染力。

在倒扁的群眾劇場中，有優秀的劇場專才和美學設計師，施明德又是英雄色彩鮮明的傑出演員，所以整體精心設計的一幕幕演出充滿美學的魅力。

因爲自由不受規範是藝術家必要的特權，藝術完全有不理會政治的自由，如亨利摩爾完全無視於二十世紀世局的動盪與焦慮，我行我素地追求唯美風格，完全無礙於他是偉大的雕刻家。但劃分政治與藝術，卻從來也不曾爲藝術品質作出任何有效的保證，而一旦藝術家提昇到一個高峰，既不受政治教條束縛，反而能深刻表達政治的焦慮，偉大的作品的誕生便無法阻止。在台灣早期鄉土文學被迫害的時候，「文藝歸文藝、政治歸政治」是個常被用來對抗官方文化壓制的口號。但當時鄉土文學作家不論統獨，都有強烈的現實主義的政治立場。所以這口號與其說主張文學不要政治立場，不如說是要國家不只不能以政治教條干預藝術，還應該在政治上採取多元主義的立場，容許百家爭鳴。

在德國威瑪共和的時代，藝術主流風潮正是「天才不能不與進步思想同步」，而不是藝術歸藝術、政治歸政治。前衛的藝術固然常是革命左派路線，風潮所披，波及歐洲邊緣痛苦的愛爾蘭，獨立革命和藝術交織成最動人的偉大文學；而在拉丁美洲更造就了「革命與藝術牢不可分」的偉大史詩壁畫，至於法西斯主義者走的更是政治與藝術一體。

群眾美學劇場，德國法西斯的演出最爲傑出，青年希特勒最渴望的是成爲藝術家，後來他領導的納粹黨，強烈地把美學導入政治生活中，實踐政治美學化，透過藝術的魅力動員群眾情感創造政治認同。一時成群的文學家、藝術家、哲學家深受感召，如海德格、美國大詩人龐德、義大利未來派畫派……等等不一而足。納粹美學最成功的藝術品蘭妮·萊芬斯坦的《意志的勝利》、《奧林匹亞》更迄今是電影史上偉大的作品。弔詭的是法西斯既涵育「意志的勝利」，也努力摧毀任何「頹廢色彩」的藝術，包括實驗性的音樂、包浩斯學院、現代藝術——這些更偉大的藝術運動。於是在萊芬斯坦、福特萬格勒等人意氣風發地揮灑才情時，大批藝術家選擇流亡。

法西斯採用了兩種藝術的策略，一是強調領袖、力、集體意志的反智美學，以凝聚認同；一則鼓勵逃避主義的娛樂性喜劇愛情劇，使人忘記現實，這兩路策略共同要對付的是批判性的藝術。這實在像北京全力支持張藝謀又鼓勵小兒小女愛情的大眾商品音樂，並令批判性的藝術家不得不流亡。

法西斯有傑出的頂尖藝術家參與，他們透過美學效果「淨化」了群眾，使他們活在神聖感召之中，而反照出對手的全然邪惡，紅軍的綠頭們顯然並非法西斯分子，但他們的群眾美術的策略和效果正好相同。

悲劇情調和法西斯美學雖然同樣追求崇高、偉大和淨化，但悲劇要表現的是英雄面對命運時是既英勇又脆弱，但法西斯美學則只有陽剛和力而無脆弱，悲劇使人在衝突內在化中得到悲憫的昇華，法西斯美學則把價值衝突外在化後在亢奮的對陣中昇華。

從紅軍劇場中，群眾看到了他的絢麗雄偉，但南部的民眾在絢麗之中也看到他的恐怖。紅軍的綠頭們，沉醉於自我的美學實踐之餘，自不可能冷靜地倒帶體驗對手民眾心中的恐怖。

許信良的悲劇

帶領發動紅衫軍的「綠頭」中有兩位民進黨前黨主席，許信良和施明德。但許信良主張趁九一五群眾士氣最高時，堅持包圍總統府不散，假使紅衫軍接受他的意見，台灣政局的變化一定大不相同，但他的意見被否決後，在紅衫軍中的影響力就大爲式微了。

堅持抗爭不散與否，顯示了革命家許信良和一群中產階級改良派在做決定時的根本不同。

施明德固然十八歲從軍，決心投身革命，但似乎不具備眞正革命家的願賭敢賭的決斷，他花太多心思在英雄的戲劇姿態了，花俏的中產階級是最講究姿態的，甚至有時連「愛與和平」都被戲劇姿態化了，這使施明德和他的紅衫軍幹部的步調很好湊合，但和許信良不同。

在姿態的要求下，爲維持良好形象，五月十五日當天就下令結束無比壯大的百萬上街頭運動，似乎就成了命定的。講究姿態的人們認爲，百萬人既現，天地爲之感泣，扁焉有不下台之理，當然，他們判斷錯了。就這一點，許信良對權力和人性有更深刻的認識，也有更雄強的決斷，但他的洞見不合時宜。由此可見范可欽雖盛稱施明德是梟雄，但天下那有不敢賭的梟雄，終究好英雄姿態的演員才是施明德的本分角色，而不是梟雄。

至於許信良，由於他敢賭的個性，在多變世局的牽引下，一生角色一再變形：青少年就胸有成爲偉大政治家的大志，服膺國民黨理念；留學回國後，投入國民黨的改革，在轟動一時的《大學雜誌》團體中成爲在思想上眞正的領導人物，《台灣社會力分析》既表現了他一定左翼的理念，也顯示了他的格局和現實感。正式踏入政壇後，先是國民黨刻意栽培的台籍新星，成爲傑出的省議員；接著因爲同情農民的偏左翼色彩，變形成爲國民黨頭痛的造反派，接下來被開除國民黨黨籍。桃園縣長選舉時，中壢事件爆發，是爲二二八之後首度的群眾暴動，震驚的蔣經國甚至親坐直升機，在中壢上空巡視，在暴動中，許正式變形爲黨外領袖。這時余登發迫害案發生，他進一步首度領導戒嚴中第一次的政治遊行，在美麗島狂飆時，成爲實際的激進改革派領袖。不久，赴美，適逢美麗島事件爆發，民主改革頓若幻影，他再一次變形爲社會主義台獨革命黨領袖，當時是國民黨會在海外誅殺異己的環境，他在美國過著猶如游擊隊般居無定所的流亡日子。一九八六年轟轟烈烈地要將革命黨遷黨回台闖關，又是暴烈的群眾衝突。但回台之後，陰錯陽差變形成爲民進黨溫和派系美麗島系的領袖，既和顧形象的都市專業中產階級的民進黨律師團格格不入，又和激進群眾運動派年輕知識分子也不相謀。然後當了主席，雖在他領導之下，民進黨選舉大獲成功，他兼具草莽氣概和知識分子的氣質，但其形象被充滿了後殖民思維的民進黨黨員認爲形象不帥氣，大大不如律師的乾淨漂亮，爭取總統候選人失敗，退出民進黨，是爲政治生涯最後一次大變形。直到民進黨回到在野身分，遭逢陳水扁帶來的大危機，才呼籲團結，重回民進黨，然而英雄生涯早已平淡。

陳水扁、許信良和朱高正，社會要認定誰最善變，綠營之中無非這三人了。然而三人之變，全不相同。陳水扁的善變純是沒有中心思想，只有權力意志；朱高正則是他的理性世界多元深刻而分裂，他沒有能力整合，他的變是他內在感性對分裂理性世界的忠誠，而他的世界最大的分裂是台灣和中國的分裂；至於許信良，他生命的世界中有兩個眞正的價值核心，一個是台灣，一個是左翼的社會正義，然而他又是一個現實主義者，當他以現實主義的社會經濟分析角度理解到實踐理想的條件已經改變時，他便進行變形，改變他的路線。

在變形之際，目標既定，理想清楚，便雖百萬人吾往矣！只是他這種既宏觀又現實的態度，加上他敢賭的魄力以及過人的擔當，本最有條件成爲領導人的，但問題仍然不時有誤判，以致走錯了方向：一是誤判台灣勢必要在國家經濟政策上「大膽西進」，這既不符合台灣最恰當的經濟策略，不免有跟隨蕭萬長台北主流論述一起錯的問題。當然原先這觀念是那麼主流，律師出身的扁謝想法又何嘗不同，只是他們本性不如許專執，許甚至改造台北主流觀點融入他的世界觀中，寫了暢銷書《新興民族》，大見其沉厚之度，也因此成爲箭靶。

但從《新興民族》一書中也看到了他現在的弱點：對過去人類的歷史有深具洞見的理解，對美好的台灣未來有生動的想像力；但這本書卻不見他早期《台灣社會力分析》一書中對現實深刻的掌握，尤其整個主軸在談西進的經濟策略，但對全球經濟下的兩岸經濟現實幾全不見實證基礎，只是借來一些簡略的全球化概念。因此雖是非常有內涵的書，卻是一個沒有戰略觀點的戰略想像。從《社會力分析》的現實洞見到《新興民族》的只有未來和過去想像，這種思維模式的巨變，使他縱使維持對權力的敏感，他在現實世界已不易再能鼓動風潮。

二是和台灣強烈地持續上升的台灣主體意識間互相扞格，這本已讓他難在民進黨員中得到多數支持，況且他結合的美麗島系的地方家族色彩使他在社會聲望的建立上有困難，三是他社會主義革命黨的經歷使中產階級主導的主流社會難以接受；最後在大眾商品文化風潮下，他或不算犀利的思想家，卻有其內在和大格局，但他既拙於演講和犀利表達，且欠缺理想的肢體語言。這一切姿態氣質上的弱點在在都使他不只在黨內有志難伸終於退黨，甚且到了紅衫軍陣營中，和施明德相比也不符合眾紅衫軍的品味，淪入邊緣。

然而畢竟在歷任黨主席中，我仍最樂意肯定他，在他退黨而被當成叛徒時，我仍曾在電視節目上替他說話。

和外界的刻板印象相反，他是台灣所有政治領袖中，最有領袖決斷擔當、最重然諾的人，而且也是胸懷最坦蕩無私的人，黃信介被稱最有肚量，但比起許實在仍差得一段距離。

他有一個最特別的本質，就是權力的計算固然犀利，但能做到不記恨、不忌才，台灣幾乎所有的政治領袖包括「人格者」馬英九在內，傑出的幕僚必須把自己參贊決策的貢獻自我匿名化，以便一切英明歸諸於領袖，但有兩人可以任由戰將放手樹立名聲，一是黃信介，一是許信良，但黃自己沒有戰略觀，只要戰將尊他為老大，他便樂意在眾星拱月中水漲船高，而許自己好戰略思辨，認為自己只要戰略領導，便放心戰將出外征戰，戰將功愈大，他的局面就愈大。民進黨又有謝長廷有宏觀視野，但謝迷戀在自己的聰明中，只能自我發揮，其部屬似難知他的城府；許則召天下士一齊討論，我有幸一次在北投和他及他的策士們一起高談，實甚爲暢快。當然另一件事則是眾所皆知，當民進黨內對中國經貿政策有爭議時，他召開備受社會肯定的中國政策大辯論，他以黨主席之尊領一方辯軍親自投入辯論，其坦盪胸懷及自信無人能及。

一般人一旦被領袖用爲幹部幕僚，即成匿名，而許的大將如陳芳明、楊照、郭正亮、陳忠信……等等人，在當年知識界、政治論壇俱皆充分自我揮灑，頭角崢嶸，相較起來，其他領袖無非戰將，許則大有元帥之風。基本上他當這些才子是革命的起義弟兄，而非科層下屬。

如今每對他一生作回顧，總是令人感慨。

純純地恨是硬道理

台北主流和藍色論述家，宣揚紅衫軍只能唯扁一人純純地恨，才叫新公民運動，但從十八歲投軍就歷經沙場的施明德志當然不僅止於推倒扁，甚至認爲他組紅衫軍是進行紅色的復仇，都是誤解了施明德。范可欽稱施是亂世梟雄，既雄，所以賴他以倒扁，又梟，與謀難料，所以又必須好好地看住他，希望他專心一志地倒扁，但講究姿態，一意歷史留名的梟雄如何可能志僅於此。

在施，倒扁者也，工具耳，其目的在借倒扁以成就英雄大業。英雄大業何在，英雄大業正是范可欽、乃至藍色論述家所要防堵的內閣制修憲者也。

紅衫軍初起，我看到了端倪，我與施雖很少往來，但馬上找到了替施起草憲法草案的陳教授，一問之下，果如所料。

施一則以既有的憲政體制，不只使扁六年施政困窘，甚至更是台灣政局動盪源頭，等到陳水扁在林義雄施壓下，通過民進黨自殺式的國會減半修憲案，台灣將因票票不等值，造成國會國民黨獨大，國會多數少數輪替困難，成爲民主災難。施於是認爲應當修憲以救台灣的民主和民進黨。在二〇〇六年，他發現民進黨除一心想當總統的游錫堃公開堅持維持總統制外，絕大多數立委，甚至陳水扁已接受修憲往內閣制方向推動，這時最大的阻力來自於已決意選總統的馬英九，所以認爲應利用扁爲眾人所恨的良機逼他下台以立威，並壓抑馬的聲望，以完成內閣制修憲大業。

藍學者認爲只有純純地恨扁倒扁才是「公共價值」，討論憲政則否；至於紅色少婦只要倒扁就好，但倒扁以後的世界，沒空去想；但梟雄如施，他當然不會理會這些庸俗之見，群眾是他之所愛，但如果凡事都要從眾，他怎可能在社會都認爲台獨是毒蛇猛獸時，只對眾人略一睥睨，就毅然從軍？於是當眾人沉醉在對扁的憤怒中時，盤據在他心中的，是孤寂的英雄事業。

領袖之手

檢察官陳瑞仁開始偵辦國務機要費，到總統府約談吳淑珍後，扁保證不會被起訴，於是包括我在內幾位立委，據總統的話保證，若吳被起訴將辭立委職務。

二〇〇六年十一月三日，有如晴天霹靂，吳淑珍被起訴，陳總統則等同共同被告，僅因總統刑事豁免權而暫緩起訴。游錫堃主席即日召開擴大中執會。

遇到如此重大危機，我趕赴中央黨部開會。會議中，我力主應依黨章規定處理，不能和過去被起訴的同志有差別待遇，否則難以平息民怨，會中保皇派力挺扁，口氣凶猛，主席則力求作「適度」處分，努力壓制黨員應「同等待遇」的主張，而這時，黨內另外謝蘇兩天王都不出席。

我的看法是，扁最理想的辦法是採韓國盧武鉉的做法——退出黨的身分——我認爲這是扁不願如七一五親綠學者建議下台時，一個較緩和的做法。

由於黨的中執常會砲火的一面倒，因此一星期後的擴大中執會，我便絕望地拒絕參加了。黨內改革派認爲非採非常做法不足以救亡圖存，於是祕密串連極少數黨內望重具有改革形象的實力天王領袖，希望以進一步落實扁的「權力下放」政策，以「黨政合議」的方式架空扁。不料不只未被領袖接受，反讓游錫堃捕獲風聲，接著游錫堃放話，有人想要集結奪權，甚至不惜脫黨。於是「黨政合議」策略失敗，改革錯失於天王領袖之手，並引發保皇黨全面圍剿，情勢空前險惡。

抉擇

氣壓空前地低，這時每天上國會，有如赴刑場，天天從早到晚，被記者追逐，追問扁怎麼辦、民進黨怎麼辦、你怎麼辦。跑給記者追，人生淪落至此，眞是奇恥大辱。幾天之後，我心中逐漸沉澱，作了抉擇，終於遇到記者時能篤定地告以：適當的時候，一定會告訴你們！接著在立法院遇到李敖，他不免從扁揶揄起我的處境，心中思緒既然沉澱下來，我倒平靜地說，**人生的眞實處境本就是黃泉道上獨來獨往**。

又過了幾天，非常偶然的，遇到李文忠，一談，發現他居然和我一樣做出了辭去立委的抉擇，於是請他起草兩人辭職的共同聲明。

在開記者會的一早，我要辦公室幾位同仁，全面打電話告訴長期支持的基層幹部和朋友，我辭職的決定。這時才告訴他們，是因我判斷他們如提早知道一定會趕來阻止。果然許多朋友聽到助理們的電話都哽咽地進行知道已經不可能勸阻得了的勸阻。我知道他們的難過，所以抱歉地不敢親自接電話。

不過這時心中實在比立法院通過國會減半修憲案時平靜多了，那時看到民進黨在扁領導下齊黨一齊自殘，自己毫無挽回餘地，眞是絕望到了極點，在歷經那樣的衝擊後，如今辭職於我已雖重猶輕。

二〇〇六年十一月十三日，兩人舉行記者說明會，由李文忠以哽咽聲音朗讀聲明，我則說：

我的一生青春都獻給了台灣的民主改革運動，年輕時認爲黨外和民進黨是台灣人民希望所在，這信念到現在沒有改變，台灣若有改革的力量出現，也將仍是民進黨，所以離開了立法院，仍將以黨員的身分和黨內同志共同努力。

月照西鄉

二〇〇六年十一月十七日，我在立法院發表辭職演說。演說詞如下：

國會全面改選是台灣民主化，人民當家作主的里程碑，十三年前濁水有幸成爲第一批全面改選後的國會議員而進到立法院，是最大的光榮。十三年來承蒙主席與各屆同仁的指教與協助，如今鄭重道別，並表感激。

主席，現在容我向民進黨黨團同志特別道聲珍重再見。

在國會中，參與建國工程中的憲政改造是我分內的工作。如今憲改未成，但因最近的事件無法兌現向社會大眾信誓的政治承諾，只好辭職以謝。

對岸鄰國康有為救亡變法失敗，清廷捕殺六君子，譚嗣同向勸他一起逃亡的梁啓超說，一定有人逃亡，未竟事業才有人繼續努力；但也一定要有人留下來慷慨面對犧牲，才能向社會證明改革的決心，這兩項工作就由我和你分別承擔吧。

他說：「程嬰杵臼月照西鄉，吾與足下分任之。」又說：「不有行者，誰圖將來；不有死者，誰鼓士氣。」中國春秋戰國時代，為了救孤，程嬰、杵臼兩人約好一死一逃，日本明治維新時代為了倒幕，西鄉月照一生一死。

如今我們也面臨了向社會信守承諾和留在國會努力的兩難，那麼就由文忠、我和大家分別承擔，然後在建國大業上殊途同歸吧。

主席、各位同仁，十三年來在立法院留下了太多美好的回憶，但也留下了遺憾，最耿耿在心的，無非在本院唯一一次的修憲案審議中，濁水和許多同仁沒有發揮領導民意的職責，反而屈於民粹，通過了高修憲門檻和國會減半的修憲案，迄今難以釋懷。

台灣多次修憲都有其必要性和正當性，但無可諱言的，也被各路人馬當成權力分配的手段，瑕疵百出，國會減半、高修憲門檻不過是其中兩端，最嚴重的是國之大典因此支離破碎，各個憲法機關成為權力的封建王國，難以整合，行政權、總統、內閣割裂，行政立法無法協調；而國會之外的各黨團中央又另成權力山頭，政治人物各據山頭、勾心鬥角，六年來政治亂象層出不窮且愈演愈烈，如今風暴四處流竄，國家機關幾陷於癱瘓。

各位，如今各個憲法機關一個個已成為英雄豪傑的權力陷阱，想當年意氣風發或成總統、或成院長、或成主席、或成國會議員，本抱雄心大志，社會殷切希望而各就其位，本待一展長才，但幾年下來無不耗損，名聲一再滑落，眞堪痛心。

目前這體制之不行，已成災難，一個好的憲政體制的出現，想是各位與濁水共同的期盼。世界各國的經驗和我國學界各碩彥都共同指出，採取內閣制的方向重修憲法，是目前我們最應走的大道。

修憲的重責大任既落在本院身上，應有的修憲方向又如此明確，深盼留下來的諸位能在院長領導之下努力以赴，濁水雖已離開國會，仍將隨時聽候召喚來爲各位效勞，共建良善體制，共創民主政治新局。

謹此，

再向各位，道聲珍重再見。

林濁水

二〇〇六．十一．十七

梟雄夢碎

圍城和天下圍攻，軍容俱皆壯盛，然而，兩圍而無功，愛與和平終於走向極端化，遍地開花是冒進的出擊。然而反彈繼之而起，根據民調，多數人認爲扁該倒，但不應持續攻堅，在圍城與圍攻中，少婦多有推嬰兒車參加「抗爭」的，其實已宣示了群眾支持的主調是堅持但溫和的。於是施明德在十一月十日宣布紅衫軍不再行動，靜候十二月四日北高兩市選舉結果，這說法彷彿紅衫軍已善盡對扁及民進黨的檢察官起訴職責，只待人民法庭在十二月九日進行宣判。《紅花雨》這樣寫：

「讓民進黨北高兩市大敗，才是引起黨內檢討、派系分化最有力武器。」

紅衫軍信心滿滿。

二〇〇六年十二月九日人民的宣判出來了，民進黨在高雄保住了市長席位，市議員部分，綠軍也一席不少地維持十六席平盤；在北市則市長雖敗選，但得票率比上次大有上升，至於市議員更是意外綠軍從十七席上升到二十席，藍營則從三十三席降到三十席。

人民法庭竟然判決紅衫軍敗訴！

而選舉期間時還碰上十一月三日吳淑珍被起訴，民進黨和扁狀況最為險惡。

我在一個機會中告訴范可欽，你們冒進的行動救了陳水扁。他聽了愕然。

的確如此，由於紅衫軍雖是綠頭，紅衫軍最眾多的雖是美麗少婦，但恨意最強、動員韌性最強的卻捨深藍莫屬。在他們，反貪並非重點，二合一地反扁反獨才是重點。在他們突出的表演下，紅衫軍在鏡頭上盡是法西斯色調，他們既把扁和獨綁在一起，在南部群眾眼中，挺獨只能挺扁，於是經過這一番過門，過去長期壓制台獨、一再推動修改台獨黨綱的扁，現在成了挺台獨的受難者，劇情儘管荒謬，卻是這樣上演。而挺紅的部分上層「左翼」學者，對南部下層草莽民眾的輕蔑，使南部的恨更加滋長，從此，由被蔑視生的恨成了另一道鐵鍊枷鎖，把獨和扁緊箍在一起，難分難離。

全面極端化

在民進黨穩住陣腳的北高兩市市長選舉過後，一年又一個月，二〇〇八年立委選舉民進黨大敗，又過兩個月，總統選舉民進黨再度大敗。紅衫軍認為這都是九九紅衫運動對民進黨致命打擊的效應。

但是紅衫軍貢獻既然是這麼大，紅衫軍幹部組成「紅黨」參選立委卻只獲得不到一%選票，非常淒涼，顯然選民並不認為紅黨特別值得在選票上加以支持。

紅衫軍對選舉的效應，應以紅衫軍剛結束時的北高兩市市長選舉最為直接，民進黨在陳水扁聲望落到十八%的最低點時，反能在北高有所斬獲，紅衫軍恐怕是一個重要因素。

由於紅衫軍愈走愈極端化，藍色法西斯群眾色彩愈來愈突出，結果一方面使一些溫和的中產階級降低了對藍軍候選人的支持，另一面使綠營在危機感中重新凝聚，就後者而言，紅衫軍其實是救了阿扁。

綠營北高的小勝，當然還有一個非常重要的原因，那就是候選人採取和扁區隔的策略，謝長廷甚至回答要不要請扁助選時，說，「請許純美助選很好嗎？」

除了候選人和扁區隔外，民進黨內部強烈對扁的批評，如李文忠和我的辭職，既然是對扁的強烈抗議，於是社會認為民進黨仍有希望；至於扁當時在聲望的最低潮，而在助選時空前低調，除了默默動用資源之外，公開的場合一反過去凡事一定爭鋒頭的做法；最後，在冒進主義者發動的挺扁群眾運動中，民進黨謝長廷、蘇貞昌兩大明星都刻意缺席，民進黨這些作為都讓社會認為應該再給民進黨一次機會，北市的得票率和議員席次都因此上升。

最特別的是，被冒進主義電台綠色和平點名應該全部落選的新潮流候選人，反而因被社會認為具改革色彩，還有和與扁區隔的謝系議員候選人因此得票都衝到前面，席次也都增加，相反的，扁系全面潰敗。

誰是眞正輸家

長期人氣維持在全台最高點的馬英九，在這紅色的舞台上，人氣受到了雙重的夾擊，一個傷害是來自他在處理自己特別費馬小九危機時，前後說詞矛盾，有如宋楚瑜之於興票案，於是「馬好人」、「馬超凡誠實人」的形象嚴重受損，另一個傷害則是在群眾場合，他明星的光彩在施明德映照下黯然失色，於是滿意度重挫，腰斬落到不足四十%的空前低點。

紅軍的衝擊，最大輸家是馬，一種說法是馬陷入馬市長和馬主席的矛盾，這很膚淺，因爲他是最大黨的主席，這位子和市長不會有大差別：都要兼顧深藍的激情和社會多數安全的要求，一旦施出手，馬不能兩全是命定的。

深藍群眾，如同任何國家強烈國族意識群眾一樣，不能沒有英明領袖做民族救星，過去有兩蔣，換了李總統，他們陷入亡黨亡國恐慌，找新黨當救星，再換上宋，又移情到馬，如今他們陷入大大痛苦：論舉手投足、論反扁之悍，施都比馬更像英雄救星，但施腦袋中卻絲毫沒有救國救黨的意識型態，而講究家世的他們更難接受自己心儀的英雄出自土裡土氣的民進黨。對高中生來說，馬是他們的青春偶像，但卻沒有叛逆的美感；對年輕中產階級來說，扁的國務機要費意外地讓馬小九事件實在礙眼。沒有施，這些本質上雖格格不入的群眾各自反扁，有了施，他們匯集後卻面對結構性矛盾。最後結構決定了發展，明星們的得失皆不能依己意操控。

施明德原先談定的三大目標，倒扁、壓下馬英九、修憲爲台灣留下長治久安的大典。如今紅衫軍旗偃人散，而扁未倒，憲未成，三大目標唯一達成的是把馬超凡的魅力領袖位子拉到凡人一般，使他的滿意度降到不到四成的位子。至於施自己則如曾燦爛上升又急速下墜的流星。

最後，施由於修憲的宏圖被封殺，反貪腐雖非發動紅衫軍最後目的，但卻是現成的偉業，於是將就地時時把膺品反貪腐掛在嘴邊，直到扁海外洗錢案曝光，他機不可失地說這才是反貪腐標的，否則「區區」國務機要費哪值得發動紅衫軍，問題是這龐大的貪腐金額當時根本連爆料王邱毅都沒能掌握，施如何預知將會如此驚天動地地大曝光？他移花接木以修飾自己的英雄形象，不幸卻在得意之餘洩了底。

終於台灣，這一個具備神格性的主權對峙之地，眾星皆殞，宣告進入一個世俗的權力角逐世界。

詭異之勝

二〇〇六年北高市長及市議員選舉中，民進黨一些被社會大眾視為改革派的民意代表候選人，在競選過程最為驚濤駭浪，因為他們的助選幹部幾乎是清一色的最死忠、熱情的深綠，而深綠素所信服的無非綠色和平和三立、民視的名嘴。在這些名嘴的爆料下，他們驚恐萬分，認為被列為改革派有如叛黨台奸，由於這些幹部聲音如此齊一，以至於在選舉過程中，李文忠和我全不被邀請參與助選活動（僅有一、兩次特殊的例外場合）。到了北高市長選後，民進黨和扁都穩住了陣腳，於是冒進主義者更進一步全面發動對改革派的強烈攻擊，由黨主席游錫堃和祕書長林佳龍發動對改革派的殲滅戰，電台則全力配合點名十一位立委為十一寇，全面攻擊。

在冒進主義全力進擊之下，本來在北高兩市選舉時，改革派在民進黨和扁之間畫下的區隔，這時全面被彌補起來。

切割

情勢逆轉，謝長廷既在北高兩市市長選舉成功地切割了他和扁的關係，重獲支持改革群眾肯定，穩住北市選情，但到了其後的立委選舉、甚至總統選舉時，整個選舉主調幾乎全被陳水扁掌控。

首先，在總統和立委初選過程中，謝為使自己及謝系立委初選過關，在黨內支持游錫堃依據冒進路線、並邊初選邊修改提名方式的策略，在黨外則由自己能掌控的三立電視和綠色和平電台，配合民視全力鼓吹冒進和挺扁二合一的路線，使黨員、幹部進一步冒進化。

第二，其實謝長廷長期走「中間路線」，甚至還堅守「一中憲法」，但其掌控的綠色和平電台則長期以冒進路線教育民進黨基層。

第三，儘管謝走「中間路線」，但謝系立委卻多數走冒進的路線。

第四，由於自己本身過去的「中間立場」，因此對入聯公投採取觀望態度，不料，根據各項民意調查，入聯公投支持度高達七成，於是謝失去了議題的主導權。

這些變數有如天羅地網地網住了在立委和總統大選時的謝，使他無法掙脫扁路線的牢籠。

英雄的尾聲

施在二十出頭歲就被關在大牢中，且不論大牢對人精神肉體的摧殘，大牢至少使施無法在正常社會的支持中成長，或許這原因，施明德的精神世界呈現明顯的兩面性：

做為平凡世俗的人，他有太多還蠻嚴重的不成熟毛病，有些人甚至因而對他不屑；但做為英雄，他又有太強烈不爲世俗人所能瞭解的價值觀，直到他發爲壯闊的行爲時，才爲人所敬佩，有的甚至太過超凡而無法令世人體認。壯闊行止在本章前頭已多有列舉，至於不爲人所體認，甚至被攻擊的，如高唱大和解。此外還有一直不肯崇拜民進黨目前在二二八紀念活動中崇拜的「英靈」，他認爲他們雖身居社會上層，有諸如教授、醫師等等崇高的「菁英」地位，但他們不自覺地冤死，理應被憐憫，不應被崇拜，若要崇拜，當時對高雄二二八要塞發動起義攻擊戰死的，他們雖是年紀輕輕的高中學生，迄今也沒有留下名姓，反而才是台灣人眞正的英雄。

又如在一些「基本教義派」都趕風潮拿中國台胞證前往他們口頭所敵視的中國「觀光」時，施堅持只要中國一天以武力威脅併吞台灣，他就一天不踏上中國土地，連香港都不去，更遑論拿台胞證。

難令人瞭解，除了因上述於常人不計較的權宜「細節」，他卻當成基本原則外，有時反而也來自於他的英雄權宜，他本質上不拘於一些世俗道德，但表面上卻高舉道德爲號召，以達成他目的另有所在的英雄大業，以反貪腐之名組紅衫軍就是例子。

既令一些人不齒，又令一些人驚爲天人、令萬人迷，但英雄心境卻是孤單的。在民進黨總統二〇〇八年敗選後，他在電視上哀嘆，台灣人目不識英雄，只知趨炎附勢，他說，陳水扁當黨主席後，中央黨部許多先前主席的照片被拆下來了。他感嘆，台灣人沒有忠烈嗎？爲什麼只拜不自覺冤死者，像臨刑高唱台灣獨立萬歲的漢子陳智雄，像泰源監獄起義被處死的那些好男兒，爲什麼天天講轉型正義，卻仍讓他們這英雄的孤魂在荒野漂泊，爲什麼不能在和解的前提下，入祀忠烈祠！

才情或有所疏，世情或有所缺，近古稀之齡，加上失敗潦倒晚年，但甚至是嘆息，英雄氣概仍是凌人。

一次看到他電視影像令我想起三十年前的感嘆，當時仍是戒嚴不知何時解除的時期，我到日本參加世台會。世台會成員主要是在戒嚴時期流亡海外的台獨分子組成的，當年頂著台大好學歷進入外國名校，然後成爲黑名單，一生青春全用在爲台獨奔波，因爲黑名單而不得還鄉。那時氣氛又覺建國遙遙無期，眼見他們年華老去，我不禁嘆道，革命把人的青春壓榨光了，然後像一條死狗被踢到路旁，沒人聞問。

註：

① 在台灣牢房，通稱叛亂犯爲「賭國旗的」。

第九章

李登輝的浪漫與現實

緣起緣落

民進黨中比較知名人士，包括形象立場分居兩極的沈富雄和三寶，沒有登門求教於李登輝總統的，可以說少之又少，可是我偏偏是無緣中的一個。

我唯一求見李登輝的一次，是看到他力推國會減半，我認爲大大不妙，於是把我算出來的國會減半的效應請人轉給他看，並努力求見，他的回答是，歡迎林濁水和我談談，但談的若是國會減半就不必了。得到他的答覆，想到減半的不幸，我雖焦慮，卻也無奈。於是唯一的一次登門求見，就這樣有疾而終了。

在私誼上，我與他雖無緣，不過，在公事上的合作與交手卻頗不少。一九九二年，李登輝和民進黨共同完成了國會全面改選，贏得民主先生雅號，躊躇滿志之餘，李鎖定下一個民主實踐的目標是省長民選，於是一聲令下，行政院全面翻修地方制度法。我認爲台灣國與省土地九十八%重疊，人口八十%重疊，一旦民選，必然會發生非同小可的葉爾欽效應；況且站在台獨的立場，台灣應是國名，怎可稱省，於是在立法院發動廢省的修憲案，成功說服了八十位朝野立委的連署，頗有聲勢。不料李登輝眼看我就要壞了他省長民選的大業，下令封殺，於是國民黨立委紛紛撤簽，我失望地預警，台灣的葉爾欽災難已難以避免。省長選後，果然「宋爾欽」挾民意的正當性把沒民意基礎的連內閣震得東倒西歪，李登輝自是大大受不了。

這時我重新推動廢省運動，從北市串連，南下公開拜訪高雄市長吳敦義爲廢省造勢，一時朝野立委覺得問題嚴重，連署的人數激增到一百人，媒體披露，一時轟動，李登輝於是改弦易轍，借勢進行廢省修憲。

從推動的過程來看，李的廢省是想廢不合理的葉爾欽體制，而不是廢掉自己的愛將宋——否則他先前就不會推動省長民選並叫宋去選，因此擋掉我第一次的廢省修憲案了。至於宋，省既被廢，未來總統是連戰要和民進黨選，不管誰當選，他總統大位和行政院長將來一定還有得等，性急如宋，揭竿反李便成了唯一的出路。在權力的考量下，兩人由情如父子到翻臉成仇，一發不可收拾，眞是奈何人在江湖，身不由己。

從李和我這次的憲改交手來看，可以說始於不歡，卻喜劇收場，皆大歡喜。

儘管在私誼上，我與李前總統情薄如此，但李終究是二十年最成格局的大人物，因此我從政生涯中，處處遇到李登輝的光影。

在廢省案中，不必見面卻似乎心有靈犀；二〇〇四年總統大選，初時，扁聲勢遙遙落後，全賴李陣營發動「正名」和「二二八手護台灣」才奇蹟地起死回生，吳乃仁說這是一個台灣意識為主軸的選戰，這時李扮演一個主導選戰的總指揮角色。只是李陣營中運動的發動者是冒進的基本教義派，做法鐵定過激，而扁陣營中則「四不一沒有」的「新中間路線」又成主流，立場差距太大，民進黨方面對於配合正名與二二八手護運動與否十分猶豫，因此我在一次聚會中，以民眾對台獨支持度做依據，說，台灣主體意識已成台灣社會主流，哪一個團體站在它的對立面，必導致在政治市場中的邊緣化，說服大家放棄中間路線，但同時強調台灣社會穩健路線也是主流，所以應避免正名和二二八手護運動走向冒進化。最後，李應元祕書長秉這樣的立場前往李陣營溝通，雙方先後形成穩健的正名和二二八手護運動的共識。終於正名和二二八手護台灣運動挽救了陳水扁，在他個人聲望落後時，能靠集體性的認同力量起死回生，當選連任。

這又是一件未謀面的配合，此外，在李主導的幾次修憲中，我一直都是民進黨幕僚團的成員，全都全力投入，並積極參與論述和辯論。既是無緣且在同做好事時，彼此都不打照面；另外的議題上我有幾次意外地被李點名，第一次是我第一次競選國大代表落選，當時我剛領銜提案在民進黨大會中通過了台獨黨綱，選後，李向他的親信問：林濁水為什麼落選？

另一點名為的就是壞事，此後，大抵如此，如在民進黨整頓農會信用部時，我是政策會執行長，積極推動，聯絡媒體，造勢頗成功，得到社會很大的肯定，但嚴重傷害到和李淵源深厚的農會派系，李公開點名批評我；此後我也在幾件事上公開向李叫陣，如李推動國會減半、李夢想推動扁宋會，又李特別疼愛重用蕭萬長，甚至積極向扁推薦，再如李在走冒進台獨、批民進黨時，還有更早他批評剛發起的二二八和平運動……等等，我都不以為然，不得不向這位長者公開批評。

浮士德

做為一個台灣幾十年來最有格局的政治家，李登輝的精神世界交織著的是浪漫主義和現實主義，而且兩者都是異常地強烈，其典型表現便是年輕時參加共產黨。

共產黨，自我定位是現實主義者——從唯物主義的立場出發，看穿世間權貴財富一切的表面虛華；但是奇妙的，在李登輝青年時代投入這麼一個現實主義的政黨的，卻總是社會中最具浪漫情懷，滿腔正義理想的青年。浪漫的青年李登輝，就在浪漫的正義召喚下加入了「現實主義」的共產黨，但卻看穿了當時共產黨許多所謂革命的手段的「不現實」而淡出。然而左翼主張的分配正義仍然一直在他內在的價值世界中盤據不去，他著名的博士論文探討的就是這樣的旨趣：權力怎樣透過政策工具讓工商部門剝削農民。

李登輝屢次用哥德的名著《浮士德》自況心境。浮士德，正是充滿了現世功業取向的浪漫主義主角。做爲浪漫主義經典文學，《浮士德》主角充滿了冒險精神，對價值的追求是上窮碧落下黃泉——既有神聖情操，又跟魔鬼做生意（後者是大家提到李登輝時完全忽略掉的重點），這實在太像李登輝了。然而浮士德畢竟浪漫主義壓倒現實主義，而李登輝做爲成功的政治領袖，當他浪漫和現實兩者皆高亢卻又均衡時，固是屬最佳狀態，功業達到頂峰，但無論如何，經常是現實主義的李登輝終究壓倒浪漫的李登輝，如，推動國會減半，應是始於幾分無知的浪漫情懷，但做爲現實主義者，當他發現修憲大有問題時，卻又唯恐政策急轉彎有傷自己威信，便硬著心腸堅持下去。

由於現實主義總大幅優先浪漫主義，李登輝是一位了不起的改革家，卻從來不可能是革命家，所以退出共產黨是必然的，他的改革甚至都是在現實條件證明是安全後才進行的，例如二二八和平公義運動初起，他輕蔑，對二二八運動，他是等到壓都壓不下去時才回頭支持。又例如他當了總統之後，還繼續維持海外黑名單政策，並繼續捉台獨去關，直到陳師孟發動的廢除刑法一百條運動成功；再如廢省，甚至一開始，走的是莫名其妙的省長民選……等等。

不只如此，他如同一般曾經遭遇過殖民統治的後殖民國家的知識分子一樣，在重建價值和體制時很難擺脫前殖民政權教給他的種種價值觀，以致改革效果大打折扣，例如他推動了民主化但沿用舊體制，以致現在憲政體制仍然無法順暢運作，又如他提倡本土化卻又借用「新中原」的概念，又如終身自認爲是蔣經國學校的學生……。

做爲一個現實主義者，他對各種權力的變動有非常人所及的敏銳，透過他的縱橫捭闔，做爲一個國民黨安排的「樣版台灣人」，他竟能從「樣版」的虛像翻身成爲實權的強人。

這樣的權力鬥爭中，他站在本土化、民主化的這一邊，成就了他偉大的民主功業，但他援用民進黨、學運分子等以對抗國民黨保守勢力，從正藍的傳統國民黨眼中固完全是和魔鬼打交道的行為，他援引國民黨本土地方派系進入中央權力之爭，更是不折不扣的魔鬼交易，因為本土藍軍在正藍的眼中是只適合用來在地方對抗黨外、民進黨，並以分配一些地方型的「法律邊緣」利益和特許行業作為酬庸，是不能讓他們過問中央政務的，但如今李在自由化、本土化、民主化的策略下，他們登堂入室進入中央了，這既傷害正藍把「土」擋在廟堂外的價值觀，也傷害了蔣經國把「利益」集團擋在廟堂外的價值觀。

從事後的發展軌跡來看，正藍的擔心不是完全沒有道理的，於是李登輝在本土化、民主化上的貢獻固無庸置疑，但台灣也步入了黑金當道的年代。

李在二〇〇八年民進黨敗選後，痛斥民進黨完全敗在黑金，但是，黑金正是李向國民黨舊勢力奪權的權力基礎。九〇年代，金融自由化，開放了十六家銀行許可，其政治經濟學上的意義正是讓地方財團打破中央權貴壟斷的金融特權，這是正面的；但因此卻又引發了魔鬼效應：台灣興起了波瀾洶湧的九〇年代的金錢遊戲，在股市衝上一二、六八二點高峰的表面亮麗光輝下，經濟的基礎是九〇年代十年節節下滑的經濟成長率，從平均七％降到六％多，再降到政權輪替前三年的平均五．六％，而伴隨下滑的成長率的是，在李登輝、蕭萬長的「企業紓困」策略下動輒數百億、十億計的金融大掏空。

這情形完全像是董事會做假帳玩金錢遊戲，把公司掏空，讓業績下滑，但股票反而炒到最高點，讓散戶套牢一樣。不過最荒謬的是二〇〇〇年接手的扁政府，自己接手了被李政權掏空的高價股票後，其部屬辛苦地透過金改才填補了被李、蕭政府紓困策略下掏空的一．八兆呆帳，以至於政府財政困窘萬狀，卻還大喚李登輝、蕭萬長經濟上眞是英明，凡事必請李登輝推薦的蕭萬長做顧問指導，對李、蕭十分感激，無論我怎樣批評勸阻，扁都唯蕭是從，唯蕭是聽。

操作所謂金融自由化和紓困以鞏固政權，我們看到李和魔鬼打交道的極端現實主義的一面；在基層金融風波中，力挺爲害農民、掏空公款的農會幹部，我們同樣看到了他的這一面。

過去的李固然常是現實主義壓倒浪漫情懷，然而，李晚年在內在的現實主義vs.浪漫主義的較勁中，我們卻又看到他過度的浪漫主義。

現實主義總是敏銳地掌握結構性的現實條件做爲決策的基礎，但他的晚年經常有不切實際的浪漫，如認爲採冒進的路線，台獨才會成功；又如在二〇〇四年大選之後，李勸告扁與宋合作，認爲民、親兩黨領袖一旦合作，就可以解決國會少數困境，這當然是一廂情願的唯心論：因爲兩黨的群眾在幾年政治衝突下來，其群眾的意識型態和群眾已經固著化，雙方已根本水火不容，以致扁宋合在雙方群眾眼中看來都是背叛，而群眾又是雙方陣營戰將的權力基礎，他們在現實權衡之下便不可能支持李的策略，扁宋合注定失敗。

再如，在二〇〇五年縣市長三合一選舉民進黨大敗之後，李幡然警覺過去幾年自己領導的台聯冒進路線不可取，強力要把台聯帶到「中間偏左」路上去。

李所謂的「中間」，既是統獨的中間，又是左右的中間，問題是幾年來台聯幹部和其群眾早因共享極端右翼民族主義的價值而緊緊結合一體不分，台聯成了代表冒進台獨和地方型右翼小資產階級的黨，如今要大迴轉到幾乎完全相反的方向上，勢必造成舊群眾既流失，其幹部對支持新價值的新群眾又毫無號召力，台聯注定加速其泡沫化。

第一次接觸

縱觀李的一生，雖不像扁一樣在立場上隨時跳躍，忽右忽左，但其路線仍然是多變，只不過兩人變的邏輯顯然大不相同：扁是因沒有中心思想所以輕鬆地隨機轉變，而李則是內在浪漫和現實兩樣價值激烈衝突之下的抉擇或折衷。在因內在價值激烈衝突而轉變這一點，李和朱高正反而類似——只是李在浪漫與現實的價值間拉扯；而朱是一個徹底的浪漫主義者——在浪漫的極致之下，內在理性和感性既激烈衝突又強求其整合；因而李、朱兩人基本上對價值有其執著誠摯的一面，而扁則是虛無的唯權力論者。

於是如同朱一生參加了許多政黨，李一生也從共產黨到國民黨、到右翼台聯，再到左翼台聯。其主張則從九〇年代的「國統論」到二〇〇〇年初期的制憲正名冒進台獨，再到「不統不獨」的中間偏左；其作爲則從寫著名的左翼論文以明志，到對農民運動者進行大逮捕；又從建立黑金政權到反扁的黑金。任一次不得不採取浮士德現實手段的轉折時，其浪漫主義的情操也當帶來他極其深刻的內在折磨吧！但現實主義又驅迫他做無情的抉擇，於是在浪漫主義和現實主義的兩極間，他撐持開了這一個哲學性格的大人物深不可測的世界。

他的深沉和早年經驗有深切關連，李登輝早歲經歷，我們只能想像，很難體會，其中一端比如二次大戰的東京是美軍轟炸的重點中的重點，傷亡比廣島核爆還慘烈，當時，李的工作正是收屍隊，天天與成堆死人爲伍，回台後又險陷二二八的漩渦，此後，在君威不可測的政權下當樣版台灣人，這些殘酷而現實的經歷使他的精神世界由熱情而轉入無比的深沉難測。

深沉難測的李登輝一九九八年意外地從樣版台灣人而成爲總統，然而更意外的是就職後不到半年，五月二十日，痛苦的台灣農民群眾發動幾十年來最慘烈的街頭暴動——農民說是請願，左翼的李登輝，他的政府卻說是暴動。

雲林的農民由「農權會」領袖林國華、李江海領導群聚台北，雙方對峙二十小時，直到第二天凌晨不散，李登輝這一位曾參加共產黨的左翼農業經濟學家，他的政府「不得不」武力驅散，並展開大規模逮捕，共十九人被捕並判刑，其中還包括我。把受苦到受不了的農民捉起來關，這一件事我們或許能想像到對他深不可測的內心有多麼大的衝擊，但我怎樣也料想不到李這樣的左翼學家竟會把我捉起來關。逮捕我的第二天，媒體還繪聲繪影地說捕到了個丟汽油彈的「都市游擊隊」林濁水，這樣，竟是我和這一位愛農民的左翼總統平生的「第一次接觸」——被捉去關，在土城的「仁二舍」和死刑犯比鄰而居。

但不管如何，這位左翼的農經專家領導的政府，在第二年對農民提出的七項要求完成了三項：肥料降價、稻穀價格提高、農地釋出，不久，農民也有了農保。

五二〇暴動的十六年後，二〇〇三年，民進黨執政的第二年，台灣農民又群聚台北街頭抗議政府，他們的訴求，依李登輝的說法是抗議「消滅農會」，而這次他們抗議的對象換成了民進黨，在個人方面，我與和我同時被關的林國華同列「新農民運動」抗議的對象。

當時農會信用部根本是地方派系掏空農民存款和控制地方政治的工具，如不嚴予整頓，農民受害慘重，但李一方面懷有農村共同體的左翼思想，一方面李又把「本土派系」當做他擴展政治力量的對象，於是力挺農會幹部。

當時我擔任民進黨政策會執行長，努力聯絡農經學者、財金學者、媒體，他們也都支持行政院的農業金改政策。我們認為合作金庫不要民營化，繼續當信用部的上層銀行，合庫強壯，對農會信用部、對農民都好。但他們認為合庫一定不能讓他們予取予求，他們堅持成立可以全盤控制的新農業銀行——雖然大家認為恐怕一開張就準備倒閉（當然，合庫方面很怕農會幹部，他們也反對）。我們又主張農會信用部放款浮濫，而總幹事干預放款更是鉅額逾放的泉源，因此要限制其權力，嚴格審核放款，才能保障農民存款和農會的健全，農會幹部當然抵死反對。

農民北上後，扁對農業金融喊停，基層金融改革功虧一簣，扁的逆轉，社會大為失望，段宜康感嘆地說民進黨不能跟陳水扁一樣地沉淪，但已無濟於事。而扁和民進黨聲望大跌。

十六年前痛苦的農民上街頭時，農會幹部清一色躲得遠遠的，根本不敢參與農民爭權利的五二〇農民運動，十六年後的今天，農業金融改革傷害到了他們特權，他們全跳出來了成為「農運前鋒」，全面動員農民北上，而且正站在我的對立面。

社會上都認為要農業金改才符合農民利益，但在連、宋、李三位先生支持下，不少農民卻聽他們的，我們成為被抗議對象。這所有荒謬指出了亙古的悲劇：容易被剝削的，常也是容易被欺騙的。

在陳水扁執政前，南部的農村，雖然一直在李登輝著名博士論文指出的，是戰後長期在國民黨「以農業培養工業」政策下的被剝削者，但在二〇〇〇年前卻一直是攻不破的國民黨選舉鐵票區。政權輪替後，他們有了出頭天的覺醒，再加上全球化的衝擊而成了強烈經濟民族主義的台獨分子。為了搶樁腳，陳水扁放棄農業金融改革，把南部農村當成了擁扁大本營，其中一部分人淪為對台獨毫無誠意、只知操弄的陳水扁進行政治運用的籌碼，而我則早在十一寇名起之前已成為他們眼中的匪寇。

兩次「農民運動」，我竟都意外地站在李登輝的對立面，前一次被他的政府關進牢房；後一次，李還公開點名批評我。從這兩次經驗，我們看到了李的左翼理想的一面，也看到了他與魔鬼打交道的現實主義的一面，奇異的，他這兩者卻能同時並存地混同在一起。從理想和現實可以混成一團這一點，我們明白了，儘管李外顯言行如此剛烈，但絕不可能是一個革命隊伍中人。他領導的台聯雖然在社會價值觀上具濃厚的右翼色彩，但冒進的台獨立場僅形成「革命的僞形」，只是在不再戒嚴的處境下從事「安全的革命」，畢竟李，從不是革命家。

看到李登輝的內在有這樣深沉的衝突時，我們固然明白過去他爲什麼動輒提起浮士德；同時恐怕也將更深刻地瞭解他爲什麼內心虔誠地信仰基督教：內在強烈道德意識的浮士德，和魔鬼打交道既然是不得不，仰賴外在超越的神便成了唯一的救贖之道。

無米樂

這幾年台灣出現了不少優秀的紀錄片電影，五二〇暴動後的第十五年，兩位傑出的導演顏蘭權、莊益增拍了部轟動一時的紀錄片《無米樂》。看過的人都說這部片子拍得非常美：在美之中更蘊含著無盡懷舊的惆悵。

片子拍的是「末代稻農」的「美麗」故事，主角崑濱伯是個非常典型也非常不典型的農夫。台灣目前農人八十多萬，稻農大概有三十萬，是最典型的農人，說典型不是因爲人數多，而是社會認爲農人的典型是保守，而稻農又是農民中最保守的。直到二〇〇八年世界糧食隨石油暴漲之前，稻子的收益雖穩定但偏低，耕作又辛苦，所以稍有變通的，都改種其他作物，就這一點來說，崑濱伯可說是最典型的農人。

目前政府爲提高耕作品質，鼓勵農民做耕作紀錄，但台灣農民雖然教育水準不算低，但眞的做筆記的卻少之又少，不過崑濱伯偏偏是其中之一，這實在是非常不典型。會做筆記表示他的知識相對地高，卻又死守種稻，這更是非典型中的非典型。

這個湊巧很好，使導演可以透過非典型的、知識通達的，既質樸又幽默的崑濱伯，來充分地犀利地描述典型農民的樣態——從現在到倒敘的過去。

現在的生活，有炎炎日下的汗流如滴，有驚風怕雨，稻子沒法子收成，但也有神明的信仰寄託，有閒來老農們的喝茶抬槓，有夫妻互相吐槽的幽默，有倚牆拉琴，有稻田中自得其樂的歌唱，甚至妙語如禪，如「做田就像坐禪」，如詩：「土地就像愛人，伊愛美，就給伊胭脂」、「晚時來灌溉，風清、月明，青青的稻子照著月光」，有不語而詩意渾然：老農巡田沿途輕撥綠中透黃的稻穗，信手拈來，美不勝收。

但在詩意的背後是老農們一生辛苦掙扎的悲苦歷史，透過倒敘，交代了爲了還父親留下來的二百萬債務，夫妻如牛如馬，妻子到工廠打工，回來天黑還要理家做飯，還要下田……。崑濱伯說這都是命中注定。眞的如此嗎？其實他非常清楚眞正操弄他們命運的是政府。他們知道，土地放領使他們有了愛人——土地，那是政府；放領後，農人努力耕作，稻子和土地卻不能自由買賣，肥料換穀增產的果實全被剝削，得到土地做愛人，卻成了愛人的奴隸，那也是政府。他們說：「政府既剝削了農人，也剝削了地主。」這些娓娓道來、輕輕說來，都是我十分熟悉的，他說時，嘴角幾分笑意，但聽來卻讓人十分心酸，接著聽他說「以前農業養工業；現在工業應該回饋」，又接著答「也不必抗議示威啦」、「認命啦」時，不禁驟然而驚。「農業養工業，工業應回饋」，正是這句話，十五年前台北街頭爆發了五二〇農民運動，我和一群朋友因此也鋃鐺下獄，而他卻只是笑笑地講，不必抗議。抗議或不抗議，到底是誰對？

我非常清楚，農民的福利政策已包括農保、老農津貼、子女助學金、農地可以買賣、水租免繳，這些都是當年五二〇農民運動後才有的。但是他卻說，「不必抗議啦！」他只是善良地逆來順受，我無限惆悵了，至今無法釋懷。

那麼美的片子卻在我心中展現了這樣不能釋懷的強烈張力，導演無疑是非常成功的。導演非常敏銳，又非常自我節制，技巧渾然天成，雖是紀錄片，許多段落戲劇性十足，如摸黑收割濕稻子、磅稻子、講價，半夜回家十一點吃飯，直到鏡頭由內而外、由近而遠，照出農舍熄燈一段，就非常緊湊動人。這樣的段落所在多有，許多鏡頭既樸素又奇怪地飽含唯美情調，卻又由崑濱伯漂亮書法寫出「末代稻農」、「末代滅農」做片尾，拉大了美和滅間的巨大張力，令人為受難的主角要怎樣面對冷酷的命運而低迴不已：讓苦難成為美感經驗而予以消費和起而對抗，要人在其間做斷然不同的抉擇，其依據究竟何在！

大瑜與瑕

李登輝作為器識宏偉的戰略家，一生功業雖然非凡，但他的得失乃受到他的浪漫和現實達到均衡或者失衡的制約。他固然完成了民主的轉型，卻也留下殘破的體制和黑金積弊。做為戰略家，他動員進步的本土和民主、自由價值，結合外部民進黨、學運以及地方派系力量圍攻深藍堡壘，建立強權領導。

在卸職總統之後，組成的台聯黨雖是小黨，但掌握台灣主體意識的戰略優勢，不只以小黨牽動大局，甚至陳水扁都仰賴它而能連任；又掌握日本戰後政治領導每下愈況，枉為經濟大國，卻成為國際政治小國的挫折心理，卸職後一旦訪日，竟被尊崇有如天皇……這一切在在令人讚佩不已。

但戰略家現實和浪漫一旦失衡，戰略判斷錯誤卻也層出不窮：誤信蕭萬長、留下黑金體制、中國制定反分裂法本求和多過於求戰卻誤判戰爭迫在眉睫、國會減半、扁宋和、台聯轉型等等。

他雖不是開風氣的革命家，但做爲改革的戰略家，仍能在妥善掌握浪漫與現實之際，而在歷史變動中，對好自己的正確位置而主動掌握自己的命運，清醒地和歷史對話，引領一時風潮。這比起扁和其他諸藍綠天王們，不論做好做壞，都只是不自覺地成爲歷史實踐其階段主題時的道具，自是迥然大異。

族群再造工程

在外省權貴中，能如馬英九般尊李的，恐怕是根本再找不到了，外省權貴眼中的李是懷抱台灣族群沙文主義的叛徒。

但這看法其實是以管窺天。

當李登輝援用日本存在主義哲學家西田幾多郎「場所的悲哀」來描述在歷史現實中做爲台灣人的悲哀，固然是對大中國沙文主義的背叛，但卻毫無另樹台灣沙文主義的意味。事實上，被他以「場所的悲哀」的心情凝視的，並不只福佬人、客家人，他也用同樣的心境體會原住民和困頓在眷村的底層外省人。這種關切還充滿浪漫情懷，他認爲他有責任把這多元而矛盾的族群凝鑄成他所謂的「生命共同體」。在他主政期間，他對族群的「場所」處境做了許多的安排，如成立原住民委員會、向二二八受難家屬道歉、主持二二八紀念儀式、通過二二八補償條例等等。值得注意的是這一位既左翼又現實主義者，他處理族群悲哀時還用了最資本主義的策略：金錢、物質的補償。台灣人有二二八悲哀嗎？那便撥百億計的金錢補償家屬；眷村悲哀嗎？那再以數以百億計的金錢進行眷村改建。

新台灣人

在他的族群再造工程中，過去一直有一個和生命共同體配套的重要概念：「新台灣人」，當有人在選舉時質疑馬英九的外省身分時，他拉著馬的手宣稱馬是「新台灣人」，是生命共同體的一分子，有權受到台灣人民的信任。

我們並不知道當他堅持安排連戰做接班人，以致情如父子的外省人宋楚瑜叛走，以及他這一位摩西寵愛有加的約書亞——陳水扁令他灰心透頂、直到深惡痛絕之後，他深沉的內心世界對族群問題又掀起什麼看不見的波瀾。但我們看得見的是，在二〇〇五年後，他和他的親信們不斷地和馬接觸，更有趣的是他們竟共同和日本大右派石原慎太郎情誼深厚。

二〇〇六年後，這些不尋常的現象清楚地說明了李在二〇〇八年總統大選時，寶是押在馬英九身上，而不是他日本京都帝大的學弟謝長廷，就如同二〇〇〇年他押的是半山連戰而不是陳水扁一樣。

到了馬當選總統後，李公開保證馬不會向中國一面倒地傾斜，接著他的親信賴幸媛更成爲馬的陸委會主委。

深沉的李並沒有告訴我們他這樣做的意義所在，但理解爲他長期經營的族群和解工程的一環，恐怕是不會是錯的。

第十章

本土藍的悲哀

雙重性

李登輝在九〇年代的權力基礎建立在所謂的「本土藍軍」上，到了二〇〇〇年後，有一部分本土藍軍被他編組成台聯，而留在國民黨內的，除連戰、吳伯雄等之外，多仍維持和李相當好的關係，然而本土藍軍在動盪政局中的作爲往往是令人悲傷的。他們第一個令人悲傷的是雙重性格。

台灣藍軍本土派一直被許多人寄予厚望，認爲他們具本土性，所以可以賴以保護台灣，很安全，但又稟性溫和不至於像綠營飛揚跋扈，也很安全，所以是站在台灣立場的雙倍的安全。

但二〇〇四年入聯公投爭議起來後，大家卻覺得，他們是出了什麼事？

在決定國民黨要不要拿香跟拜時，我們看到了過去非本土派的關中是倡議的主力，大力反對的是本土派大老王金平；在拿香跟拜成案後，支持繼續舉辦並領票的是「非本土派」的馬英九，而堅決反對到底的是本土派的蕭萬長。王蕭兩人都是李前總統過去本土派的愛將，不知李對他們是不是做了什麼策動，但無論如何，本土派爲什麼非要在公投事件上杯葛，讓全世界的人說不入聯是台灣人民的公意？

問題出在本土派所謂「溫和」的另一個意義，那其實就是抗壓力低，甚至不抗壓，於是藍軍本土派就兼俱了「本土」和「抗壓低」的雙重性，幾十年來，他們秉持這樣的雙重性，不斷地在台灣的本土、民主運動中變換角色。

在老蔣時代，由於抗壓低，所以只敢追逐地方權力，矇些法律邊緣的地方特權，不敢過問中央政權，更不用說什麼挑戰大一統意識型態了；又由於有本土性，兩蔣可以運用他們來和當時黨外的民主力量競爭，他們於是扮演反民主化、反台獨的威權政權的扈從角色。

李登輝總統時代，李以個人強烈的意志彌補了本土派地方人物抗壓性不足的缺口，於是他們的本土性就被動員起來和非主流抗衡，帶動了台灣的民主化和本土化；但李必須讓他們獲得的法律邊緣利益由地方級上升到中央級，於是肇始了台灣全面的黑金政治。另一方面，他們固然被李用以對付非主流，但也用來和民進黨競爭本土政治地盤，扮演的角色在這一點上和過去對付黨外沒什麼不同，在對付非主流固然相當成功，對付民進黨績效也不遜色，於是在台獨支持度由五％向四十五％急速竄升的一九九〇年代，民進黨三次立委選舉的得票率全壓在三十三％以下，毫無長進。在九〇年代末，台獨支持者已達四十五％，而二〇〇〇年大選，陳水扁得票率仍達不到四成。

二〇〇〇年李被逐出國民黨後，本土派雖有的仍未放棄本土路線，有的因低抗壓性使他們和李分道揚鑣，跟隨黨內新的當道連戰痛罵「本土化就是去中國化」；有的在中國和台北主流論述壓力下鼓吹「大中華經濟圈」，有的抵制轉型正義，有的反正名，反獨，不一而足。

二〇〇四年時台灣主體意識已成社會主流，有的開始警覺到了，用力主張總統大選應在公投上拿香跟拜，以爭政權，有的仍舊糊塗，最奇怪的是當關中、馬英九都願意挺身在入聯公投上拿香跟拜時，本土藍的大老們則在中、美、台北舊主流論述壓力下杯葛公投到底，唯恐激怒中國和美國而反對。等到二〇〇八年贏得政權，有的雖知馬是台灣權力中心，但更認爲北京是東亞權力中心，所以顧不得馬的立場是「融冰不能融得太快」而爭先恐後奔向北京，扮演替北京架空馬英九的籌碼。

政治舞台永久長青樹的本土派，他的歷史角色是以本土名號爲權力工具，但並沒有一貫本土立場，而且風格是否溫和並沒有一定的保證，有時甚至出現暴走族色彩，更由於雙重性，在政局變遷的劇烈衝擊後，演出幾番令人駭異的大戲。

遲發性族群意識暴走族之戲

王金平在和馬英九競爭黨主席時對族群議題的發言赤裸大膽，諸如南部人根本不可能支持外省人等等發言，猶如石破天驚，一舉粉碎國民黨自詡「國民黨黨員有七十％以上是本省籍身分，是最有族群包容力的政黨」的神話。

王金平的大動作，說明了許多台灣政界人士是在強烈自我壓抑之下「被包容」在國民黨之中的，這種壓抑，對稍有個性或有野心的人來說，隨時都有崩解的可能。

國民黨早期的體制，是個不折不扣的省籍歧視制度：台灣人中央參政權必須以戒嚴加以長期封鎖；台語必須加以禁止，史料必須銷毀，考試用人先有依省籍錄取，後有檢覈為主、考試為輔等等制度……。

對這種漫天漫地的歧視體制的控訴，一直是早期黨外的主要政治訴求，黨外可說是早發性的「台灣意識覺醒者」，他們崛起的地方很特別，不是台灣人占人口比例最高的中南部農村，反而是外省人最密集的台北等五大省轄市。至於今天台灣意識高漲的中南部，當時反而在國民黨地方派系控制下成為藍軍的堅強大本營，然而如今南部這種「後發」的台灣意識一旦覺醒，剽悍程度迅速就越過了原來的五大省轄市。

細心的觀察者並不會對這種後發族群意識猛烈於先行者的情形覺得意外，他們早看過，在民主化之前留在國民黨內，民主化後才跳到綠營的立委，在族群議題上的發言往往比原來的黨外及民進黨立委辛辣；近年來許多在電視談話性節目中最努力表現「台灣意識」的名嘴，也往往在昔日都是國民黨陣營中人。

對昔日國民黨族群歧視體制，早期黨外、民進黨固然不平而起；留在國民黨內被當做樣版的，其中自有人不平，只是壓抑住而已。

前者的憤懣在反抗中不斷地得到發抒；至於後者，反而因壓抑而不斷累積，等到爆發就不可收拾。此外，民主化國會全面改選和政黨輪替後，在國家層面的政治權力分配制度性的歧視已經不再存在，但藍黨內，由於其信奉的意識型態形成的文化價值霸權，仍然讓所謂占國民黨多數的「本土派」備感處於價值霸權的邊緣位置，以至於內心的不平從未眞正消退。

本土派曾嘗試建議把「中國國民黨」改成「台灣國民黨」，但只略略提起，就在台北主流輿論配合下輕易地被繳械了。

由於在文化霸權長期的壓制下，自己又從未能如黨外、民進黨形成自己足以抗衡、甚至取代舊霸權的論述，於是在解嚴後，後發性族群意識者就成了言論上的暴走族。

民主化後，族群言論上的暴走族也在統派中同時出現，在民主化、本土化趨勢中，對自己信奉的價值信念充滿危機感的統派人士，因其黨中央無法面對這危機，也出現另一種「後發性族群意識症候群」，成爲暴走族。

馬英九提出「國民黨連結台灣」，本想建立一種新的論述來鞏固陣營，但就語意邏輯而言，既言「連結」反而就是置身其外的意思，雖維持住了潛意識的中國沙文主義，卻無力對抗在地化的大趨勢，於是國民黨就只好在兩種對立性的後發性族群意識暴走族兩頭的拉扯之下顛躓下去了。

本土派有的固成爲台灣族群暴走族，有時則反向地成了「親中暴走族」。

一中暴走族之戲

上世紀九〇年代前，本土派支持蔣家政權和其反本土的意識型態，但讓國民黨運用其「本土身分」以對抗黨外；九〇年代，支持李登輝以和民進黨競爭，但在意識型態上，調整爲當時的李氏本土立場；二〇〇〇年李下台後，許多本土藍對本土立場甚至放棄得比深藍還快，例如，一九九〇年代國民黨立場本是「一中各表」，雖不算本土，到底不是一面地倒向北京，但連戰到北京簽下連胡公報時卻把各表這一點都拋棄掉了，只剩下國共聯手反獨。

一中各表從國際法角度來說看根本是行不通的，中國對一中各表也十分感冒，但從九〇年代的李登輝開始直到今天，這卻是多數國民黨的「基本立場」。

二〇〇〇年失去政權後，國民黨爲了要「自我肯定」低迷的士氣，便一口咬定兩岸已經形成了一中各表的九二共識。然而，「共識」兩字從未出現在兩岸官方一起簽署的文件中，第一次在往來文件中出現「共識」，是二〇〇五年在北京簽字的連胡公報——是黨簽的，仍不是官方的。

非常不幸的是，由於當時公報是連戰誤以爲兩岸將因中共制定反分裂法而有戰爭的立即危險時，去向中國討來的，因此公報上的「九二共識」，不是一中各表，而是國共共同反對台獨。不只如此，在中國的連戰除了談「歷史」，此外的所有場合，「中華民國」全部消音，把自己各表的立場在中國面前賣掉了。國民黨從此對一中各表不得不「內外有別」起來了：在台灣之內是一中各表，在中國面前則承諾（或默認）一中不表，中華民國繳械消音。

在二〇〇四年總統選後，國民黨從黨榮譽前主席、現任主席、幾位副主席絡繹不絕前往中國表態，討個待遇規格回來驕其鄉里，但很不幸，這把中華民國丟棄不表的承諾（或默認），成了國民黨面對中國大人誠恐誠惶地依循的前例。

二〇〇五年，中國要和台灣談水果登陸時，本土藍堅持由省農會取代外貿協會，他們指出，前者可以凸顯台灣是中國地方政府，後者等於向北京嗆聲台灣也有自己的中央政府。又如，若有重要任務，如辜振甫、林信義等，在兩會互訪和 APEC 等國際會議時，不拿台胞證入中國本有前例，二〇〇八年，即將上任副總統的蕭萬長卻寧以台胞證申請以示好。在全球化趨勢下，廣泛參與各種區域經濟整合本應優先於與中國整合，但蕭堅稱和其他國家簽 FTA 重要性遠不及形成兩岸一中市場①；二〇〇八年江丙坤在賴幸媛被發表爲陸委會主委時，其親信放話痛批賴凡事想以 WTO 架構處理兩岸是錯的，應該使兩岸航線成爲國內航線才對，要在「政治上」讓步，換取經濟利益才正確。這一切，都是「中華民國不表」的經貿版。

驕妻妾暴走族之戲

在內政上競爭，面對涉外事務時則力求朝野一致，這是一個基本的政黨競爭倫理，我國外有強敵，外交處境困難，這一個倫理更應嚴守。然而，不幸的，在這八年來，台灣朝野的做法根本相反，朝野無不援用外面的力量來進行內爭，昧著良心不斷在我國困難的涉外的傷口上撒鹽。

朝野惡劣的行爲中，最流行的是「出口轉內銷」的策略。始作俑者是陳水扁、呂秀蓮，其外交的目的不在交好外國，而在以超大動作製造「拚外交」的假象，諸如過境外交、烽火外交、迷航外交、偷渡外交，每一次出訪情節劇力萬鈞，驚心動魄，其情結固扣人心弦，但外交因此惡化。其中對美過境時努力爭取「規格」，但其爭取到的規格根本連一般國家部長級官員都比不上，在正常國家一定視爲奇恥大辱，而這偏偏足以讓我們的總統拿回來驕其鄉里了。至於藍軍，「出口轉內銷」一樣流行，只不過更等而下之；陳總統出口轉內銷的是向美國討「禮遇」的賞賜，而藍軍討賞賜的對象則是向以飛彈對準台灣的北京，而且討到台胞證都算是榮寵，完全和古時中國「齊人」的故事一模一樣：齊人打扮得道貌岸然，清明時節到墳地去乞討，回來卻驕其妻妾說今日外出，所遇皆貴人，大受禮遇，十分尊崇。

在反分裂法制定時，趕忙去搭了「國共論壇」的平台，以「反獨」爲國共共同訴求，以民進黨爲共同敵人，同時以論壇試圖架空國家機關，自以爲得計，傷害到的不只是國家主權，對雙方有秩序、順暢的商業利益也造成傷害，例如中國開放水果登陸和砂石輸台，前者國民黨堅持以省農會取代外貿協會爲協商代表，以至於協商受到遷延，完全是利益集團爲了個體利益傷害到總體商業利益的表現；後者一樣是朝野的利益業者企圖藉討好中國壟斷砂石進口的做法。於是在大家競相搭建「平台」時，雙方往來秩序的建立就在利益集團競逐角力之下，陷於混沌。國民黨二〇〇八年大選勝選甫結束，出口轉內銷的機會被認爲大好特好，於是由蕭萬長打頭陣，黨之大老們群起效仿、爭先恐後前往乞討。

藍綠大顛倒之戲

民進黨政府被國共架空，國民黨樂在其中，但在國民黨即將重新執政時，國家機關繼續被各種論壇架空，大老競相去中國談妥事務回來叫同黨的馬總統去執行，這連老實人馬英九都受不了，於是趕快找來前台聯有名鷹派立委賴幸媛來踩煞車。由於爭相向北京表態已經成了國民黨的硬道理，而所謂踩煞車無非要擋人向北京輸誠的大好機會，於是馬英九的人事安排，在國民黨內引起一陣憤怒，演變出一番藍綠顛倒的怪現象。

當賴幸媛被發表爲陸委會主委時，說她只提一中各表，不提共識時，國民黨內擁連胡公報派，深怕北京生氣，於是本土藍的連戰、江丙坤系統先北京之怒而怒，便痛加撻伐起來，口氣之猛惡，連北京都瞠目結舌，他們甚至憤怒到哽咽不已，有說兩岸將死路一條的，有說這根本壞人飛黃騰達，好人孤獨垂淚。

本土藍痛批台獨怎麼可以掌陸委會，恨眞深；然後，民進黨接陣批判她背離台獨、台灣主體意識，怨也深。兩路炮火都來自「本土」，理由卻全相反，眞怪。更怪的是，被標籤爲「反本土」、「外省族群代言人」的趙少康，此時反而努力爲賴緩頰，保守派大報還寫社論聲援。

由於許多本土藍／深藍立場已經如此大顛倒，本土藍唯恐賴作風得罪中國生意會難做，因而憤怒；至於那些聲援賴的深藍，一點也不是認同賴過去的台獨立場，而是認爲中國未必可靠，又太逼人，汲汲趕赴中國的國民黨高層甚至一中各表都可以不要，政商關係更讓人不放心，適度給他們臉色看是必要的。於是台灣藍綠大顚倒，荒謬絕倫的現象如此浮現，無論如何是台灣嚴重的警訊。本土藍反台獨當然是藉口，反對阻擋他們向北京表態才是眞正的理由。對那些向北京表態的政客，趙少康的說法是：動輒帶著一大堆財團到北京去好嗎，可見反賴其實是因她阻擋了他們夢想的特殊商業關係。

以怪制怪之戲

王金平是藍軍中腦筋較清楚，立場較可靠些的，他針對過度的中國熱提出「訂立兩岸協議處理條例草案」的主張。

王院長這是怪招，怪之一爲國會議長爲維持中立，所以自己不提法案是通例，如今王院長提了；怪之二爲王院長認爲海基會赴對岸協議之前要先和國會祕密協議，而且必要時，國會得派員參與兩岸談判。

對外談判，事先向國會求得共識，事後接受監督，都是民主國家的常態；但事先連條文都要和國會祕密協商倒沒聽說過，章法大是有問題。

民進黨雖對派國會代表參與協商很保留，但對嚴格監督倒有志一同，因此也提出了自己的監督條例草案，規範海基會談判代表要「利益迴避」，算是對王有條件的支持。

對王反彈最大的自然正是藍營內部，有的說，立院想當太上協商總司令，針對利益迴避問題，吳敦義說沒有什麼好迴避的，只要謀大眾之利就好。

近年來勤跑兩岸的政界人大有變化，以前新黨、親民黨頗有其人，諸如王建瑄等爲的大概是中國情懷之故；但三年前，連戰帶團到中國開了路後，政商關係好的本土藍軍後來居上，跑得更勤。他們對兩岸事務說不出什麼樣的價值理念，但對他們的政商關係大爲擔憂的人卻愈來愈多了，他們眞的是圖國家大利，不必迴避嗎？

中國爲了改善反分裂法的負面形象，宣布水果登陸措施，國民黨堅持由他們控制的省農會去談而抵制外貿協會，這是喪權辱國還是圖大眾之利？

又如江丙坤和龐建國的「華聚」說要替兩岸電子業做制定產業規格的平台，這很怪，因爲如果是安全規格由國家制定，產業規格則由產業界商談，我國由於先端科技不如人，情況特殊，工研院、資策會在創新上扮演重要角色，所以 WiMAX 一項產業規格由資策會和廠商共同參與；但如今華聚拉攏對岸產官不分的業界和我方資策會與廠商，要建立廣泛的設定規格的平台，這種特定政治人物以私人身分來主導技術規格平台，可說是創世界前所未有之舉，等於運用公家的工研院、資策會和民間廠商的研發，由他們撮合收取私人租金。

蕭江最愛強調的是台灣經濟不邊緣化唯一的策略便是義無反顧地和中國進行整合，台灣唯一要做的是和中國建立兩岸共同市場。

又如由於賴幸媛一向主張兩岸儘量在WTO架構下協商，江叫人放話反對，認爲不爲北京所喜，不應採用，江這立場明顯符合了特定航商利益，傷害了總體國家經濟利益；此外陸委會明明授權客貨運一起談，江卻只談客運，替中國把貨運先擱下來……。

諸如此類的利益不迴避，眞不一而足。其實有的人跑兩岸固頗受北京高層禮遇，但其利益背景甚至一些台辦官員都瞧不起了。

國民黨既炒起了中國熱，碰巧憲政體制和政黨體制又權責不清，於是大家各顯神通，國民黨如再沒能力處理迴避的利益的問題，則王的監督方式就體制上固然古怪，但監督的立場還眞站得住腳，於是遊戲只好就沒有章法地繼續玩下去了。這景象眞是錯亂極了。

以台去台之戲

馬英九上台後，對兩岸、國防、外交、國安局，甚至隨扈，這些他主導的領域，清一色挑選台籍人士。

這當然不是偶然，無非是他用來強調族群和解，並凸顯「以台灣爲主」的精神，他要向社會說，你看，除了國安會之外，攸關台灣主權維護的工作，甚至自己的安全都交託給台灣人了，那麼所謂保不保台的立場，你們就不必再懷疑我了。問題是他這樣的用人哲學或許用心良善，不過效果恐怕相反。

他用的這些人，除賴幸媛外，其他的都是忠實的國民黨員。他們對國民黨價値觀的內化，其牢固的程度，比起外省人還有過之而無不及，於是一當上外交部長就趕快下令外館要「去台」，一當上國防部長就馬上下令高唱「黨旗飛揚」，下令軍隊讀訓，而當海基會董事長的則認爲兩岸商務最好排除WTO架構。現在會做這樣大動作的外省人，恐怕不一定容易找。

這些大動作，看在民眾眼裡，大家要認爲馬總統是以台保台，還是以台去台、以台制台、以台反台？若被大家認爲馬是以台反台，這可比他親自出馬反台還要惡毒，豈不是冤枉了馬英九一番栽培好意。

兩岸關係內政化

藍軍重新上台，短短時間，既摧毀了自己執政能力的神話，也讓「經濟一中」這一個一中思想的最後堡壘幾近陷落。

但是，一中思想信用雖瀕破產，但藍軍的當權者之中，頑強地堅持以一中意志貫徹在各項政策之中的意識型態復辟之事，仍然層出不窮，如郵局去台、外交去台、奧運會出場排名由T（台）改C（中）、去台灣民主館恢復中正廟等等……。

有的藍軍，如典型統派，一中是政治信仰也是經濟政策信仰；但有的，如本土藍則把一中當成是個人實質權力和利益來源，於是藍軍上台後，兩種力量匯流，兩岸政治急速走向內政化。

兩岸關係逐步解凍是全球化潮流下的大勢，兩岸國雖有大小，實力更加懸殊，卻都無法扭轉。因此中國固然不願放棄統一和採取武力手段，但認識到這樣的現實後，也不得不把統一放在未來，武力備而不用。中國的大調整既使得扁再怎樣橫衝直撞，都沒有飛彈事件，也使雙方有務實往來的空間。但是，朝野雙方在內部權力爭奪先於對外正常關係的建立的路線下，不論藍綠執政，這個契機都操作成令人疑慮的危機。

陳水扁操作兩岸議題，製造的危機是外則對美外交關係陷入谷底；內則朝野信賴全無；甚至民進黨因而潰敗；最後則朝野力量失衡，民主出現危機。

國民黨在勝選後，強自解釋爲反台獨力量大勝，於是內則出現大中國意識型態崇拜的復辟，弱化賴以抵擋中國的台灣主體意識；更嚴重的是，對外，兩岸問題開始「內政化」。

吳伯伯進大觀園

在二〇〇八年總統大選之後幾個月，行情最起落不定的大概唯有吳伯雄主席了。

吳伯雄當黨主席，輔選赫赫有功，選後本想大展宏圖，不料馬英九、劉兆玄卻宣布他們的施政要「黨政分離」，簡直是「鳥盡弓藏」，在馬總統就職大典中位置還被擺在後排，眞是情何以堪，一下子行情落到谷底。便主張「以黨輔政」來對抗。

想掌權的人向來興趣在內政而不是對外事務，但，英雄環顧內政，舞台卻何在?幸好，國民黨的前主席，現在的榮譽主席連戰在二〇〇五年搭了一個兩岸「國共論壇」的平台，於是內政既插不上手，不妨在這上面揮灑。

很快的，他找到了連戰留下的「兩岸國共論壇」舞台，帶著人馬前往北京演出，胡錦濤親自接見了他，吳向胡談了兩岸三通等劉兆玄不願和他談的國之大事，油然大感榮寵，意氣自是風發。他裝客氣地說，「我不談兩岸具體事務，那是海基會的事」，其實要表達的眞意則是，我管的是海基會之上的大政策。這一段時間他風光地頻頻說話，「台灣可以和人家談國際空間了」，還說，「北京可以談撤飛彈了」，又強調，「終於看到兩岸沒有一點會打仗的樣子了」，當然還有恢復兩岸談判、中止敵對狀態達成和平協議、建立經濟合作機制「五願景」等等，他認爲這些都幾乎馬上可以實現。言語之間儼然兩岸盛事舍我其誰的大英雄氣概。

因爲他相信自己已創造了歷史，吳伯伯一路從北京笑進台北總統府，而且也笑出總統府。在拜會馬總統時，對自己坐的位置突感大大滿意了起來，據報導，邊報告邊笑，還邊得意地搖起椅子來了，只是奇怪的，他興奮地向總統報告時，老實的總統卻面無多少表情，並不感振奮。

不過興奮高潮沒多久，首先，國防部長說中國後撤飛彈在軍事上一點也沒有意義；接著北京陳雲林說，「兩岸協商，由易進難，循序漸進」，顯然提醒雙方，一切疑難不是已經從此迎刃而解那麼簡單。接著北京更不給他面子，台辦王毅宣布「不接受台灣加入世界衛生組織」，接著在直航前夕，中國對台部署新飛彈。這一來，吳伯雄心情大大下沉。

無知的台灣本土大老，國共論壇欣然和中國達成台灣入場排在「C（中）」字頭國家，以便跟中國連結的共識，而打破台灣奧運會以「T（台）」字頭出場的慣例，以及馬總統以「T」出場的主張，生米煮成熟飯回頭逼馬接受。

到了北京奧運將屆，才知道台灣社會原來是會反彈的，爲轉移焦點，國共雙方炒作台灣在中國媒體上名稱，是以「中華台北」或「中國台北」的名義，故意製造不是問題的問題，然後，佯裝國共論壇已解決了，此後中國媒體確定以「中華台北」稱台灣，大有功勞。賣掉了「台」換上了中，卻有功，眞是奇也怪哉，吳伯伯大大被耍，卻大大得意忘形。

堂堂歷史悠久的黨主席會對這樣重要的事看淺了，看外行了，恐怕並不値得意外，他如同一般本土派藍軍一般，向來對涉及國家主權安全的大計，那些「大人的事」，總是沒有興趣，如今勢所逼，硬爲找舞台而參一腳，有如劉姥姥入大觀園般十分興奮，卻不免對大觀園誤解連連，以致滑稽百出，而台灣的利益就流失了。

太阿倒持

馬英九剛上台時，在國際記者會上正式定位國共論壇是兩岸「第二軌道」。所謂第二軌道就是非官方、非正式、不做決策、只有溝通功能的軌道。這是西方國家常用的軌道，通常扮演溝通功能的是學者專家，但國共論壇一旦搭起來，北京卻不同意馬第二軌道的定義。馬強調國家不受黨指揮，所以吳胡會是第二軌道，就民主國家來講，合情合理，但對北京來說，就成了倒行逆施。

中國是僅存的眞正列寧式以黨領政的少數國家，國家決策，黨總書記最大。如今國共論壇，由總書記胡錦濤和國民黨主席吳伯雄會談，馬英九定爲二軌，胡錦濤嗤之以鼻。胡吳會時胡錦濤向吳伯雄笑著說：「主席啊，聽說台灣有個說法，說兩會是第一軌道，我們算第二軌道。」然後轉頭對陳雲林說：「雲林啊，你看什麼時候，你已經變成第一軌道，我反而變成第二軌道了。」

民進黨政府時代，國民黨講得很清楚，國共論壇是要在兩岸上「做民進黨政府做不到的事」，這就是架空國家政府的功能，馬團隊當然明白厲害，於是再三地由他自己和賴幸媛強調，兩岸往來，政府是第一軌，國共論壇是第二軌，不會凌駕第一軌，只是愈是頻頻高分貝地強調，愈是說明了此地無銀三百兩。用了「凌駕」兩個字，更可見問題非同小可，只是馬好人在競選時開出了張硬綳綳七月四日陸客來台的支票，就使他不得不有求於中國。馬既有弱點在，吳伯雄便有伸展身手的空間。

吳伯雄是機伶人，他說，國共論壇不會取代政府角色，因爲具體的事務性會談是海基、海協兩會的事，他也不會簽什麼架空政府的公報。只是他密會胡錦濤後，興高采烈地宣布了一大堆好消息：兩會復談、包機、陸客來台，雙方要談「台灣的國際空間」，乃至「現在」他感覺兩岸戰爭很遙遠，可談撤飛彈協議……等等，無一不是重大政策。

由於對馬「黨政分離」大大不滿，黨中央便拿來當作架空馬政府的工具。馬說國共論壇是二軌不可造次，中央黨部便趾高氣昂地把胡錦濤的話當令牌，在媒體上得意地披露秀給馬看，讓他曉得厲害，讓他知道有靠山的人，馬的話是不必聽的。

到了奧運將屆，北京和統派又爲了進一步推動統一，假裝給了吳伯伯一個大獎品：對馬總統台灣奧運隊恢復中華台北名稱的要求充耳不聞；但衝著國共論壇給人情。

於是黨的地位順利跨過了黨政分離，也越過了以黨輔政，而在胡錦濤背書之下，回到台灣後在兩岸議題上以黨領政，馬英九在兩岸事務上成了胡吳兩人共用的執行長。

不只如此，台灣諸如APEC、亞銀、WTO，乃至和美國以及其他各國關係都是透過國際外交上的努力克服中國阻撓而折衷得來的，並非向中國申請的；如今吳說要和中國協商，等於承認了中國對台灣國際空間有合法的批准權，如果成局，兩岸就香港化和一國兩制沒什麼不同了。

還有，現在國民黨內部兩岸政策各路人馬大有矛盾，在島內擺不平，便各自去找北京，例如明明陸委會授權海基會談包括海空運的直航，江丙坤爲了討好北京，卻逕行只談客運。這一來，兩岸關係就不只是內政關係，而是以北京爲拍板的上級了。

兩岸協商機制，軟弱的馬，口頭上和國安會、陸委會集體阿Q地堅持自己是站在一軌那一方，實質上卻承認國共論壇是太上一軌，這如和他一國兩區的立場架構起來，他簡直是兩區中一區的區長，而胡是一國的領袖，至於吳是領袖派來的監督區長的監軍！

當年國民黨連戰主席跑到北京面前架空政敵民進黨政府也就罷了，現在執政黨的黨主席居然裝作大善人的模樣硬向自己的政府奪權，也不管國家利益受傷，其做法的凶狠，和愚笨到被算計而不自知的程度都難以置信。

國家主權被架空到這樣地步，眞是難以想像。

註：

① 參見蕭萬長，《專業治國》，二〇〇八。

第十一章

金童記

金童記

蔣經國晚年政壇有最耀眼金童一對：明日之星宋楚瑜、馬英九。兩人風格迥異，身世卻雷同，父親一個官拜中將，一個是知青黨部書記長，皆非宮闈權貴，但戒嚴時期，官民殊途，平凡百姓眼中，已屬高不可攀的雲端家世。金童在當權者眼中且屬最可靠的良家子弟，他們在國民黨政權自大中國「轉進」移遷台灣的板蕩中出生，度過「克難」的童年，青少年成長時國民黨正逢春秋鼎盛期；戒嚴威嚴了官衙乃至竹籬，隔絕了草莽鄉野乃至綠林，讓政權確保得以在鄉野收取糧租，在宛如無菌室般的所在安全地呵護扶植聰穎子弟如宋如馬，以便報效黨國。如此成長子弟皆極清純，無不忠黨愛國，盡皆服膺堯舜、文武周公、孔子、孫文、蔣介石的中華道統與三民主義、「新生活運動」、中華文化復興運動等等黨國偉訓。

然而戒嚴的銅牆鐵壁固然充分鞏固了京師中良家子弟的安全，卻也強化了良家子弟對銅牆鐵壁外的綠林草莽世界的惴惴不安。所謂綠林者無非共匪、台獨、黨外也。七〇年代，先有退出聯合國事件，後有台美斷交；又有中壢暴動，乃至美麗島「暴亂」，在這內外交逼的危疑時刻，宋、馬兩位良家子弟，一在國內居蔣經國身側，一在美國面對隨國際性新左派運動的尾聲而起的台獨和毛派統一運動，兩人分居國內外，皆攘臂爲其父執訓誨的神聖理念和黨國而應戰：

宋楚瑜一九七七年任新聞局副局長，一九七八年代理局長，一九八四年黨副祕書長，這段時間是台灣黨外雜誌創辦最風起雲湧，本土意識迅速萌發的時期，而這兩樣都是新聞局的敵人，宋楚瑜因此成了歷任新聞局長中查禁雜誌最多的局長，查禁的數目是其他歷任局長加總的數倍以上；同時也是最積極緊縮廣電台語節目的局長，台語布袋戲被迫北京話發音，文夏從電台流落北投唱那卡西，黨國的危急之秋，在捍衛中國極右意識型態國家機器上，宋可以說戰績無人出其右。

馬英九一九七五年赴美，在美國力戰黨外，也同樣在台灣右翼留學生的小圈圈內戰績彪炳，一九八二年，他如此《自述》：「考取中山獎學金赴美留學……，乃全力從事反共愛國活動及有關工作」、「批判中共、台獨」、「出任反共刊物《波士頓通訊》主編、主筆」、「奉命編撰《高雄暴動眞相》」、「奉命研究遏上台獨暴行之策略……撰成《恐怖主義與台灣獨立運動》……送交有關單位在美運用。」

所謂偉大的《波士頓通訊》者也，只不過流傳在右翼留學生小圈圈中的手寫油印傳媒，《通訊》上的文字之極右常非同小可，而馬諸如「奉命」、「暴動」、「暴徒」、「送交運用」等等字樣，說的實在很難解釋打報告不是他的重要使命。

在打擊黨外、民主運動、本土運動、台獨上，兩金童隔海輝映，戰績一顯於朝野，一隱於小圈圈，但兩人皆秉黨團神聖召喚，賣力演出，則無分軒輊。

程念慈、馬英九、王佳芝

二〇〇八年十月中旬，轟動一時的美國情報官凱德磊案女主角程念慈離開國安局工作，低調參加考試，不料卻因碰上了間諜電影《色戒》熱潮而成爲媒體追蹤對象，先是被媒體追著跑，接著又躲到國外去。

一個氣質蠻好的女孩，媒體把她追得這樣狼狽，實在令人同情。這個案子仍留下來太多的懸疑，也留下好幾個版本的傳聞，但如今美國法院雖做了「正式判決」，但還有沒有和判決出入的「眞相」，恐怕將來永成機密了。

她被追蹤是因爲在應考名單上被發現名字，所以才惹起了一番風波。情報人員使用假名或改名常是必要的事。程念慈如改名，狀況當會好得多，但她說因爲她的名字是父親紀念她祖母的，所以不願改，這可見她在人格上有特別堅持的一面，人格上這種特質是情報員非常重要的條件，因爲情報員的一些任務，執行起來風險實在太大，如果沒有特別忠貞的特質的話，根本做不下去。電影《色戒》的一群投身抗日特工犧牲了生命的嶺大學生就是很好的參考。程念慈條件算蠻不錯，若不是這一點特質的話，大概也不會選擇情報工作；也因爲這樣的特質，她認眞執行被交代的工作，才不幸爆出凱案，也因同樣特質，堅守對父親、祖母的一點孝心，不肯改名而被媒體追蹤，特質的好，竟成了傷痛的來源，命運眞是捉弄人。

爲了淡化消息，前國安局長薛石民說程不是間諜，也不是情報員，這樣說是當然。實際的情報活動中，間諜和情報員根本是一回事，但沒有一個國家稱自己的情報員是間諜，通常也不叫情報員，就叫武官，不過如被對方捉到法辦，那就百分之百是間諜罪。由於情報員對國家的價値，所以各國都給他執行任務時有一定特權和保障，一些行爲都予以除罪化，但是捉到對方間諜則必重罪處分。

做一件事在國內是大功，在外國是大罪，內外顚倒，這就是情報工作的本質，於是他「一方面要忠心耿耿，一方面要調皮搗蛋（國外的說法則是作奸犯科）」，兩種相反性向要兼而有之。從前國防部長說情報工作要無所不用其極，朝野群起攻之，獨獨我用這句話替他們解釋，到立院列席的情報官很感激我這樣替他們說話，他們很意外，說爲什麼我一句話就說進他們的心坎裡。

情報員評價黑白兩極，不只在國際間發生；在國家內戰時，交戰雙方也是如此，例如當年國共之間；專制時代也一樣，當時官方以異議分子或台獨人士爲敵，於是部署特務或職業學生加以監控。

這特務對立雙方，各自稱爲愛國工作和可恥的抓耙子行爲。

馬英九在哈佛時期的「愛國」行爲就是在這種背景下被一些海外同鄉質疑，迄今仍有人會提起，並輕蔑地攻擊。依現在的價值觀大概不容易想像他會是情報員身分，但當時一些忠黨愛國分子反台獨、反美麗島，提供情報給有關方面，在黨國意識型態制約下，他們恐怕反而多認爲是出於內心眞誠的「愛國義務」。馬對情報工作的評價是什麼呢？他在觀賞情報電影《色戒》時流露了眞情。

赫赫名聲的《色戒》迴腸蕩氣地呈現抗戰大時代中一群有如佳人才子小說《未央歌》近乎完美的個人特質：美麗、清純、才華、深情的愛國青年投身情報工作而犧牲生命的偉大故事。故事中的要角，嶺大青年鄺裕民，由俊秀有如金童的王力宏擔當演出，導演正是這樣告訴他的，你的角色舉止模仿馬英九最好了。

馬英九看了影片，感動得淚流滿面，爲情報員清純地奉獻於大時代的情操失聲。

從《色戒》的王佳芝、過去馬英九在哈佛時代的一些愛國特務，到如今程念慈，我們看到了青年以可貴的熱情而投身奉獻，但卻在權力、命運操控下，一旦時代變遷後落得詭異下場，甚至在價值觀變了後，若有人提起，困窘到難以辯解。

另一種忠貞

馬英九向來把自己打理得漂漂亮亮，外在塵世黑黑白白，是是非非難免憑藉五受入侵，但內在潔淨，選擇之間，略無猶豫，就是乾淨，例如法務部長辭官，例如被陳水扁痛扁，在香港仍替總統講話。在在都是信手拈來、輕輕易易的漂亮行止，羨煞五濁世人，是爲魅力天成。

這樣輕輕易易地就乾乾淨淨的姿態，他曾在《波士頓通訊》中隨口而出，他說在反共反獨的偉大氣氛中，工作同仁，純潔奉獻，埋頭苦幹，談的無非大是大非，在那危疑的時刻，從來沒人會談起什麼綠卡、居留權等等，許多良家子弟傾聽之餘，無不感動。

然而良家子弟面對外界的危疑和誘惑，眞的都毫無猶豫嗎？

馬英九回國後的第二十六年，在他成爲國民黨總統候選人並聲勢遙遙領先時，大家赫然發現他面對綠卡並不是像他在《波士頓通訊》講的不必猶豫，事實上他「接受誘惑，而且服從了誘惑」，他不只拿了綠卡，迄未辦理放棄手續，他還爲女兒取得了美國公民權，就在大家因而想起另一昔日金童宋楚瑜也同樣爲兒子在美取得身分並廣置房產時，又有傳言，有一份藍軍政壇人士取得綠卡的名單，其中不只已曝光的，周錫偉、賴士葆等等明星都曾取得綠卡，甚至黨國大老、貴冑之後的郝龍斌、李慶安都曾取得綠卡，其中李慶安更正式擁有美國公民身分，且放棄與否，說得比馬英九的綠卡更加羅生門。

這些藍營中燦如天上明星級的良家子弟或權傾一時的閣揆巨宦之後，取得居留權甚至歸化做美國公民，竟是他們共同事業了！而這些人的美國人身分更都是國家最危疑、藍軍政權最黯淡的時候取得的。

忠貞是什麼？令人疑惑的世家貴冑。

郝龍斌是個誠實人，他初次競選立委時，邀我辯論，他猛烈批評台獨對中華民國不忠，我反問，你軍中高階將校的伯伯叔叔，哪家有辦法的，子女有誰不拿綠卡或美國公民證的，他們也算效忠中華民國嗎？自己不效忠，可以叫人效忠嗎？老實的郝龍斌一時語塞，臉都紅起來了，沒想到直到辯論後的二十年後，我才知道他臉紅的，應是自己拿了綠卡。

殘酷的歷史使得多少良家子既拿綠卡，又寧如情報員般爲國犧牲在所不惜，心中掙扎不已。他們的父執郝柏村訓示是「台灣不是久居之地」，於是迴不相謀的兩個對峙家園——中國大陸和美國不斷地向他們召喚，而台灣則是在肥沃的尼羅河畔和應允的流乳與蜜之地的約旦河畔間的廣大沙漠中暫駐的綠洲，他們在兩個遙遠故鄉中漂泊依違，直到競選公職才知道人民對故鄉的定義大不同於父執的垂訓，以至於交代之間左支右絀。

漂泊心靈

有辦法的權貴、良家子弟大批大批取得綠卡、美國公民權，說明的是縱然他們被保護在戒嚴的銅牆鐵壁之中，他們心裡並不篤實；縱然台灣提供了他們順遂的成長環境，他們的心靈是沒有眞正故鄉地東漂西泊。

他們更早的父執，來台後，如白先勇的先人白崇禧，掛滿勳章的制服鎖在黑暗的衣櫃，勳章上偶爾的閃爍，訴說的故事盡在中國大江南北，昔日京滬繁華更既是老來安慰的泉源，也是消逝的最痛，於是白先勇寫了《台北人》，記下流落他鄉王孫的傷痛。他說處境是「無根無垠的流徙」，指雖是浪跡台灣的中國文人，其實更是來台包括貴冑和跟隨而來的上下部屬的集體心境。到台灣才崛起的新貴如郝柏村，和白崇禧已大不同，他們勳業是在台灣，他們的同志孫運璿、李國鼎，分享了台灣從克難走向經濟起飛的光榮歲月，但是郝柏村的名言仍是「台灣不是久居之地」。

台灣是良家子弟成長的地方嗎？是的。給了他們乳汁嗎？是的。台灣是他們心愛的中國所有嗎？是的。但是台灣似乎並不是那麼中國。說故鄉在彼岸嗎？實甚生疏。說故鄉在此岸嗎？卻仍生澀。於是漂泊是他們的集體心靈。

台灣是什麼?中國大儒說是中華兒女「海外」飄零之地，文學家朱西甯說是與中原遠隔以至於人文駁雜不純之地；身既飄零於遠隔且駁雜的非久居之地，無論貴冑良家子弟，心靈盡皆漂泊。

漂泊，在他們堅固無比的黨國道統信念中割開了一個裂縫，這個裂縫區分了計較國家民族安危的大我與計較個人安頓的小我。爲了偉大的大我，台灣人民唯一的效忠必須是中華民國；爲了小我，偷偷地向美國宣誓唯一效忠的是美利堅合眾國，綠卡和美國公民證是漂泊的心靈不可或缺的安慰劑。

金童出埃及

從良家子弟中揀選出金童，無非宮闈貴冑寄望做爲在貴冑老去時，繼承他們在台灣爲大中華而繼續反共、反獨，維繫純正道統大業之必要。

貴冑所謂道統，甚至是血統論的，這就是迄貴冑掌權的年代，國會不能全面改選的根本原因；這也是那麼中國化的林洋港一旦頭角崢嶸，便被打入冷宮的緣故。在這邏輯下，李登輝更理所當然不應是蔣家之後接掌大位的人，宮闈貴冑力阻李接任總統和黨主席。不料這時從不被懷疑的昔日金童今之副祕書長，駭然竄起成爲叛徒，在接班廷議中，起立發言力挺李登輝，眾貴冑之錯愕自不在話下。從此宋跟定了李登輝，隨他四處征戰，被倚爲頭號股肱，進而情同父子。此後在君側既逼退了關中，甚至把擁李的集思會逼到牆角，對國民黨的左右兩翼一起開弓，連戰皆捷。

李登輝走本土化、民主化路線，宋也亦步亦趨。昔日之宋整肅本土化，緊縮台語節目，今日之宋很快地爲選省長勤練台語；昔日之宋視民主運動者爲暴徒，現在的宋挨家挨戶到老國代家中拜訪，推動國會全面改選；昔日的宋維護隔絕塵土的深宮權益，對付民主運動，手段剛猛——這和馬英九僅止於口誅筆伐、寫報告風格迥異——今天的宋全台走透透也同樣虎虎生風。

當然還應記一筆的是在他打壓台語節目同時，中影卻在他支持下，拍出一連串驚豔於歐洲影展的台灣本土新電影，《悲情城市》就是代表作，他壓抑台語和推動本土電影同樣是風雲雷動。

易怒，是社會對宋的共同認識，情義相挺是宋的典型作風，但在這樣鮮明稜角之下，他眞正的價值世界卻無比地高深莫測：民主？右翼？本土？大中國？爲子在美設籍置產是未雨綢繆？任何理念從未見他有何闡述，但具體作爲卻有模有樣，具體實在。

不論如何，一旦爲李作戰，戰功愈顯赫，官廷貴冑愈視之如寇讎。

宋當選省長後，發生葉爾欽效應，使李轉而支持我的廢省案。宋說廢省就是廢宋，其實如果當選的省長是陳定南，免不了廢的是陳定南。我從體制出發進行廢省，宋則非說成李宋的私人恩怨不可，其目的無非在於營造他悲劇英雄色彩，以累積深厚同情。若省既廢，而總統大位又已內定連戰，連戰恐誓死也不願宋當行政院長，這樣一代無匹豪雄豈非將盼顧失據？所以他選擇叛李，「李廢宋」則爲揭竿藉口。

良家子起義

在彼之時也，戒嚴既除，禁忌不再，奇談異論爭奇鬥豔，其中最爲黨國信徒駭異者厥爲台獨之伴隨民主化和本土化風潮迅速竄起。

爲了對抗這新崛起的異端，「眞正的國民黨徒」眼看李登輝和台獨之徒愈走愈近，國民黨黨權被竊，處境之險已瀕亡黨亡國。於是由昔日在美和馬英九共組極右團體「愛盟」之良家子領袖郁慕明等，結合國民黨內另一新星趙少康，號召結義，組成新黨，義幟既樹，眾良家子盡皆慷慨以歸，猶如跟隨民族救星。一九九四年台北市長選舉，趙少康拿下三十·二％選票，國民黨則崩盤，只剩二十五·九％，議員部分，新黨並一舉攻克十一席之多；第二年，新黨在北市立委更取得六席，而國民黨只剩四席，成爲首都的小黨，一時京師爲之震動。

良家子的起義，宮廷貴冑大有支持，不久貴冑子弟如郝龍斌、李慶華紛紛訴求改革形象而投入義軍。

訴求「改革」？是的，由於新黨領袖強烈的黨國立場，一般認爲他擁有最純粹的統派民眾，其實並不正確。十多年來各項學術界或民調的調查，都發現新黨雖小，但其中支持「統一」的比例卻略低於國民黨，而其支持「獨立」的既非不存在，甚至乃稍高於國民黨群眾。所以大概其群眾是這樣兩個源頭：以深藍色的統派和既不滿國民黨黑金又不喜民進黨草莽色彩的年輕中產階級民眾。

如同一般群眾運動常有的特性一樣，群眾所信奉的價值會投射在自己的救星上，如今深藍群眾救星爲新黨群星；群眾否定的價值也會投射在撒旦上，就新黨的群眾而言，李登輝就是撒旦。

民族新救星

宋，一代梟雄，過去打壓黨外，鬼哭神號；然後挺李驚天動地，如今反李義旗高樹，愈加轟動萬教。於是心處亡黨亡國之憂的群眾，全盤來歸——由於他看來比新黨更加有能力救黨救國——盡管新黨立委眾星盡皆整齊地乾淨傑出，而宋麾下來自三山五湖，良家子有卻並不特別多，至於受爭議的地方派系人士則大是不少，形象整體比起新黨大有不如。兩者好有一比：一籃好蘋果比一堆好壞參雜的橘子，但群眾捨好蘋果而取壞橘子，蜂起來歸宋營。

二〇〇〇年總統大選，宋得票三十七％，遙遙領先連戰二十三％，僅輸陳水扁兩個百分點。二〇〇一年，立委選舉，新黨在台灣本島全軍覆沒，台北市代表深藍群眾六席全被宋黨襲奪。全島宋黨共得四十六席，比起先前新黨大是倍增。宋黨顯示與新黨最大不同：基礎更加不局限於台北市。四十六席已距國民黨的六十八席相差無幾！而早在四年前縣市長選舉，國民黨便以八席輸給民進黨的十二席，二〇〇一年的縣市長選舉，國民黨席次略有起色，從八席增加到九席，但驚人的是得票率反而更大幅下降，從四十二％掉到三十五％，民進黨則再從四十三％上升到四十五％。藍軍如此危急，幸好，藍軍中親民黨竟取得二席，新黨則為一席，這指出藍軍另一個可能性，於是一時諸孤臣孽子的引首翹盼下，斯人不出，奈蒼天何！民族新救星儼然必出。

李登輝領導國民黨本土化，一時號為帶領台灣人出埃及的摩西，在保守黨國主義者眼裡，是帶領台灣離開膏沃的尼羅河畔，走向不可知的曠野而前途茫茫；一九九七年，香港主權移交在即，香港同樣面臨了未來茫然的處境，一時香港上層社會浮現了大批移民潮。

同樣感受到前途不定的台港舞蹈家羅曼菲和黎海寧合演一九九七年跨界舞劇，分別表現兩岸眼中的台港處境：

台灣、香港當然有大不同的地方，例如香港繁華過於台灣，但命運全掌握在他人手裡，所以香港的危機就非常個人性的，沒有集體行動的可能，而個人若行動也只剩下一項：選擇到機場離開或留下的單一件「私事」而已，非常類似愛爾蘭劇作家貝克特的戲劇；然而台灣則顯然有「集體性、歷史性行動」的可能，兩地藝術家的舞劇犀利鮮明地對比出兩地的差異。

劇中在台灣的這一部分，主題是保守大中國主義眼中的李登輝。這段戲，配樂的羅大佑也以舞者身分和專業舞者同台演出，形成了在台上一個絕妙的對比：舞團舞者在專業訓練下，肢體動作充滿飽滿的內在肌理，表現內心深刻的焦慮；而羅大佑熟練的流行樂歌手誇張的台風姿勢，猶如平面卡通動作，唱的則是對時局尤其是對李登輝的諷刺，直斥他是咬布袋的碩鼠，唱作俱如卡通。此外羅大佑深情地歌頌領土涵蓋西藏喜馬拉雅山的大中華民族頌，歌聲中，舞者諷刺地把李登輝演成盲目的摩西，他的後面跟隨著焦慮不安的群眾。

戲的動人處在於意識型態鮮明對立的李登輝和羅大佑俱如平面卡通人物，而焦慮的無名群眾，扭曲肢體上的肌理，強烈訴說實存的人的痛苦。

戲，湊巧地也犀利地表現了貴冑們眼中的世紀末台灣景象：昔日金童，今日就成了跟著盲目摩西的叛徒約書亞。

切割

深藍群眾會風吹旗偃，不只是因肯定宋的反李，而更是在於廢省一役的象徵意涵。廢省有「台灣不願再做中國一省」的象徵意義，這固是我推動廢省的原因之一，但這根本不可能是李登輝廢省的理由，李登輝的基本策略是維持台灣的實質獨立，但維持「中國」的象徵符號，此所以李經常以「國統綱領」、「國統會」的創設沾沾自得，並在政權輪替時，特別移交給陳水扁要他切莫「廢統」。李登輝、我在廢省上最重要的交集不在統獨象徵符號，而在體制的去葉爾欽化，或者體制的理性化。

然而宋當然要為自身謀而全面否定廢省在體制理性化、去葉爾欽化這一面的價值，強調廢宋、廢省、廢統三合一的一體性，這訴求的強大感染力使深藍群眾爲之瘋狂，但宋縱如此訴求，而雖得深藍群眾認可，仍根本不可能得深藍貴冑認可。貴冑復興寄託所在仍是敗軍之將的連戰，連戰在二〇〇〇年選後，也迅速和貴冑結盟把李登輝掃地出門。貴冑無論如何不能忘懷著昔日被宋節節進逼的切膚之痛，於是深藍上層貴冑和其群眾被宋切割了。宋樂得有這樣的切割，宋還進一步切割新黨和其群眾，以求全面收編深藍群眾：新黨立委除非來歸宋黨，否則宋嚴禁有任何搭宋便車的空間。梟雄宋，他做到了早期陳水扁做不到的事：把敵營的領袖切割出去，然後襲奪其眾。在在鮮明耀目地顯示宋梟雄的能力和性格。

梟雄宋楚瑜的大開大闔還不只如此，他借反廢省，讓自己由李的本土化陣營中躍出，成反獨急先鋒，而獲深藍群眾支持——強烈的危機感，使他們不計較宋曾叛離他們的陣營；但另一方面，敏銳的梟雄當然清楚，台灣民意大勢是統消獨長，因此一旦到了自己在藍營中聲望無可匹敵，接下來的，就是要使自己的支持者跨越出逐漸萎縮的深藍之外，這時他提出兩個類似的概念，就是東西德的「屋頂理論」——同一個德意志民族底下兩個獨立房間的概念，和「歐盟模式」——在同一個歐羅巴的概念下存在眾多的主權國家，這兩樣概念雖都有其政治整合的一面，但在主權上則屬獨（大不同今日蕭萬長的兩岸共同市場，後者採主權模糊態度），事實上，這兩個概念，在獨派人士中也頗有主張的，如施明德就主張歐盟模式。

於是在這裡，我們再次看到了宋的格局：在被深藍群眾認定爲取代新黨的唯一救星後，在主權立場上又來了一個一百八十度的大迴轉，他認爲只有如此能帶領大軍，擊敗綠軍，直取大位。

天妒梟雄！

二〇〇一年宋崛起得如此耀眼，國民黨大是惶惶不可終日，然而宋是風光卻短暫。二〇〇二年情勢戲劇性地逆轉，這一年，舉行北高兩市市長選舉，陳水扁勢在必得，全力投入台北市長輔選，扁投入是這樣地深，以至於選舉根本不是馬英九與李應元的競選，而成了陳水扁、馬英九的二度對決。

馬英九二戰陳水扁，結果戰果更勝上屆，把民進黨的票從四十五%壓到三十六%，這同時，國民黨卻把高雄市拱手讓給了民進黨，於是馬的勝選更形顯赫，深藍群眾看在眼裡，動在心裡，效忠急速由宋移轉到馬。新的民族救星閃閃浮現，昔日金童一趨暗淡，一愈顯光芒。

從此，二〇〇四年宋不得不接受連宋配，連宋配成局，宋聲望略爲回升，但既居副手，光芒明升暗降，年初副總統既敗選，聲望加速下滑，同年底，立委選舉，親民黨從四十六席急縮到三十四席，而國民黨則從五十四席回升到八十九席，至於新黨果小有復興，在台灣本島重獲兩席。

宋雖敗，但情勢和當初新黨之敗於宋大有差別，宋賴光環把新黨的群眾搜刮一空，全盤襲取，如今馬的光環效用頗有不如，原因大抵有三：一、宋是親民黨唯一明星，馬光環則受連等干擾；二、宋爲梟雄個性，行事魅力在咄咄強勢，馬則溫吞；三、宋黨比起新黨大有地方派系基礎，而馬則爲「不沾鍋」；四、在三一九抗爭中，馬採取相對中立態度，固然有助於擴展中間人士支持，但在深藍中則頗有不能接受的，相反的，宋則在深藍中穩住局部江山。

經二〇〇四年立委選舉，權力基盤浮動如此，宋必須尋求鞏固策略，於是梟雄如宋，方向再度大迴轉。

諸豪大賭

宋把前途押在李登輝為他規畫的一個大賭局：扁宋合。

李宋既曾情同父子，又曾互為寇讎；現在李為了替扁國會選舉失利解套，於是不計舊恨，促成扁宋會，希望兩黨在國會攜手合作。不料合而未成，三人共襄豪賭而俱皆受傷，宋更因而更為不振。

親民黨初起時，宋楚瑜聲勢如日中天，相反的，他的良家子弟型的立委們大半是選舉新手，並無基層，因此宋個人對親民黨有絕對的支配力，要與誰合，宋只要一聲令下就成，只是宋當時奪大位當仁不讓，民親合，根本不可能是選項，但如今宋聲望在受馬等人威脅之下，江河日下。聰明如宋，當然知道爭大位已不切實際，做些讓人懷念的事才是好的選擇，因此弔詭的，在他權力已流失時，在主觀上選擇的空間反而加大，出現了扁宋合的空間，於是種種蛛絲馬跡不斷在扁宋之間牽扯。

只是宋因志不在大權，因而空間加大時，良家子出身的親民黨的立委卻反而歷經選舉，基層經營有成，而所謂基層無非深藍群眾，這種基層群眾根本不可能接受他們的立委和民進黨合作，願意合作的只有「情義相挺」的地方派系立委，兩路立委路線涇渭分明。過去宋大於整體立委，如今立委大過宋，願跟宋扁合的立委剩一半，民親合終於失敗。

另一方面，宋在二〇〇〇年大選或剛組親民黨時，曾極力避免把路走得太窄，二〇〇〇年大選時，社會甚至聽不到他反對台獨的話。後來組黨也刻意和極統的新黨劃清界限，但曾幾何時，宋取代了新黨變成反獨、一中的急先鋒，關鍵只有一個：他的聲望下滑，已失去對極端派的領導能力，反而被挾持了。連帶的有求於宋的扁也被挾持了。然而這一來，民進黨支持者大為反彈，台獨大老紛紛施壓，扁為撇清，在宋赴中國途中宣布宋在美國和陳雲林私會，到此，李登輝安排的扁宋合終於破局，三豪大賭散桌。

所謂梟雄，自是深謀，但也一定豪於賭。只是在江河日下中緬懷昔日榮光，情不自禁，孤注一賭，實在凶險無比。這時，梟雄往往會爲豪賭取個無比堂皇的名號，現在宋不只要扁宋合，而且更要合出大名堂，而這堂皇的大名堂就是爲兩岸創和解的歷史新局。我覺得，完成這樣的大業和他江河日下的實力顯不相當，如果強力而爲，定有後患，我覺得大大不妙，便寫了一封公開信呼籲他慎重考慮：

〈給宋先生的一封信〉

萬方矚目的扁宋會今天堂堂登場，許多人希望它破局，但我和社會上多數人一樣，期待扁宋會既能開啓台灣政治新局，更創政黨合作的歷史典範。

聽說宋先生在四大皆空的心境下赴會，只求在兩岸問題上歷史留名，擱下求大位的雄心，而求大功，令人感佩。

古往今來多少英雄爲多嬌江山折腰求大位，但大位也折損英雄無數。大位固不易求，大名也並不會更容易求。求大位誤了多少英雄，一不小心求大名也會誤了英雄。

毛澤東，一世之雄，雄才大略，鄧小平，一世之傑，果決幹練，專制殘暴固然害了中國，但打倒封建官僚或經改的功業也算留名歷史，不過挾中國巨大國力，決心完成大名「統一台灣」，卻都失敗，遺言是留待子孫解決，並說可以等個一兩百年！其後，江、胡想完成毛澤東未成功業，卻各自爲九六軍演、反分裂法灰頭土臉。

宋先生或雄才不輸毛、果斷不遜鄧、圓融不下於江、深謀不差於胡，但怕贏得不很多，卻急著要和扁一兩小時談笑之間就解決他們沒法完成的事。毛、鄧、趙、江、胡中國五代領導人，和當時兩霸今天獨強的美國歷任總統所定不了的台灣國家定位、破不了的兩岸破冰。我想宋先生還是深思熟慮得好。

有人以爲趕快給兩岸定位下個結論，便既保證兩岸從此太平，且可以解決國內最激烈嚴重的統獨衝突。問題是國內統獨衝突的眞相是什麼？我認爲急著解決統獨以立大功或是政治人物的急切議題，但在民眾看法可能是另一回事。

不錯，台灣民間社會是有統獨立場的。如二〇〇二年，台灣民眾對「一邊一國」表態率高達八十五%：五十五%支持、三十%反對，沒有立場的只有十五%，但是儘管兩年來政治人物再聲嘶力竭，下層百姓認爲急迫到要馬上解決的一直只有八%左右：急統二%，急獨六%，七十五%認爲不要急著去解決，先維持現狀再說。這是人民的智慧，相信深入基層的宋先生十分熟悉。

其實統獨不但民眾不認爲急著解決，絕大多數的政治人物間意識型態的衝突是不是那麼眞誠激烈，都有問題。陳總統二〇〇〇年就職後主張四不、未來一中、統合……在在都向統派傾斜，假使政界的衝突是意識型態的衝突，那麼台灣的政治衝突應該平息才對。結果我們固然看到最純粹的統派李慶華、馮滬祥一年之間對扁讚不絕口，但奇怪的是其餘許多國親政治人物卻反而繼續在統獨議題上痛批陳總統，難道他們比李、馮更統嗎？不是的，李、馮爲了統派理念，寧在權力上讓陳總統領導，而其他人則是爲了權力，輕易地、名不副實地撿起意識型態做爲政爭工具罷了。今天有人認爲宋扁兩人非要在一兩個小時之內談出極度難解的統獨結論，事實上恐怕仍是意識型態工具化的延續，這是懶惰、輕率、庸俗的政治人物做法，我誠摯地期待宋先生能明察。

事實上，對兩岸問題，二〇〇〇年總統大選，宋先生最意氣風發，最信心滿滿時，反而是非常小心謹慎，唯恐一不小心只討好二%的極端主義者，親民黨會爲二%所制，所以和極端政黨保持距離，既怕害了選票，又害了台灣，當時宋先生實在展現了求大位、求大名的政治格局。

如今宋先生因在親民黨一時失利，便過度遷就極端派，對將來實有大害。如陳總統也過度遷就二%，固有利於宋先生向外宣稱勝利，而在藍營解壓，但扁在台獨冒進派的攻擊下，黨外未和、黨內先亂，對扁宋之和將投下巨大的變數，遷就二%的結果，宋先生贏了，而扁輸了，但扁宋會必須是創造雙贏，若有一方輸了，便是雙輸，何況遷就二%將大大壓縮兩岸折衝的戰略縱深，十分不利。日前宋先生說要爲兩岸定調，我很佩服定調用得好，定調空間遠比定位大。容我進一步建議，對兩岸、國防都守在政策的定調層次，不要硬碰硬地定位。陳總統在雙十演說中提到兩岸擱置爭議，這話宋先生以前也曾提過，很有智慧。今天兩岸包機，從協商到執行比以前遠爲順暢，台商身受其利，就是擱置意識型態爭議，就實務上做處理的結果。我認爲這是兩岸都展現了一定善意的結果，假使兩岸之間都能擱置爭議，宋先生爲什麼沒辦法擱置爭議就事論事呢？至於對二%的極端派，我相信宋先生一定能發揮過去的領導能力。

最後，擱置意識型態，就事論事對台灣政黨政治、民主政治的影響也是深遠的。歐洲各國政黨信念南轅北轍，但政黨合作就是常態，強求合作政黨放棄原有信念不符民主自由精神，所以他們在談合作時，對信念爭議加以擱置，只談政策合作。衷心期待宋先生能透過扁宋會帶領台灣走上這一條康莊大道。是所至禱！

晚　林濁水　敬筆
二〇〇五．〇二．二三

消滅中華民國

我怕宋為求成局而對中國過度讓步，在民進黨黨團會議中建議：「九二共識，一中各表」，這立場縱民進黨不喜歡，但到底應是藍軍起碼的立場，因此應要求不但宋在北京時這立場絕不能讓步，而且應正式向中國要求證實一中之下確有各表空間。

民進黨接受我的提議，轉向宋要求，然而一中各表畢竟是北京不能接受的，於是我的擔心：宋對北京過度讓步，果然發生。

宋楚瑜一代梟雄，如今十分狼狽。

狼狽的不只是親民黨國大代表選舉大敗，更在於他的中國搭橋徹底地失敗。

梟雄個性，使他到中國，一開始實在比連戰有骨氣得多。「中華民國」、「一中各表」，是藍軍在島內炫耀的神主牌，也是救國救民的萬靈丹，但連戰一到「眞」中國，趕快把自己的「假中國」偷偷藏起，「中華民國」自動消音，一中各表不敢聲張。剽悍的宋則不同，努力要告訴北京，宋的中華民國是現在式，而不是連的過去式、「歷史式」；直到北京強壓，才心不甘情不願地「被動」消音。

「一中各表」也同樣力爭，非要北京白紙黑字簽下讓他拿回台灣交代不可，但頑強，同樣換來痛宰。被迫放棄藍軍的「一中各表」，屈從北京的「各表一中」。

比起連戰，宋立場更堅持了，但也被宰得更凶，屈從得不像話，招來國民黨的嘲笑。更不用說陳總統的指責了。

不只如此，宋順著台北主流論述的意見，肯定北京「大陸和台灣同屬一個中國」是替台灣打開空間的好說法，並把它濃縮成「兩岸一中」，寫在公報上。又在公報上說雙方要磋商台灣參與 WHO 的途徑，結果全被中國引用爲打壓台灣的理由，後者被中國聯合國大使引用爲「中國人已有智慧安排台灣參與 WHO，所以 WHO 不必急著讓台灣參加，尤其不可成觀察員」，而前者則被中國衛生部長引用說「大陸和台灣既然同屬一個中國，台灣是中國的一部分，基於維護台灣主權，中國當然認爲台灣不能自行參加 WHO」。

北京唬攏了宋楚瑜，再拿唬攏宋的內容倒打台灣一耙，當然也是倒打了頻頻說北京有善意的宋一耙。接著，陳總統也就老實不客氣地追進，修理了宋一番。

扁宋會之初，宋一心想在兩岸事務上立大名，我寫了一篇長文勸告並請人轉交，並登在《蘋果》上，立大名也不能一廂情願，如果不顧客觀條件硬來的話，恐怕會出大問題，如今，不幸言中。由於藍軍過去硬逼民進黨承認「九二共識」、「一中各表」，綠軍否認有這回事，爭吵不休，所以宋出發前我向黨團提案要宋向胡求得「一中各表」的承諾，以杜紛爭，但看到宋對中華民國被消音逆來順受，我覺得不妙。在宋胡會的早上，我又公開說希望宋不要急著和胡得到什麼兩岸結論，否則恐怕不好。我預言，連戰已到中國簽了公報認了九二共識，沒了一中各表；如今宋可能會認了各自表述，但沒了中華民國，結果又不幸言中。藍軍版的「一中各表」是說一中可以各自表述成中華民國或中華人民共和國；共軍的各表一中卻只能表到一中原則，不能再生出什麼中華民國。宋接受了各表一中，把藍軍的神主牌都丟了，眞是虧大了。

宋在中國痛批台獨，綠軍大大反彈；搞丟了中華民國難向藍軍交代；得意之作「台灣和大陸同屬一中」，還被中共拿來倒打他一耙，所有盤算全都落空，回到台灣迎接的是選舉的大敗、黨內的分崩離析，眞是四面楚歌。

不過，我也勸陳總統，宋搭橋固然失敗，但卻實在不應不斷冷嘲熱諷，跟著追殺，因爲宋搭橋、陳唱主戲本是大家講好的，如今可罵宋「一中反獨」是不當，也可怪他失敗，但如何能嘲笑他去北京是自取其辱，是不自量力？其次，此後既然還要合作，在宋狼狽時伸出援手不是最應該的嗎？如今反而加以奚落，怎樣合作啊！

宋一心留名青史，然而不顧現實條件的結果卻是落得如此下場。在台灣，像宋一樣想在歷史上求大名的人所在多有，但一世梟雄都淪落至此，其他心嚮往之的政治人物要戒之、愼之！

一代梟雄落此境地令人唏噓，然而剛猛、鬥志堅強和情義相挺的稟性，將會繼續拎著他，讓他在每下愈況的戰役中耗盡最後的力氣和尊嚴，使他淪落得更加難堪，無論如何，扁宋會及赴北京受辱而歸都不是他人生的最低點。

情義

二〇〇四年三一九投票，權力遊戲確立了民族救星的大位宋必須讓給馬，但三一九連搭起的群眾戰場又提供了宋負嵎頑抗的根據地。

二〇〇五年縣市長三合一選舉的權力遊戲後，紅衫軍群眾戰場一旦被施明德搭起，宋楚瑜自怦然心動。認爲大可借此和「馬」再戰。

在三一九抗爭，宋被諷刺去打麻將，現在紅衫軍戰役，宋加倍努力參與，像認眞、奉公守法的公務員般地天天到凱達格蘭大道上班，雖然在三一九戰場中，他是主帥副手，現在卻備受紅衫軍總部排擠，只算插班旁聽生，但認眞結果終於贏得夜間部主任之名，皇天不負苦心人，宋在民間聲望重振。

二〇〇〇年興票案發前，他是台灣人氣王，聲望無人出其右，但敗選後，大幅下滑剩四成。到了馬英九選上台北市長，二〇〇三年馬的民意滿意度從早年五成竄升到八成高峰，相對的，宋剩下三成多的低潮，升降消長，鮮明冷酷。二〇〇六年七月宋最低掉到只剩兩成一。

現在，宋在紅衫軍戰場努力上班之後，竟然在短短兩個月內滿意度倍增，上升到超過四成，而這時，台灣過去天上眾星俱皆從天上雲端掉落凡塵，像李登輝、民進黨四大天王俱在四成以下，馬英九、王金平稍好，但也只有五成。到了第二年一月，馬竟掉到三成七，所以宋居然也算名列前茅了。

有此民氣，梟雄，梟雄，其再起乎？

梟雄於是放手於年底台北市長選舉，但是深藍的本性，需要的是英明救星，如今宋救星色褪，新的肯定來自於苦行，一被崇拜，一被同情，兩者大有不同。但宋似乎並未參透，於是選市長以苦行手段行之，昔日宮廷縱橫高來高去，昔日梁山草莽呼義驚動天地，如今則低潛苦行於大街小巷，沿戶懇求，令不少人惻然不忍，但群眾要的是崇拜的救星，而不是令人同情的苦行者。於是相對於其他諸明星，他的肯定度固高，但一旦觸及選市長的民眾支持度，相較於新秀貴冑之後郝龍斌則瞠乎其後。宋支持度既遠遠落後仍苦行不懈，梟雄所爲何來？況且既曾在全國最高層政壇呼風喚雨，如今志業只在爭得地方封侯以賭一口氣嗎？宋格局或非如此，那麼所求何事？恐怕看不破情義爲其根源。

宋既呼群保義，一時各地蜂起有攘臂跟隨，幾年下來，肝膽交心，縱有大波大浪淘洗，而諸全賴他提拔的良家子在宋聲勢下滑時迅速歸順國民黨舊營，但結交江湖豪士卻眞有跟隨到底在所不計的。旣然如此「吃人一升，還人一斗」，宋只有賣老命拚到底，用殘命替情義兄弟維持局面。他認爲如此：市長勝固大大爲好；敗，仍能守住陣營。不料，票一開出，竟然只得四．一四%，命運對他的羞辱眞是極盡殘忍之能事了。

結果所以如此，緣於藍綠對峙已成政壇格局，在藍綠決，爭的是公眾的「大議題」，在大格局對照之下，情義相挺呼群保義固足以動人，但被公的大議題對照就成「私」了，於是群眾不前。

熱呼呼的私誼情義終被冷冰冰的大歷史碾壓粉碎。稍早，兩大黨修憲通過詭異的國會席次減半，再配上足以封殺小黨的「分立式單一選區兩票制」國會選制，新制在二〇〇八年一月投票選出新國會，親民黨在不分區連五%的門檻都未跨過，而區域則只能乞求國民黨的讓予而有獲選零星席次。

旣是歷史舞台叱吒震動一時的梟雄，也曾盡性盡情地演出，但過人的才具性情原來只讓歷史挑選來扮演無人能替代的兩個不可或缺的關鍵性角色：

首先，不管他原先多麼信奉黨國道統，也確在這理念下爲整肅台灣的民主和本土文化立下汗馬功勞，但歷史卻指令他叛離貴冑集團，跟隨李登輝全力爲終結黨國法統力戰萬年國會，爲另一個對立的陣營，也爲台灣民主的理想立下汗馬功勞。其次，歷史再借李廢省將他逼離本土化大趨勢，跳回去「護省」，維護大中國體制；然後，分化大中國陣營。最後扮演的角色是：撕裂國民黨，讓台灣（或者說華人社會）得以有首次的民主政權輪替，然後在羞辱下退出劇場。沒有他的「犧牲」，竟眞的不會有二〇〇〇年的政權輪替！

二〇〇八年三月二十二日台灣總統大選，馬英九以五十八%比四十二%大勝綠營謝長廷。國民黨的大勝，使親民黨在台灣政壇立足空間已完全喪失，這時宋回歸國民黨陣營，不再帶領自己的弟兄頑抗，普遍的說法是宋仍眷戀權位，但犀利如宋當然明白，自己在國民黨內已沒有什麼權位可以眷戀，回到國民黨唯一的理由是以國親合作的名義替自己留在藍營內弟兄，包括幾位不分區立委討個免死金牌罷了。為了情義弟兄，他不畏譏評了。同樣是金童，宋是為弟兄如此賣命；至於另一位金童馬，自己的忠心部屬余文為他而冤屈坐牢時，馬憂無知俗世之讒與譏而自惜羽毛，也為了自己的前途，竟然不聞不問。兩兩之間，情義冷暖對比竟有如此鮮明！而俗世評價人品，馬遠高於宋，對比竟也同樣鮮明！

宋黨大業，隨風而逝，如今毫不為人略一瞻顧，此後定也不會有人提起他對聚義弟兄的情義，只能在炎涼世界中寂寂寞寞，自我憐惜。

梟雄如他，再怎樣豪強，命運原來竟始終操弄在歷史手裡，而不是自己手裡。

一頁封存的異想歷史

在離開立法院之前，我曾先後和李登輝的一位核心幕僚還有一位宋的左右手說，以宋的能力、情義和剛猛性格，假使當時李登輝安排的接班人是宋而不是連，那麼他不但將為國民黨保得總統大位，面對中國，以他剛強易怒的個性，一定比連更挺得住。事實上，在二○○○年總統大選時，他已是如此；不只如此，以他情義個性將因李對他提拔和民眾擁戴的的情義，站在台灣立場。而維護自己權力的強烈意志和對自己外省人出身的敏感，都會使他在面對中國威逼時會比一部分動輒四不一沒有的搖擺民進黨領袖穩定。至於他黨國薰陶出來的大中國意識，對他或許仍是難捨的理念，但他並非理念取向的人，情義和權力，對他定是更是難捨。無論如何，凡事必如模範生般在抽象的理據上求得妥貼，那是馬金童不是宋金童。

若此，李帶領國民黨出埃及的路線將被有力延續，不至於被連戰和他的貴胄親信帶回尼羅河畔。兩人聽了，同樣始而愕然，繼而默然。

第十二章

出埃及記

尤利西斯的哀傷告白

馬英九在台灣政壇是一個奇蹟，擁有歷時最久的民意滿意度，多年來，直到二〇〇六年五月特別費事件爆發前，全維持在七十%以上的滿意度，在同一時間，包括所有所謂「天王」的人在內，早都落在六十%以下，不及格了。

諸天王們，除連戰外也都擁有高民意滿意度，如陳總統在二〇〇〇年高達八十%，謝長廷、蘇貞昌、王金平、游錫堃、宋楚瑜都曾高過六十%以上。

諸天王們民意滿意度雖也曾到達高峰，但再高除了陳總統外，都遠不如馬的八十一%；況且，諸天王們的高滿意度都有如曇花一現，維持不了幾個月，但馬則多年來多在七十%以上。

到了二〇〇八年，他以五十八%得票率勝謝長廷四十二%，創下二〇〇一年以來各項選舉中藍綠最大的差距。①

馬為萬人迷的魅力何在？

其實在於跟隨在主流價值而成為模範生。

馬英九和陳水扁一樣都有非常強烈的模範生情結——一定要跟隨在既定的主流價值下力求完美的表現。不過扁和宋一樣，可以在不同立場間作飛躍的轉變——宋的轉變周期較長，都是在情境大轉折時轉變，而扁則可以隨時跳躍。

然而價值、立場的飛躍，對馬是不可能的，他價值的轉變歷程是極度地小心緩慢，年輕時，做為大一統黨國主流價值的模範跟隨者，不只像殷海光、雷震這樣的革命是不可能的，甚至像沈君山那樣只是開明改革對他也不可能，而這些人都遠比他年長。在沈君山奔走於美麗島政團和國民黨間做溝通工作時，馬甚至還篤信美麗島徒是暴亂分子，他名列「反共愛國聯盟」，力戰「左翼統派」和台獨黨外等「黨國敵人」。

做爲模範生的馬英九思想轉變的緩慢非常難以想像。一九八一年，他爲《波士頓通訊選集》寫了一篇序，文章結尾是「只要我們堅持理想，永不退卻，未來波訊停刊日就是大陸重光時」，這段話，現在大概很少人不會覺得實在幼稚得太可笑吧。一個取得哈佛博士學位的人會這樣說只有兩種可能，第一，他根本是一個信口開河的「王鹿仔仙」，但看來，馬不是這樣的人；另一個可能，他是老師怎麼教，他就怎麼相信的「模範生」，看來這庶幾近之。當然，換句話說就是他是沒有自主的思考能力，永遠是主流價值的跟隨者。「大陸重光」雖是國民黨的主流價值，但到了一九八〇年代，黨中人士仍然相信的已經不多了，偏偏模範生的馬卻誠誠實實地相信。

到二十年後的九〇年代，民主化成主流價值，他謹愼、好形象地奉命推動總統「委任直選」，再過十年，他參選他原先反對的「總統直選」，這時台灣主體意識蔚爲主流，國民黨大中國意識型態維持得十分艱難，終於導致了「中心思想」的喪失。二〇〇七年中他準備競選總統，爲了擺脫失去中心思想的批評，他非常仔細小心找來在保釣時代的保釣統派左翼分子協助他建立他這一個統一分子和台灣的「連結」。這些台灣的保釣左翼，如王曉波，是他「反帝民族主義」的啓蒙導師，但馬學到了民族主義，卻跳過危險的左翼思想，到了美國之後，回到父執右翼的立場，成爲保釣的右翼，和美國的保釣的統派左翼及台獨仗打得不亦樂乎，但因爲大海相隔，意外地和台灣的保釣左翼免於師兄弟的廝殺，等到回台灣要選總統了，又回過頭，請舊師長翼助。

所謂連結，語意上當然是台灣和他各自分離，但小心地在中間接上一條線的意思，這種連結，台灣成了中國國民黨這一個主體要連結的客體，是大中國君臨台灣的基本立場——他的做法最奇怪之處是，保釣左翼在台灣的意識型態市場的光譜位置實極邊緣。三十年前保釣統派左翼和右翼最大差異在於同樣心懷中國，但左翼多了對台灣的許多深入研究，如今馬便引爲奧援。在左翼人士幫助下，馬英九發表新書《原鄉精神》，提出「新本土論述」。新書展現了馬相當程度的努力，但奇妙的是這本書竟成了他所屬的眾良家子弟漂泊心境的哀怨告白，一種中原正統貴族心態在書中一瀉千里地流露。首先，書中以華美風格對外省人早期處境作深刻的描繪「這些帶著遙遠的鄉愁，無法歸返的旅人，被歷史帶著走的中國的尤利西斯啊，只能在生活中尋找同鄉，互相慰藉……。」不設心防的告白，其撼動人心彷如朱天心的名著《想我眷村的弟兄們》。

然而由於過度貴族式的自我耽溺，不小心地讓他對自身之外的世界產生了理解上的困難。帶著貴族口吻他哀怨地說：「媽祖、關公來自中國大陸」，而民進黨員思想根源來自「中國知識分子」胡適、雷震、殷海光，「無法除自己腦海裡的中國思想影響」卻都要去中國化，都是「忘本」。這說法很好笑的，因爲胡、雷、殷三人雖在身分上是中國籍，但他們在思想史的地位是西方的自由主義思潮的介紹人，他們都很清楚地認爲「去中國的封建思想」後，原非中國的自由主義才得以移植台灣；雷、殷甚至是主張台灣獨立的，都是在政治上去中國的。馬把三人中國人的「身分」切割出來，拼湊在自己的「反去中國」架構中，而捨去三人的思想之西方所本與台獨異端，來編織一個講究身分的二元對立世界。在這個世界中，簡短地承認外省人（他稱做第六代移民）曾對本省人（他稱爲第四代移民）進行威權統治是屬不當（這當然是進步的了），但馬上用「台灣之有自由主義思想還眞是拜國民政府的大遷徙……之賜」予以解消。其結論竟是實行史無前例的戒嚴體制的國民黨是台灣自由主義最重要的源頭，眞是「有趣」。他又強調台灣抗日時並無甚自由主義，而不知道他所肯定的台灣抗日「民族主義」運動正是以新康德的自由主義做基礎的。

他還帶著貴族口吻哀怨地批民進黨「忘本」，控訴帶著「典型的種族歧視」、「被民進黨利用」的「福佬沙文主義」。

過了好一段時間後，馬才似乎發現了保釣左翼的邊緣性，於是逐步疏遠，在經 longstay 後，終於從「連結台灣」成爲「燒成灰都是台灣人」。

從打美麗島暴亂分子報告到燒成灰都是台灣人，這一條路，他足足走了三十年！

不只如此，宋一旦轉折，不需任何解釋，但馬雖不以思想上的開創見長，反而往往扮演主流思想的跟隨者，但每一次轉折，一定要在思想價值上認眞辛苦地找依據。如保釣時，努力研究海洋法和釣魚台歷史；反台獨時，努力研究「台灣主權明確屬於中國」和「未定論已告終」論點；走向本土化時，努力傾聽二二八家屬聲音，透過保釣左翼接受「國民黨連結台灣」的論點⋯⋯。

從這裡，我們看到了他是多麼小心謹慎的一個人，也應當是一個君子。

馬英九做爲一種高尚品牌

訴諸大眾對高雅品味的感性嚮往，是商界經營商品品牌的要旨。「馬英九」就是馬英九在政界商品市場小心謹慎而成功地經營出來的品牌。品牌，需要經營者不斷地和主流大眾做品味的對話，產品才能既維持其差異性的獨特附加價值，又能滿足社會在主流價值變遷後的風尚要求。

從念哈佛大學開始，馬英九就認眞地跟隨主流價值：從右翼黨國意識型態跟到近年的本土化，他同時小心地呵護自己的各項附加價值：取得哈佛好學位；成爲最年輕的國民黨副祕書長，才幹過人；爲捉賄選辭官；定期捐血、捐款慈善團體、養流浪狗；在外國人面前替敵方陣營領袖陳水扁講話；耐心傾聽二二八家屬控訴；政治潔癖；乃至不間斷的慢跑……。這些行爲出於眞心，卻也營造出大眾眼中完美到近乎神祕的品牌形象。

既正直改革，又溫柔有愛心；既廉潔又穩健；既高雅又敦厚；既陽光又健康；既才幹又謙沖。而最重要的是，一個完全可以信賴的君子，在政壇污泥中兀自矗立的白蓮。

人對商品品牌的迷戀來自於人的自我憐惜，而馬英九正是那麼地自我憐惜，於是雙方在共享主流價值之餘，馬與群眾——不特定的群眾，甚至是抽象性的群眾互相憐惜，互爲偶像。

天使不容折翼

我就任民進黨政策會執行長第二年夏天，台灣爆發不幸的 SARS 事件。

SARS 事件的來臨使得台灣陷入各種荒誕離奇的大混亂，爲了不給可怕的 SARS 病患入境就醫，民選首長帶領民眾阻擋病患；醫院未經規畫突然封閉；媒體記者在危險的隔離區衝鋒陷陣；醫師、護士慌亂地集體抗命；市面上民眾瘋狂搶買口罩……。

在 SARS 事件平息以後，根據 WTO 衛生組織的評價，台灣衛生署疾病管制局是全球 SARS 疫區中把疫情控制得最好的政府機關；至於台灣各機關的處理則以台北市政府在處理市立和平醫院時出的紕漏最嚴重。

事後公平的評價如此，但是在二〇〇三年四、五月，台灣剛入疫情恐慌時，台灣社會的評價是完全相反的：中央政府疾管局被斥爲世界最無能的，藍軍甚至要求政府應向處理得最糟的中國取經，求其協助；至於台北市政府則被捧成抗 SARS 的模範機關，其中馬英九市長、市衛生局局長及和平醫院護士陳靜秋被當做抗煞三大英雄，民意支持度飆到最高點。

在抗煞中，馬一方面認眞抗煞，他頻頻探視和平醫院，而這場景天天在電視鏡頭出現，陷入恐慌的台灣社會很多人每天都得從電視上看到這鏡頭才能安心睡覺。

他是英雄，前往抗煞，行政院則在現場聽候英雄的差遣，一方面，馬市長現場指揮時，行政院長游錫堃和國防部長都恭敬謹愼地在旁聽其調度；另一方面，市府不斷指責中央的抗煞無能，於是抗煞三雄和市府成爲萬眾在災難中的唯一希望。

但是到底有少數人覺得事情不對，發現台北市政府在處理和平醫院時紕漏百出，還欺上瞞下，如果聽任市府把抗煞當做抗煞三雄的秀場，問題非常嚴重。於是段宜康立委邀我發難，想要扭轉局勢，五月八日，我們舉行聯合記者會，指出：台北市政府「爭功諉過、太過權謀」，中央的疾病管制局多次主動提供防護衣與醫療協助，但都遭台北市府拒絕。他們也表示，台北市未據實通報病歷資料，不肯與中央配合，導致很多該做的事都沒做好。市府只是炮製了幾個英雄。

我們指出，市府葉金川既賣力又有貢獻，但葉金川所說中央並沒有協助台北市，與事實不符。衛生署與疾病管制局的公文紀錄很清楚，中央盡全力協助北市物資與醫護措施，並於四月二十四日要求和平醫院成立接管小組，並分級、分區隔離，但和平都沒有做。

台北市政府向葉隱匿事實，致使英雄葉金川變打手，耗損英雄，很不應該，我們認爲不是英雄就可以講出不符事實的話。

至於已經逝世的護理長陳靜秋，段宜康表示，各方說法不一，十八日從花蓮回來感到不舒服，二十日和平找不到人，二十二日晚上七點到耕莘醫院求診，隨後並轉到台大與長庚醫院，但其中，這些醫院爲什麼都不通報，而是等到和平醫院主動通報？段宜康質疑，台北市政府處理過程漏洞百出，根本沒有據實通報，我則指出陳靜秋不是「抗疫英雄」，而是一個不幸的單純受害者。

沒想到，當時馬正值聲望的巔峰期：剛剛兩度在市長選舉中打敗了陳總統：一次是陳總統本人，一次是總統替身的李應元。大家都相信馬，不相信段宜康和我。這時捧馬是時尚，因此我們的批評被認為「新潮流在找馬的碴」，是在「打馬」，而打馬是妨礙抗煞，是不道德的。

這時市府團隊一心要為馬未來執政打響名號，天天頻發新聞稿自我歌頌並痛批中央，而內閣則繼續恭謹地讓市府指揮調度，我實在看不下去了，於是在民進黨中常會提議，不能讓馬的市政府這樣亂下去，尤其從和平疫情的發展來看，市政府甚至非常明顯地在隱匿疫情、掩飾處理失當，中央應趕快把指揮權接收過來。沒想到，我發言完畢，黨主席和游揆及其他中常委竟人人面無表情，沒人回應，我大為訝異和挫折。

這時，民進黨執政的府院、黨團團隊口徑一致，說「尊重地方」、「不願挑起疫情衍生中央與台北市政府之爭」。但行政院院長、國防部部長恭謹地聽犯錯的市長指揮，也未免尊重過頭了，我決定也每天對情勢進行調查，每天批評，尤其在《蘋果日報》上天天寫文章檢討市政府。一開始，我對於要怎樣拿捏分寸也曾猶豫，我因為馬市長這個人乾淨的特質而感到不忍，馬市長是台灣少有不屑也不必捲入口水戰的政治人物。不屑，是因為他的教養和與生俱來的個性；不必，是因為他的形象和光環足以抵擋任何指責，這都是令人尊敬的，使人不忍去傷害他。

不過，面對 SARS 這樣人命交關的問題，個人的同情到底該擺在一旁，我們還是得明確地要求政治人物在關鍵時刻要做出正確的選擇。

接著，我看到我的批評毫無反響時，我升高了分貝，以在《蘋果日報》「一問馬市長」開始，二問、三問、四問連串問下去。

當我升高分貝時，有此同仁勸我「抗煞為重，不要打馬」，當時擔任民進黨中央評議委員主委的沈富雄醫師就三度勸我這個政策會執行長說，馬現在萬眾寵愛在一身，你怎樣批評他，不但都沒用，反而自己還會受傷。只有幾位中央黨部列席中常會的黨工在會中沒有發言權，在會後，偷偷地向我豎起大拇指鼓勵。

對同仁的勸告，我不為所動。漸漸的，醫師、護士開始強烈對馬反彈，輿論也有變化了，終於，衛生署也覺得不行了，於是前往和平醫院突襲檢查。台北市衛生局雖然力加阻撓，但是和平醫院的眞相終於大白，於是疫管區正式接管台北市立和平醫院，而疫情才終於控制住了。

不過，對我來說，事情卻還沒結束。

在 SARS 事件中，有親民黨立委痛批台灣衛生當局，努力拉攏北京，要拉北京蒞臨台灣指導，認為這樣台灣才能逃過大難，事後並有立委獲北京推薦而可以參加 WTO 在馬來西亞召開的 SARS 學術檢討會而感到無比光榮，說他可以替台灣向北京爭取支持，我大大地加以嘲笑，認為那是典型的「台灣失敗主義併發症者」。

因為在 SARS 事件中，北京處理得非常不好，而台灣則被 WTO 當成模範，結果在學術檢討會中，台灣雖然不是 WTO 會員國，卻一再被要求發表正式演說，WTO 會議決議文中也特別肯定台灣，結果把中國的代表氣得半途退席，而那位北京推薦的親民黨立委也只好半途倉皇回台，只是他回台後做的事並不只檢討自己是否應再繼續抱台灣失敗主義，而是到法院告我誹謗，累得我還得跑法院，幸而最後獲檢察官不起訴處分。

經 SARS 事件的洗禮，我看到了台灣醫界的深厚能力，但也看到了政治高層各明星們光怪陸離、甚至滑稽的角色扮演，這些明星比起一般人來都算聰明絕頂，但是什麼因素讓他們演出如此離奇，是權力嗎?歷史經常告訴我們是。

至於馬英九，在抗煞事件中，過失也太明顯了，事件過後市府多位官員或下台或吃官司，但他的民意滿意度仍然維持在八十%左右，眞是金剛不壞之身。一直沒受到什麼折損，眞是奇蹟，無怪乎大家勸我不要去碰他。

塵世是如此殘殘缺缺，人們總是夢想完美，夢想不容許被打破，於是儘管馬出了這樣人命關天的差錯，但人們不容許天使折翼。

花蓮奇蹟

花蓮人口不過三十五萬，只占台灣一．五%。但二〇〇三年卻進行了一次台灣有史以來最慘烈的縣長補選。藍綠總統候選人都當總統前哨戰，藍綠政黨都傾全力以赴。檢、警也都被捲入。

這次選舉應當是人類選舉史上的奇蹟，藍綠雙方從總統到大小部長、立委、黨部主管，每天大批大批地奔走，飛到花蓮這一個才三十萬人口小縣的機場，進行輔選。人員如此，行政資源的巨量投入更不用說了，台北媒體也把它當做國家無比重大事件，消息持續占滿報紙一、二版版面。——熱成了奇蹟。

但是在台北奇熱下，花蓮卻又創造了奇冷的奇蹟。

這次總統候選人愈帶大隊人馬來助選，大家愈不願意去投票。投票率從二〇〇〇年的七十四．八%降到二〇〇一年縣長選舉的六十．七%，這次再降到五十五．九%。兩軍戰得愈熱，花蓮人愈冷漠，尤其是決定將來大選勝負的所謂中間選民大概都跑掉了。藍軍雖勝利，選票卻已大量流失，花蓮以冷漠向綠軍拋出警訊，更向整個台灣政界發出了警訊。

前山後山兩孤星

最後民進黨在花蓮選得連基本盤都沒守住，固然，過度動用資源等策略引起反感和國親發動棄保成功都有關係；但更重要的原因，那就是謝深山的個人魅力。

說謝深山有魅力，很多人一定笑掉大牙。因爲他自從被國民黨認定是個好勞工的代表後，扶搖直上，從議員當到內閣閣員、行政院祕書長，資歷十分完整，但是大概沒有人說得出他到底做了什麼令人印象深刻的事。

他的特色只是出身勞工但溫文儒雅，不涉權力角逐，實在平凡。但這夠了，因爲在二十多年來，大小政治人物不管有沒有才能，個個不是剽悍，就是權謀縱橫，造成台灣充滿暴戾之氣和算計。這使社會體認到「政治是必要之惡」果然名不虛傳，因此他的不事權謀角逐便意外地成了引人的魅力。

這現象雖稀奇卻不是孤例，前山尚有位馬英九。

馬常被稱道對女性的魅力，無人能及，通俗的看法是他的英挺、好出身、好學歷，然而眞正的意義恐怕他是能帶來安定的好人，婦女對安定是最敏感的。

二〇〇三年七月，《天下》雜誌公布了全台灣各縣市長的施政滿意度，馬市長在人品方面很受肯定，清廉、關心人民方面，大家最沒話講，名列台灣前茅。但很離奇的是他在「長遠眼光」方面的評價並不高，而「溝通能力」滿意度倒數第二，至於「魄力」更是敬陪末座。但不容折翼的天使台北市長馬英九滿意度仍以五十．八%勇奪第一名。

比起來前後山馬英九／謝深山，雖然學歷有高下，依《天下》雜誌調查，也是同樣欠遠見，缺魄力，但因為是清新的好男人，便同樣備受寵愛。

好男人就是好領袖嗎？沒遠見、魄力也可以嗎？但太多人覺得他們已經別無選擇了。

於是我在《蘋果日報》專欄大膽地寫下：「台灣社會已經開始厭惡呼風喚雨殺氣騰騰的政治人物，未來受到選民寵愛將是像謝深山、馬英九這類不以政績見長的好人。」

不料倒眞的應驗在二〇〇八年的大選上。

有好人眞好

三年後，這種寵愛已經在二〇〇六年縣市長選舉中擴大成「馬英九光環」。

這次選舉的核心議題是「清廉」，就候選人來說，民進黨候選人南北一路排開，在清廉上都沒什麼弱點；相反的，國民黨涉及超貸、呆帳、貪瀆的比例高得嚇人，但民進黨候選人在高層高捷案的烏雲籠罩之下，聲勢下挫，相反的，國民黨因馬光環大獲全勝。

這次國民黨勝選眞的靠的只是馬光環嗎？其實馬光環雖是不可或缺的因素，但有另外一個因素同樣重要，那就是地方樁腳組成的派系。君不見，馬在選舉期間檯面上站台秀光環，檯面下頻頻造訪因貪污案關在牢裡的張榮味。

台灣目前選民的光譜大概呈現這樣的分布：統派的深藍／利益取向的淺藍／有正義感的中間偏藍／有正義感的中間偏綠／台獨意識強烈的深綠。

其中深綠、深藍投票時，最積極、而且選擇非常固定；利益取向的淺藍票投不投得出來端看派系動員；至於自主性高的中間偏藍或偏綠這塊，高捷案趕走了中間偏綠的投票，但「好人」馬英九光環鞏固了中間偏藍的選民，使他們不計較候選人的賴帳、呆帳、超貸，連派系令人側目的動員手段一時都順眼了起來。

既然馬那麼好用，就要好好用，馬也樂於爲人所用。藍軍大大地善用了馬英九。

在組織NCC時，藍軍推薦的「好形象專家學者」在NCC審查時演出一個極醜陋戲碼。民進黨推薦的專家學者在投票時，差不多都投滿了十三票，投票的對象涵蓋藍綠雙方，重視候選人的專業，而不計黨派，但藍軍的，則進行「鎖票」，差不多都只投藍的八人，對綠軍則一票不給，完全是只顧顏色、不管專業，這種好形象眞是不同凡響。只要沾上一點藍邊，連專家學者全成顏色的俘虜，不再有獨立自主的思考空間。藍軍因而在NCC中大獲全勝。

藍軍的「NCC模式」當然醜陋，但利益太大，於是運用馬光環來加持，馬說NCC模式很好，監察委員將來也這樣產生好了。監委可用NCC模式?憲法明文規定是不可以的。有了馬，違憲有什麼關係，更不用說醜陋都變可愛了。

我國的司法制度跟民主國家很不同，是以行政官僚體制爲模式來建立司法體系，法官制度官僚化，非常落伍，當事人很痛苦，於是司法院推出了司法改革法案，這案雖獲司法界、學界、基層法官、媒體輿論一面倒的支持，但傷害了三個終審法院法官的既得利益。只是他們獲得國民黨支持，國民黨在立法院全力杯葛司法改革。

有馬英九眞好，有了好人法學博士馬英九眞好，國民黨可以全力支持少數司法高官的既得利益，對抗整個學界、司法界、輿論界。

當然還有，有了馬英九光環，對抗十八%改革當然也振振有辭。

有馬英九眞是好，任何人可以百病不侵，一切腐朽皆成神奇，憲法也都靠邊站！

於是我們清楚地看到深藍的兩顆民族救星，他們光芒色調的明顯差異：

在藍軍中，馬宋兩人的高滿意度是建立在非常不同的基礎上的，宋被肯定的是他的幹練認眞；馬則因爲「他是好人」。在二〇〇〇年之後，馬在群眾中迅速取代宋，意味著群眾喜好的轉變，在過去，台灣如同任何威權體制下的人民，急於打倒威權，現在他們更期待一位帶來安穩生活的好人。

威權體制總是建立在社會面臨強烈危機的想像中，因爲社會面臨嚴厲的威脅，所以領袖非英明絕頂不可，由於群眾對英明的期待，則梟雄往往乘勢崛起，於是宋帶領一時風騷。其實，諸天王們，又何嘗不是在類似的情境下而民氣竄升的。

只是多年群雄競起，攻伐慘烈，社會焦慮不已，於是與民休息更爲社會期待，大家渴望好人領導尤甚於英明領袖，於是馬被認爲是「好人」而萬眾寵愛在一身。

太多重大的事，都證明馬實在不英明了，但是民眾並不在乎。

二〇〇三年在 SARS 事件中，他的市府團隊荒腔走板，以至於市立和平醫院成爲 SARS 疫情在台灣失去控制的關鍵，當時，我在民進黨中常會主張游揆要儘快令衛生署接管和平醫院，但當時中常會沒人接受，一直拖到疫情益形惡化爲止。這還不奇怪，最奇怪的，事件過後市府多位官員或下台或吃官司，但他的民意滿意度仍然維持在八十%左右，眞是金剛不壞之身。

從孤星獨燦到眾星俱殞

二〇〇八年七月出版的《遠見》雜誌，發表馬總統上任滿一個月的民調，滿意的低到只有三十七．八％，而不滿意度則高達四十六．二％，到了九月，更進一步滑落到二十四％！台灣人氣王，人氣低到這程度，這眞是令人驚訝。

SARS事件後，馬英九品牌的價值從才德兼備轉換到德勝於才，而且德不是普通的道德而已，是超越世俗地完美，然而等到施明德發動紅衫軍，馬英九特別費的交代上前前後後左支右絀，頓時大家發現原來只要是肉身，便無法具備超越世俗的道德。於是昔日品牌形象和實質內容的巨大落差使馬英九在民眾滿意度上從長期維持的七成一路下掉，直到剩下不到四成。在檢察官最後偵結馬特別費的前夕，TVBS一項民意調查，馬英九的滿意度降到三十七％，四成都不到，只比民進黨游、呂兩大天王高，而和蘇、謝兩人相當了。

二〇〇六年他輔選北高兩市市長選舉，竟發生他的滿意度還低於他所要輔選的黃俊英，於是高雄市長選舉藍軍失利，而北市議員則民進黨擺脫縣市長選情的低迷，市議員席次竟有上升，從此台灣的選舉性格大有變化。

過去選舉，朝野雙方候選人常是民眾滿意度七、八成以上的明星，這些明星在民眾眼中幾乎被「神格化」了，當年馬英九和陳水扁競選台北市長時就如此。民眾是在才德兼備的兩個神格化的好人中，不得已地只能挑選一個大家更喜歡的人。

但經幾年政治競爭，所有候選人形象全大減損，魅力上，馬僅稍勝一籌，從過去的八十％滑落到二〇〇七年最低時還只剩不到四成，到了二〇〇八總統大選時則爲四、五成，比他得票率五十八％

還低。可見許多投票給他的選民，投得並不是那麼心甘情願，但只好覺悟，這世界終歸是世俗的，太美麗的故事只能在夢中浮現。於是，這次選舉基本上是一個「沒有明星」的選舉。

金剛不壞之身民氣驟降，成爲最後殞落的一顆偶像巨星，眞是眾星俱殞。

從神聖旅程到世俗家園

民主，本是追求政治的世俗化，但弔詭的是，在追求的過程中，必須付出重大的犧牲，結果其過程就呈現了一定的神聖性。然而，一旦民主成爲生活而不是追求的對象時，政治過程的神聖性自然褪色。

上世紀第三波民主列車中，台灣上車較晚，因此台灣民主運動者往往在加拿大教會運動組織URM的安排下帶著朝聖的心情前往韓國、甚至菲律賓取經。如今，台灣每逢大選，香港定有民主派人士來台觀摩，其心情也大抵一樣。

二〇〇八年選後的一次討論會，我告訴香港朋友：

「儘管你們仍在這次大選中看到許多令人興奮的群眾場合，但相信你們一定發現熱鬧已大不如以往，但我還要說句洩氣話，那就是這次大選恐怕是最後的一次熱鬧，下次選舉還會更平淡。

「政治學大家韓丁頓說的，任何第三波民主如果能在民主革命成功後，再經二次和平的政黨輪替，我們才可以放心地說，民主已經眞正地成功了。如果台灣民主眞的已因政權二次和平輪替而確立，民主已是台灣的日常生活而不是追求的目標，那麼，追求民主的神聖旅程也告段落，政治將歸於平淡，但香港的朋友卻不必擔心以後再看不到令人興奮的選舉熱鬧，因爲香港社會仍處在追求民主的過程中，所以在台灣失落的神聖性過程注定會在香港重生，你們注定會是這個神聖過程的參與者或領導者。」

讓台灣選舉呈現神聖性的來源除了追求民主過程外，統獨主權的對立是另一個原因，無疑的許多深藍民眾狂熱地支持馬就如同他們狂熱支持趙少康、郁慕明和宋楚瑜一樣，是把他當「大中華的民族救星」，希望斯人若出將可把各類台獨、分離主義分子打垮，以追求中國統一大業。如今台獨黨民進黨確實被打垮了。但統派勝了嗎？問題沒那麼單純。

二〇〇〇年，台獨黨員陳水扁當選總統後，宣布統獨立場時，主張的是中共不武則台灣「四不一沒有」，外加上陳總統準備接掌國統會，和可以和中國談未來一中；然而二〇〇八年的今天，原應被認爲是統派政黨黨員的馬英九當選總統，除了提了和四不一沒有幾分類似的不獨、不武外，也同樣有所加味，不過加的竟是和陳水扁「不廢國統綱領」味道大不一樣的「不統」、「不談統一」。這有趣的對照清楚地指出了，台灣主體意識牽動了兩大黨的主權立場，使雙方由對峙趨向共識。於是，選舉中另一個「神聖性」的來源，主權的對立也淡化了。不只如此，馬英九的當選是狂熱群眾特准他宣誓「燒成灰也是台灣人」、「世世代代埋骨台灣」，並收起「終極統一旗幟」，甚至說台灣已是主權獨立國家（雖然名字仍一定是中華民國）……才換來的。這一來，馬勝了，但統派奉爲統一的聖物不算失落了嗎？

爲了捍衛中原是聖國而台灣並非久居之偏安之地的偉大信念，深藍的群眾懷抱孤臣孽子的悲願，不斷地在颱風不斷吹襲的本土化的海角島嶼尋求民族救星來拯救他們，二十年來他們的民族救星從趙少康、郁慕明換到宋楚瑜都屢戰屢敗，直到擁戴馬英九，二十年臥薪嘗膽，聖戰才終獲大勝。然而，如今民族救星如眞的將不是久居之地的偏安之所當作永遠埋骨之地，當聖戰已勝而聖域已不在，眞是情何以堪。

另一方面，在綠營中，謝長廷對中國態度本來被認爲較爲模糊，他主張一中憲法是有效的憲法，所以他在高雄、廈門是一國兩市的憲法有效規定下，有權前往廈門訪問。但在選舉過程中，他也大幅修正自己的立場，甚至嚴批蕭萬長主張的「一中市場」，顯然更明確地擺明台獨立場。

只是選舉在台獨群眾眼中，過去固然被當做神聖的主權獨立運動的過程，如今台獨領袖陳水扁也高唱「扁倒，台灣倒」，但扁的能力評價和道德形象在縣市長三合一大選時已掉落到谷底的十八％民意支持度。這一來，要挺台獨就等於要挺聲望掉到谷底的人不可，於是台獨的神聖性也嚴重受挫。

還有值得注意的是，朝野雙方在最後衝刺的一個月，經濟財政議題的爭辯大量增加——這是過去選舉從未出現的現象，這當然更是政治由神聖化走向世俗化的典型表現。

固然經濟議題討論，雙方很大的一部分都在討論跟中國的經貿關係，以至於討論經貿像在討論統獨。但其緣由應是兩岸未三通，雙方經貿關係未正常化，所以必須討論，因此一旦三通了，情況將會不同。

預料是未來不論誰當總統，政策都會朝改善兩岸關係的方向走，三通問題也將可逐步解決，這樣一來台灣經貿問題的討論將會和統獨立場進一步脫勾。

台灣朝野主權立場趨向共識，選舉氣氛、議題和候選人同步地非常湊巧地都從神格化走向世俗化，這些總體現象都說明了我們大可以把這次選舉當做台灣邁向常態民主國家的一個里程碑。於是台灣的政治歷經了神聖旅程最後卻命定地抵達世俗家園。

於是在爲民進黨的大敗哀痛不已的同時，我也看到了台灣令人可喜的進步，當然伴隨的不免是我投注以一生青春的政治，它的神聖感已消退後的悵然。

當然隨著馬進入權力中心的隊伍，想要復辟的後來證明大有人在，只是他們將遭遇到難堪的處境。一旦跟隨馬坐上位置，他們將力圖旋轉乾坤，他們認爲台獨固有民意的正當性，但他們有「先知」的正當性。

金童變形記

在變遷迅速、政界諸明星變形迅速的台灣，馬也歷經變形，然而，馬的時間量度與人不同，眾人的時間皆快速如梭，所以眾人皆迅速萬變，其中尤以台灣之子陳水扁爲最，然而馬的時間總是悠悠然，在立場上一次變形要歷經三十年尚未到位！其次，其他人如陳水扁、宋楚瑜在立場上左右不斷變換，但馬的變形則迄今仍是單向的。

如此描繪的是他內在價值世界的立場變形；然而在外在商品形象，則從才德雙絕變到德遠勝於才，再從超凡的德變形到凡人的德。

然而有一不變的外在品牌形象，那就是直到他當上總統之前相較於他人，恐怕他才是言行如一的和解共生的實踐者，走出戰亂的曠野步上和平之地的人。

從神聖的中國道統到凡間的寶島美地；從超凡的品德到凡間的好人，總是小心地跟隨主流價值的馬英九，在台灣政治的價值世界從神聖走到世俗人間時，他成了國家的領袖。

摩西與約書亞

如果李登輝是帶領台灣人出埃及的摩西，那麼連戰是他第一個挑選的約書亞，他那次挑錯了。陳水扁成爲李摩西第二個挑選的約書亞——未來要在流乳與蜜之地建立家園的王，這是二〇〇〇年初台灣社會的共識。因李的摩西情節，連戰敗選後，國民黨宮闈貴冑和深藍群眾聯手把李登輝逐出家門。

他先挑連戰，因爲陳水扁的當選完全在他意料之外，在他看來，二〇〇〇年是連宋之戰，陳水扁不成氣候。那麼爲什麼不選宋而選連，以至於宋終於叛變，合理原因應有三：

一、他不相信在他和黨大力輔選之下，連會輸；二、他和國民黨都是講究輩份倫理的；三、李對族群問題非常敏感，他有他的戰略，例如在他特別關注下，行政院設置了原住民委員會；爲外省人推動眷村改建；爲台灣人二二八怨屬進行「補償」……等等。這樣的他一定會看到半山連戰的混血背景；同時也會認爲所以從連過渡到宋是台灣應有的歷史正義。

李登輝是在連戰當不成約書亞以後，才把「十誡」交給陳水扁的，然而到了他對陳水扁和民進黨徹底失望後，他屬意的約書亞會是誰呢？

二〇〇八年總統大選投票前夕，他表明支持謝長廷當選總統，但謝眞的是他的約書亞嗎？當然不是，在整個競選過程中，他表態支持謝只有短短幾天，但前後更有長達一年的時間，他綿密地營造對馬有利的氣氛，他的核心幹部持續地表態支持馬，他自己則持續性地向社會長篇大論馬當國家領導人的合理性，而且強調的是馬對台灣的忠誠。至於突然挺謝，顯然是因爲國民黨獨大後，國民黨的形象，立委費鴻泰等人令人震驚的霸道行爲激起了他民主倒退的嚴重憂慮所致。

過去，在馬第一次選台北市長時，李大力宣傳馬是「新台灣人」的典範，今天馬選總統時已經更進一步自道燒成灰也是台灣人了，那麼，馬眞的就是曾經拜過異教金牛但又回頭誠心信奉十誡的約書亞嗎？他曾後悔當時選擇宋而不選擇連，造成布局大亂嗎？如今他對馬的選擇，眞的就是因爲兩人非常特別的共同日本友人的推薦而信心堅定嗎？然後，最重要的，馬將眞的是約書亞嗎？摩西已老，哪堪一再閱讀歷史殘酷的揭曉？

神祕的天命夥伴

爲什麼馬英九不沾鍋，以至於在策略的揮灑上不見雷厲風行的氣勢？這樣的抱怨，根本不瞭解馬豈是不沾鍋而已。努力呵護馬成長的父執們在統治台灣時以戒嚴鐵腕，把塵世的邪惡封鎖在戒嚴的鐵壁之外，在鐵壁之內，則營造最美好、無菌的溫室培養完美的金童，溫室的潔淨程度根本是無菌，豈止是不沾鍋而已。

無菌的完美是如此地稀有，怎不令人崇仰，終致令萬人風靡。

萬人風靡的馬英九，儘管他的溫良恭儉讓使他有如出於污泥的蓮花，甚至在眾人厭倦了政界爾虞我詐、凶殘廝殺後，被大眾認可爲帶領大家走向太平世界的救星，但是從來沒有一個人只靠溫良恭儉讓便能在亂世中一統天下的。在瞬息萬變的亂世中和人征戰，隨時隨地都要在資訊、理據都非常不充分的條件下當機立斷，做成決定，這無疑和馬的作風格格不入。

在亂世中打下江山需要大開大闔，而非小心謹慎，所謂大開大闔，固然要有謀略，但敢賭願賭的個性也必不可少。

馬英九長期來人氣藍軍第一，是藍軍奪回政權的唯一希望，馬英九的雄心壯志也不用懷疑，但他天性中偏偏少了在亂世中脫穎而出的大開大闔的氣質。

國民黨曾是革命黨，革命時不乏大開大闔能賭敢賭之士，由於他們，革命成功，北伐獲勝，但是來到台灣，革命黨成了保守黨，在黨內大開大闔的性格，大不受歡迎。一九九〇年代，李登輝、關中和出走的新黨人士及宋楚瑜性格勉強近之，只是除了李，他們的中心思想背離台灣意識的主流，幾經風浪淘洗都已淹沒在時代的巨流之中。如今陣營中這種人已經少到可遇不可求了。

馬的高人氣同樣也是可遇不可求，於是藍軍奪大位是萬事俱備，只欠東風——一個謀略大開大闔，決斷乾淨俐落的人，來做馬的天命夥伴，主導選戰策略。

被外界說成「馬英九只有三個幕僚，第一是金溥聰，第二也是金溥聰，第三還是金溥聰」的金溥聰正是他可遇不可求的天命夥伴。金強調他不是「金小刀」，「要當刀，也要當大關刀」，開口語氣就大，架式足，這在目前國民黨中已屬異類，更異類的是他對台灣社會的深刻理解。

他深刻理解固源於成長在台南這個台灣意識的大本營，經驗異於首都權貴子弟，詭異的更由於他是滿族皇室貴冑嫡裔，既是金枝玉葉之身，又是國民黨革命要驅逐的異族韃虜，離奇矛盾的身分使他在歷史大變革中經歷非常，對族群文化與權力關連的理解深度大異於主領論述霸權的台北政學界及文人墨客，於是金馬兩人稟賦認識都各走極端，卻反成打天下唯一的天命夥伴。

金不管財經，但亂局中，針對敏感政治議題一旦運籌帷幄便能霹靂出手精準無比，捨文化學者「連結台灣」的僞貴族氣論述，直接誓言「以台灣爲主，對人民有利」、「燒成灰都是台灣人」，斷然主張公投，一旦當選，憲法規定由總統主導的國安局、陸委會、海基會、國防部、外交部乃至內閣教育文建諸長，甚至維持自己安全的侍衛竟清一色用台灣人，動作之大震撼力十足。一時之間兩岸議題民眾滿意度直竄到八成，如此策略思維肯定在馬英九保守天性中絕對不可能出現，但弔詭的，卻也只有清純如馬能義無反顧地誠意執行，益顯兩人做爲神祕夥伴之爲命定。挾諸如此類大動作馬虎虎生風地登上大位。

然而相對於馬的不沾鍋，金的大開大闔又重視台灣意識，異類行止盡令黨內側目，選舉時爲打天下姑且忍受，如今天下既定，金走人已是必然，結果馬如船失舵，舉凡涉主權政策全是復辟色彩，國之大政則在各路人馬各懷鬼胎、各顯無能下俱皆亂無章法，比起選舉時節奏緊湊明快完全不可同日而語。然而畢竟這才是國民黨的本色，選舉時的風雷氣勢只是馬借著天命夥伴帶來的意外。

身爲藍營金童，要成爲李摩西的約書亞，需要經歷一番內在價值的大革命，然而，馬英九是天生的非革命家，卻由於神祕天命夥伴的出現，在他大開大闔的策略引導下，儘管他內在的價值世界不可能發生大革命，但他的外顯行爲卻呈現了大革命般的格局。

百年老店單賴一個異類收復失土本不可思議，如今異類既去，復辟風行反而是回到常軌，但前景已經很清楚了。

馬英九在執政的第三個月接受《遠見》雜誌訪問時，他堅定地說「跟著我就沒錯」，根本是摩西，而不是約書亞的口氣了，但馬英九既不是摩西，也不是約書亞，他是一個想做摩西的約書亞。摩西是價值的開創者和領導者，約書亞是價值的跟隨者，當他和天命夥伴緊密合作時，和摩西也庶幾近之。但一旦天命夥伴不在時，便有如失去了摩西的約書亞，在上帝和異教的神中徬徨，若硬要自己當摩西，便會有如《天國出走》劇中盲了目的摩西，帶領著他的部族，沒有方向地在荒野流浪。

扁與馬，一個決斷俐落，一個反覆思量；一個是毫不在乎理念的虛無主義，一個凡事必求理據。但兩人同爲沒有能力樹立自己在價值上獨立思維能力的模範生則是一樣的，因此，雖都因強烈的企圖心而躍上權力頂峰，這一個價值引導者而非價值跟隨者的位置上，使他們同樣地在願景鋪陳、戰略釐定、政策選擇上錯亂百出。

馬英九先天的好心腸，由法西斯集團薰陶訓練出來的金童、模範生的價值觀，美國的民主時尚，三個核心要素伴隨他一生，拼湊成他價值世界的內涵，使他在攀爬權力階梯過程中左右逢源，也使他一旦執掌大權時左支右絀。

在當總統前，他安全而姿態優雅地在身上擺上挺六四、挺達賴、本土、和諧、民主……等等時尚飾品，當總級時，這些飾品便不得不大手一揮齊皆掃落，回到法西斯最核心的價值：國族主義與秩序，於是不可思議的事發生在這一個好人身上：鐵腕取締民眾對天朝官員陳雲林的示威；拒絕達賴來台；政府強力支配媒體；檢察官群組性辦案；提名王建瑄專門追究前朝舊案、大案，限制監委查新案、小案；法務部長王清峰任令檢察系統違法侵害人權，但指示追究被告律師，限制其言論自由……終於贏得國際自由之家嚴重關切。

在諸多違反人權事件上，除了達賴事件外，他採取的是由統治集團出手而自己不沾鍋的策略，當然，他何必沾鍋，他是房主人，不必自己當廚子，只要花錢蓋廚房，任用得力的廚子，沾鍋的髒事由信任的廚子去做就好了。

馬和王清峰、王建瑄，在社會光環大小有別，但光譜色系卻如此雷同，一旦當權，其共同價值觀迅速地透過各種措施顯現出來了，其「軟性法西斯」的精神自然而然地互相呼應。

二〇〇四年三一三藍軍在當時的領袖帶領下鄭重其事地伏地親吻過去他們賤視的土地，這是撼人的儀式，透過這儀式，群眾有如過紅海的以色列人，走向上帝應許的流乳與蜜之地。只是應許之地他們還看不清楚，而眼前西奈卻是荒漠一片，有人不免緬懷在埃及平安的歲月，甚至一心想帶人回去，但是來時，紅海海水裂開可以從容走過，回頭紅海重新閉合，再也回不去了。現在這支部族，在新領袖領導下，二〇〇八年打了大勝仗重獲政權，滿懷興奮地要重樹舊日旌旗復興故國榮光，但努力了半天後，現在發現故國榮光只能是一個隨風消逝的偉大故事。於是整個部族在徬徨中四顧茫然，舉步維艱。

人民的方向

過去，有些民進黨人士喜歡這樣防衛台獨：「要統一，等到兩岸生活條件接近了再說。」有趣的是，二〇〇八年九月《遠見》雜誌就公布了以「兩岸各方面條件差不多了，可否統一」的調查，結果，認爲必要統一的降到新低，才十六・二%；認爲沒必要的創新高，達六十六・三%，比一年前上升了十五%！另外，在同年九月二十九日《聯合報》把我的一篇文章〈放棄主權，活路變死路〉和蔣孝嚴〈雙邊搓商，外交可休兵〉以及總統府〈馬總統並未去台獨化〉三篇文字擺在一起，由讀者做網路評點。

按理，《聯合報》是典型保守立場的報紙，它的讀者也屬這種性格，但評點的結果大出我意外，認爲總統府和蔣孝嚴「胡扯」加上「可笑」的都超過半數。但我的卻「金準」（眞準）的高過一百五十三次，若加上「挺你」的則高達七成以上，此後我又有幾篇文章獲當週「金準」最高排名，如十二月初，〈三通協議主權商權雙輸〉等。這些數字一葉知秋地說明了懷抱「終極統一」的馬當上總統後民心的發展。

意外客

兩蔣要在台灣土葬，還是要回中國南京？要不要先在台灣葬一次，再到中國葬一次？要葬在五指山，有他的袍澤長相左右，還是尊貴淩空地不容他人居身側，自己葬自己的？整個「世界偉人」蔣介石的家族亂成一團，眞是魂兮漂泊，無處可歸。

兩蔣遺願是葬在中國，更是要和孫中山一樣依帝王陵寢模樣安頓在南京紫金山，這遺願成立的前提是國民黨完成反攻大業，於是在反攻已成神話，蔣家卻遺願難違又難爲之下，便在歸葬神話和在台落土爲安上矛盾遷延，二〇〇八年遇上阿扁選舉出招，「轉型正義」雷厲風行，魂魄更加不安。

炒作政治使死人不得安寧，這是藍軍對阿扁的控訴，這指控雖符合事實，但政治炒作蔣家遺骨的恐怕蔣家自己人是始作俑者。

把自己的安葬建立在子孫完成反攻大業上，這決定當然是政治的；接著在李登輝當總統，國民黨主流、非主流的惡鬥時，爲了表示對李登輝本土化策略的不屑，蔣家大老積極要把遺骨送回中國，蔣緯國等人因此奔波兩岸和中國政府搓商，希望反封建的社會主義政權能風光地讓他們依國葬之禮葬在「寢陵」，這怪異想法當然不能成局；相對的，李則主導在國民黨內成立「兩蔣移靈奉安小組」互別苗頭，最後由蔣宋美齡寫了親筆信：先在台灣葬一遍，再到中國葬一遍，暫時妥協。二〇〇四年，蔣緯國、宋美齡相繼去世，蔣家顯然決心讓兩蔣「去政治化」，繞過國民黨向民進黨政府「申請」安葬五指山。這時民進黨認爲這是蔣家和台灣土地和解的做法，十分肯定，阿扁決定安排國葬，並動用了三千萬元修好了墳，不料蔣家有仍要在政治上活躍的人跳出來反對，認爲不能由阿扁主持國葬。設想當時蔣家沒有人翻盤而就由民進黨政府主持國葬，不只兩蔣早入土而安，更值得注意的，阿扁既然承認兩蔣在台灣人士的認同意義，此後再要針對兩蔣發動「轉型」的清算，恐怕力道就得大大斟酌，甚至再難有動員群眾的正當性了；其次，兩蔣固然是國民黨，尤其是外省族群群體認同的象徵，但台灣社會把他們當專制的劊子手的也大有其人，但如果阿扁主持了國葬，便創造了社會寬恕和解的空間。如今因爲有些蔣家人士反覆，這樣的空間已經幾近消失無蹤，在「轉型正義」亂成一團時，蔣方智怡憤而推翻家族原先葬在五指山的決定，要歸葬中國，這當然造成對台灣社會強烈的撕裂效果。蔣孝嚴則說要葬在台灣，但不能由扁主持，要國民黨政府自己來葬，這把兩蔣只成爲國民黨的「專屬」做法，使兩蔣成了藍綠民眾對立的鮮明象徵，也不可能爲全民的總統，事實上，蔣方智怡回應說葬在台灣的時間已經不對，恐怕指的正是在二〇〇五年被杯葛掉的阿扁主持的國葬。

二〇〇四年蔣家大概是希望二〇〇五年隆重的國葬成爲蔣家回歸尋常百姓的告別儀式，奈何因爲有人還要繼續讓蔣家在權力競逐沙場成爲運用的利器，繼續運用，消費兩蔣愈來愈耗損的影響力，眞是魂魄欲靜兮而政治狂風不息。

就在爭論惡鬥不已時，蔣友柏公開強調，現在擁蔣、去蔣之爭應都成爲歷史，台灣應進入後蔣時代，讓兩蔣遺骨就此在五指山安穩落土。他既以蔣家後裔爲榮，因此雖不強求，仍寄望國葬，但也承認蔣家先人有對不起台灣人的地方，甚至站在民主發展的視野，認爲去蔣是民主化非常重要的過程，顯示他天生具備既深刻又豁達的胸懷，在他言簡意賅幾句話對照下，慷慨激昂地對立的許多朝野雙方令人覺得十分不堪，他的話開啓土地上最動人的和解的可能性。漂泊的靈魂，從此可有了安頓的所在。

註：

① 二〇〇一年，立委雙方是五十一%比四十四%，縣市長四十七%比四十五%。二〇〇四年總統五十%比五十%；二〇〇五年縣市長五十二%比四十三%；二〇〇八年不分區立委五十五%比四十二%。

第十三章

帝國廢墟

二○○八年，民進黨獲得難堪的國會席次並在總統大選失利下交出了政權，八年前那些紅著眼眶狂喜的人赫然發現，原來等待的陽光並未出現。當時的狂喜換來的是更加徹骨的痛楚。

至於期待政權再一次輪替的人，在二○○八年三二二之後，快樂短暫如電光石火，短短的幾個月，新上台的政權太過無能，美麗的許諾全成謊言，讓他們傷心欲絕。

於是，對立的兩個世界，雙方的美夢俱皆幻滅。

帝國幻滅

史學大師艾瑞克．霍布斯邦《趣味橫生的時光》是本精采的自傳，書的序言中，他開宗明義地自道是「終生不渝」的共產主義者，他革命熱情萌生淬煉於大災難，災難愈大，他愈相信「舊世界已注定失敗」、「只有革命才可以給世界帶來前途」。他用一整章的篇幅細細回顧他在世界各地交往的共產黨朋友們，最後他確信，「上個世紀的前半段，左派思想對知識分子的吸引力遠非右派思想能及」，他們熱情、開朗、不偏激……。在這些知識分子無私的奮鬥之下，「列寧抵達火車站，不過短短三十多年，全人類的三分之一，……都生活在共產黨統治下」。

不料共產烏托邦在史達林統治下成了邪惡帝國，到了上世紀末終於全面崩潰，並使「曾帶來鼓舞」的共產主義死亡，「只留下一片物質上與道德上的廢墟」。以至於霍氏寄居所在的英國，「共產黨……處於集體精神崩潰的邊緣」。

這一番革命黨人樓起樓塌的幻滅歷程，和民進黨準革命家們由狂熱、犧牲到組黨後以短短不到十五年時間取得政權，然後執政期間在價值幻滅中痛苦地下台歷程依稀相似。

帝國機遇

爲什麼要讓民進黨如此淒涼地下台？社會歸咎於四個理由：一、把台灣的經濟搞垮了；二、基本教義派造成了兩岸和外交處境的危疑不安，台海和平交往無法建立；三、政黨惡鬥，社會焦慮；四、黑金貪瀆，完全喪失了改革精神。

民進黨在二〇〇八年無論在立委選舉或總統選舉實在輸得太慘了，於是許多人，尤其是他的政敵，都認爲扁和民進黨八年執政，留下的是「黑金橫行；經濟殘破；國家邊緣化；政局混亂」，台灣恐怕幾乎離廢墟也不遠了。

什麼樣的原因造成了社會對民進黨有這四項強烈的不滿？是品德、操守、能力，還是客觀條件？

二〇〇〇年上台之後客觀條件雖有變化有起伏，但總體來說，扁施政的客觀環境有利於扁的遠大於不利的。

不利的，如朝小野大、憲政體制惡劣，九〇年代網路和資產兩大泡沫，造成了二〇〇一年經濟的重挫；而在有利的，在內部方面，如台灣主體意識持續成長，統一意識持續下滑——這使得民進黨在競爭上站在「歷史正確的一方」，在戰略上幾乎是處於絕對不敗的優勢；經濟上，一方面二〇〇三年後世界景氣同步回升，另一方面因國民黨舊財經團隊下台，扁有機會進用學界和產業界的新人，既彌補兩大泡沫留下來的爛攤子，又有機會規畫出產業轉型的大方向；在國際上，美國在阿富汗戰後確立單極強權地位（直到扁執政後期美國才因位伊拉克事件陷入泥淖而國力受損），而美國又剛剛好由近二十年來最挺台的小布希及其國安團隊執政，再加上他們因台灣和平轉移政權認定台灣是民主化國家中的模範生，值得百般呵護。

另外，全球化持續深化，在有利的方面是既造成中國爲了持續在全球化中獲利，不得不逐步承認台海現狀爲合法，在實務上，尋求較安定的兩岸關係；不利的方面是全球化拉大了社會貧富的差距，產生的「經濟民族主義」，但此種對社會的不利卻意外地使民進黨在南部支持度大幅提升。

天時地利是這樣獨鍾於民進黨和扁政府，八年下來居然落得大敗，黨員俱皆哀痛莫名！

二〇〇八年民進黨在社會認定爲「貪腐無能」的極度羞恥中結束了八年的執政，其實在扁個人強力主導，甚至還曾組超黨派全民政府的情形下，民進黨何嘗執政？只是扁一人執政罷了，但扁的一切功過，民進黨這一個累積了無數人犧牲而凝聚起來的黨，卻只能概括承受。

霍布斯邦在共產紅色天堂夢幻滅後，強烈質疑：「如果必須全怪罪於史達林個人的話，那麼我們自己是否難辭其咎？」因此，民進黨的挫敗，扁固是問題軸心，卻並非問題的全部；許多和扁分沾權力的人乃至整個民進黨，皆是難辭其咎。

幻滅，沒有補償

蘇聯帝國的種種不義乃至最後覆亡，雖然摧枯拉朽地毀滅了霍布斯邦這些理想主義者的烏托邦，讓他們陷入集體的精神崩潰邊緣，黨員大量流失，但上帝卻給了他們啼笑皆非的補償：

在六〇年代之後，西方世界卻已進入「黃金三十年」的鼎盛期，資本主義社會大力推動福利政策，於是霍氏這一個共產主義者赫然發現，他一直想推翻的體制如今創造了沒有戰爭、無畏動亂，他活在「父母親的年代……除了富豪之外，人人遙不可及」的一個「受祝福的美好國度」。社會主義的夢想這樣清楚地消逝，而資本主義創造的幸福是如此美滿地來到，以此做爲他幻滅後的補償，實在令他啼笑皆非。不只如此，令他嘔氣的事還有，在蘇聯瓦解後還有一些霍氏基於他個人對民族主義的厭惡而刻意不提的發展，那就是獨立後的波羅的海三小國、匈牙利、捷克等國既民主又安定，經濟還欣欣向榮令人稱羨；更有令他喪氣的，是他的自傳《趣味橫生的時光》在台灣暢銷的二〇〇八年，諾貝爾和平獎頒給了一個協助納米比亞和科索沃獨立的芬蘭前總統馬爾蒂·阿赫蒂薩里。

這樣的結局，霍布斯邦定挫折又百感交集；但在社會主義之外的另外半個世界，則在盡情享受生活的豐饒和平之餘，對蘇聯的傾頹欣喜若狂。悲喜之間，對照鮮明，令人唏噓。

無疑的，國民黨和它大批的群眾在民進黨敗選時，就如同西方世界迎接蘇聯瓦解一樣的興奮心情下，迎接他們未來美好重獲政權的日子，有如基督教虔誠的末世論教派，認定他們已經跨過七年毀滅性的「大災難」，如今「有能力、有大榮耀」的基督「駕著天上的雲再臨」要和眾聖徒同住，「審判不義」貪腐的政權，拯救世人，共度無比幸福的「千禧年」一樣。

馬英九應許的千禧年令人心動：經濟上，每年 GDP 成長六%以上，失業率都在三%以下，八年間國民所得三萬美元；政治上，族群和解，朝野和解；外交上兩岸休兵，中、美、日關係全部改善；兩岸間三通，搶食中國經濟大餅。

然而不料，上台後短短的不到兩個月時間，美麗的許諾全然跳票。

首先，大家看到在民進黨上台八年間因朝野惡鬥造成的社會和族群、統獨撕裂衝突，現在仍然持續。最嚴重的是，很多人（包括民進黨黨政高層和群眾）相信台灣的經濟基礎已經因爲民進黨的執政而毀壞殆盡，如今上台的馬政府開出的大補帖「全面向中國開放」卻又失靈，因而絕望。結果扁用了六年時間才使民眾滿意度降到四十%以下，但馬總統卻只用了兩個月。社會對自己政府的信心已接近崩盤。

民進黨政權瓦解，早幻滅了台灣一半人的夢想，馬政權上台又迅速地在兩個月內幻滅了另一半反民進黨人士的夢想。於是扁政權的幻滅沒有帶來任何像蘇聯瓦解一樣的補償，台灣整個落入對未來空前的失望深淵之中。

妖魔化台灣

讓民眾形成在經濟基本面和期望値間的巨大落差，說穿了根源是國民黨在野時期進行政黨競選時採取的軸心戰略，在這策略下把扁政府統治下的台灣現狀妖魔化，台灣被說成有如水深火熱。巧的是扁本人左捧蕭萬長，右捧江丙坤，同時還說經濟好不見得有票，一句句一聲聲聽來都等於唱和國民黨說得對，老百姓當然信服扁政府的確夠爛。

民進黨辯解說台灣經濟八年成長率平均四．一％，和韓國相當；平均所得雖比韓國不如，但通膨率及貧富分配狀況遠優於韓、星、香港。這些辯解在國民黨妖魔化策略下人民全不接受。因爲國民黨提出了這樣的依據：

一、經濟成長率台灣在國民黨統治年代平均八％以上，失業率在三％以下，而中國平均成長率是如今十％以上，比來比去現在的台灣都是大大不如。這說法既是連國民黨的對手李登輝總統也同樣強調，又經扁總統親自背書，說服力十足。

二、最重要的是編織一切靠中國，台灣定大好的神話做獨門妙藥仙丹，說是可以讓台灣吃了立刻成仙，所有行業必定大發利市；所謂美國次貸、全球通膨等等一切災難都不必怕；有了中國仙丹，什麼支票如六三三、股市會上兩萬點等等國民黨也都敢開，因爲中國兩位數的成長幾乎維持了三十年，所以國民黨的宣傳大家聽了容易信服也大大心動。由於中國這仙丹被認爲偏偏民進黨不肯吃，於是大家就活在等待國民黨來領導大家從妖魔世界中走出來，走向大繁榮的興奮中，大買特買股票，等馬團隊上台。

不巧的是，馬總統上台大家正期待賭對了時，中國卻硬是不給馬團隊面子，幾個月來許多密集被掀開的中國牌正好老是壞牌。

事實上，中國牌雖失效，國際景況也不好，但台灣狀況反而還差強人意，股票不應跌到和中國爭列世界前茅的地步。而股票漲落固然是經濟前景的反映，但超漲超跌更是一時的投資心理投射下的結果，政府不宜太干預。不料，爲了穩定股票短期的投資心理，政府一舉把自己規畫好的兩岸經貿政策先後秩序打翻，且在毫無配套規畫之下，一子下祭出到現在都講不清楚的二十五項經貿大開放政策，說全要在二〇〇八年底前完成，簡直是當時扁政府慌亂的一週一利多荒唐做法的更荒唐翻版，馬團隊把所能想像到的中國牌妙藥仙丹硬押著台灣一口吞下，簡直就是把台灣當做癌症末期病人，進行雞尾酒療法一樣，於是救急藥開得愈多，人民愈害怕。

閣揆劉兆玄說新加坡官員羨慕台灣的通膨狀況遠比新加坡好，台灣在亞洲僅次於日本；經濟部長尹啓銘也像忘了才講過民進黨已搞垮台灣經濟一樣，反而跟著行政院副院長邱正雄後面說基本面很不錯。又說基本面好，又說民進黨已把經濟搞垮了，這些口不擇言的說法顛三倒四，自然對挽救人民信心無濟於事。

最嚴重的是，國民黨告訴大家，台灣長期妖魔肆虐，已頻絕境，妙藥仙丹只有一帖，現在卻一點用也沒有，那台灣到底何去何從？於是在府、國民黨的神話幻滅後，台灣陷入了幾十年來對自己未來前途最嚴重的信心危機。

神話

生而有限的人，雖然總是無比自我珍惜地憧憬美好的未來，卻也總是畏怖於無垠的宇宙和難測的命運，神話是自古以來用以安頓這難言難安的奧祕必需的工具。是以，神話植根於恐懼，卻提供了希望。自從啓蒙時代之後，雖然聖俗殊途，但人到底無法理性地窮知一切事務，無法處理自己深切的渴望和難測的命運之間的奧祕關係，於是仍然依賴許多神話來安頓自己理性之外的精神生活。時至今日，神話仍然緊緊護住包括美國極端清教徒在內，遍布在世界各地的各種基本教義派的心靈。

威權時代，國民黨需要「法統神話」來保護不義的威權特權體制不受顯然有敵意的社會的傷害；如今仍然依賴與事實南轅北轍的「一個中國」神話來和找它麻煩的台灣意識競逐天下——直到一中神話已經嚴重褪色，它仍無力放棄。

神話，不只爲國家崇拜而編織，也爲集團，如族群如黨的崇拜而編織；甚至爲個人崇拜而編織——經常，大家甚至藉著個人崇拜的神話進行集體自我崇拜。神話不只編織在威權時代，在民主化以後，也繼續被編織，更由於民主選舉要能獲勝，個人魅力是最重要的關鍵，於是神話又常以個人爲主角而編織。馬和早期的扁都經營「最高道德」的神話。由於民進黨及其前身的黨外曾長期在財大、權大，以至於看不到它垮台可能的威權政權壓制下求突破，心中既存希望又生恐懼，扁和親信於是又編織了只有他才足以和統治者周旋的「偉大謀略家」的神話以號召跟隨者。這兩樣神話在執政後期手忙腳亂窘態百出後才好不容易破滅了，於是，一些基本教義派因爲面臨政權空前危機，爲這一個立場不斷在獨與反獨兩極間跳躍、毫無中心思想價値信念的扁，編織了「台獨最堅定可靠的領航者」的神話。

民主化後，國民黨爲權力競爭而編織的最重要神話則是財經神話。由於台灣在國民黨執政時，經濟曾飛躍成長，成爲令人欣羨的四小龍之一，因此這神話不但在社會印象中幾乎顚撲不破，甚至「最善權謀」的扁及其高層都深信不疑。在扁內心既然如此崇拜國民黨，因此他們對自己的財經政策就完全喪失了自信，對自己的財經官員也就瞧不起了。他完全不明白在過去國民黨財經官員傑出的雖然輩出，但其神話本大有過火之處。至於國民黨本身自更不用說了，完全陶醉在自我編織的神話中，並把主導一九九〇年代財經的蕭萬長捧上天，成爲接替李國鼎、孫運璿舊神話的新典型，說他是「財經總規畫師」。

其實輪到蕭萬長一代時，國民黨的財經策畫執行優勢早已從強弩之末走向荒腔走板了。

馬上好神話

國民黨的財經神話是一個經營了幾十年的大神話，其中包括了一大串的小神話，這些神話有的有一定的根據，有的歷史悠久，有的很幼稚，但國民黨卻到現在深信不疑。例如，他們認爲台灣經濟的「第一桶金」完全是靠他們從中國帶來的黃金做貨幣儲備支持起來的，其實，那數百萬兩黃金用來支付突然在既有人口上增加的一百五十萬軍人公務員的薪餉，兩年就差不多用光了。又如他們深信台灣經濟的成長是由國民黨統治開始的，其實，在二次戰後，小小台灣一年對外的貿易量就等於整個中國那麼多。一九三六年，台灣發電容量裝置就有全中國的二十三％，到了一九四四年，已有中國國民黨統治地區的四倍半，一九四三年，每人平均分配到的發電容量是四千六百瓦，是中國二百三十三倍，直到國民黨離開中國二十多年後的一九七〇年，中國才趕上台灣二次大戰結束前一九四三年的水準……。

這一些我在二〇〇四年大選時都寫在解構國民黨神話系列的《蘋果》專欄中。

到了九〇年代後，國民黨流行的是科技產業神話、亞太營運中心神話；失去政權後，則力推大中國經濟圈神話，並在陳總統的全力合作下營造「蕭萬長神話」，這一些，我在二〇〇六年《共同體》一書及二〇〇八年《拆解馬蕭財經神話》中也有強烈的批評。不過，我的努力對社會觀感的改變，效果非常有限。

由於大家相信國民黨的財經神話，所以二〇〇八年大選等於是民眾抱著等這一個「曾經創造奇蹟」的老財經團隊上台「經濟馬上好」的心意，把馬英九拱上台執政的，不料，這些老手上台之後，卻馬上手忙腳亂，民間怨聲載道，國民黨的財經神話過去是堅不可摧，現在在現實考驗之下竟然突然之間不堪一擊。

股市破萬點神話

股市破萬點是第一個粉碎的神話。

在選舉時，國民黨大力鼓吹財經神話，說在九〇年代執政時股票指數高達一二、六八二點，二〇〇〇年政權輪替後，一路崩跌到三、四三六點。現在他們一旦老手上台，一定不止重登萬點，準經濟部長還樂觀地告訴大家兩萬點不是夢。不料，股票反而從二〇〇八年五月的九、三〇九點一路崩跌到五、五三〇點。

固然國際通膨、美國次貸金融風暴都是原因，但既然環境如此，經濟部長卻作兩萬點的預測，可見其對國際財經環境的大外行。

事實上，當年指數高登一二、六八二點，本質上正是一個大災難。

馬英九盛讚蕭萬長是使台灣安然度過亞洲金融風暴的高手。其實國民黨的高手只是把垃圾掃到地毯下，用行庫資金對掏空的企業予以紓困，結果掏空益形惡化。

一九八七年後，國民黨政府錯誤地採取了異常寬鬆的貨幣政策，使得金融機構每年對民間新增放款遠超過以往好幾倍。

金融放款的氾濫事實上跟李登輝民主化、自由化的政治經濟戰略息息相關。

李登輝初當總統，在國民黨內主流的保守勢力夾擊之下，力求突圍，以自由化、本土化和民主化做號召，但在追求這三個正當性十足的三化時，李登輝卻有如浮士德般不惜借助於和魔鬼交易的手段。

李登輝最重要的策略之一便是既讓國民黨的地方派系透過選舉進入中央國會，成爲向舊主流逼宮的部隊，一番爭戰下來，奪權成功，舊主流邊緣化成非主流（直到李下台，他們才又靠連戰重掌主流旗幟）。另一面，則透過金融自由化，一舉開放十六家銀行，讓地方派系建立金脈，並擴張企業金融版圖。有趣的是，標榜道德形象、非主流立場極端強烈的財政部長王建瑄竟全力配合給予過關，難免聯想是掩護條件佳的黨銀行華信過關之故。王還因只開放，不建立現代化金融秩序，於是企業經營靠耍特權，手段遊走於合法、非法之間的地方派系，如今便把他們習慣的遊戲手段從地方搬到中央來玩，代誌變得非常大條。

金融機構對民間放款和投資餘額，一九八六年總計一兆七千三百零八億，後來直跳到十一兆零八百九十一億元。於是我國一九八〇年代後期開始了十年大泡沫，房價上漲三倍以上，到了二〇〇一年調查，全國新建而沒人住的房屋，也就是假性需求所累積的空屋，竟高達一百二十四萬戶，高出正常時期每年約八萬戶達十三倍，供應國內需要的瓷磚生產線超過市場需求的十倍，一九九八到一九九九年間終於連續發生本土型金融風暴，約有二十到三十家企業倒閉。二〇〇一年留下銀行呆帳一兆多，逾放比達七·四八%。在這期間透過「紓困」鼓動泡沫經濟，有如美國葛林斯潘，結果銀行被掏空，然後國民黨中常委達官貴人、藍色巨賈將數以十億百億千億資產搬到國外逍遙。

金融被掏空動輒數以千億、百億計，再加上經濟成長率一路下滑，從一九八〇年代末期近八·〇%一路降到一九九八到二〇〇〇年年平均五·六%。失業率，在一九九〇年代初期是一·八%以下，二〇〇〇年已達三%了。至於貧富分配，早已在網路泡沫和金錢遊戲的房地產炒作中急遽惡化。但到二〇〇〇年，股票指數反而漲上一二、六八二點，這根本就像公司董事長既掏空資產，又使業績下滑，但作假帳把股票逆向炒高，然後拋給不知就裡的散戶陳水扁去套牢一樣，但套牢的陳水扁反而在李前總統的說服下衷心相信自己團隊完全不行，而在李的推薦下徹底信仰李的親信蕭萬長的能力，甚至不斷感激丟下一·八兆的呆帳給他的蕭萬長對自己「不長進」的政府官員的指導。

這些國民黨賴以創造經濟神話所累積下來的資產泡沫，一直要到二〇〇二年民進黨政府才推動「一次金改」，列出「二五八」具體目標（金融機構在二年內逾放比降到五%以下，資本適足率提至八%以上），打消銀行呆帳一·八兆，銀行廣義逾放比才由二〇〇二年三月的十一·七四%大幅降低至二〇〇七年十二月的一·八四%。

這一·八兆本來是蕭萬長應該埋單的，但當時如果國民黨自己埋單，則一方面台灣九〇年代已

歷年台灣經濟成長圖

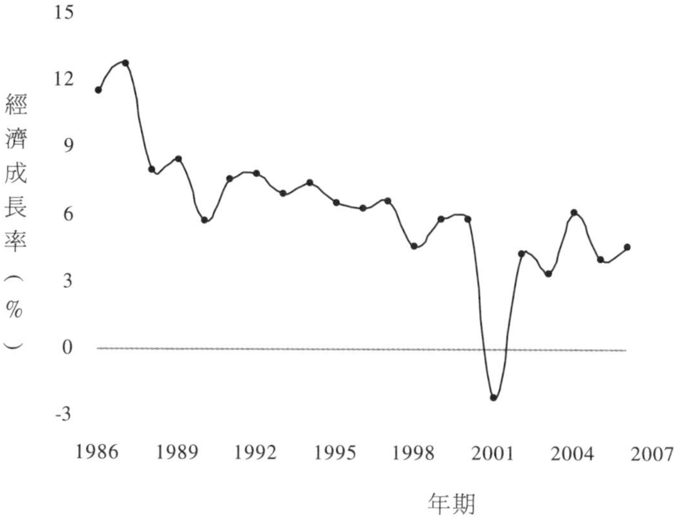

台灣歷年失業率趨勢

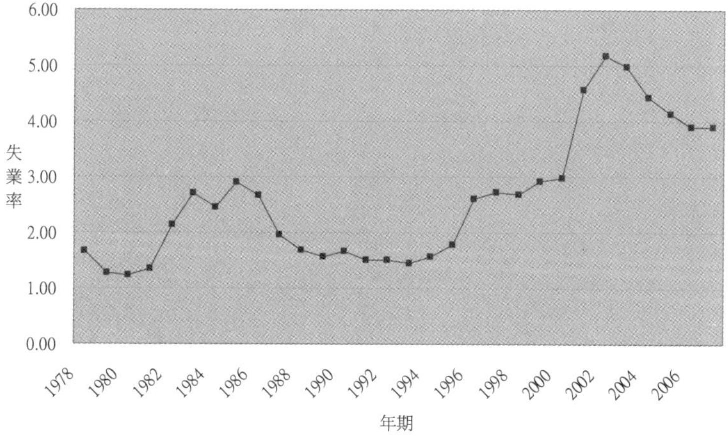

經不夠亮麗的成長率注定要更加黯淡，因此所謂逃過了亞洲金融風暴自然是可笑的神話一樁。另一方面，民進黨政府每年至少將多出千億經費使用，民間也不至於因泡沫爆破後資產縮水，消費不振，**GDP**的成長在二○○二到二○○七年之間必然不只是五%而已。

海運中心神話

股市登萬點只是第一個破滅的神話，六三三神話是確定無法兌現了，接下來還有許多神話將陸續破滅。例如，三通將可以使台海航線成爲「黃金水道」，使高雄港重振雄風的「亞太海運中心」神話。

非常奇怪的是在國民黨的治國藍圖中，港口吞吐量成了台灣經濟力的關鍵指標。高雄港港口貨櫃吞吐量從世界排行第三掉到如今的第七、第八，他們認爲這都是沒有推動三通，以致亞太海運中心地位無法建立並導致經濟衰退的指標。

台灣所得分配趨勢

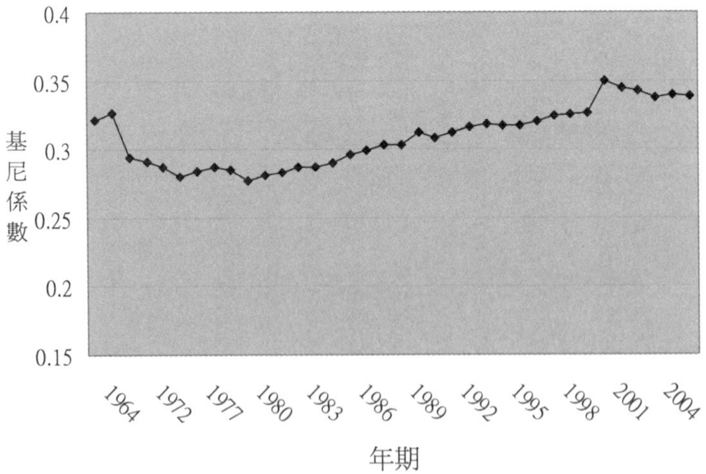

事實上，把港口吞吐量的排名和經濟發展綁在一起，將會得到非常荒謬的結論。二〇〇七年世界港口吞吐量，依序是：新加坡、上海、香港、深圳、釜山、高雄、鹿特丹、杜拜、漢堡、洛杉磯。將這排名套上馬蕭的理論，那麼結論將是：世界經濟最發達的地區是在東亞，因為十大港口中有六大是在這裡。日本雖屬東亞國家，卻最落後，因為半個港口都沒有擠進前十名，美國也一樣落後。至於歐洲也不行，總共加起來才二個港口擠進了殿後的幾名。

如果我們用世界經濟論壇（WFE）的競爭力排名來比對一下，競爭力前十名國家中竟有八國沒有擠進前十大港。因此港口吞吐量排名的下滑，完全是產業升級，以至於產品轉成價昂但輕薄短小的原因，而非像國民黨說的經濟衰退。

中國的門戶神話

蕭萬長認為香港是完全放棄製造業、改做轉口業成中國的門戶，台灣也可以，他完全忽略了一個重要事實：香港和珠江三角洲雖然在行政區劃上是分開的，可是在經濟區位上卻是同一個經濟體。深圳、東莞是香港的工廠，香港則是深圳、東莞的店面，這樣才支撐了香港的繁榮。

台灣幻想成為中國的門戶，把整個中國作為腹地，卻無視於中國建港潮所帶來的效應。二〇〇〇年開始，幾年內中國各地暴發建港狂潮，港口重複建設，長江三角洲如此，珠江三角洲、渤海灣全都如此，例如，香港已是良港，一九九〇年代深圳硬是再蓋深水港；渤海已有天津、秦皇島和深水港大連，又要再蓋規模和香港、深圳別苗頭的營口港，東海已有寧波，還蓋洋山港。各地方政府都不願讓自己港口輸人，上海與寧波搶貨搶得最凶，自家人都爭得火熱，又怎會配合台灣「作為中國的門戶」

的一廂情願，不蓋洋山港，把上海貨送給高雄或台中，成就亞太海空運籌中心呢？何況中國近年每年增加的貨櫃吞吐量約一千一百萬 TEU，而高雄最大能量也不過如此，如果要吃下來，豈不每年要擴張一倍，十年後，全台灣南北海岸線全是深水碼頭？眞太荒謬了。

在中國建港狂潮下，貨櫃吞吐量趨緩的不只是台灣。香港和釜山都沒有三通問題，但它們在新港口競爭下，近年成長率甚至都落後高雄了。

國民黨強調的是台灣居東北亞、東南亞的中點，又是整個亞洲面向太平洋的樞紐，位置這樣好，成爲轉口的海運中心是理所當然的，萬事俱備，只待三通，這夢注定也會粉碎。國民黨完全不知道，英國在歐洲的地緣位置和台灣在亞洲一模一樣：位居南北歐西岸的中心地位，成爲在掌控整個歐洲、面向大西洋和美國遙遙相望的樞紐位置。英國在製造業出走之後，本來認爲將可以成爲歐洲的海運轉運中心，結果失敗了，因此上海、深圳、香港等港的出口業務不可能由台灣取代，就如同歐陸的轉運集中在阿姆斯特丹、安特衛普、漢堡，英國無法取代一樣。

科技神話

二〇〇四年後品牌和創新的觀念開始在媒體流行起來，二〇〇七年一個由謝金河主持的電視財經節目大談台灣商品的國際品牌，由於趨勢科技公司是台灣在國際上打出品牌的典範，又由於大家相信蕭萬長這位國民黨「財經總規畫師」才有辦法把這問題談好，於是兩人一起被邀請同台演出。

在微笑老蕭侃侃而談創新國際品牌和他的作爲後，趨勢科技公司的老闆張明正也微笑地說，趨勢之所以股票在東京上市掛牌，成爲國際品牌，是因爲當時你們不給我在台灣掛牌！一句話猶如一個大巴掌打下去，打翻了國民黨科技產業策略的神話，場面非常尷尬。這一幕詭異的鏡頭，說的是一九九〇年代國民黨政府的科技產業政策是如何獎勵硬體代工製造，而苛待創意軟體和研發。其實一些創意的研發或軟體公司受到的不平待遇還不只上市備受刁難，他們甚至在科學園區都租不到廠房，如果為了就近和一些硬體製造公司銜接，還要向已經關閉生產線的硬體代工廠租屋，讓他們做二房東，至於享受獎參條例的優惠就更不用想了。

這一巴掌打開了我們重新檢討台灣產業發展之門。

由於美國的拉攏，在冷戰、韓戰、越戰期間，日本和四小龍大大地向美國賺了戰爭財，但到了八〇年代，美國備感日本經濟興起後的壓力，當年「日本威脅論」甚至尤勝於今天的中國威脅論。今天的中國威脅論，大抵是說中國的總體 GDP 不到本世紀中葉便可超越美國，但到底中國科技仍對先進國家依賴，未來的人均 GDP 仍然非常落後。不過，八〇年代的日本威脅論則「更嚴重」：日本將在總體 GDP、人均 GDP、科技上全面超越美國。

在備感壓力下，美國除壓迫日幣升值外，美國產業界開始扶植台灣廠商，在電腦製造上對台、韓委外，協助台灣晶圓廠生產以對抗當時橫掃全球的日本晶圓廠——只留下中央處理器 CPU 的生產，做為核心競爭力。台灣國民黨政府在這環境下，以國家力量主導晶圓製造，這對後來的發展當然是功不可沒。但 IT 產業，政府走的是王安電腦模式，最後失敗，不過民間企業則配合 IBM 路線發展到如今的局面，其中如宏碁更是靠製造電玩，在政府取締下玩打游擊遊戲而崛起的。

在這樣的大格局下，台灣的電子產業走的是以美國為市場，依賴美國貿易赤字，和美國產業依據垂直分工的方式做代工生產，從而形成了垂直分工，水平整合的生產模式。這種生產模式在八〇年代外銷導向的傳統產業發展的階段已形成，可以說是「尹仲容模式」，其流程是：各種名目的經濟特區＋租稅優惠＋引進設備＋引進技術＋量產＋殺價搶單。

很湊巧的，二〇〇八年中央研究院院士會議在馬上台後的一個半月後召開，院士王佑曾發表演說「台灣的前瞻規畫」，又適時地給國民黨的「高科技神話」一擊。他說一九八〇年代台灣高科技開始壯大，政府全力支持，以爲這是很會下蛋的金雞母，沒想到卻是往後經濟發展的賠錢貨，在蓬勃發展的二十年間（一九八〇到二〇〇〇）並未帶來經濟的高成長。一九八〇年，因此成了經濟的分水嶺，以前是上升趨勢，以後是下降趨勢，一直降到二〇〇六年，他認爲關鍵所在，是缺少「爆發性的改變」。在技術上缺少創新，只是一個技術的跟隨者。

這種產業模式由於核心技術元件和末端市場全掌握在以美國爲主的外商手裡，在兩頭擠壓下，台商規模愈做愈大，毛利則愈低。其產業附加價值，以二〇〇〇年爲例，資訊、通訊及消費電子產品製造的附加價值才十八．二%，遠遠低於紡織業的二十七%。於是產業不斷地出走到中國追逐低工資，導致中國成了台灣未來發展的唯一選擇。二〇〇〇年留在台灣生產的產值已經剩下不到一半。九〇年代國民黨對製造業的策略是讓傳統產業出走，以便爲電子科技業空出土地和勞動力，這個策略現在已經失敗。二〇〇〇年電子業產值續創高峰，但台灣經濟成長率已持續下滑了十年。這是九〇年代後經濟全球化急速發展趨勢中採尹仲容垂直分工水平整合的代工模式必然的結果，台灣科技業在國民黨不重視軟體、研發創新的實際作爲中，所有的製造業最終都成了要移出的「傳統產業」。

還有許多例子可以說明在產業策略上國民黨只肯以規格跟隨者做代工的心態，如：CDMA 爲第二代行動通訊標準，七〇年代末國際大廠曾經來台邀請台灣共同開發，但被當時以財經內閣自我吹噓的國民黨政府拒絕，平白把機會送給了韓國。

一中程式的最後堡壘

在二〇〇八年總統大選起跑時，蕭萬長明明長期堂而皇之地號召「一中市場」，馬英九遭批評後卻堅決否認，蕭於是也支吾其詞；逼急了，馬來一個回馬槍說，謝長廷也曾經主張「一中憲法」，說高雄、廈門是一國兩市，但現在的謝卻連「一中市場」都抨擊。

這都意味著「一中」訴求在政治市場的貶值。

政治人物競相對「一中」主張戒愼恐懼，一些人甚至振振有詞地強調台灣現在已經沒有統派了，所以大家不要再談統獨問題，是這樣嗎？

其實根據各項民意調查，台灣民眾現在支持統一乃有兩成，甚至支持一國兩制的都還有差不多一成，難道連支持一國兩制的都不算統派嗎？或者這些人都不算住在台灣的人嗎？

無論十％或者二十％，在民主社會都不算是一個小數字，依我國的制度，都至少可以在三十四席的國會不分區議員中取得四到八席，非同小可。在常態民主國家只要有這樣比例的民眾支持，就有取得國會議席的空間，因此絕對不可能沒有以鮮明訴求來代表他們的政黨和政治領袖。

統派群眾是國民黨最死忠的基礎，更占了國民黨半數以上的基本盤，但其領導人卻沒有一個是統派，這根本毫無說服力。眞正的理由是他們不敢讓自己的信仰誠實地面對台灣社會，因爲：

一、在單一選區制度中，獲二十％選票，不足以當選公職；二、統一和一中的支持率持續下滑，今天縱押對了，長久卻有風險；三、統獨議題是屬主權議題，和一般公共政策在層次上和本質上都有根本性的差異。常態民主國家承認價値的多元和公共政策主張的不同；但對主權的立場則否，主權的本質被界定爲對內最高、唯一，對外獨立排他不受支配，因此在一個國家之內，從未有「多元主權」的現象。

於是，在公開的場合就出現了有以統派做群眾基礎的黨，它的領導人卻清一色不是統派的怪現象。

過去國民黨並不是這樣。威權時代，「統一」是國民黨最驕傲的使命，是黨一切價值的軸心，統一或一中就猶如國民黨貫穿一切作業系統的基本程式，在冷戰前期，它以最激烈的「反攻大陸」訴求追求統一的一中；在面對在地鄉土文化勃興和毛澤東文化大革命時，這程式以「復興中華文化和提倡國語、終止台語」的形式貫穿文化領域；反攻無望之後，統一仍以「三民主義統一中國」的形式繼續成為國民黨存在的核心價值。到二〇〇七年馬英九仍然強調「統一是終極價值」；但如今一中和統一愈來愈沒市場，於是發展了一個既強調堅守一個中國，又放棄統一的立場。就邏輯來說，既一中又不統，當然是荒誕的，然而，國民黨卻只能在政治上將就這樣荒誕的立場。另一方面，中國開始經濟開放改革，一中便由政治領域轉移戰場到經濟領域，於是「大中華經濟圈」的主張浮現並貫穿在台北的經濟政策思維之中，在「經濟應專業化、去政治化、去意識型態化」的理由下，「一中」的意識型態神話在經濟領域中固守最後的堡壘。把「一中經濟」當信仰，從九〇年代以來，國民黨內，除了一九九四年以後的李登輝總統及少數親信之外，所有財經官員和藍營關係密切的學界，所想像、所規畫的經濟戰略全都服從「大中華經濟圈」這樣的一個基本典範。諸如「一中市場」、「亞太營運六大中心」、全面開放兩岸經貿、三通救台灣等等政策，全是這一個典範之下的產物。

緊鑼密鼓

馬英九曾批評陳總統的正名運動敲鑼打鼓反而把事情搞砸了，批評得一點也沒錯。陳水扁這種做法，我更早就一再舉例批評了，如指出駐美機關如外貿協會等本已陸續成功正名爲台灣，但敲鑼打鼓後，美國對進一步的正名全面封殺。

一些台獨基本教義派眼裡，正名、制憲等比什麼都重要，形成了正名制憲掛帥的態度，不耐做細膩處理便粗魯推出，結果是欲速則不達。

同樣的，自稱經濟掛帥的藍軍，眼中只有自己的經濟利益，自以爲擁有「一中經濟」的王牌，更是緊鑼密鼓努力在兩岸中硬推，結果也是欲速則不達。

馬總統放話說要趕快談台灣到歐洲的飛航延遠權，就被業者指出太猴急將會欲速而不達。其實早在一九九〇年代，這種欲速則不達的例子就發生了。蕭內閣推動境外轉運中心，但太猴急了，以致中國只開放廈門、溫州等小港和高基兩港間接直航，而廣大上青天①五大港全不開放。

開放三通，依照經濟原則，雙方會因來往便利，同樣得到利益，但國民黨把它的三通大張旗鼓地以「亞太營運中心」加以包裝。依照蕭萬長《專業治國》一書描繪，三通後高雄港將會因無比優越的地理位置成亞太海運中心，中國除了香港之外，各地港口都一定會用中小型船把貨運到台灣來轉運，而成爲高雄的衛星港；空運方面，則強調直航可以使中國的電子零組件運到台灣組裝加值出口，可以抑制中國組裝業發展，這根本是認定一旦三通便成了台灣片面有利的策略。

其實如今，在上海洋山港建好後，到釜山中轉的貨又回流上海，已證明了把中國港口當衛星港的亞太海運中心、空運中心等都是荒謬的想像，但九〇年代，中國總以爲台灣財經官員神通廣大高人一等，聽到台灣這樣推政策，擔心之餘，當然抵制，海運寧願讓貨運到韓國釜山轉運也不到高雄；空運貨運包機，中國也怕崑山組裝業受傷而推三阻四。

從亞太海空運中心的例子來看，我們將發現一個有趣的事實：國民黨並非像刻板印象一樣是凡事一定會讓中國占便宜，反而是在經濟上想像了一大堆不切實際的片面利益要去大占中國的便宜，然後把政治便宜讓給中國，結果政治固吃了虧，兩岸經濟往來秩序的建立也因此欲速則不達。

明白這點，那麼便瞭解馬英九要求台灣飛機擁有經中國到歐洲的延遠航權固是對的，但他忘了也要開放中國飛機經台灣到美國這條航線的延遠權，於是對的就變成錯的了。無論如何凡事總要雙贏，生意才好談。

沒有周全規畫便貿然跟中國談，即將開談的海運又是一例。江丙坤方面一直認爲把兩岸航線定位爲國內線便可以由兩岸國輪獨占航運利益而排除外輪（和空運排除外國航空公司一樣）。這完全因小失大，因這對台灣專營散裝貨輪的特定船公司當然有利，卻有三害：一、中國船不需像台灣掛外籍旗，因此更將大占便宜；二、對兩岸載運量更大的貨櫃輪大不利；三、對兩岸的產業也不利，因在全球化的今天，兩岸的港口應開放給船公司進行和航空延遠權一樣的「串航」，才有利於全球運籌。換句話說，兩岸的航空、航海都要放在和全球串連的策略下才對雙方最有利。但國民黨總誤以爲全世界利益盡在中國，所以把兩岸利益閉鎖起來壟斷最有利，這思想根源在《專業治國》說得最明白，書中認爲美國國力已下降，中國則已崛起成爲經濟巨人，台灣如能站在這巨人的肩上，則將成小巨人，所以要盡快和中國形成共同市場，至於和其他國家簽自由貿易協定都不關緊要。

馬政府這種幻想世界利益盡在中國，要把兩岸利益閉鎖起來壟斷，甚至對對方的利益不費心瞭解，以創造經濟雙贏，只想靠政治讓步便猴急地占便宜的做法如不改，兩岸誤會將不斷，欲速則不達的狀況也將持續發生。

相見不如不見

管理學大師波特早在一九九〇年代就指出國民黨「一切利益盡在中國」是完全不切實際的幻想，他說「中國不是世界的盡頭」。只是從九〇年代李登輝執政，二〇〇〇年國民黨下台，兩岸三通迄未實踐，波特對國民黨的見解自然要等到國民黨再取得政權才能驗證。這驗證眞是「相見不如不見」。

儘管國民黨高層競奔中國，努力推動三通救台灣的大計，二〇〇八年七月四日北京更刻意賣了「馬先生」面子，陸客觀光直航如期啓動。接著，爲了救股市，對中國投資、陸資來台、說都說不清的二十四大開放政策等等「好消息」密集出籠，但是台灣的股票指數硬是從馬總統上任時九、三〇〇點一瀉兩千里連跌五個月，跌破了五、〇〇〇點。儘管他們向爲美國次貸和全球通膨危機而憂心不已的人勸說：有中國，不必怕。

但是壞消息卻不幸地由對岸傾巢而出：

一、馬才上台，國民黨明星縣市長胡志強、朱立倫大大招待中國的房地產富豪團，希望他們來台投資使房地產更加興旺，但陸客富豪們回去後，兩大天王，一個南王石直直地說「台灣再怎樣開放，我都不會去」，一個北馮倫比較含蓄地說「我會看看」，有人還說「台灣在炒作陸客投資！」這樣的消息大是不利。

二、跟隨國民黨國共論壇登陸的水果商，幾年來一家家不堪賠累，僅剩的最後一家，二〇〇八年七月初在上海宣布結束營業。

三、國民黨又幻想兩岸一旦三通，每天有三千中國觀光客來台，原先大力宣傳包機直航，八機場全開，台灣各地機場將因進出頻繁的旅客而帶動各機場附近的繁榮。結果，發現原來只有松山、桃園兩機場有飛機起降，每天觀光客距三千非常遙遠。

三、在宣布對中國投資四十%上限開放時，在中國的康師傅魏家，宣布未來三年將縮小資本支出，魏家說依中國現在趨勢，應採「現金是王」的策略。

四、馬英九最後一張自認爲威力最強大的王牌無非是「十二吋晶圓廠開放登陸」了，本期待王牌一出手，大家一片歡呼，不料宣布後台積電、聯電、力晶三大晶圓廠齊聲說他們目前沒計畫配合西進。

五、其實，老把一切經濟希望放在中國，至少在時機上大有問題的警訊，早在媒體上已密集出現超過半年了。長期大力鼓吹兩岸商機救台灣，對綠營「鎖國誤台灣」的批判從不手軟的《商業周刊》，大篇幅報導兩岸經貿大利空消息，早已經不只一次了，不久前就有「台商大逃亡」的專題報導；《商業周刊》還開頭大肆報導陸客投資是假的消息。其實在陸豪來台的同時，中國各地房地產早現泡沫爆破危機，房產大亨資金周轉已大成問題了，中國房地產警訊頻傳，如深圳房價至二〇〇八年七月已巨幅下降三十%。

《商周》還不是首先披露利空消息的媒體，二〇〇八年新春第一期，《天下》雜誌的封面主題就是「烈日照台商」，說中國現狀對台商十分不利；接下來的幾個月，各媒體上的大利空消息是沒完沒了地爆炸性地出現，隨手拈來，如觀光直航首航日，《聯合晚報》財經版的頭題是「高油價時代，亞洲競爭優勢不再」，內容報導中國「世界工廠跨洲生產模式將受重擊，中國代工出口將劇減四十四%

到五十％」；《中國時報》兩岸新聞版的頭題是「內外利空，世界工廠面臨寒冬」。這些報導似乎在眾藍軍領袖眼前從不曾出現過一樣，一點也不影響他們繼續高唱三通股市兩萬點。

利空消息早密集大出超過半年，國民黨卻仍有如作夢地宣傳只要前進中國，所有行業無不大好。

只要有中國，一切馬上好，已經成爲國民黨思維中牢不可破的基本程式，所以所有利空消息遇到程式一定自動刪除。奈何就在剛上台，正待此一絕妙的偉大程式大展身手時，各式各樣的病毒頻頻襲擊，程式運作陷於癱瘓。

「被壓迫人民出頭天」的運動是戰後歷經二二八、白色恐怖、解嚴、直到二〇〇〇年政權輪替的歷史主題，在漫漫半世紀中，美麗島事件、九〇年代狂飆到國民黨下台，全由這個歷史主題所驅動。二〇〇八年陳水扁背叛了這主題的核心價值，終於讓國民黨重新奪得江山。

在競選期間，綠營作戰的重點是警告人民不要讓舊王朝復辟。

如今民進黨一敗再敗，昔日領袖英明的台灣之子，官司纏身成爲國際大醜聞，舊統治者高舉反台獨攻占總統府。然而，雖然入駐凱達格蘭大道的多的是忙著「去台復中」的部隊，復辟風令人側目，但是歷史就此就拉回舊軸線，被壓迫者所追求的價值就此灰飛煙滅，而歷史的主題就要重新設定？

卻非如此。

獲勝的藍軍將帥興奮地、急切地以中華意識做爲經濟、外交、國防各種政策的核心程式，密集推出兩岸政策優先於外交、外交休兵、停止飛彈研發、去台就中正名、各項對中國經貿開放政策。

至於民意又如何呢？在短短三個月之內，「民族救星」馬總統的民意滿意度從高達八成掉到最低時不足三成！八月，依據馬政府自己做的民意調查，台灣民眾認爲兩岸經貿發展太快的人有三十

%，比三月大幅上升了十二%，創歷年最大升幅；認爲太慢的人則爲十七．五%，降低了十七．七%，也創歷年最大跌幅，爲四年來首度掉到二十%以下。另外，贊成維持現狀再統一和馬上統一的持續下降，永續維持現狀、維持現狀再獨立、立刻獨立的全都上揚。

當藍軍部隊心懷「去台復中」的興奮，入駐各個權力機關，現在我們竟發現歷史安排給他們的任務卻是藉著他們的施政，由他們自己來證明自己站在歷史錯誤的一方，徹底瓦解他們舊價值的信仰。最殘酷的事發生在二〇〇八年十一月中國陳雲林來台時。他們的群眾錯愕莫名，因爲馬先生的警察把中華民國的國旗當做中華民國的大敵，隨陳雲林所到及將到的地方粗魯取締，毫不容情地追殺，馬先生說得妙，他說他從未下令取締青天白日旗，一副無辜的樣子。太僞君子了，這把戲在馬先生當台北市長時已經演過一次了，馬市長的警察闖進運動場，搶奪青天白日旗，然後馬市長信誓旦旦說他從未下令。他又說原掛的旗不必拆，事實上中華民國警察取締中華民國國旗，早在陳下機之前就雷厲風行了，如今該取締的場所都取締光了，才說不必取締，那當然，在圓山、國賓已經無旗可取締了。劉兆玄先生傳神地說他怎樣執行馬政策，他說：「警戒區內才取締。」爲什麼要警戒，無非是遇到壞人、壞東西，現在是：誰拿國旗誰就是壞人，而青天白日旗是壞東西了。

歷史待他們有如道具芻狗，用他們自己的手來證明他們意識型態中的神聖王國如此虛幻，這神聖的幻影最後由深藍退休教師在自由廣場燃焚的一把火，燒成飄向虛空的一陣輕煙。用他們來反證昔日被壓迫者選擇價值的實踐仍是歷史主題，仍然繼續前行，並無逆轉。只是不幸，慌亂的馬團隊並未覺醒。

至於民進黨，他的上台執政，是幸運地站在歷史正確的一方，但他們不是創造歷史的人，他們並不是歷史的扛轎夫，他們驕縱地坐上了歷史的轎，扛歷史轎的是歷史驅動來的群眾。行進中，他們大聲喚著口號，但直到下台，歷史的各環節和意義乃至戰略他們都無心瞭解，只跟著自己權力的感覺走，他們耗損了歷史賦予的資源和能量，卻少有生產。

對綠營的最後一擊

民進黨既失去政權，又背負貪腐之名，如今馬聲望淪入谷底，從民調上看，民眾卻不因此回頭擁抱民進黨，於是在失去政權後，還眼睜睜地看著國民黨進行一中復辟，兩岸關係一步步走向內政化而無能為力，然而在這樣悲慘的四面楚歌中，上天還要對民進黨做進一步的懲罰。

綠營仍有十八%台獨死忠支持者打死不退，他們現在默認了長期領導自己的領袖能力不如人，操守也並不高明，但是他們仍然堅守他們自己的本土立場，同時確信整個黨從領袖到黨員群眾，除了少數如十一寇之外，都是死心塌地地團結在對台灣的愛之中。因為對台灣有愛，他們寧可不計較陳水扁的無能和貪腐，因為他們相信陳水扁比誰都愛台灣，比誰都支持台獨。他們認為只要大家愛台灣，台灣就有希望，他們再艱苦，都願繼續團結在一起，都願再付出。

對這些癡心的十八%，現在上天要給他們最後的毀滅性痛擊。

二〇〇八年八月十四日，陳水扁被爆透過兒子和媳婦把六億不明來源的錢洗到瑞士美林銀行，瑞士政府檢察官來函要求我方政府清查。陳水扁為了脫罪，開記者會說六億是「選舉結餘款」，這消息把台獨十八%死忠轟得死去活來。扁犯了兩個在死忠支持者眼裡完全不可原諒的死罪：一、說愛台灣的扁原來是準備捲款落跑，棄台灣於不顧一族；二、十八%支持者中許許多多是窮苦人家，他們為了愛台灣，省下三餐錢捐獻給扁支持他去為獨立建國而拚，如今他卻捲款數以億計偷運國外，棄民進黨巨額負債於不顧。

他們素所信仰的領袖竟然把他們出賣到如此徹底的程度，他們如今眞是生不如死。

八月十四日黃昏，記者打電話問我這件事，我十分震驚，雖然扁洗錢的傳聞早偶有所聞，但沒想到會眞的曝光，這顯示的一定是數額太大，而手段既太過粗魯猴急，又太過自私所致。十四日下午，扁開記者會，發表了謊言滿口的「認錯道歉」，但我認爲無關緊要，因爲黨中央定會不爲所動，我初步判斷是黨中央一定會妥善處理，而使扁的時代宣告落幕。這時我關切所在已不是扁何去何從，而是十八%民進黨死忠群眾，心理面臨崩潰怎麼辦的問題，因此我呼籲黨中央把這問題的處理優先做爲當務之急。

不料，黨中央開會結果，竟然發表了一篇對陳水扁「坦然認錯」加以肯定的聲明，我看了大大震驚，打電話給中央黨部的朋友說，這份聲明一定會引起巨大風暴，外面的批評且不說，內部一定會引起黨員基層的悲憤，第二天早上保證中央黨部電話會接到手軟。

我認爲中央黨部會做成這樣軟弱的聲明，一定是扁系人馬和子弟兵在開會時強烈施壓的結果，而主席會接受顯然是在不久前民進黨全代會中領教了扁系人馬的強大實力和惡形惡狀的做法，並認爲扁系有恃無恐是有堅強的死忠群眾支持的緣故。事實上，中央黨部開會的情況還不只如此，過去被認爲特別標榜道德節操守的某系屬下的中常委也非常意外地呼籲「團結」，結果雖有段宜康、楊秋興等人爲對扁軟弱而大不以爲然，但意見不被採納。

我向朋友說，黨中央開會的領袖們對我們群眾的判斷肯定是錯的，過去他們不計較扁的貪腐無能固是事實，但他們不能容忍扁對台灣的不忠，所以主席如不迅速調整做法，基層將會崩盤。至於這些在會中仍舊擁扁的領導人一旦他們發現基層立場改變，一定比誰都變得快，絕不敢和基層對立，我還半開玩笑地說明明知道會和基層對立，也堅持己見的大概只有像我在國會減半時的例子了。

看到中央黨部這樣的聲明，本來已向記者表示扁已不值得批評的我，趕快追加向記者說：扁的記者會的說法根本是興票案和馬綠卡案最惡劣的翻版，我說不必等扁退黨，依記者會的荒唐說法，黨中央已有依黨紀做明快處分的充分條件。

在這同時，李文忠也積極向黨中央勸說，扁不退黨將無以向社會交代。

第二天早上，全台灣黨部，從中央到地方果然出現對扁翻臉的群眾電話，罵到讓所有黨部工作人員接到手軟。

黨主席於是明快地要求扁主動退黨，扁本來堅拒，聽到主席召集的臨時中常會下午就要開時，才心不甘情不願地退黨。

黨中央被要求起草了一份對扁表示「佩服」其退黨擔當的聲明，在段宜康的堅持下，才把佩服兩字拿掉，改為「尊重」，並且不在扁的功過上做文章。

然而扁絕不因此放棄把自己的官司緊緊綁住民進黨的策略，藍軍既幸災樂禍地假惺惺一番，又慶幸可以轉移焦點到貪腐而替自己的無能解套。擔心民進黨前途的則有的呼籲民進黨趕快劃清界線，有的呼籲扁放了民進黨一馬。但呼籲愈沉痛，扁家軍動作卻是愈猛烈，扁和他的子弟兵已吃了秤砣鐵了心，一意孤行到底。於是要不要挺扁，這議題硬是哽住了民進黨人士喉頭，或發不出聲，或出聲怪異不成人聲。

扁要大家挺他，眞的對自己的官司在法律上信心滿滿，認定純是政治迫害嗎？

事實上，扁的確曾信心滿滿過，那就是剛知道負責偵辦國務機要費的檢察官是長期挺綠的陳瑞仁時，他信心滿滿地放心接受對自己和吳淑珍的第一次詢問，但第二次以後的詢問，吳淑珍就推三阻四了，等到起訴後他非把詢問的相關案卷不分青紅皀白都列爲絕對機密不可，已證明信心的動搖是強烈到無以復加了，只好以總統特權阻撓司法權的進行。

至於挺扁人士，立院民進黨團力推國務機要費除罪化立法，如不是在使用上有罪，何必除罪？又柯建銘在按鈴申告馬英九的同時，說國務機要費和特別費都是「共業」，共業，豈不是「共同都犯罪」？

由於是「共業」，茲事體大，所以特別費的案子應該大赦。

扁子弟兵深受扁的栽培之恩，如今他們能在黨內仍擁有一片江山，也靠挺扁，例如扁雖一再公開呼籲四大天王要放手讓中生代接手黨務，但扁本人反而全力介入黨權的掌握，主導了一群中生代子弟兵，假借改革之名，壓住四大天王，全力運作中常委、中評會和評議委員會主委的選舉，在中評會主委子弟兵未能出線時，甚至還號召各路人馬威脅抵制中評會開推舉會議，杯葛不成，不肯罷手，子弟兵放話不休。接下來的一步便是挾其雄厚金錢，全力部署明年縣市長提名和選舉。

挺扁固然足以保住扁軍在黨內占有中常委、評委等位子，所以扁對子弟兵在黨內是資產；但在黨外公職選舉時，卻因社會反感太高，扁反成子弟兵的大負債。有人質疑扁把案件列絕對機密既已洩漏自己對案子的信心低落，卻要拖民進黨下水是對黨無情，這是否眞實姑且不論，但扁很清楚地連對子弟兵都無情到要拖他們溺水了。廢墟世界，如柯建銘者對扁或仍有情，但扁一家對民進黨早已情義兩空，唯留令人讚嘆的無比頑強生存意志。

無疑的，扁洗錢落跑事件，對十八%黨的死忠分子的打擊還遠大於國會、總統兩次的敗選。八月十六日，中央黨部在扁故鄉台南官田舉辦事先早排好的募款會，主席蔡英文說「民進黨要從廢墟中站起來」，的確到這地步，民進黨基層信心崩盤，猶如廢墟，而國民黨本身也對馬和一中神話信仰崩盤，這時成爲廢墟的豈止是民進黨。

絕望的氣息不祥地籠罩在台灣不分藍綠陣營的上空。

不再有戰爭了？

馬總統在經濟上的傾中策略效果與預期南轅北轍，結果是支持群眾信賴的崩盤，社會更擔心的是在主權上的立場。

在他上台之前，主張外交休兵，又強調兩岸要簽和平協議，又不需要美國介入（二〇〇八年一月二日聯合報專訪），已開啓了社會的疑慮之門。上台後一連串作爲更令人吃驚：

・五二〇就職演說強調他的立場是堅守九二共識、一中各表、擱置爭議、共創雙贏，這大抵都還算國民黨式的一中是中華民國的立場。但他又主張並且要向中國商議台灣的外交空間，等於承認了中國有權干預台灣的外交空間，嚴重的問題開始浮現。

過了一個月，研考會民調，內閣績效滿意度都偏低，但在兩岸上滿意度竟高達七十九％，在這樣的基礎上，內閣便在兩岸經貿政策急踩油門，想要好上加好，進一步得分。

・八月四日，馬總統視察外交部，正式訓令此後的新政策是外交休兵。

・八月十四日外交部透過友邦向聯合國提案，要求參與聯合國專門機構，BBC據以報導「台灣外交部不再尋求加入聯合國」。

・八月二十六日，馬模仿陳水扁，重要政策在國外宣布，以「出口轉內銷」的方式接受墨西哥媒體《太陽報》訪問，詳細說明外交休兵的意義，他說台灣未來將放棄「雙重承認」的策略，同時也

「不誘使其他國家改變外交承認，兩岸不是國與國關係」，總統府隨著就宣布「兩岸是一國兩區」的關係。

過去台灣在兩蔣時代，堅持「漢賊不兩立」的立場，非在外交上把中國擋在聯合國之外，把中國的邦交國襲奪過來而和中國斷交不可，可以說向中國主動發動外交戰。但自從李登輝開始採取務實外交以來，我們已改採和中國在國際上的共存關係，台灣只求取得合乎主權國家地位的外交空間而已，完全無意主動對中國有所侵犯，這政策北京固一向抵制，但不能因此就自認為我們對中國有敵意，因為除非承認台灣的主權屬於中國，台灣獨立等於叛離中國，挑戰中國主權，否則兩國和平共存，何敵意之有。

在中國幾乎把台灣外交空間全面封殺時，所謂放棄雙重承認的外交休兵根本是承認中國封殺台灣聯合國會員身分和各國和台灣的邦交是具有充分正當性的行為了。固然中國大，我國小，在尋求外交空間時，要量力而為，不可毛躁，但並不應把合理目標就此放棄，更絕不能採取承認被中國打壓之下的現狀為合法正當的外交休兵策略。

至於迴避主權的一國兩區，根本是香港模式了。

・二〇〇八年九月舉辦漢光演習，馬總統史無前例地下令取消火力展示，演習「不開火」，消息傳出，國防部馬上否認，說演習照表操課，歡迎大家星期四去恆春看「聯勇」演出。不料，同一天下午又馬上「澄清」，本星期四的演習已經在上月底預先結束了，九二二實兵驗證則確定沒火炮試射，消息亂成一團，大家一頭霧水，都認為馬總統搞神祕，一定有難以告人之事。

・在漢光演習不開火風波發生的同時，台灣報紙大幅曝光報導馬的「終戰指導」由國安會踢開國防部正在撰寫之中的事，大家才發現事態比大家想像得到的還更嚴重。

總統府否認正在撰寫終戰指導，但大家都寧信其有，不只因爲「終戰指導」和「外交休兵」國降爲區等等策略精神一脈相連，也因爲馬總統的話早已經沒信用了。

什麼是「終戰指導」？據報導是馬認識到中國軍力有增無減，台灣壓力很重，戰略上必須「重新定位」，要放棄「有效嚇阻，防衛固守」戰略。此後，一旦開戰，要「根據國家人力、物力、財力，考量人民意願設定戰爭停損點，其中包括停戰時機、方式和內容」……。

拗口地洋洋灑灑講了老半天，大搞神祕。

有沒有國家可能對戰爭擬終戰原則？第一個可能的是軍事絕對強勢的國家，他們可以充分掌控戰況的發展，便可以估算在把對方戰力毀滅到什麼程度時，以停戰條件交換對方的投降；第二個是置身直接交戰之外的第三國，或不直接交戰的盟國也可能評估「非常脆弱」的一方的戰損底線，做爲自己擬定外交策略的基礎。但歷史上從沒有一個被侵略的弱國會主動研擬停戰指導的。

一個會被侵略的弱國訂定終戰準則，列出自己各種戰損的忍受度，若被知悉，就等於在指導侵略國自己的弱點在哪裡，告訴對方：恭請趕快打。眞荒唐極了！

戰爭學的基本常識是戰爭勝負既有賴於有形的軍事戰力，而國民決戰的意志力也同等重要。終戰指導內容縱不外洩，但只要知道你在擬定，敵人必然認定，要打仗的話，他不必擔心會因你頑強抵抗而遭受重大損失，戰爭成本小，這根本是鼓勵對方打了沒關係。

爲什麼有這麼荒唐的「終戰指導」，據報導是「高層已做最壞打算」。「最壞打算」講得很文言文，用白話文講就是「投降打算」。這是大位都「猶未坐燒」就打算敗戰投降的總統嗎？這豈不是以準備投降來誘戰！

事實上，中國國力固然持續上升，但中國知道台海這一仗在可見的未來都打不得，這一方面在於中國對美國經濟的依賴實在太高了；一方面則在於中國歷經九六年軍事演習和眼看美國在科索沃和伊拉克的戰爭展示後，就很明白中國輕啓戰端是不智的。所以目前中國的台海戰略是「統一擺在未來，軍事備而不用，外交繼續打壓，但務實統戰爲先」。在中國這樣的原則下，縱使馬萬幸會做八年總統，都不會遇到中國對台發動大戰，馬總統急什麼擬定終戰指導準備投降？

立院在通過軍購預算後，扁政府便向美國交涉，雙方軍方也初步談妥，但布希總統被陳水扁氣壞了，指示停止F16C/D戰機的軍售。

美國國防部助理部長二〇〇八年七月初在國會聽證，指出台灣國安高層要求美國暫緩對台軍售，以利中國舉辦奧運會的氣氛。然而，到了九月十八日奧運會閉幕，美國國會也即將休會，美國政府把各國軍購案都送到國會審查，可是直到最後一天，台灣的案子一直都沒有送。

馬總統上台後以爲採取所謂活路外交，積極交好北京，表明台灣已不再做麻煩製造者，美國一定大爲喜悅，軍購將可順利獲得批准，不料美國卻硬是仍不接受。馬政府一頭霧水，便歸咎於是扁政府惹禍，禍延繼任的馬總統。這理由當然不通，美國既對扁不爽而給扁顏色看，那麼反扁的馬政府上台，美國豈不應加倍寵愛才對，哪會反讓馬替扁受罪？

議論紛紛時，曾多次參與軍購協商的前國防部戰規司建軍規畫處處長黃一立將軍語出驚人地說，「美方至今仍不願敲定這八項軍購，背後重要原因是擔憂台灣和大陸走得太近後，售台的武器未來可能流到大陸手中！」

黃將軍話雖嚇人，卻不像空穴來風。事實上，自從美國國務卿萊斯公開指責「台灣和中國改善關係是好事，但也不要忘了美國」，質疑馬總統是否還把美國當朋友後，美方傳來對台灣的質疑就一直持續不斷，最嚴重的當然是據聞在台協會主席薄瑞光向馬政府提出二不：「不能暗示中國對台灣擁有主權；以及台灣國際活動不能由北京來最後同意」，薄瑞光如眞的這麼說，根本是非常不客氣地責備馬總統不要奉中國爲宗主國，而以附庸國自居了。美方還問，「明年是否還需要美國繼續支持台灣成爲國際衛生組織的觀察員？」

馬總統一方面強調「兩岸關係高於外交關係」，又強調要和北京協商國際參與的空間，再加上國共論壇中，國民黨還推翻國際奧委會的慣例而片面接受中國要求讓台灣奧運出場從T（台）字序列排到C（中）字系列等等一連串的卑躬屈膝做法，薄瑞光指責馬總統有暗示（或默認）中國對台灣擁有主權和擁有對台灣國際活動的批准權的傾向，其實一點也不過分。

前述的黃將軍的說法和薄瑞光的傳言，在公開場合美國大抵是要否認的，但這些傳言卻完全符合萊斯「台灣還是美國的朋友嗎？」的質疑脈絡。美國既然憤怒到採斷然拒絕軍售的大動作了，私下難聽的指責甚至氣極敗壞的蔑視肯定一點也不稀奇。

由於主權觀念模糊，中心價值欠缺，過度失敗主義的作祟，馬總統誤認爲他的外交休兵、兩岸高於外交，甚至「向中國申請國際空間」等等做法將大大討得美國歡心，豈知在美國眼中他已經成了跟阿扁一模一樣的麻煩製造者。

最後美國政府直到國會延會的最後階段，認爲對台灣的警告訊息夠強烈了，十月四日才送出台灣軍購案。

・二〇〇八年十月二十一日，馬總統參加國軍幹部會議，向國軍指示「重大國防政策」，他拍胸脯保證未來四年不會有戰爭。這非常無厘頭，讓將領們聽得一頭霧水。

有人眞的對戰爭擔心得不得了，才需要馬拍胸脯、壓壓驚，但台海已經幾十年沒戰爭了，在既有國際情勢下，甚至阿扁對中國那麼不可取的挑釁，戰爭都沒發生，如今馬那麼討好中國，軍中自然更加沒有人擔心戰爭了，將領們既然不擔心，擔心的便只是馬英九自己了。這無厘頭其實反射出馬對戰爭的非理性恐懼，不久前要國安會研擬停戰指導原則，也同樣是無厘頭的戰爭恐懼心理投射下的典型做法。

當總統的人對中國有這樣非理性的恐懼，令人害怕。

自從上台以來，馬總統對中國無論在經濟、軍事、政治、外交各方面的決策非常不幸地都籠罩在對中國無厘頭的害怕上面，外交休兵、放棄雙重承認、奧運一中、一國兩區、搶搭中國經濟車、拖延軍購、承認胡吳會決策、兩岸高於外交、對中國黑心食品的態度、馬陳會放棄總統稱呼……等等都是恐懼陰影無所不在之下的決策。

・由於對戰爭的不切實際恐懼，馬總統積極努力地要和中國簽和平協定。二〇〇八年十月印度《印度及全球事務》刊出馬專訪（實際是在二〇〇七年採訪，現在恰巧刊出）主張簽和平協定。

其實，這麼多年來，台海不曾發生戰爭，我國四十年來更無攻打中國的任何意圖，只要中國行個好，主動放棄武力犯台企圖，兩岸就沒有不和平問題，爲什麼要簽和平協定?和平協定連中國學者都認爲涉及主權，台灣民眾意見並不易喬，馬總統卻堅持地說任內簽妥，馬總統難道是已確定在主權上有所讓渡換取中國不武，否則爲什麼篤定的以爲任內可以完成目標。

這幾年來國內一直有人呼應李侃如的「中程協議」，中程協議實際上就是和平協議的一種，陳水扁當總統時也很心動，以爲簽了可以像金大中一樣領諾貝爾獎，歷史留名，因此向來訪的柯林頓當面請益，陳本以爲柯是近數十年來積極推動和中國交往的美國總統，一定會大加贊同，不料柯林頓對這書生構想卻明白指出不切實際。奈何馬總統今天竟拾起陳水扁當年好大喜功不切實際的策略。

馬總統或許在經濟內政上政績欠缺表現，以至於在焦慮之下力求在兩岸上尋求突圍，本來「在威脅下上談判桌」是談判的大忌，不料如今兩岸在可見的時間內都不存在戰爭威脅下，硬是想像出其存在，而施政的大方針就在解決這一個想像出來的戰爭。再這樣下去，國家前途眞是危險極了。

・北京奧運期間，中國發生三鹿奶粉毒食事件，但因爲辦奧運，官方壓下消息，直到奧運結束，消息全面爆發，接著各項有毒食品紛紛被發現，台灣民眾因恐慌陷入強烈的憤怒，但馬總統卻害怕影響他的傾中政策，不願向中國表示強烈不滿，台灣人民益加憤怒。本來，兩岸談好陳雲林在 APEC 會議召開之前來台辦舉江陳會，如今遇到這樣的氣氛，兩岸對來台日期舉棋不定。民進黨十月十三日決定十月二十五日發動群眾運動向中國嗆聲，陳雲林來台日期更因此直到十月下旬沒辦法決定。

然而，由於陳水扁堅持攪局參加大遊行，民進黨大爲困擾，唯恐在國際媒體報導上涉嫌觸犯洗錢萬國公罪的陳水扁在陳唐山等人支持下，成爲嗆中國遊行的主角，對台獨的國際聲譽造成嚴重傷害，並造成對中國解套的效應，士氣陷入低迷，各地方報來的動員狀況相當不好，蔡英文主席因而發了脾氣。

十月二十一日前，中國海協會發言人張銘清在台南參訪，回答問題說「沒有台獨，就不會有戰爭」，被台獨極端分子痛毆倒地，張提前回中國。台北主流媒體一面倒地痛批台獨分子違背善待「來者是客」乃至「不斬來使」的道理，一時民進黨中央黨部氣氛更加低迷。民進黨方面本來強烈要求中國就有毒食品道歉，現在因張銘清被毆事件逆轉成中央黨部和南部縣市長或表遺憾或要求群眾自我約束，許添財市長還向張銘清送花致意。藍軍則像撿到了寶一樣大聲譴責民進黨暴力。

這時，對陳雲林來台時程一直猶豫不決的馬團隊和中國迅速敲定陳雲林十一月三日來台——雙方政府的判斷很清楚：陳來台的危機已經解除，然而情勢急轉而下。

肢體暴力當然要譴責，但長期發言嗆台獨的張銘清在國民黨政府安排下到處出巡且公開向台獨已成主流的台灣嗆聲，「只要不台獨就不會有戰爭」根本是以國家暴力做後盾的語言暴力，欺負人實在過頭了，這做法在世界上任何地區不遇到極端分子的反制完全是不可能的。一個涉台事務的高層官員爲何如此托大以致被毆，或許以爲馬總統既然高唱不獨不武了，他只是把「馬先生」的話重複一遍而已，有充分的正當性。問題是兩人身分不同，馬這樣講是令人覺得軟弱得太不成才，但張衝著台灣這樣講，則一定會令人憤怒他的欺人太甚。如今張對被毆提告訴，但對方難道不可以也告他以中國國家暴力恐嚇施暴嗎？

動手打人固屬理虧，但中國國家暴力無罪，張銘清還被不斷稱讚，其溫文有愛心簡直是現代吳鳳了，而台灣小百姓的個別暴力卻該死，國民黨主席吳伯雄，輕蔑地奚落嗆中國的遊行大家距離愈遠愈好……於是在這樣排山倒海的譴責與奚落不斷刺激下，已冷下去的群眾在最後幾天爆發出六十萬人上街頭的大規模出來，令所有的人都大出意外。接著，民進黨決定在陳雲林來台時，接續進行三天的大抗爭運動，空前的群眾抗爭規模，說出的是人民對馬團隊的主權立場的憂慮已達到了極點。

霸權

是什麼原因讓馬團隊陷入了對戰爭如此地懼怕，以至於對主權如此地退讓，然後引發民眾這樣強烈的焦慮和憤怒？

有三個根源：一、意識型態和歷史的恩怨情結。二、害怕中國霸權崛起。三、認爲經濟唯有依賴中國一途。

時序自進入二十一世紀之後，中國威脅論崛起，甚至在美國都有中國將成崛起的新霸權的說法，這種意見在美國雖然非常地非主流，但來到東方，無論是中國或台灣學者都有人說中國已成霸權，馬蕭信服的就是這個觀點。

中國眞的要成霸了嗎？

通俗地說，要當霸權是在政治、軍事、經濟、文化所有的項目都處在絕對領先的地位，而且都是遊戲規則的主導者叫霸權，如果只有軍事等單一項目領先便只叫強權，不叫霸權。②

依照這標準，中國目前距離全球或區域霸權都還有遙遠距離，只是無論在軍、經、政方面都顯露其霸氣，但軍事上，軍費年年雖然上升，二〇〇六年高過八百一十五億，比日本的四百四十三億、印度一百九十億、俄羅斯一百八十億、台灣七十九億都高得太多，至於軍事人員總共二百二十六萬，更比日本二十四萬、台灣二十九萬、韓六十九萬多，比次高的印度一百三十三萬都多了一大截，很自然地讓很多人認爲它已經是東亞的霸權。然而並不足夠就成爲霸，因爲霸權的意義基本上是大家願意服從的國際秩序的主導者，要達到這地步，不是比別人強很多就夠了，還要強到不合理的程度。而且要有壓倒性投射力，單單在東亞地區都做不到，更不用說全球了。③

在經濟的「霸」方面，中國要與日本爭霸，目前條件大有欠缺，規模仍比日本小得多。工業革命後，製造業的能力是霸業的基礎，十九世紀英帝國殖民霸業就是這樣建立起來的，二十世紀輪到美國風光，但如今，美國國家債台高築，貿易、財政雙赤字驚人，二〇〇八年下半年起更因次級房貸風波而顯虛弱；相對地中國經濟成長正處在勢頭上，結果連陸委會高層都說中國已成東亞經濟霸權。不久前在香港遇到一位北大教授，見面時更很展現了大國教授的架式，他斬釘截鐵地以爲中國獨霸東亞勢不可擋，因爲經濟成長太生猛了。

其實目前中國最大的實力有二，一是世界第一的人口，二是持續長時間維持十％上下，名列世界前茅的經濟成長率。然而由於在其他條件上的弱點，如產業技術上的都還是跟隨者的身分，甚至對台、韓都有所依賴，只能說是「主要強國」而已。④

孿生毒品

大家口徑一致稱中國為霸權，大概是因為看到了中國漫山倒海的令人側目現象：經濟高成長了三十年；有錢後，軍費高漲持續十多年，每年成長十五％；輸出通貨緊縮又輸出原物料飛漲；既黑心商品四處充塞，又搞得包括台灣在內的產業空洞化，並不惜讓中國土地徹底污染，藉此外匯累積到世界第一；而人權上對內鎮壓法輪功，對外支持諸如緬甸、蘇丹、巴基斯坦等惡名昭彰國家……。

這樣的我行我素完全符合中國傳統所謂的霸道作風，有如黑幫老大。

九〇年代末期，江澤民強勢地要推動「大國外交」，國家領袖四出串聯，再加上台海飛彈事件，更加深大家的負面印象，直到九一一事件後，中國才放慢大國外交的步調。等到胡錦濤上台，以「和諧」為外交方向，改善關係，但各國並不因此降低對中國負面印象。

如今西方國家在金融海嘯席捲下，受傷之深重，僅次於一九三〇年代全球經濟大蕭條，這提供了擁有世界最多外匯的中國千載難逢的時機，「中國已成為世界經濟的火車頭了」，這使得馬蕭團隊認為自己的看法已得到強烈的佐證，認為無論是馬二〇〇六年受英國 BBC 訪問時「你知道台灣經濟依賴中國有多深」的說法，或蕭在《專業治國》中的說法都是正確的。

然而，美國的衰落就是中國的機會嗎？這是大有問題的。

在這裡，我們要由霸權一個更關鍵性的意義談起。

霸權這個概念固然指國家高人一截，支配性強，傾向負面評價，在東方理解好像是黑幫老大，西方 **Hegemony** 一字卻不是橫行霸道的意思，中國一位戰略學家周不后說得好，霸權兼具霸道和王道，既擁有對他國的強制裁實力，又能夠透過價值共享及安全秩序維持進行讓人承認的領導。按這說法，霸權是秩序的領航者，在秩序中，它當然獲益最大，但卻也提供了機會給人搭便車。換句話說，提供了大家賺錢需要的公共財。

首先，例如英國以強大的海外軍事力量既維持了世界各地區的權力平衡，也維持了公海航海的安全。

其次，例如早期的荷蘭開其端創造了自由貿易機制，到了十九世紀，有英國的金本位制下的貿易機制，以及美國取而代之的美元本位和諸如國際貨幣基金會、**WTO** 及 **FTA** 等等的機制。

換句話說，霸權的維持不可能是靠財大氣粗，軍備龐大，行使「硬權力」，更得依靠創造大家共享公共財行使「軟權力」。

從這個角度出發，這幾十年來，世界經濟從金本位體制轉變到美元體制後，美國得到了發行超過黃金儲備的美元的權力。美國便運用印國際鈔票的特權，用賒欠的方式購置遠超過他國國內生產力的全球產品，於是從日本四小龍到今天的中國、印度便努力生產賣產品給美國，美國再出售債券等金融商品，使美元回流以支撐購買力。因此，美國不斷累積的債務就成了全球經濟發展的主要動力。

就如中國經濟學家陶冬說的，美國是個「超級資本主義」國家，美國走向金融資本主義後，有一個和英國迥然不同的地方，那就是製造業雖大量出走，但不像英國全盤放棄，而且留住最高階的製造部門，掌握整個產業鏈的規格設定高地和附加價值最高的元件。如英特爾和微軟，透過技術上的創新、規格設定，坐擁令人不平的暴利，但也使技術的跟隨者如台灣和中國得到賺辛苦錢的機會，而搭上經濟奇蹟的便車。這樣美國才能既霸裡霸氣，又使得大家承認或忍受它的專權。

整個國民黨團隊十多年來的信仰是美國靠不住了，好在有中國可以靠。半年來，經濟儘管低迷，卻總信心滿滿。不料，台灣財政部公布二〇〇八年九月份的貿易統計表，卻完全跟他們的夢想相反，總體出口，比起去年同期少了三·六億美元，降幅十·六%，是六年來的第一次衰退。大家都很心驚，其中對中國、香港出口大降十五·九億，降幅高達十六·三%。不只如此，如果扣除對中國減少的十五·九億，儘管在全球金融風暴襲擊下，台灣對其他地區的出口還是增加十二·三億！至於馬蕭劉團隊最看衰的美國，台灣的出口都還增加了十二·四億，卻眞是鐵捧台灣的場，鐵不捧馬蕭的場的。到十一月對中國、香港出口更陡降了三十八·五九%。

這些數字雖然突兀，但從美國主導的美元本位經濟體制中觀察卻很自然：台灣對中國出口是台商在中國設廠向台灣買機器設備、半成品、上游原料所帶動的，在中國組裝後，留下來在中國賣的不到兩成，其餘七成以上賣到歐美日，所以台灣對中國的出超基本上是由歐美市場帶動，而不是中國市場帶動，這是經濟全球化之後，一個常識性的觀點，所以談台灣對美中的經濟依賴一定要從台商「業內貿易」的美中台三角貿易的角度來看⑤，可是馬蕭劉團隊偏偏就不這樣想，非要從簡單的台中、台美間的雙邊貿易帳上做比較，然後欣然下個台灣對中國依賴遠大於對美國的結論。

由於美國經濟才是台灣出口和經濟成長的主要引擎，美國一熄火，台灣對中國的出口一定首當其衝。九月對中國出口減少最大的項目是電機產品三億，顯然就是中國對歐美出口減少，以致中國對台灣的機械設備進口需求減少的效應。

其實美國經濟下滑，影響到台灣對中國出口下滑的徵兆早在幾個月前就出現了，七月台灣來自中國的訂單年成長率首度降到個位數，八月更衰退八·八六%。

警兆不斷出現，剛上台的馬蕭劉團隊卻一手努力放寬對中國投資限制，另一手大力宣傳一開放，廠商一定踴躍登陸，兩岸經貿一定熱，台灣經濟很快好，美國經濟下滑不怕因爲有中國。一點都不知警覺，只是一味把經濟靠中國、政治傾中國當做宗教信仰一樣，任現實世界怎樣轉，兩岸經貿數字、內容怎預警，民意怎麼反彈，都衣帶寬了又寬還不悔，眞是心癡得無救。

九〇年代，科技產業的崛起使美國維持了高成長的榮景，但是二〇〇一年網路泡沫爆破，美國廠商爲了降低成本，擴大委外生產，這既使得中國、印度等新興國家經濟迅速成長，也使得美國能消費更低廉的產品，但產業的空洞化、M型社會浮現。爲了維持國內消費能力，於是葛林斯潘採取信用擴張策略，撐大金融泡沫，終於玩出金融毒品氾濫成金融海嘯。

另一方面，中國以歐美日爲消費市場，接收四小龍的低階製造業經營世界工廠，但中國人口規模大於四小龍不只十倍，而歐美消費人口並無增長，於是在過度投資之下，產品愈趨微利，而大量生產下，原物料又大幅上揚，等到中國勞動合同等法實施，勞動成本也上揚，爲壓低成本，偷工減料乃至有毒工廠製品也如同美國有毒金融商品一樣氾濫成災。

WEF（世界經濟論壇）執行主席說早在二〇〇三年WEF就開始向投資銀行、保險公司、對沖基金警告系統風險將侵蝕全球經濟基礎，但全球金融鉅子全不爲所動，直到二〇〇七年美國房貸警訊開始迅速惡化，以至於今日難以收拾。中國的有毒商品問題也早在二〇〇二年就浮現，日本開始檢查出中國冷凍蔬菜有毒物殘留，二〇〇三年在中國國內有毒食品非常嚴重，引起了中國國內維權抗爭和官商勾結下對維權的迫害。此後全球各地，從歐美到拉丁美洲國家都掀起了對中國有毒商品的討論，二〇〇六年，歐盟查獲瑕疵商品九百多項，中國幾乎占了一半，第二年，歐盟正式對中國提出警告，二〇〇七年的APEC會議中又成各與會國議論題目，但中國不只無能解決，甚至爲了奧會的民族面子硬是封鎖新聞，使狀況更形惡化，直到進一步蔓延到今天的有毒電子產品、零件、有毒飼料、有毒食品。

世界銀行首席經濟學家中國的林毅夫說得好：「導致金融危機的原因，也是近年來推動全球經濟繁榮的源泉；這場百年一度的危機……將使開發中國家面臨嚴峻挑戰。」

於是我們可以說，世界金融帝國的有毒金融和世界工廠的有毒製造商品，是美國主導了全球經濟體制三十年後生出的孿生兄弟。沒有美國的金融毒品泡沫，就沒有中國每年對美二千億的出超，也沒有對世界工廠中國的過度投資，過度生產以致利潤微薄，就不致有毒商品的氾濫成災。只是美國金融遊戲玩到今天，AIG、雷曼兄弟、美林等國際金融巨霸固一一倒地，在中國的國際知名品牌更是紛紛減少採購，甚至關廠。從二〇〇七年中開始，東莞開始蔓延各地的關廠風迄二〇〇八年十月，有些地區景況嚴峻無比，例如東莞區有的城鎮收入竟萎縮了三成！到二〇〇八上半年全中國一定規模以上企業關門達六萬七千家，做爲景氣指標的廣交會（中國進出口商品交易會）在二〇〇八年八、九月連續兩個月成交以兩位幅度下滑，中央財政收入也連兩個月大幅出現赤字。

既然中國近三十年的高度成長是在美國金融遊戲下的結果，如果美國這遊戲發生頓挫，馬蕭寄望中國想藉機脫穎而出，然後台灣可以輕鬆地搭便車，實在是異想天開。

從近代的霸權發展史來看，崛起的霸權必伴隨著創新的生產技術，技術的創新往往就是財富的來源。美國既掌握金融霸權，又掌握規格設定權和先端技術，成爲中國經濟學家陶冬所稱的超級資本主義，這樣的結構看不出中國在可見的未來有加以翻轉的任何可能，那麼台灣的發展，其軸心動力仍在美國而非中國。況且，如今全球原物料、石油價格雖然下跌，但景氣一旦恢復，勢必重掀飛漲之勢，過去中國成爲代工大國，石油便宜、運輸費低是爲關鍵，將來石油價漲，中國以代工爲主軸的生產模式遭遇的挑戰將無比嚴峻。不只如此，美國在自由化和虛擬金融玩過頭爆發風暴的慘痛經驗後，已開始檢討實體經濟的重要性，有再工業化的呼聲，如果未來眞的向這方向修正，在新遊戲規則下，GDP和出口依存度高達三十七%，遠高於所有「大國」的中國經濟，其發展壓力將巨大無比。

談到這裡，我們可以順道再回顧一下中國建立霸業的關鍵性難題：

中國經濟成長固然迅速，卻既不是透過製造技術也不是商業機制的創新，讓後進國家可以搭便車，反而成了周邊國家，如東南亞產業的競爭者，做法更類似的是把車上的人趕下車，上世紀台灣和各國對外投資本來是從東南亞開始，中國爲了競爭，便使人民幣狂貶了四十%，不但引發了亞洲金融風暴，且從此席捲了原先到東南亞的外資，如今其產業仍然處在和東南亞高度競爭關係中，最近尤以和越南在外資爭奪的拉扯上最明顯，就像黑幫老大不照顧老么，反而和老么爭利頭。

於是中國今天霸則霸矣，要強調大家承認的主導權，或成爲國際政治上軟硬兼施的霸權實力有未逮，台灣對這樣的國家固然要謹慎以對，卻不必認爲它因霸而有權而嚇壞了。事實上胡錦濤顯然明白自己這點國際的形象，但要改善卻仍未被信服。

問題是中國現在在普世的「價值」上處於空窗期，其對外感召力甚至不如萬隆會議第三世界路線，甚至文革革命輸出時代。[6]

因此，美國如今經濟雖陷入困頓，但馬蕭要台灣脫出美國主導的世界經濟秩序，跟隨中國，眞是不可思議的策略。

我們在全球金融風暴中，固然定飽嘗痛苦，但台灣實不必過度憂慮中國的乘勢而起，順道威壓台灣，然而不幸的，站在廢墟上的統治者並不這樣想。

註：

① 指廣州、大連、上海、青島、天津。

② 維基百科的界定，對霸權，強權的分級約略是：

霸權（Hyper Power）：無論政、經、文、科技都處在主導地位，十九世紀大英帝國、冷戰後美國屬之。

超級強權（Super Power）：排在領導班子內，影響力遍及各地，軍事力量隨時有壓倒性地投射在任何地方的能力，如冷戰期間美蘇兩國。

主要強國（Major Power）：政、經、軍、文都有一定實力，在所屬區域有強大影響力，在國際也有一定影響力，軍事投射力足以涵蓋其所屬地區，如英、德、法、俄。

③ 英國霸權頂峰時期的一八八〇年，戰艦噸數約六十五萬噸，而排在後四名的法、俄、德、美等國加起來也不過八十二萬噸。

二〇〇六年美國一年軍費是五千一百八十一億，足足是中國的六·三倍，其他所有各軍事大國俄、中、印、德、法、日、韓、英八國總和三千一百二十二億，才剛到美國的六十％。

對外的投射能力海空軍和洲際飛彈，就這一點，中國更大大地有問題，迄今還沒有航空母艦，美國最大的要塞級便有十艘。

④ 十九世紀中葉英國稱霸的全盛期，製造了全世界超過兩成的工業產品，占了全歐洲的四成。美國崛起後在一九三〇年代，其製造業占全世界總產量在三、四成之間，在一九五〇年，美國國民生產毛額三千八百一十億，比蘇、英、法、西德、日、義六大工業國加起來的三千五百六十億還多。

二次大戰前夕，德國產品在全球製造業總產量比例大幅領先英國，但是在一九三八年也不過以占世界十三·二％領先九·二％而已，以這樣的國力，要建立法西斯霸業，終於落得悽慘下場。

二〇〇四年東亞各國的GDP占全球比例，中國四・〇%，才與東協一・八%，四小龍的二・八%，加起來相當而已，另外，遙遙落後日本的十一・四四%。雖然中國製造產品似乎行銷世界無敵手，但占全球貿易比率也不過六・六%，而東協六・〇%，四小龍七・六%，日本六・三%，四方面勢均力敵。

如從國民平均生產毛額，和技術的先進上比較，中國弱點更明顯。

⑤ 詳細論述見林濁水，《共同體——世界圖像下的台灣》，二〇〇六。

⑥ 二次大戰後若不是爲對抗共產國際的擴張、維護民主體制，美國或可能仍無意成霸，於是維護民主體制便成了美國軟權力最大的合法性基礎，此後，其創建的全球經貿體制更是軟權力更核心的另一支柱。

做爲更積極的秩序、價值的創新者和維護者，這是美國比起過去的霸權——荷、英，大爲不同的地方，荷、英固然提供了自由貿易的公共財，但卻成爲殖民剝削者和人權殘害者。相反的，美國在冷戰對峙格局下形成的霸權，雖常受批評呈現了牛仔主義的道德，然而道德色彩的霸權，華人並不陌生，中國過去「天朝」就是建立在儒家道德價值觀上的霸權。古中國這霸權，除了道德色彩外，文化如漢字、科技、乃至禪宗……等等，都讓中國成爲東亞天朝世界中的價值創新和提供者，這使它擁有大家樂於接受的優勢軟權力。至於被納入天朝秩序的其他國家，必須在沙文主義的大一統的華夷之辨的價值世界中，屈居卑微的藩屬國的地位，雖大不同於西方自西伐利亞條約以來各國主權平等，乃至近世民主、人權的世界秩序，但其之所以落伍到底是「時代」限制使然。

第十四章

遺產

台灣主體意識

儘管馬任命的外交部長一上台就下令「去台」，但馬的當選和入聯公投的失敗一點也不表示台獨在台灣民意的下降或統一的升高。根據馬總統就職二個星期的一項民調（TVBS），認同台獨的處於高檔，是六十五％，認同統一則創新低，跌到二十％以下；認同以台灣名義加入國際組織的高過五十四％，中華台北才二十五％；另外，比起一九九九年，國族認同上，認同台灣人的從五十八％上升了十％，成爲六十八％，認同中國人的才只有十八％。這些數字說明了民進黨政權雖失，但原先主張的台灣主體意識反成社會主流，大不同於共產主義隨蘇聯崩潰而一舉幻滅。支持台獨的持續性上升趨勢，一直維持到馬當選並未逆轉，無疑的，這是民進黨敗選後在台灣這廢墟上留下來的珍貴遺產。

普遍認爲，陳水扁努力推動正名、制憲、去中，而台灣的獨立民意在他的八年任內增長到這樣的高度，所以扁雖然有再多失政、敗德，台灣主體意識和台灣人認同的上升，總是他的貢獻，許多極端主義者就因此蜂聚他的旗下，一旦他遭遇任何責難，都捍衛到底。

但是，如果我們把時間拉長一些來看，將發現台灣主體意識的增高是扁的貢獻這樣的結論大有問題。其實民進黨擺脫陳水扁陰影爲什麼那麼困難，在二〇〇五年之前和二〇〇五年之後，理由很不一樣，在二〇〇五年之前，陳水扁兩戰而取得總統大位，從此大家認定國民黨垮台純是靠陳水扁的驍勇善戰，換句話說，認定沒有陳水扁，台灣人就沒有辦法有出頭天的機會，於是大家對他既佩服又感激，因此對他的「四不一沒有」是否牴觸台獨就不太計較。

二〇〇五年縣市長敗選後，民進黨已默認扁的貪腐和施政無能不得人心，但因他在台獨運動上比誰都極端，於是大家又相信只有靠他才能保住台獨香火。

在二〇〇八年，扁一再舉台獨支持度的民調已上升到超過六十五%來邀功，好像是台獨意識和台灣人認同的上升是扁當政後才開始的，看到了數字，大家也就更相信要追求台獨非靠他不可了。

然而，台獨支持度是因爲他的努力才上升的嗎？這其實是個大謊言。在一九九〇年左右，台獨的支持度一直維持在十%以下，而統一則高達六十五%，這時台獨最需要他這位明星來共同推動，但他搞杯葛。

台獨黨綱通過後，從一九九二年到一九九七年，支持度在五年間從不到十%上升到四十三%，足足多了三十%還多，一九九七年，台獨支持和統一支持更呈現黃金交叉，爲四十三%比三十五%，八年之間上升了三成五，每年上升平均五%。在這台獨上升最快但是支持度未過半的時間，陳水扁對台獨運動是不斷搞杯葛，一九九九年，他甚至發動修改台獨黨綱的運動，只是當時他在民進黨內的力量還不夠大，無法阻止民進黨從主權獨立決議文到台獨黨綱通過的持續性發展。

陳水扁一生聲望的頂峰在二〇〇〇年剛當選總統時，成爲完成台灣政黨輪替的第一人，民意滿意度高達八十%，他一不做二不休宣布四不一沒有、未來一中，兩岸統合，完全架空台獨。但這時由於走去台獨路線，黨內雜音層出不窮，在核四停建後，聲望大幅下挫，但仍長期維持在五成左右的民意滿意度。這段時間他透過修改黨章，兼任黨主席，進行對黨的掌控，又碰巧遇上諾魯斷交，引發「一邊一國事件」，黨內雜音減少。在這階段，他自認權勢如日中天，不必擔心打壓台獨會付出代價。但到了二〇〇四年大選，因施政欠缺成績，幸賴李總統陣營發動「正名」、「二二八手護台灣運動」，才激起台灣意識扭轉頹勢，他領教到台獨的力量，又發現台獨支持已經過半，他便投機地倒過來搶台獨頭香，從此從台獨的打壓者搖身一變成爲台獨的急先鋒。

因李登輝領導的台聯主導了冒進台獨走向，扁在獨派中地位仍未穩固，甚至賴李陣營發動正名、二二八手護台灣，他才跟進而能連任總統；等到二〇〇五年遇到高捷弊案、縣市長三合一選舉大敗，黨內眾叛親離，支持度跌到谷底，但社會聲望仍在三成，並非最低，這時民進黨的社會滿意度開始從領先國民黨降爲落後。

北高兩市市長選舉時，雖有游錫堃、林佳龍與冒進主義者力挺，扁的黨內支持度相當回升，但社會滿意度反降到最低點的不到兩成，只是既遇謝長廷切割，又有李文忠和我的辭職，黨的社會聲望反而回升，選舉獲小勝。

等到其後立委、總統初選，直到二〇〇八年國會、總統大選，謝系結合游系，走冒進路線，扁在黨內地位進一步提升到三十%，是二〇〇五年來最高峰，但黨付出慘痛代價，社會支持度降到最低點，這時社會認同扁＝黨＝冒進台獨，選舉大敗。

第一家庭和總統府高層貪腐東窗事發，縣市長三合一選舉又大敗後，眾人爭相指責，他更運用毛澤東走極端路線推動文化大革命的策略來鞏固自己的權力，硬把台獨當敗德無能的救生筏，用台獨來保護自己的貪腐和無能，不只是台獨的聲譽受到重擊，並且使台獨成爲民進黨內鬥工具，以至於黨陷入分崩離析──更貼切地說，他是台獨的這個公共資產的揮霍者。

扁對台獨的功過，這樣說恐怕比較公平：他強力推動護照加簽台灣、中正廟改名等的措施造成既成事實之後，將來縱使政權再輪替，不容易被翻盤，這確是他的貢獻；但二〇〇五年前的打壓，或二〇〇五年後的揮霍，他都使台獨受重傷，以至於在二〇〇〇年到二〇〇八年，擁有執政龐大資源可資運用，但八年間台獨才上升了十%出頭，竟不到一九九二到一九九七年這五年間的三分之一！

有人認爲台獨支持雖然上升減緩，但在他任內到底昂到了六成多的高點，貢獻自然歸他，但若這道理對，那麼馬當總統時，台獨支持度又繼續升，超過二〇〇八年之前，是否馬貢獻比誰都大，大家都得感謝他？

不只如此，冒進做法對外交造成巨大傷害，使我國在國際上無論推動台獨或正名都增加無窮困難，美國總統布希甚至因此不理會台灣國會終於通過F16C/D戰機預算而斷然否決閣員向台灣出售的提議。

扁甚至爲了討好民粹，把林信義和新加坡談好，以台澎金馬名義簽自由貿易區的協商推翻，使經濟或外交都受到巨大打擊，根本是台獨大罪人，至少是微功不足以抵大罪。

二〇〇〇年一方面是台獨的民意結構已經領先統派，台獨和統一支持之比已是四成比三成的優勢；另一方面是國民黨的分裂，再加上人民對貪腐的厭惡，對民主的渴望等才是扁勝選的關鍵。換句話說，台獨上升既然是歷史的趨勢，沒被扁打壓下去的台獨便弔詭地使扁站在歷史正確的一方使他獲勝。

所以無論如何，他既作過台獨的打壓者，搭過台獨便車，也作過台獨的揮霍者，卻從不是台獨的生產者。

扁王朝之崛起與敗亡

二〇〇八年，洗錢案以轟動國際的方式宣告了扁王朝的覆亡，八三〇成了群眾向他告別的儀式。退出民進黨後他頻頻「南巡」造勢，但已屬無效頑抗，對官司毫無影響，想綁架民進黨，但其實只綁架到自己扁系人馬，殘忍地帶著最後僅剩的愛他的人同歸於盡。

噩夢既漸遠，且對王朝興亡做個回顧。

在前面的章節中，我已經對扁和其他諸天王們相較之下，他在個性上成功的許多過人之處多有鋪陳，例如，拚命三郎個性，對競爭者度量固同樣狹窄，例如，明明謝以市長身分要到中國訪問，符合扁當時西進政策，但忌其搶頭香，硬是擋下，更離奇的是，他個人迄未能過境日本，游錫堃因颱風飛機迫降琉球，一方面，游好笑透頂地宣揚自己突破了「過境日本」的禁忌，一方面，扁也好笑透頂地認定他已「功高震主」，把游不容情地修理了一頓；但對部屬則度量最大，最能授權，接受創新等等。現在則要從階級和後殖民兩個結構性觀點談他的崛起。

民進黨的使命是替被壓迫者拚出頭天，秉本土、主權、弱勢、民主、改革等核心價值，建黨之初全面支援勞工、農民、婦女、原住民等等社會運動，積極發動獨立運動，堅決反金權，追求憲政改造。這些價值驅動之下，一九八〇年代末、九〇年代初各式群眾運動在台灣狂飆演出。

在後美麗島時代，把民進黨帶入狂飆的主要是邱義仁和吳乃德等人的群眾運動路線，在路線上認爲反對運動不應該只是議會選舉路線，應該廣泛地和社會運動結合，並採取群眾路線爲主軸。

支持這樣路線的基本上是年輕的黨工，至於在美麗島事件未被逮捕的公職人員則持續議會路線，先結合成康系，等到黃信介等人出獄後，轉換成美麗島系，但路線已和原先美麗島雜誌社成員南轅北轍，早期雜誌社成員在許信良主導之下是爲激進派，轉換後的美麗島系則是小布爾喬亞的溫和派，並且有濃厚的地方派系和家族政治色彩，基本上對社會運動、群眾運動、台獨運動等等全敬謝不敏，對抽象的憲政、主權等等議題更沒有興趣。所以詭異的是在建黨之初，以美麗島叛亂案辯護律師背景爲主的公職人員基本上和美麗島系格格不入，唯一的異類是陳水扁，在自組正義連線前一直是美麗島系成員，其後也維持穩定結盟關係，在抵制群眾路線和台獨路線上也有志一同。

台灣之子的名號道盡扁在綠營曾如何地三千寵愛在一身，台灣之子，顧名思義說他是爲完成台灣人歷史使命而生，他的價値觀完全和被壓迫的台灣民眾融爲一體，但在狂飆年代，他對綠營核心價値除了反金權外有如異數地全沒興趣。

是貧戶出身，但社會群眾運動他全都閃。陳水扁的世界中的價値只有一項，就是力爭上游，求得舊統治者形塑的主流社會在價値上的認可。九〇年代初期台灣底層社會爲對抗主流社會發動的社會運動、街頭運動風起雲湧，除了二二八和平公義運動、台獨行軍運動外，謝長廷多半積極參與，而陳水扁則全閃，不參加這些被主流社會抹黑成「暴民」的運動以避免和台北主流價値對立；兩人也同樣辦過雜誌，但一個辦的是文化雜誌，一個則以揭弊爲主軸的純政治性雜誌；兩人也進行組織動員，一個具備群眾教育性質地組織長工工作室，一個先由經濟上的小資產階級組成扁友會，當總統後進一步發展到和大財團的緊密網絡，並極度地依賴把情治體系私有化來鞏固統治權。

目前許多獨派人士可笑地認定愛台就要挺扁，但直到二〇〇四年他一再扯台獨運動後腿。爲建立新國家，當年民進黨認眞地辦憲政體制會議和大陸政策辯論，他一概冷淡，說當市長去視察小學廁所比較重要。

當年其他綠營領袖爲社會、獨立、憲政、文化諸多核心議題奔波焦慮時，當立委的他只相中反金權訴求全力揭弊。這選擇使他最不具宏觀和前瞻視野，但他深知反而會大受主流媒體改革派的歡迎，媒體的價値觀是：群眾街頭運動無非暴民運動；台獨分子及制憲主張無非毒蛇猛獸；但他們反對威權和貪腐。

在反金權主題下他如開山祖師地創造了如今由邱毅延續下來的亂槍打鳥揭弊風，也如同邱毅，以反威權的揭弊英雄姿影占盡主流媒體版面，形塑了無比巨大的光環成爲領袖，只是領袖選揭弊英雄豈非傑出調查局長當總統最好？

揭弊而會成風，媒體推波助瀾當然是關鍵，而看媒體問政、看媒體治國也由他首創，透過媒體，他更營造出一個慘烈衝突的世界想像，在其中，他則爲英雄，但是他的崩盤也在於諸繼承人如邱毅繼承了他而且更加發揚光大，使媒體捂第四權地位，直接和政治結盟建立起「政媒共同體」所致，於是說扁固成也阿珍，敗也阿珍，是對的；同時扁成也媒體，敗也媒體也是對的。

只是他在對國家統治權力崩於媒體之後，仍然能操作媒體，繼續在黨內藉掀起一番血腥廝殺，而鞏固對黨的領導權。

他眞反金權嗎？

民眾支持他追求權力是要讓他以權力爲工具去實踐改革；他則倒過來把價值理念當成追求權力的工具，自己在美國有豪宅，卻高唱愛鄉土和清廉的最高道德標準攻擊宋楚瑜置產美國；當選後搜括無數錢財，大部分洗到國外，一部分用來部署金權王朝，他的金庫就等於國民黨的黨產。和人民期望相反，在他，道德和價值是騙取權力的工具，不是要實踐的目標。

眞相揭穿，赫然發現他距民進黨所有核心價值全如此遙遠！

在興票案爆發時，他對宋的攻擊不遺餘力；但現在他自己的洗錢案爆發，他痛責民進黨爲什麼不能像親民黨一樣挺宋的興票案挺到底！

有的人太恨壓迫者了，在恨字掛帥下，他們認定最讓壓迫者難堪的揭弊者比誰都偉大；又由於他光環巨大，人民又太渴望打倒壓迫者了，於是急急忙忙選擇價值觀和自己最不像而和統治者更像，因此「更有希望」的扁做領袖。

這正是悲哀地遍在世界各痛苦地區的「後殖民現象」，他們反抗外來政權，但他們領袖的價值觀正是外來政權的複製！

貧民出身，但他的價值認同和民進黨主流的中下階層大異其趣；先是小布爾喬亞的；當總統後更進一步飛向金字塔頂端陶醉在統治階級的價值世界中。

「拜訪」常是領袖宣示價值認同的儀式，做過共產黨的蔣經國喜歡拜訪民間友人，主張弱勢優先的謝長廷拜訪療養院一類機構，扁當元首則立刻密集拜訪舊壓迫者的元老、軍頭、財團、甚至血腥特務頭子，當然也包括宗教領袖，只要是位居統治高層他有拜訪而無類。透過拜訪，他告訴住在金字塔最頂端的一群說，我來了。透過拜訪，他向底層社會宣示他新的階級歸屬。

蕭萬長在財經見解上本來極度荒謬、甚至無知，當總統的扁卻對他崇拜有加。表面上看來是他完全接受了李登輝對蕭萬長的力薦，深層來看，在治國政策上崇奉蕭江等舊統治集團人士為國師，正是一個典型的「後殖民現象」。

台灣人在後殖民情境中選擇出來的領袖並不只是陳水扁一個，李登輝是另一位，二〇〇〇年前後，許多民進黨奉為台獨之父的李登輝，他由於曾參與左翼運動，他的博士論文也是傑出的政治經濟學名著，也因此在他的價值世界中對社會群眾有一定的接近性，更重要的是他有使命感，有戰略觀點，在在都大大地和陳水扁不同，但他諸如不能擺脫蔣經國的影響、新中原的主張等等，卻無非也是後殖民的現象。可嘆的是，台灣人既選擇了後殖民產物的李登輝又選了後殖民的陳水扁做領袖，說明的是整個台灣反對運動和民進黨的主流是一個被外來價值不知不覺地支配的「後殖民」的產物。陳水扁的後殖民現象如果以長期和他處在民進黨領導權之爭的謝長廷來對照就很明顯。

靠陳水扁後殖民價值觀的英明才有政權輪替？

正相反，被壓迫者主張的本土、社會正義、改革、民主、甚至台獨顛覆了壓迫者主導的價值，而藍軍則既貪腐又分裂——李宋彼此凶殺，宋興票案纏身——政權輪替已是歷史的必然，群眾卻沒有自信反認爲唯擁戴最像舊壓迫者的扁才有希望，結果，他的權力是被壓迫者給的，他是權力上的台灣之子；他的價值卻是舊壓迫者的複製，他是價值上的舊壓迫者之子。然後由於他的無能和複製了敗德，造成台灣人民的自我的潰敗，於是我們得承認，縱使非常値得慶幸的台獨已成社會多數，人民眞正的主體性猶嫌生疏！

民主

除了台灣主體意識外，藉著和平政權輪替而建立的民主，是另外一項廢墟上無比珍貴的遺產。

有人相信二〇〇〇年、二〇〇四年沒有扁，民進黨就不可能創造台灣政黨輪替的歷史，因此陳水扁對民主的貢獻是無與倫比的。這種看法事實上是東方中國的傳統史觀，在傳統史觀中，認定所謂歷史無非是英雄豪傑、帝王將相的歷史，唯有他們能創造歷史。

本來在西方，這種史觀也是歷史學的主流，但是近代以來，史觀已轉向，更從歷史結構方向探討歷史的發展，歷史已非帝王將相英明的頌歌。

二〇〇〇年前扁的確有很大的付出，也和許多前輩一樣坐過牢，然而，到了他執政後，明知國會減半造成票票不等値違背民主，對民進黨更造成無可彌補的傷害，只爲了選舉鼓動民粹，便一意孤行，根本成了民主和黨的罪人。

兩黨罩門

藍營總愛說綠只會打天下不會治天下，說的倒也貼切：綠營走過白色恐怖、戒嚴體制，一路上關的關，陣亡的陣亡，終於打下天下。

又會打天下又會治天下例子是有的，唐有李世民、清有康熙，現代有明治維新諸豪傑，但歷史上會打天下不會治天下的似乎更是常態，如法國大革命和中國毛澤東，以至於史達林。漢、宋、明在天下打下來後，對待先前打天下的功臣或粗魯地經過一番血雨腥風誅殺殆盡，或文雅地杯酒釋兵權後才開始治天下的。

民進黨革命生涯有如草寇既使他們無暇做執政準備，又養成了動輒有如劉邦功臣「拔劍擊柱」的習性，不改打天下時期大鳴大放的習性，尤其對二〇〇〇年扁的四不一沒有批評的大有人在，陳水扁認爲大大不利執政，於是修黨章兼任黨主席，以便整頓，但對此只有少數如柯建銘和我認爲不妥，卻擋不住扁動員青壯派的攻勢，終於黨章修改成功。於是拔劍擊柱習性被陳水扁馴服，此後一人獨大，莽撞孤行，以致社會只看到他的專斷無能，看不到政績。終於治天下治得身敗名裂。

獨大後的陳水扁在後殖民心態下只信任國民黨才有治國人才，尤其在財經方面更是如此；然而，陳水扁這樣的信仰當然是大錯特錯了。等到二〇〇八年馬上台，本來國民黨自認爲以前他們天下治得好好的，黨中盡是治天下的能人，如今上台理當駕輕就熟，一切順遂，不料短短期間，手忙腳亂，驚慌失措，民怨沸騰。

關鍵在國民黨只懂得威權治國，不懂民主治國，只懂得緬懷舊時榮光，不知今夕何夕。

威權時代，國民黨推展經濟政策有兩大依賴：一是依賴美日的技術和美國的市場，二是依賴強人在他們推展政策時當政治靠山；於是養成執政團隊強烈依賴的習性。如今他們認爲美國不可靠了，便轉移到依賴中國，不知尋求自己的定位自立自強，沒想到如今中國並不是那麼好依靠，於是出了問題；另外，他們又非要政治的強人當靠山否則不能做決定，但強人不再，便失了自信。在強勢又變幻不定的民意，或北京華盛頓的壓力下，便隨著名嘴意見徬徨猶疑。還沒開始治國就在短短期間身未敗而名已裂，眞是慌亂；陳水扁卻對他們從二〇〇〇年崇敬到二〇〇七年，眞是離譜。

但民進黨打天下的人眞的就不能治天下嗎？如指的是最高層的政治領導者，的確如此，但是在行政院部會的領域則大非如此。

回顧民進黨執政八年，領導高層鎖定的議題，如憲政、外交俱皆倒退；被忽視的社會安全體制和產業轉型上則俱皆有成，令人感嘆其詭異非常。民進黨上台確也用了一些優秀政務官和幹部，但是主導大政的總統和天王們多善打天下而不善治天下，還不能善用治天下的人，終致八年執政羞愧下台。

花開花謝與花妖

二〇〇〇年剛當選時，扁拜訪的對象在政界都是國民黨退休的大老，而排除了當時占有領導職務上的實際當權者，可見他針對的是「階級身分」，而非「職務身分」。由於他這樣的認識，使扁在自己二〇〇八年下台後的作爲十分突兀，如他仍努力喬中央黨部、中常評委選舉乃至縣市長初選，這雖過分，但就權力意志強的人仍在情理之內，離譜的是，甚至仍然把現任縣長叫去他家裡罵。

人類社會在經濟自由化以後，實質上隨著財富的累積，形成了階級分化。但民主政治的理想是讓階級儘量有流動的空間，至於政治上更不容有身分固定的階級。一旦進入體制後，人的權力隨著職務而轉變，一旦卸職離開體制，便不再擁有權力。但陳水扁沒有職務，卻自認有權力，很明顯的，他認爲權力來自於他屬「統治階級的身分」，而不在於他是否還擁有總統職位。這樣價値觀的扁竟然當年被當作「民主之子」！

不過，儘管在卸職後動作頻頻，也不斷占盡媒體篇幅，卻不能再呼風喚雨，也沒有實質的政治意義，畢竟只是歷史現象的迴光返照。本來，隨著扁王國的結束，也等於是主導台灣政壇十多年的「美麗島辯護律師團」時代的結束，就如同扁當選總統也宣告了掀起狂飆的「美麗島雜誌社」世代的結束一樣。

儘管有許多優秀幹部、傑出政務官，民進黨又站在「歷史正確的一方」條件下，竟然還把江山那麼難堪地斷送在自己一代手裡。然而，隨著馬英九政府以超乎想像的無能，聲望降到不到二成五的離奇低點，社會雖然還沒恢復對民進黨的信心，而民進黨卻已看好自己的未來，甚至「阿扁到底還比馬英九有能力的聲音」都已浮出，這時若其他和扁共同把江山失去的天王們對自己的未來心動，也屬人之常情。

他們的機會來臨了嗎？回答這個問題前，先回顧一下我三十多年前在東京世台會遇見一些台獨老革命家的故事，當時，我感慨地說：「殘忍的革命把人的青春壓榨光了後，把他像條死狗丟到路旁。」這樣說時，我替那麼動人的革命家向命運深沉無比地表達了憤慨——他們革命將不至於沒有結果，但果實將會由廣大的一群不勞而獲的人享用！而革命家有的竟埋骨他鄉，無人聞問！

在八〇年代，崛起的美麗島辯護律師團人士站在美麗島人士的犧牲上出發，然後自己也付出了後半生歲月以拚政權，最後他們奪得政權，一點也不是不勞而獲的人，但是在拚政權的過程中，他們的青春也被壓榨光了，以至於成爲治國無能的一群人，命運讓他們成爲治國無能的人後，再趕他們下台！他們只是成爲命運安排來讓舊統治者下台的道具而已，就個人、家庭而言，他們或取得大位，或位居閣揆，這已是他們從小直到成爲名律師時，從未曾夢想到的際遇了，但施政以實踐革命理念的使命上，他們卻只能交代得含含糊糊！

假使趕舊壓迫者下台是命運交代他們的使命的話，他們是燦爛無比地完成了，他們再沒能力治國了。

在他們春秋鼎盛之年沒有能力治國，那麼縱使國民黨再下台一次，他們那已被壓榨到乾枯的生命還能再掌握一次機會好好治國嗎？

生命，一定有生老病死，會燦爛綻放的花朵，一定也必須凋零，永不凋零的只能是虛構沒有生命的假花，或者有如《聊齋誌異》中故事：花而成妖，或者《凡赫辛》故事中永生不得休息的痛苦靈魂。

二十多年前，民進黨剛突破黨禁時，幾個政治犯和新潮流的朋友們爲聲援被李登輝政權逮捕的許曹德、蔡有全，合力推動台獨行軍運動，把台灣繞了一圈，就運動上來說，可以說是一個了不起的大突破。事後，現在已過世總幹事林永生說，「有了這樣的成功，我們這個組織太有價值了，我們好好地繼續運作下去。」我的回答是，「有生命的事務，有它燦爛的高峰，也有它結束的時候，這件事的記憶已夠我們晚年回憶時衷心滿足，這就好了。」因爲大家多半辦過雜誌，我說，有生命、有影響力的雜誌從來燦爛結束後是不許復刊的，例如，《文星》、《大學雜誌》、《台灣政論》無不如此！

事實上，緬懷當年這些雜誌的光輝，而重新復刊的做法都是失敗的畫蛇添足。

當諸天王們已盡了命運交託給他們的使命時，下一階段歷史的任務，命運自然會另有交代，畢竟，在天王們因打天下和維持局面耗盡心血，以致思維模式固定，無力在知識上不斷更新時，社會變遷卻以十倍速的驚人速度向前飛馳，以致二〇〇〇年到二〇〇八年歲月的變遷，他們都已失去掌握，更何況未來八年、十年？

命運只有對今年的花朵殘酷，才定會把下一次燦爛的機會公平地給來年的蓓蕾！命運，它的有情竟眞是來自無情！

意外遺產

認爲民進黨整個黨除了成熟度可疑的台灣主體意識和台獨運動之外，全只會做蠢事和壞事，這在敗選後固然已成約定俗成的社會刻板印象，但眞相並非如此！藍軍的批評是民進黨無人，所以把國家搞垮了，然而事實是許多有能力的人是藉著國家機器擺脫國民黨統治的機會，並在扁和曾掌權的四大天王並不關切甚至茫然無知的情況下，意外地替國家做了許多值得肯定的奉獻。

第一個留下來的貢獻，很意外，是國家產業政策的轉型。

產業政策

二〇〇〇年隨扁上台主持經建會的陳博志，很清楚看到台灣的產業已延誤了轉型的時間，要趕快補課。就職後他以「知識經濟」的概念規畫「綠色矽島計畫」重新界定台灣產業的發展方向，認爲台灣在全球化進一步深化後，不應死守技術跟隨者、大量生產降低成本的產業模式，而應走向智慧財產創造及管理的階段，這方向在陳博志退出內閣後，由何美玥、林信義進一步推動，重點大抵為：一、對鼓勵製造業往「微笑曲線」的兩端——創新研發和品牌的方向發展，規畫出具體有效的方案，冀使製造業從技術的跟隨者往創新發展。二、獎勵產業政策，不再區分傳統產業與科技業，以全力支持傳統產業升級的方向取代任其出走。三、服務業發展方向由蕭的「亞太海運中心」主軸完全集中在其延伸的貿易服務，轉向製造服務業，和運用台灣文化的多元、豐富的中產階級品味在一九九〇年代趨於成熟的利基，開展出美學經濟，往推動文化創意、深度旅遊的方向升級。四、由重硬體製造走向兼顧軟體發展。

由於二〇〇一年台灣面臨幾十年來第一次經濟負成長，扁政府召開經發會，廣徵各界意見尋求對策。之前，陳水扁認為自己的團隊必須改組，於是陳博志去職，林信義調職，同時，請蕭萬長指導經發會，其精神有二大方向，一是經濟優先、社福延後；二是希望經濟全面西進，依靠中國，是所謂「積極開放」政策。依蕭的規畫，經濟戰略是「立足台灣，連結中國」，大幅開放對中國經貿的管制。陳博志把連結中國改成放眼全球，雖已離開內閣，但基本上，內閣對扁、蕭的指示，予以「陽奉陰違」，一方面知識經濟的戰略主軸並未被蕭的全面西進取代，另一方面，勞委會在內閣支持下，反而針對失業等問題積極推動社會安全制度的建立。

二〇〇一年政府開始推動企業在台灣設立研發中心和營運總部，兩者都獲得國內外公司相當積極的反應。

二〇〇四年林信義主導的竹科篤行園區逐步完工，以創新研發為主的IC設計公司，在被蕭萬長拒絕在科學園區之外後，如今終於有了專屬園區，宜蘭則有了以軟體業為主的園區，另外各地傳統的工業園區也在對傳產升級的鼓勵及拉近科學園區和傳產園區土地使用條件的〇〇六六八八專案推出之後，廠商開始鮭魚回流。

這時還有一個非常有意義的政策，那就是鼓勵產業上下游的整合和異業的聯盟，乃至產業與文化美學生活的整合。

告別尹仲容

台灣機械業、電子資訊產業過去走的是垂直分工、水平整合。水平整合非常適合以代工爲主的中小企業，每一個廠商在整個製造價值鏈中切下一小塊做專精的代工，然後透過台商特殊的產業網絡形成群聚效應，迅速組裝成品。這種產業模式投資金額小，技術門檻低，投入容易，獲利迅速，配合美國人在美援時期對尹仲容的耳提面命，這種「尹仲容生產模式」雖然使台灣出現了許多產量世界第一的產品，如早期的雨傘、玩具，以及後來的電腦成品，由外國大廠採購，行銷全球，創造了台灣七〇、八〇年代的經濟奇蹟，也因此被一些新興國家，包括今天的中國學習。但是在這種模式之中，台灣的廠商只需埋頭苦幹，並未能、也不需接觸到終端客戶和消費者，沒有市場品味的掌握能力和系統整合的能力，因此反而阻礙了往附加價值最高的品牌和創新上的發展。

這種淺碟的生產模式，使得台灣的產業在遭受八〇年代末期全球突然有幾十億人新投入同樣模式的生產後，馬上承受不了人工成本的競爭，只好出走，其被取代的速度也堪稱世界第一。到了二〇〇〇政黨輪替當年，台灣電子組裝業留在本國生產的已經降到四十九%的比率！

八〇年代末期傳統產業大出走和九〇年代電子資訊產業的大出走，完全說明尹仲容（李國鼎）的美援生產模式在台灣已經走到盡頭了。但是國民黨政府官員不但毫不以爲意，仍在爲台灣電子產業的「蓬勃發展」和獲利迅速的水平整合模式沾沾自喜，更爲它被中國學習而更加趾高氣昂。

民進黨在二〇〇三年推展知識經濟策略有成，台商及跨國公司紛紛新設或擴大在台研發中心和營運總部後，主掌連宋財經政策的江丙坤便錯誤地延伸出「製造到中國，研發留台灣」的「兩岸分工」策略。

事實上到二〇〇二年後，產業間發展了跨業支援和上下游結盟的策略，台灣中小企業才跨出各自爲政、互相抵銷的傳統，各產業得以互相支援，總體的競爭力得以提昇，民進黨政府已適時加以支持，採拉長台灣產業垂直縱深、強化群聚效應的另一個方向了。

從而，包括電子業和精密機械業踏出了垂直整合的第一步，雖然仍在外國廠商設定的規格下生產，但已透過合併、上下游或異業結盟方式做初步的系統整合，跨出往高階生產的第一步，也幸好新政府官員上台後，以知識經濟概念取代亞太營運中心的空夢，兩相配合，希望台灣出現告別尹仲容（李國鼎）美援生產模式。

心動諸象

幾年下來，我們看到了產業上一些令人心動的現象：

—從二〇〇五年開始，首先，我們看到一些創新型的科技公司，如IC設計公司、光電公司、能源公司，連續幾年盈餘超過一個甚至數個股本的，這些公司中固然有中小型的，但也有股本達數十億元、甚至近百億元的大公司。在上市、上櫃、興櫃掛牌公司中，過去一年賺到一個股本的，幾乎只會出現兩、三家。但二〇〇六年，賺回一個股本的有三、四十家，甚至還有賺得更高的公司，二個股本的有好幾個，三個股本的有大立光電、聯發科，五個以上股本的都可能達三個。到了二〇〇七年，有這些業績的公司更多達六、七十家。表現實在是非常驚人！比過去國民黨幾十年執政時期加總起來還多。

—聖誕節是美國消費電子產品的旺季，哪一種產品最受孩子歡迎一直是市場最關切的。二〇〇七年美國《商業周刊》（*Business Week*）驚奇地發現，台灣華碩的EeePC居然打敗了勢如破竹的Wii。驚奇之餘，美國《商周》嘆道：台灣是怎麼做到的？其實台灣電子產品前一年在品牌方面已大放異彩，不只是EeePC，其他如電腦的acer、宏達電子的HTC、神達的Mio電子導航系統，乃至液晶電視的VIZIO與奇美……真是燦然可觀！

這些電子品牌在國際上打出一片天，也打破了蕭萬長總規畫師告訴我們的迷思：台灣經濟的希望在三通，三通才能搶占世界最大的市場，以中國爲Home Market（本土市場），台灣的品牌才有希望成長爲國際品牌。

的確有些品牌完全靠中國市場闖出一片天，如旺旺仙貝、康師傅等食品業，只是它們雖已成中國最有名品牌，但太過於依靠以中華文化做爲行銷媒介，反而造成它們和世界主流文化一定的隔閡，要進一步打進全球恐怕還路途遙遠。至於EeePC則直接打進美國成名牌，acer從歐洲竄升爲世界第三大NB品牌，Mio則在全球品牌排名坐三望二，上述兩品牌和HTC全從歐洲異軍突起，VIZIO則打敗三星、新力，在美國成爲液晶電視第一品牌。連一九九〇年代被政府放棄的傳統產業，如巨大的捷安特腳踏車，也已經是世界名牌。

品牌成就的出現關鍵當然在於廠商的努力，但是品牌的發展愈來愈需要文化美和技術的內涵，而藍綠政府在九〇年代到二〇〇八年之間確有相當不同的策略。

我們無意說台灣的品牌發展已很成功，無論如何，所有台灣品牌其價值總和還比不上韓國一家三星公司，台灣要追趕仍有巨大距離，但是諸多品牌在二〇〇五年之後，確實踏出了令人心動的一大步。

——美國《商業周刊》二〇〇八年有篇題目很聳動的專題報導「台灣專注於扮演 WiMAX 震央的角色」，內容介紹二〇〇七年六月在台北召開的第四代行動通訊 WiMAX 亞太產業高峰會議。由於預期未來商機巨大，在這次會議中，許多世界各國通訊業高層主管和部長級官員、乃至一線工程師精銳盡出，紛紛與會，備受矚目。但更重要的意義是，它使台灣在全球產業鏈中的位置有了一個脫胎換骨的機會。其實在二〇〇六年，一個比這次會議更重要的 WiMAX 國際論壇的「技術標準會議」已在圓山開過會。如今，WiMAX 論壇又通過在台灣設立全球功能最齊全的測試中心。這些意義都非同凡響。

先進國家產業，以專利技術設定量產的產業規格，是其掌握產業系統戰略核心地位，創造利潤的泉源。在過去，科技業，無論是桌上電腦、筆記型電腦、光碟等成品或零組件，台灣雖然擁有世界第一的產量，但是在規格會議上，根本上不了桌面，都是市場成熟後才由台商接單進行毛利低落到五%左右的代工，而由國際設定規格的大廠坐收巨額的權利金。如今，以圓山規格會議來說，台灣提出的規格建議雖非最核心的，但是數量上則名列世界前三名。未來一旦量產，台灣也將不只在組裝終端的用戶端產品，在小型基地台及上游晶片模組上也扮演重要角色。

台灣會在全球 WiMAX 產業中占有這樣的重要位置，關鍵的推動人物是行政院科技小組負責人林逢慶，過去蕭內閣基於對台灣產業代工製造的定位，拒絕國際大廠共推 CDMA 系統，現在林主動推動，採取完全相反的策略。

文化創意產業在過去經濟發展中從未被列入考量，是民進黨政府才首次做爲一個重要且獨立的範疇提出的。

美在封建時代，常是是劃分階級的符號，例如，軍隊做爲最後的封建遺留體制，其衣飾的華美按階級而劃分。但如今，美成爲大眾生活的內涵。二〇〇〇年之後，美，做爲核心價值被廣泛、深度地導進產業中。將美導入產業中有三重項重大意義：一、商品品牌不只是建立在技術上的領先和行銷技術，也必須建立在文化品味上，美因此成了一個不可或缺的要素；二、美與文化不只是做爲製造商品和顧客間的宣傳媒介，就產業而言，美本身就是一個好商品，成爲體驗經濟的核心價值，從而對消費者而言，美又成了生活的內涵；三、經濟活動的目的不再只是獲利行爲而已，也是生活內涵和品質的提昇。從前項意涵，我們很容易明白，當國家的製造業策略從代工調整到品牌行銷時，文化創意產業的策略自然同時浮現。

——美，成爲產業的核心要素，還有它的時空背景。

首先，美的體驗需要自由的心靈，因此，當社會從威權體制走出後，無論是美的創作或美的體驗才有更大的空間；其次，美需求的滿足要一定的經濟和社會條件。

台灣的文化由於歷史的變化，本來具有豐富多元的因子，這些因子在威權體制的一元價值觀壓制之下，無法發展成美的繽紛面貌。例如，張惠妹試入歌壇時，就是被認爲不符合主流的美而未被主流公司接受。因此，當文化隨著政治權力的解嚴而解嚴時，在台灣美才獲得更大的自由發抒的空間。於是，在「尤利西斯」自憐文化中唱出柔婉而矜持的聲音的鄧麗君之後，張惠妹便能夠以奔放、野性的情調，成爲另一個世代的歌后。另外，在主流之外，更多非主流的文化商品也獲空間和資源的支持，於是雅俗之間拉出動態多元豐富的光譜，而非主流有機會攻占主流。

——體驗經濟，它的一個重要特色是市場必須提供從大眾到小眾的產品。

到了九〇年代後，台灣中產階級社會在東亞地區相對地成熟，台灣的體驗經濟便具備了競爭潛力。

—在生活體驗經濟方面，值得一提的是，各地民宿和觀光農場的興起。這風潮在九〇年代，就因都市中產階級的成熟，而出現了需求和供給的可能，在技術日益全球化與均質化的過程中，地方文化的精緻性與差異化變得比以前更重要，更容易吸引全球高消費水準的觀光客乃至科技移民，但民宿卻一直非法營業，到了民進黨執政後，才予以立法合法化，此外，不只提供了國內跟過去不同的旅遊消費，並輔導業者成立各式休閒農場，創造了在地就業，吸引人才回鄉；二〇〇六年就有二．一萬人次外籍旅客留宿台灣休閒農場；價值內涵的特殊，不只不容易爲他人所模仿取代，同時也可以吸收勞力密集產業所釋出的勞動力。

值得注意的是，配合健行旅遊及體驗經濟，廣鋪自行車道、登山步道以取代產業道路的開發，生態工法也大量引進，這些工程既是擴大內需的策略，又有延伸的產業連帶，如自行車的製造和零售商及觀光。

—二〇〇〇年後，蘊含著文化知識、高質商品、空間美感的生活創意產業，從珍珠奶茶到時尚服飾、琉璃、法藍瓷、珠寶精品品牌紛紛在華人世界行銷乃至打入國際，美於是在日常經濟生活中深度體現，也就在這段時間，台灣的新蓋建築開始出現與文化生活品味銜接的空間美學。

雖然民進黨政府對美與生活，營利、非營利美學活動分際仍未釐清，但到底趕上了風潮，捉住了大方向。

理解台灣

自大航海時代，台灣被荷蘭人納入世界經貿體系後，台灣這一個蕞爾小島，奇蹟表現一直不斷，先後扮演了全球最重要的鹿皮、樟腦、蔗糖生產中心。但這些都是初級產品，雖然產量世界第一，卻在世界體系內屬於邊陲地位，二次世界大戰後，台灣又成了成衣、玩具、雨傘、鞋等等的生產中心，這種勞力密集、低技術的代工生產同樣未能改變其在世界體系內的邊陲角色。

台灣逐漸脫離邊陲角色是在一九八七年才開始的。這時台灣已經累積了相當的資金與經營技術，大舉對東南亞投資，把東南亞拉進邊陲的地位，台灣則上升成爲半邊陲，然而台灣仍然距離全球核心位置極遙遠，傳統產業和科技業都如此。一直到目前參與了如 WiMAX 論壇規格會議之後，才可以說開始和核心地位靠上了邊。

回顧台灣產業的發展過程，我們清楚地瞭解到台灣目前既非核心、但也非邊陲，而是走過了半邊陲，持續地向核心接近。可嘆的是國民黨對 WiMAX 論壇中，台灣所扮演的重要性茫茫不知，只是成天活在邊緣化的恐懼症中，說要領導台灣成爲亞太中心，完全不知道台灣產業已第一次踏上了脫胎換骨的歷史性門檻，出現向全球核心邁進的機會了！

基本差異

我們可以歸納出兩黨策略上的根本差異：

一、兩種世界觀——香港模式vs.全球運籌

國民黨的發展策略在製造業上以資訊硬體製造爲策略重點，讓傳統產業出走，空出土地、資金、勞動力以支持資訊硬體產業。又在資訊硬體製造利潤下降之後，不求研發精進，轉而以香港爲發展典範，想要成爲以貿易服務業爲主的「亞太營運中心」。依這典範，國民黨的台灣經濟發展地圖是把台灣放在「大中華經濟圈」這種地緣性格的區塊經濟中，他們不只這樣地想像台灣的未來，也以同樣的想像去理解他們認爲「發展得遠比台灣好」的韓國。他們甚至認爲韓國「比台灣進步」，完全是因爲韓國既和中國三通，又因對中國投資和香港一樣大幅超前於台灣。

眾所周知，香港是一個相對較小的經濟體，但對中國的投資額度世界排名第一，並依靠中國整個南方爲腹地。在這樣的地緣基礎上，放棄製造業後成爲世界第二大港，迅速發展出先進的金融、旅館等服務業，建立轉口貿易，吸引跨國公司在此設立東亞據點，並使它的平均GDP遙遙領先台灣。

由於沒有華南的地緣因素，就沒有今天的香港。所以香港儘管普遍使用英文，外國人雲集，但是這個號稱東亞最「國際化」的城市其實區域經濟的性格濃烈——蕭萬長的雄心也大抵如此，也因此爲台灣取了一個地緣性格濃烈的口號：「亞太」營運中心，要台灣成爲區塊的經濟首都。

民進黨的策略則以全球運籌，全球行銷爲方向，中國則只是其中一個重要環節。

即便是在農業的擴大外銷上，雙方也採取了迥然不同的行銷途徑，在產業中，台灣農業小農的特性，最需要政府的介入。國民黨的策略是把中國當做賺錢天堂，帶了商人或到中國登陸賣台灣水果——結果全都大賠收場，或者帶技術到中國生產，回頭和台灣小農在產品上做價格的競爭。相對的，綠營執政的地方政府台南縣，全力發展對日、韓等外銷，水果銷售量從二〇〇三年的不到一百公噸飛

升到二〇〇七年的一千五百公噸。

進入到民進黨政府時代，台灣高水準的農業技術才展開了有計畫的國際行銷，其中以台南縣爲例，近年不論是芒果、台灣鯛、蘭花的外銷都非常成功，而這類農產品的生產也才進入企業化、精緻化農業的階段。台南縣創設了蘭花生物科技園區，這時荷蘭的蝴蝶蘭企業化產銷已造成台灣重大壓力，這規畫本來並不被看好，幸而台南縣園區的成功，再加上從二〇〇五年舉辦國際蘭展，規模馬上躍居世界前三大蘭展，台灣蝴蝶蘭國際市場才大幅復振。

這種的行銷地圖既和國民黨西向策略大異其趣，而且這種留台灣而有難以被取代的特殊利基的高價位產品的專精生產模式，也和做技術跟隨者西進一切以 cost down 方式衡量以求其大的生產策略大異其趣。

二、兩種執行能力

有了前瞻眼光，執行力同樣重要。

以前國民黨開發竹科花了五年時間、南科花了三年時間，廠商還不能進駐建廠。然而。在民進黨政府的中科園區從定案規畫到廠商進駐動土卻只花費了十個月又五天就讓在竹科覓地困難的友達光電順利進駐。至於南科，更是好的對比，國民黨政府已進行了三年，淹水、飼養場污染等一堆問題不能解決，廠商不願進駐，廠區一片荒廢，幸而縣長蘇煥智努力排除困難，張俊雄院長也下令由工研院南分院帶頭進駐，迅速處理解決問題。

鴻海郭台銘進駐頂埔工業區成立研發中心又是一個明顯的例子。當時中國政府爲了爭取郭台銘設廠，土地不用錢之外，還附送高爾夫球場一座。爲了爭取鴻海將研發中心設在台灣，當時台北縣長蘇貞昌特地前去拜訪行政院，由副院長林信義出面，召集國防部、內政部、環保署、經濟部等部會協調。在台北縣與內政部的日夜加班中，四個月內完成計畫公開閱覽、環境評估、都市計畫變更、運輸兵學校遷移。很快地十三家廠商跟隨鴻海搶著進入。

三、兩種產業方向

自從大航海時代開始，台灣的發展方向就和香港的依附中國不同。台灣是跳過區塊直接面對全球，早期的農產品如此，戰後的傳統產業如此，一九九〇年代的電子業的終端市場也如此。戰後早期，許多世界第一的產品透過跨國公司供應到全球各地。其後適逢網路技術興起，於是在全球各地廣設廠房與倉儲，由總部透過虛擬網路全球調度原料與產品，發展出「全球運籌」的營運模式。

如今商品品牌頭角初露，在在凸顯出台灣本地對跨國區域總部吸引力，雖因英語環境、金融業能力有落差而不如香港，但台灣企業的營運比諸香港強烈的區塊地緣性格反而有著迥然不相同的全球化性格。也由於這樣定位的不同，所以一九九〇年代當蕭提出亞太營運概念時，台灣的產業界才會訝異地說，我們的運籌早就全球化了，現在爲什麼才談亞太，我們的生意只著眼亞太，行嗎？

從一九九〇年代至今，國民黨的轉型策略有三個主軸：一是在製造業上以資訊硬體製造爲策略重點，而讓傳統產業出走以支持資訊硬體產業；另外一個轉型策略則是蕭萬長於一九九五年正式提出的「亞太營運中心」，也就是以貿易服務業爲主的，作爲中國門戶的「台灣香港化」。

資訊硬體製造因爲欠缺研發創新的升級策略，因此被迫不斷出走到低工資的中國。所以馬蕭路線說到底只能依賴「台灣香港化」的「亞太營運中心」。但是，台灣並沒有像香港一樣，具有華南的腹地。在製造業出走到中國，中國又大量擴建深水港來出貨之下，以實體商品運輸的亞太海空運籌中心在過去一事無成，在未來也一樣前途黯淡，而依附在貨物轉口的其他電信、金融、媒體中心就更別提了。

馬政府時代對台招商的核心訴求「台灣是各國進入中國市場的平台」以及全盤開放對中國投資，仍然是同樣的精神。其基本想法是透過兩岸分工，讓台灣在代工組裝的一端在中國能盡其所能地在量產上擴大。

這策略有諸多盲點：

一、台灣產業價值鏈的縱深並不夠，先端技術仍掌握在先進國家手中，兩岸的分工不易維持。在經濟史上愈是後進國家，發揮後進優勢的模仿和取代時間愈來愈短，如日本取代美國紡織業花了二百年，台灣取代日本只花三十年，中國取代台灣則只花了十年。在後進追趕下，台灣非常窘迫。

二、中國是專制國家，可以對發展作強度干預。當台灣下游產業到中國後，便以租稅、關稅等干預手段，壓迫台灣的上游生產也要移往中國。

三、台灣產業縱使升級，卻仍會產生一百多萬以上低技術工人無法順利轉業的失業問題。

四、以台灣為國際大廠進入中國平台的定位無非是掮客的定位，或者是買辦型的定位，不是頂有志氣，何況掮客向來只賺短暫的錢，一旦外國人熟悉門路，掮客便鳥盡弓藏。若說一九九〇年代還算是台灣賺這種錢的年代，現在要賺這種錢早已過時，外商中的台籍高幹早已人人自危了。

國民黨在強調兩岸分工的策略下，全力強調自由化與鬆綁，二〇〇一年陳水扁召開經發會，其目的也在此。然而，基於前述的三項大問題，所以民進黨認為低階製造產業出走固不可免，但應拉長時間，為台灣產業和勞工取得較好的緩衝時間，更重要的是，應以台灣本身產業群聚發展做為地圖拉深產業垂直縱深的策略，取代以降低成本為優先的兩岸分工地圖。

四、兩種產業風貌

於是，在這兩種地圖上，又衍生出兩種的產業風貌：一個是民進黨，台灣產業是發展高階專精技術的「小而美國家」。

固然台灣中小企業的活力是台灣非常重要的特色，如今若要發展文化創意產業，中小企業更值得重視。但過去他們受到的照顧和其在經濟上的貢獻不成比例，民進黨上台後，諸如擴大中小企業信保基金適用範圍、興辦興櫃制度，乃至協助其跨業結盟等，都是和過去不同做法，其中電影《海角七號》一筆重要的千餘萬資金，就是由新的信保制度取得。

但這裡所謂小，並不只是專指台灣傑出的中小企業而言，而是有選擇性地、非全面性地選擇有縱深的產業發展（這策略類似北歐小國）。

相對的，國民黨的策略則全面性地且沒有方向性地讓產業透過依賴兩岸分工，讓產業各別在單品上在中國衝刺巨量的代工。不管是大中華經濟圈、一中共同市場、香港模式的亞太營運中心、做國際跨國公司進入中國的平台等等，無非是想和大國靠在一起，分享其虛幻的大國夢。

五、兩種產業地圖

民進黨的轉型策略是認爲，製造技術才是台灣的利基，品牌的建立、服務業的提升、文化產業的勃興，都必須建立在技術的研發創新上。因此，台灣的地緣位置雖是我們要妥爲運用的優點，但和香港、新加坡不同，地緣位置對香港這種城市經濟體是主菜，但對早已全球運籌的台灣而言，則是「甜點」。我們要面向全球市場的技術競爭，而不是閉鎖在東亞一角，期待中國與外國公司都會把貨物

國民黨與民進黨面對轉型挑戰差異比較

	國民黨 KMT	**民進黨** DPP
核心理念	依附發展	自立發展
製造業	尹仲容模式： ・垂直分工，水平整合，代工製造 ・上游依附美國技術、元件廠；下游依賴美國品牌廠商 捐客模式： ・作為外商進入中國平台	全球運籌在地研發模式： ・逐步走向系統整合、跨業整合 ・創新、研發與品牌行銷
服務業	香港模式： 依附大中國－亞太營運中心	製造業售後服務 文化創意產業 休閒農業
農業	兩岸技術合作： 技術移植值中國 產品行銷中國	休閒農業 農業企業化 國際行銷
面對產業態度	由上而下的指導	由趨勢、產業需要、社會效應出發
經濟地圖	區塊經濟地圖；兩岸分工	全球－在地經濟地圖；產業聚落

送來給我們轉運，讓我們作中國的門戶。這不只是放棄台灣走向全球技術核心的機會，而且是在依賴經濟發展階段比台灣落後的中國。

在產業地圖上，國民黨強調的兩岸分工，九〇年代想像的分工地圖是台灣科技業、中國傳統業。到了二〇〇〇年，台灣的科技業組裝部門已大量出走，台灣在民進黨知識經濟策略下規畫的「亞太研發中心」、「運籌總部」兩大策略又有成，於是二〇〇四年，連戰、江丙坤甚至跟隨並進一步錯誤地誇張成「研發留台灣，製造去大陸」，產業在上下游的「兩岸分工」。

經過這樣的整理後，我們很清楚，雖然最高層的政治領導經常極其昏庸無能，也儘管扁如此看扁他自己的財經官員，但卻有不少很優秀的政務官及其幹部爲台灣產業規畫了正確的結構的轉型政策，到了二〇〇五年，社會還來不及調整對國、民兩黨的評價時，轉型的績效已逐一有力地浮現，到了二〇〇七年末二〇〇八年初，少數敏銳的經濟學家開始看到了這樣的變化，這時已是扁恥辱地下台的前夕。

「現在的日子有比以前好嗎？」「笨蛋，問題在經濟！」這是美國人發明的總統競選政治名言，國民黨以兩個口號作攻擊主軸，結果勝選。然而民眾對經濟生活改善與否的實質體驗和這口號一致嗎？

事實上，純就經濟成長率和失業率來說，經濟成長率在二〇〇一年到二〇〇二年是最惡劣的谷底，二〇〇四年就強勁地回升到六％，雖然薪資所得成長遲滯（這是如香港一樣，和中國低價勞動力競爭，以致價格被平均化的效應），但到了二〇〇六年，失業率已降到三．九％。因此，在二〇〇八年投票前一段時間內，根據民進黨中央黨部的持續性民調，都發現民眾認爲自己生活「今年比去年好，去年比前年好」的一直維持在六成以上。因此，民眾心裡對國民黨第一個口號的答案是：是的，是好了，但既比不上過去國民黨時代的高成長，也還比不上國民黨開的六三三支票；不幸的，人民又早相信扁向社會做的長期宣傳——民進黨財經遠不如蕭、江等國民黨團隊，因此對第二個口號的答覆是：是的，在經濟上，民進黨仍是笨蛋。民眾就在這樣的認知，以及對改革的徹底失望與不滿政治的動盪不安下，捨棄了民進黨。

阿加門農缺席的聖戰

許多英雄都活在阿加門農之前，
但是他們全都沒沒無聞未受悼念，全都湮沒在黑暗裡，
因爲沒有詩人頌揚他們。

二〇〇四年，當我因爲扁力捧蕭萬長而刻意貶低自己遠比蕭有貢獻的財經官員時，我正好重念到古希臘這段詩句，心中遽然驚動不已。我決定要替他們說出不平，因此在選戰期間，我寫了近二十篇拆解國民黨財經神話的短文，在《蘋果日報》上連載，既抒襟懷，也算盡己所能替民進黨打一場不一樣的選戰——雖然是游擊戰不是正規戰。

在我看來，當時選戰的大元帥府，仗打得十分不高明，反而一些漂亮的戰役都是在元帥府之外的人如李登輝、林信義、謝金河等人發動的，眞是荒唐絕倫。仗最後驚險而僥倖地勝了，於是我寫了一首打油詩〈蹩腳的戰爭〉：

這是一場蹩腳的戰爭，
雖然大軍戰將如雲，
但他們的元帥不是阿加門農，軍師也不是尤利西斯，
元帥奇怪地找來對方陣營中只擅交際的巴利斯充軍師，
他們傑出的戰將只好跑到主戰場外面打游擊，
游擊仗雖然打得漂亮，但無人注意和提及，
最後會獲勝利全因天神的眷顧寵愛。

所謂天神的寵愛所指的是當時台灣主體意識早成台灣社會主流價值，台獨支持度已過民意的半數，民進黨是站在「歷史正確的一方」，仗應打得輕鬆順暢才對，但結果不然。

蹩腳的戰爭結束後，陳水扁又執了四年的政，然而傑出的戰將仍然流落在外，巴利斯仍然備受尊崇，這樣的元帥府，天神決定不再站在他那一邊，於是二〇〇八年恥辱地打了兩個大敗仗，雙手拱出政權。然而對那些因爲被扁屈辱因而比「沒沒無聞」更嚴重地背負了無能之名的戰將們的處境，我仍耿耿於懷。

史學大師艾瑞克．霍布斯邦在自傳《趣味橫生的時光》中，他自問自答地質問，人類記憶中可以「不存在那些曾……爲……理想而奉獻了生命的人們？」於是他詳述了許多他交往的革命同志的行誼，在這樣的啓示下，我完成本書的書寫。

社會安全網

除了意外的產業政策之外，在扁權力廢墟上，還留下來一份非常有價值的資產，那就是在八年中參與執政的優秀政務官和幹部，他們在扁所「不在意的領域」——社會安全制度的建立，也和產業的轉型一樣，都爲國家留下來非常重要的貢獻。

國民黨三十八年的戒嚴禁錮的不只是參政自由，所有社會運動也一併全盤禁錮了。因此，一九八六年民進黨一旦突破黨禁、建黨，伴隨著的就是風起雲湧的社會運動。在一九八二年，大大小小的遊行集會請願竟高達一千八百多次之多，民進黨在八〇年代的運動中固然主導了政治性的，如國會全面改選、許信良接機事件、總統直選、二二八和平公義運動、台獨行軍等等規模宏大的政治運動，但對諸如勞工、農民、環保、教權、原住民、老人……等等運動也深度介入，甚至「外省人返鄉探親促進會」也予大力支持，其中一位運動老兵後來還成了民進黨不分區國大代表。

因爲民進黨畢竟不是歐陸型的階級政黨，而是一個追求民主「建國型」的政黨，所以介入社運的方式自然和歐陸社會民主黨不同，兩者是互相支援的平行關係，而非一對一的緊密組織關係。然而，這樣的支援關係到底導致了民進黨和國民黨在社會福利政策上的不同態度。

Prof. Huber說，大部分成功的社會福利政策都需要強大的工會與左派政黨，台灣似乎是例外。劉進興說，台灣既無強大的工會，也沒有左派政黨，唯一有的就是充分的民主。政府必須要對人民回應，才會有過去十多年社會福利的建構。至於民進黨社會福利政策爲何具有相當程度的進步性，他認爲是因爲：（一）早期的民進黨與社運的互動；（二）民進黨並無強烈的反動的社會意識型態；（三）有點左傾的知識分子得以參與影響政策。

在九〇年代，台灣建立的福利制度除了全民健保由李登輝總統主動推動之外，諸如農保、廢水租、老農津貼、敬老津貼等等，都是由民進黨全力支持，透過街頭抗爭而實踐的。

儘管因爲民進黨並非眞正的社會民主黨，因此在福利政策上並沒有清晰一貫的左翼理念貫穿，但中間偏左仍是其色彩，在福利政策上因此有和國民黨相當不同的區別，那就是民進黨傾向訴求一般民眾利益、高制度性的福利態度，而國民黨則採取右翼權勢政黨典型的殘補式救濟態度。

在九〇年代的社會運動中，民進黨既培養了一些社運幹部，也建立了和學術界的關係，其中有些人分批在二〇〇〇年陳水扁當選總統後進入了政府部門繼續追求國家福利制度的建立。

一九九〇年代，台灣的社會工程面臨多重劇烈的衝擊：

一、從農業社會走到工業社會，再走到以服務業爲主的後工業社會，經濟成長率趨緩。

二、全球化導致所得分配趨於惡化，失業率上升。

三、由財政政策支持又欠缺規畫的快速都市化，鄉村社區解體，都市社區疏離，且在政府財政政策的扭曲下城鄉距離擴大。

四、法西斯體制之下，獨厚軍公教的扭曲福利政策。

五、外籍新娘大量出現，少子化、老年化社會來臨。

本來，在九〇年代國家財政尚稱寬裕，實應針對當時處境推動前瞻性的福利政策，但不幸當時執政的國民黨只完成了頗受肯定的全民健保後，就躊躇不前。等到二〇〇〇年扁執政後，九〇年代過度膨脹的資產、網路兩大泡沫一齊破裂，二〇〇一年，數十年來史無前例的經濟負成長二．一％，接著遭遇SARS和九一一事件衝擊，經濟大受影響，財稅收入既減，又因一次金改要減免銀行營業稅，以打銷蕭、江財經內閣留下一．八兆呆帳，更要面對陡然上升到五．一七％的失業率……各項打擊密集降臨，景況困窘萬端。

這時，中產階級出身的總統指示當時召開的經發會，除在蕭萬長的「指導」之下企圖以「積極開放」做爲經濟新方向外，就是就是把政策引導到右傾的新自由主義之上。陳水扁說「經濟發展優先，社會福利暫緩」，反彈很大。於是有人向他的文稿小組提供「全國社會福利會議」的演講稿，他照唸。會後有位不知情的社會福利學者說，阿扁這次提出的積極性社會福利很進步啊。其實阿扁根本不懂。

經發會使得一些進步的政策（與不進步的政策一起）獲得「形式上全民共識」，因（一）民進黨並無太強的階級偏見，（二）失業的壓力，（三）陳菊的政治聲望，才得以在國民黨占多數的國會通過。

但眞正的進步的確進行中。故阿扁並不重要，這個政府在社福上的遺產不是他的，是民進黨共同擁有的。

失業的問題畢竟讓勞委會不得不走向扁指示的相反方向上。

管理學大師彼德杜拉克對羅斯福處理一九三〇年代經濟大蕭條採取的凱因斯經濟政策很不以爲然，但對當時社會怎樣面對這樣的災難卻有令人意外的描述。他先指出，「那次大蕭條對許多中年人因之所受的創傷畢生都無法復原……成長的孩子永遠帶著傷痛的疤痕……失業的父親……失去了男子氣概。」

但是他也看到：「大蕭條卻爲美國帶來了社區意識的抬頭，強調共享的價值，生命的喜悅和共同的希望——不屈不撓的倖存者對天災的反動，我認爲羅斯福眞了不起，具有歷史性意識的大成就。」（彼德杜拉克，《旁觀者》）

苦難中的共同體

在苦難中淬煉出共同體意識，一九三〇年代的美國是一個典型的例子，更精采絕倫的，其實是北歐芬蘭、丹麥諸小國，不過，淬煉這些夾在俄德兩強之間的小國的是歷史中綿延不絕的外患，外患使波蘭政界分裂，各自尋求外援，但外患卻淬煉了北歐小國堅強無比的共同體認同。這堅強的共同體認同相對應的就是積極參與的市民社會，使他們支持了世界上資本主義社會最高的稅率，來維持最妥善的福利和教育體系，而不必擔心資金外逃的問題，從而創造了穩定的民主政治、有如天方夜譚的清廉政府以及奇蹟似的國家競爭力。

許多人欣羨北歐小國，想效法靠稅金支持完善的福利政策以及競爭力，但若無強烈的國家共同體認同和市民參與，這恐怕是緣木求魚。台灣一些自由左翼人士想擱置主權爭議，採不統不獨立場，在大中國共同體和台灣共同體兩個認同的模糊地帶別開生面地營造市民社會、建立福利國家，這夢想的實踐恐怕難度還眞不小。

天災發生在一個偉大領袖領導之下，痛苦的人民發揮了動人的社區凝聚力，這在台灣也曾發生過，那便是九二一大地震時，李登輝和受災社區乃至整個台灣共同經驗的偉大記憶。二〇〇一年時，台灣面臨經濟衰退的衝擊，經濟、社會遇到的嚴重性雖然遠不及一九三〇年代美國的大蕭條，但到底仍是台灣幾十年來未有的痛苦經驗，在這個經驗中，我們不幸地並沒有一九三〇年代的羅斯福、九二一的李登輝那樣的領袖。但是，二〇〇一年後幾年之間，卻有一批以羅斯福政府爲榜樣的優秀官員，從事著透過充滿想像力的愛心，以社會福利制度建立、政策的推動和金融改革，扎實地進行了社會和社區的凝聚工程，以及「一次金改」。當然在同時，比起小羅斯福時代的美國，台灣還有外加的幸運，便是有優秀的經濟政務官員進行正確的產業政策更新。

劉進興教授曾拿羅斯福和二〇〇〇年新政府接掌政權的處境做了一個生動的比較，他說，民進黨上台遇到網路泡沫、經濟衰退、失業率上升，這和小羅斯福上台的美國遇到經濟大蕭條的處境類似，羅斯福除採取凱因思的經濟創造就業機會和整頓金融策略之外，也針對痛苦的勞動者建立了諸如最低工資、失業保險、退休金制度，奠定了美國的社會安全網。

號稱左翼的李登輝總統在上台後毅然推動了全民健保體制，如今這一個體系，備受世界肯定，英國 Healthcare International 在評估二十七國後，將台灣名列世界第二，僅次於瑞典。只是完成了全民健保後，李登輝政府全力抵制民進黨推動對退休老人的照顧，在備受抵制之下，民進黨推動老人退休金制度的策略是運用「敬老津貼」來逼使國民年金不得不實施。

一九九二年，民進黨完成了福利政策白皮書。

一九九二年、一九九三年，蘇煥智、高植澎在立委及縣長補選中，訴求爲什麼公務員有十八%，老百姓拚一生、繳了一生稅，卻老來沒半項。

一九九四年，敬老津貼在少數縣斷斷續續實施，此後又推動通過了老農津貼。

二〇〇〇年後陸續隨扁上台的幾位中間偏左翼學者，如起草一九九二年福利政策白皮書的林萬億、起草二〇〇〇年勞動白皮書的劉進興、二〇〇四到二〇〇六年擔任政務委員的傅立葉等，以及早期的工運幹部，郭吉仁、賀端蕃、王幼玲、唐雲騰等勞支會或勞陣的同志。可以說整個扁政府中，能有一個有意識的團隊，按照既定的方向執行的只有二〇〇〇年以後的勞委會。於是便在扁不甚了了的條件下，推動縮短工時、各種就業方案、失業保險，乃至勞退新制的通過，勞保年金化最後在國民黨上台後幾個禮拜通過，但大部分在民進黨執政時已完成；以及國民年金等等。

二〇〇二年，民進黨敬老津貼全面實施，二〇〇五年實施勞工退休新制，讓勞工換工作，退休金卻可以接續，使所有的受雇者都開始累積退休金，二〇〇七年，國民年金法通過，經過十五年奮鬥，台灣進入「老有所養」的文明階段。

二〇〇一年到二〇〇三年，陸續推動三項公共就業工程，並且在二〇〇二年訂定就業保險法（事實上就是先進國家的失業保險），二〇〇三年訂定大量解雇勞工保護法。此外職災死亡率大幅下降。

全民健保、國民年金及失業保險三大社會安全體制既已一時俱備，形成了社會安全網基本骨幹，李登輝總統所強調的「生命共同體」如今終於有了實質的內容，而台灣也才強化了面對全球化之後社會急速變遷的能力。

在這骨幹之外，針對性別以及台灣未來社經處境又有進一步的體制建立和政策規畫：

二〇〇三年通過外籍配偶照顧輔導措施，二〇〇二年至二〇〇六年通過兩性工作平等法、性別平等教育法、性騷擾防治法等一連串照顧婦女的法律及一系列婦女權益的政策和方案。

二〇〇七年，林萬億針對後工業化、全球化等衝擊，策略目標鎖定在縮小城鄉、貧富差距、老人安養、少子化社會因應、國民健康等，規畫長期照護十年計畫。於是，一個有英國社會學大師紀登斯所謂「第三條路」精神的社會安全網，在民進黨下台前夕大體已見模樣。

比較可惜的是陳水扁剛上台時承諾十八%優惠利率的維持，到了二〇〇五年，黨內努力推動改革，受到國民黨全力杯葛，扭曲的福利政策未能妥為改善；此後所推動的國民年金，無力像李登輝處理全民健保一樣，把原先零碎的十三種醫療保險整合成跨階級的全民健保，只包括未被公、勞、軍保覆蓋的一群的弱勢保險者，由於並非普遍主義的跨階級體制，只能算是「小國民年金」。到了二〇〇八年馬英九上台，更爲了選票，竟將農保和勞保脫鉤，致使民進黨努力建立的國民年金制進一步受到嚴重扭曲，也爲農保留下必然破產的因子。

扁政府中，由於缺乏中心意識型態，勞委會與經濟部屢生衝突，但意外的，產業和勞工政策卻都有迥異於前的進展。

社會和解

一個面臨全球化競爭的社會安全網，這是民進黨的政務官在扁權力廢墟上留下的另一個遺產。不只如此，法西斯底子的老國民黨，只照顧軍公教人員，以鞏固效忠的「軍公教福利」的體制才受到新的社會安全制度的平衡，從根本上化解了族群和階級的矛盾。

在族群平等策略上，扁政府倒是有一個非常清楚的基於扁理念而推動的策略——南北平衡，扁上台後，刻意調整國民黨重首都、重權力中心的重北輕南政策，扁無論在公共設施上，如高雄捷運、高雄市的飲水等等實體建設或如元宵燈會等等儀式象徵活動上都力求南北平衡，既改善了南方生活，又改善了南方的自卑情結，無疑的這是廢墟上重要的而可以以扁爲名的遺產。

社會安全制度提供了現代社會互相信賴的必要基礎，也使文化創意產業有了安心發展的依託。

社區再造

一九六〇年代以來，台灣工業化的歷程也是都市化的歷程，城鄉人口流動非常快速，農村做爲人口外流區，年輕人口急速減少，留村年齡偏高；都市地區則聚集外來年輕人口，但家庭尙未穩定，這樣一來，鄉村社區逐漸崩蝕而城市社區未成，兩者都亟待社區建立工程。一九九〇年代，朝野都意識到這處境：中央有李登輝透過陳其南進行「社區總體營造」，台北市則由林萬億把他原先爲謝長廷規畫的社區主義轉換爲「台北新故鄉運動」。

陳其南的社區總體營造由文建會主導，雖然仿照日本市町再造運動，但既欠缺和社區產業的有效聯絡，又由薄弱的文化行政體系推動，而欠缺戶政、社政的有效支援，效果有限，基本上只是依賴政府補助進行地方文史菁英的社區記憶重建工程，雖其階段意義無可取代，但對社區生活的凝聚作用仍是相當有限。但到了二〇〇一年吳密察擔任文建會副主委後，開啓了兩個結構性的改變：一、過去透過文建會結合學院學者由中央進入社區做支配性主導的調查研究、辦活動或駐點模式，轉換成由社區在地人擔任社造員主導社區事務，學者則以社造中心身分，支援協助社區社造員推展社區營造，定位在輔助與陪伴社區的角色。二、將社區營造的內容從以文化活動爲推展主力，轉而強化社區環境與社區產業層面，透過社區自主推動微型的社區環境改造工程、社區的防救災、社區照護的工作，凝聚社區意識，實質改善社區環境，並鼓勵社區組織朝發展社區產業的方向進行。於是社區透過自主自治社區重建，功能迥異於昔。

以美來凝聚社區，固然觀念始於李登輝時代，但兩者在國民黨政權中都屬於邊緣性質，或者補充性質，兩者主其事者爲權力處於邊緣的文建會，又如美在產業中則當做裝飾性的作用；然而到了民進黨時代，對兩者的價值定位有了革命性的轉變，兩者都成了核心性的價值，美從裝飾性的表面設計之美，轉變成爲體驗經濟的內涵之美；社區的概念以六星計畫爲例，也成爲內閣軸心的政策。

針對二〇〇一年高漲的失業率，勞委會推動的「多元就業方案」固然備受爭議，但也引進了歐盟新實驗，透過非營利組織的經營社區性營利市場，以創造就業機會的策略做爲方案之一，取代了傳統政府以工代賑的做法，創造新的勞動價值。

至於其受爭議則在於多數的案例如無政府補貼則無法永續經營，以至於不只不能擺脫以工代賑的實質，而且陷入制度性社會福利、非政府組織福利和營利事業三個概念的混淆之中，以至於難以收拾，但其中一些成功的，如台南總工會的案例，倒也爲台灣產生一個凝聚社區可喜的可能性。

另外，大溫暖計畫中的「近貧」觀念的提出，對未來福利制度的建立至關重要。

在謝長廷擔任閣揆時，採用早先多元就業方案的一些做法，參考蘇煥智在台南縣進行的「關懷中心」社區老人照護做法，並強化文化生態理念，配合巡迴活動健檢等做法，使在各地都等於蚊子館的社區活動中心重新活化。然後內閣在傅立葉等人的統合之下，以社會福利的觀點匯整各部內的社區營造，將全台分成六區，依據其各地社區特色推動，成爲「六星計畫」套案，強化各社區內部網絡，賦予安全、社區產業、社區照護服務、環保、人文、生態保育、健康保育等多元目標。

關懷中心迄今在福利體系中的定位，營運的方式仍處於實驗階段，以至於遭遇不少難題，然而，應能尋求到和機構性老人照護制度做合理的互相支援關係，而極具開發的價值。

六星計畫到了蘇貞昌時代，進一步轉換成大溫暖計畫，更由於蘇內閣強大的執行能力，在林萬億統籌督導下效果更加顯著。

多元、六星、大溫暖，內容有一定不同，名稱包裝的變異一定程度表現歷任閣揆自我包裝互別苗頭的作風。這些配套有些內容頗被爭論，例如，是否打亂了既有的福利、文化、一般行政的專業標準等，但某種角度，則屬綠色政府時期一種進步性的組織運作的實驗，這個運作基本是由美國軍方首先運用網際網路的科技，採行在打破既有軍種建置的新的作戰方式「三軍聯合作戰」的戰爭革命上，這也由台灣的電子業公司運用進行「全球運籌」的營運模式上，以矩陣式的指揮模式取代傳統的垂直指揮模式。我本想推動到國軍改造上雖失敗，但綠色政府卻由葉俊榮開始採用在重大救災工作時統籌指揮，有效動用各部門的裝備人員資源上，使其效率比諸九二一大地震時更爲有效。到了蘇揆，則運用來強化治安辦案上，績效同樣明顯。因此，三個套案縱有被批評的地方，若經修正，應是一個有價值的，從「軟」的方面進行的行政革命。

這些社區再造工程由於打破了舊體制地方派系由上而下地壟斷地方建設的分贓體系，受到舊派系的抵制，但到底有助於社區的自主性凝聚。

這個做法在藍軍上台後，毫不猶豫地就加以廢棄了。不只地方如此，如今中央各機關，也呈現出遠比李登輝時代更加強烈的封建割據狀態。

共同體

六十年前，敗於中國的中國國民黨，把整個國家機器，包括統治集團、國家符號、體制和價值理念全盤橫向移植到台灣，因懍於二二八的不幸經驗，針對它認定難以信任的社會，國民黨爲自己的國家機器部署下天羅地網的防衛措施：動員戡亂體制、戒嚴、黨禁、報禁、萬年國會、公及黨營壟斷企業，乃至意識型態教條、國家神話等等，對社會的政治參與、文化、經濟活動全面加以防範禁錮，展開了四十年的白色恐怖統治。國家既是站在社會的上位，也站在社會的對立面，其結果是半世紀漫漫的台灣歷史就環繞著國家壓制和社會抗衡的主軸展開。二次戰後幾十年來，台灣各路人馬就在這一個歷史主軸驅動下或自知或不覺地奮力演出。

二〇〇〇年，民進黨取得了政權，遺憾的是領導高層被體制吸納，陷入權力遊戲之中，眾豪傑原是閃耀眾星，現在成了眾星俱殞。陳水扁執政的八年，朝野惡鬥已經耗盡了社會對他們的期望。但當我們檢視到國家產業政策、社會安全體制，乃至社區發展時，我們不只發現到八年到底留下不少值得肯定的建樹，更重要的，我們發現民進黨打天下時的初始價值：從社會大眾出發、從台灣主體出發，不只是貫穿在他們建立的社會安全體制和社區營造兩個領域之中（本來社區營造是由下而上的基層再造，但在一九九〇年代，卻詭異變成由上而下指令性的支配，直到二〇〇二年後，才被翻轉），甚至產業政策之有異於國民黨，背後精神也在這裡。

本章「基本差異」一節從各種角度比較了兩黨產業政策上各面向的不同，在其間我們描述的民進黨策略，包括強化產業群聚、積極鼓勵創新、拉大台灣產業縱深、重視中小企業、延緩產業出走等等策略，相較於國民黨兩岸分工、全面急速向西開放、讓企業儘量到中國進行降低成本衡量的策略，都可以歸結到從台灣本土社會出發，重視其主體性、永續發展，提高國民生活品質，以及社會弱勢者的立場，相對於依附大中國的想像及資本家立場出發的不同。

在國家、社會、資本的互動關係上，台南縣蘇煥智縣長，在內閣支持下的許多做法很值得一提做為補充。

全力拉攏廠商的投資，是各地方政府第一要緊的事，但陳定南抵制王永慶輕油裂解廠到宜蘭，蘇煥智抵制大煉鋼廠到台南成為兩個異數，都被貼上反商的標籤。其中陳定南營造了有名的冬山河，冬山河開啓了把美和生活的銜接當做社區工程核心價值之始，成為傳奇；蘇煥智則八年任內縣民滿意度偏低，被視為沒有什麼政績的地方首長。但只因為要黑面琵鷺，不要大鋼廠，「反商」這標籤就貼在蘇煥智頭上，以致他被認為欠缺政績，這看法其實大有問題。

一九九〇年代末期，台灣製造業飛也似地出走，全台工業區一片荒廢，二〇〇〇年，中央政府暫緩工業區的開發時，台南反而逆向操作，二〇〇四年開始大舉開發柳營、樹谷、永康、七股工業區，在得不到中央積極支持下，由地方政府採行自行編列預算開發或委外的創新模式。這些開發案，跳脫傳統模式，還有許多的開創性做法，例如，柳營工業區首創由縣政府編列預算先例，樹谷園區和南科L&M專區則打破既有由政府由上而下編定分區使用的規定，採取浮動編列方式[1]，由開發者依開發的總體想像重新規畫，並與新社區開發銜接，使產業聚落、生態景觀、生活機能作充分的銜接和整合。這種做法使工業區被重新定義：過去所謂工業區無非資本家的生產基地和工人的作業場所，如今則成爲一個有如夢幻公園的高品質生活社區。在近年工業區紛紛貼錢之際，台南縣因這些引進資本的突破性做法，使縣府獲有收益。

從台灣社會的現實出發，本是台獨黨綱的核心精神。從台灣現實出發，台獨黨綱既主張國家憲政體制要和台灣（主權）現實符合，又主張各種政策要與台灣（主權）現實符合，前者奇異地在李登輝時代飛躍進展，在陳水扁執政時，反而沒有明顯推展；但後者，則民進黨政府在產業政策、社會安全、社區的政策中有顯著的成就，而且三者交互支援之下，使得台灣社會共同體的發展向成熟趨進。

羅斯福總統

小羅斯福在經濟大蕭條的年代，把他的政策理念深入淺出地向所有痛苦的民眾娓娓道來的爐邊談話成了典範，此後，美國總統遇到國家重大問題，便模仿來激勵民心。陳水扁在遇到國務機要費的個人危機和馬總統遇到就職之後滿意度急速下滑之時，也都加以效法，但是都成了東施效顰，徒成笑話。

事實上，陳水扁在二〇〇一年遇到經濟危機時，在財經和社福上既都有優秀的政務、事務官員，只要他能如羅斯福一樣貼切百姓遭遇，用心理解他屬下的政策，他大有機會扮演羅斯福在一九三〇年和李登輝在九二一時的偉大領袖的角色，但事實上他既沒有能力也沒興趣和人民共同面對痛苦，願景鋪陳、理念展現、政策推動更非所長。

當人民面臨苦難時，他的興趣仍鎖定在權力遊戲上，用尖銳的權力遊戲來匯集群眾注意的焦點，而在這方面，他又有無人能比的天賦，於是八年來，群眾的視焦就全被鎖定在朝野衝突、兩岸衝突、台美衝突上面，那些政務官、幹部推動的政策價值全被他強力邊緣化，以致被社會漠視。換句話說，同樣做爲作秀天才，羅斯福的秀要推銷的是急民所苦的新政，扁要推銷的則是他自己百變的虛假英明。其優秀的政務官和幹部身居在權力體邊緣，無法掌握宣傳機器，於是「有成就而沒有成就感」，這情形在社會福利部門乃至兩岸實務部門完全和財經政策的領域如出一轍，只是他們雖然備受委屈，但畢竟既經歷練，又有成就，無疑的，不論他的成就或他們經過磨練的能力，都是國家乃至民進黨要在權力廢墟上再起非常重要的資產。

註：

① 指土地雖規定分區，但在實際土地使用分區圖上，並不劃定位置，待開發者提出申請時，再將其申請的地區按法定比例劃定。

第十五章

再生

不知所以的感動之下，投入運動，自是接受了上天羅列星辰的指引所致；十八年來，在燈影閃爍之餘，星辰已不辨行列，於是自己漸漸清楚，眞正動人的事務原在市井。

——林濁水，《掙扎的社會與文化》，一九九一

驚奇的客人

陸客在對岸從小耳朵看台灣，他們非常驚奇：呃，台灣老百姓可以這樣對大官甚至總統嗆聲！但心中不免嘀咕，台灣人眞凶，眞沒耐心。

但是一到台灣實際接觸到台灣百姓，卻又大大驚奇，原來台灣百姓彼此之間這樣溫文有禮，講起話來和中國人的大嗓門大大不同，不管路人甲乙或商家店員，和他們談起話來又大有耐心，不只如此，他們處處驚奇，例如他們到市政府參觀後，發現原來政府官員也有和他們的不一樣的一種，對老百姓親切地招呼的，這連溫家寶都不一樣，溫是愛心的，但是嚴峻的；又如台灣人爲什麼那麼愛排隊，不管購物，還是坐捷運，台灣捷運拉圾筒那麼少，地上爲什麼那麼乾淨。

這樣的所在令他們陌生，也令他們親切。

港客來到台灣也很驚奇，他們驚奇的是一些茶藝館、誠品書店和人文空間，他們，尤其是香港的文化界，也發現他們到了一個既陌生又親切的所在。

台灣，比較起來，在華人世界中的特色竟是有禮和有文化氣質。這樣的社會，對照起政壇的廝殺成習，眞是溫馨美麗的。

這樣的溫馨大抵在這十年左右濃烈起來——十年前台灣仍是競逐金錢遊戲，大家爲股票、大家樂瘋狂的社會，這樣的轉變，來自於都市化過程的穩定下來，來自於中產階級文化和品味的成熟，當然，這和台灣主體意識形成的凝聚力乃至社會安全網的建立，使大家可以產生了一種集體性的信賴，全都有關係。

但不管原因如何，有信心、有安全感、有品味的社會令我們從政治的對陣廝殺中驚醒：台灣並非廢墟，台灣已再生，政界若要尋求新生，社會是他們無比寶貴的依據。

悔改的界限

二○○八年民進黨立委和總統大選的大敗，可以說是由前年北高兩市市長選舉民進黨的勝選決定的。

二○○五年縣市長三合一選舉敗選，是社會對民進黨和阿扁的嚴重警告；二○○六年北高兩市市長選舉表示選民再給民進黨一次機會；立委、總統大選則是對民進黨絕望的處罰。

高捷及總統家人弊案造成縣市長三合一敗選後，扁眾叛親離，便利用北高勝選的機會鞏固內部領導，採取毛澤東文革走極端路線動員狂熱紅衛兵來自保的策略，說「扁倒，台灣倒」，黨主席游錫堃也和林佳龍及極端主義立委通力合作，全力配合，確立了「極端台獨＝民進黨＝扁」的三合一路線。但這三合一，在社會上看來就是「冒進主義＝對立動盪＝貪腐＝民進黨候選人」的四合一。

二○○八年立委選舉時，在一些媒體發聲下黨內氣氛高壓，候選人沒有人敢訴求改革路線，同時明知扁或莊國榮助選有害，也都不敢拒絕。這種幾近於集體自尋毀滅的做法，實在可以和三年前扁領導的國會減半修憲案前後輝映。

扁最在意選舉，當然知道冒進行爲不利於選舉，但顯然他早判斷總統無法勝選，所以寧走冒進路線，繼續動員紅衛兵以自保，顧不得會使有當選機會的立委落選。結果社會認爲民進黨不知悔改，選舉大敗。

選後極端主義者仍企圖掌握黨的走向。幸好，已有幾項切中問題的改革被提出，但其中，也有不免求好心切下以致「矯枉過正」過頭的主張，如：民進黨過去區分統獨、族群全是錯誤的；民進黨要放棄壟斷本土化……等等。這些主張實欠缺「運動觀」，忽略了目前大家認爲理所當然的觀念，諸如主權獨立、本土文化、族群平等……等等原先往往是主流社會不屑地側目以視的旁門左道，是民進黨透過辛苦的運動，才使它成爲主流價值的。

過去國民黨執政時打壓本土文化，甚至都下野快十年了，連戰還高亢地說本土化就是去中國化，就是罪惡；在這情形下，與其說民進黨要壟斷本土論述，不如說是連戰等人非硬把本土論述全盤推到民進黨身上去壟斷。

等本土化成爲主流時，民進黨確有壟斷本土論述的強烈企圖，但如台灣社或台聯認爲民進黨的本土論述不純，只有他們才有權論述，和國民黨說他們的本土化才對，民進黨的本土化根本是台獨化是不對的，這些說法何嘗不是同樣基於壟斷本土論述的強烈企圖，只是全都沒成功，頂多只能說民進黨較被支持，占上風而已。

又，如今，如馬英九已不提終極統一，並公開說在任內不和中國談統一，甚至說台獨也可以是選項的現在，批評他還是統一急先鋒、甚至反獨戰將固要小心，但如果過去獨派人士沒有區分統獨，並努力把道理講清楚，以馬英九這種小心謹慎的個性和在波士頓時期動輒說「美麗島暴徒」的極右意識型態，是不會調整成今天這個樣子的。

何況，馬的改變當然値得給予掌聲，但馬主張一個中國各自表述，中國不是外國等說法，硬要說和民進黨已沒統獨區別，恐怕第一個不贊成的就是馬英九自己。

因此與其只對民進黨自己作放棄壟斷的負面指責，不如建議民進黨採取更大方的心態：當仁不讓地參與台灣主體意識豐富內容的創造，並推廣爲社會的公共財，讓社會在享有這樣的公共財時，產生對民進黨的肯定。

從運動的觀點看，爲豐富台灣主體意識，應隨著時代的變遷採取不同的策略，如在威權統治時代要勇敢地面對大漢沙文主義抗爭，要區分統獨；在民主化，尤其本土化成爲主流後，既仍要堅持立場，又要採取包容的策略。戒嚴時抗爭成主流時，既堅持又包容，最容易感動人，使台灣主體意識和台獨成長。有人戒嚴時不抗爭，執政後高舉神主牌清算追殺異己當然可恥；但另一些人對民進黨過去「區分統獨」和強烈推動台灣主體意識都要強烈自責，則是過度跟隨台北主流意識，是過度的「悔改」。

「過度的悔改」等於放棄了核心價値，背叛跟隨自己多年的群眾，是屬不義；另一方面，在策略上，也是不智的。

常態來說，任何一個社會中，會熱情地支持政治改革的核心群眾，是占人口一定比例的特定一群人。放棄這些人，另外號召一批符合理性的領導菁英的群眾來共襄改革盛舉，難乎其難，這也是爲什麼在二〇〇八年國會大選中所有訴求「第三勢力」的政黨，無論第三社會、紅黨，甚至老牌的親民黨、新黨，另立旗幟都全軍覆沒的緣故。

菁英vs.大衆·理性vs.民粹

如今我們談到美國在北美洲建立第一個立憲的民主共和國時，總不免要對美國建國「諸父」民主的理想和理性的智慧讚佩，折服於他們終能把洛克的政治哲學落實在國家體制的建造之中。他們雖然建立了民主體制，但雍容尊貴有如貴族——而事實上，他們正是一批屬於社會頂層的少數「貴族菁英」，他們不只身分上是少數，他們的理性主義在當時的北美洲社會也是思想範疇中的少數。

理性，是革命過程中擬定、執行戰略、戰術，在革命後建立典章制度所必需的；但，理性不是革命最核心的動力。

那麼動力在哪裡？凱倫阿姆斯壯在她的名著《爲神而戰》中，深信是在北美成爲宗教主流的民粹清教徒的激情。她說，「革命領袖的理性、務實觀點並不足以協助民眾鼓舞勇氣……戰戰兢兢地迎向未知的未來，反而是基督教末世論的激情、意象與神話，爲革命鬥爭帶來意義。」更弔詭的是，這種神祕的民粹才幫助「世俗主義者和喀爾文教徒寧忍受失序的動盪」而投身革命，並建立世俗的民主國家。這些民粹主義者甚至緣於過去被英國剝削的痛苦而迸發著「仇恨神學」，使他們想像了「妖魔神話」，把英國官員當成「撒旦的嘍囉」，而要和他們一決生死。於是追求自我從教條桎梏中解放的宗教改革者，反而尋求更嚴厲的神來自縛，從馬丁路德到美國基本教義清教徒，乃至孫中山的革命都一樣，同盟會在革命時期比「孫文學說」更流傳廣被的革命聖經鄒容的《革命軍》正是一本「仇恨書」，書中字句諸如：

「滿洲……其人則羶種，其心則獸心……吾今與同胞曰：張九世復仇之義，作十年血戰之期……」

其仇恨之深刻甚至遠非美洲革命所能及，更非今日台獨基本教義派所可想像的，而這樣可怕的書在文盲遍布的中國社會竟暢銷百萬冊，且四處傳抄！

台灣的基本教義台獨民眾，從未自認爲革命者，對統治者顯示不出革命般的仇恨，但對統治者的憤怒仍然強烈，他們透過對貧戶出身因而象徵意涵十足的扁的極端主義的支持，來宣洩他們長期在不義統治之下因苦難而滋生的憤怒，但是，扁，這時既然已經是統治者，他的恰當角色是與其成爲討好民粹，成爲他們宣洩不義之恨的工具，不如力求穩健的轉型正義和安撫少數者面對新統治者的恐懼不安間做妥善處理。然而例如扁在和連戰會面的幾小時後，立刻宣布停建核四等做法，反而正是刻意要令對方恐懼不安以屈服的背道而馳的做法，以後諸如去蔣、正名等等做法上刻意地粗魯，都是同樣的扁爲自己立威的儀式行爲。

新教徒和理性主義者本來都是啓蒙精神的產物，他們在歐洲推翻了政教合一體制，揭開了民主的歷史戲幕；如今又在北美洲共創人類第一個現代的民主共和國。

但是他們之間充滿了矛盾，而其矛盾的基礎在歐洲時早已經樹立。以馬丁路德來說，他固然帶領信眾走出大一統的、腐敗專制的天主教體制，讓人由自己去面對聖經、神的世界；但是他對異端的不寬容，卻有甚於基督舊教，殘酷恐怖的獵巫運動正是基督新教的拿手好戲，這無論如何和啓蒙的理性主義是背道而馳的。

新教徒到了美洲，「基本教義」運動從早期的「大覺醒運動」、禁酒運動到現在從未間斷，這也是如今小布希等保守主義最重要的群眾基礎。當年他們投身革命，在脫離英國宰制這一個目的上和建國的「諸父」是一樣的；但他們界定參與的性質是「天堂對地獄的征伐」，他們要建立的是一個神的國家，這一點他們和啓蒙的理性主義領袖們就完全不同了。想法差那麼多，所以他們對理性的菁英是從來不信任的。

不管如何，革命是成功了，彼此矛盾雖然這樣大，而幸運的，理性始終是主導了整個過程和事後的建國，更可貴的民粹主義的力量不但沒有消失，反而在傑佛遜等人的領導之下，使美國的民主自由從貴族菁英深化到每個基層民眾，形成了「草根民主」，使美國的政治，尤其在地方民主方面，充分展現由下而上、由社區而國家的特色，有別於歐陸由上而下的體制建構。這就更幸運了。

美國革命時期理性菁英和民粹群眾的互動過程，實在是台灣民進黨經歷了內部大衝突和大挫敗之後非常值得參考的事例，怎樣回頭整合這兩種力量重振大業，是民進黨當前一個必須面對的課題。

基本教義派性格本質是非理性的，但是卻在現代理性化的世界中打仗，於是爲自己的信念努力尋求理性的形式出現，甚至認爲他們不切實際的教條本身，就是理性的眞實。

基本教義派，認爲凡事都應回歸到基本經文上面去找答案，經文每一句都是眞實的，但也只有他們的解釋是唯一正確的。那麼台獨基本教義派的經文是什麼?那就是：一、舊金山和約；二、制憲、正名；三、國際法對主權最嚴格的界定。他們認爲舊金山和約是處理台灣主權的最重要依據，這依據使台灣有獨立的權力，台灣只要制憲、公投、宣布獨立，獨立馬上就成功了。在他們看來，好像所謂國際現實主義的權力運作是不存在或者沒什麼重要影響似的。

把解決問題的方法放在唯一的文件上，當做唯一的神鑰，就這一點來說，二〇〇八年後上任的國史館長林滿紅也非常相似，只是台獨派要用舊金山和約這支祕鑰開啓台灣國之門，林滿紅則要用「日華和約」在國際上開啓中華民國之門，當然我們還可以馬上聯想到國民黨的三民主義、五權憲法、大一統思想。

不同於林滿紅，其教旨似乎並沒有跟隨者，台獨基本教義派則以和謝長廷淵源最深的綠色和平電台和《新台灣》雜誌爲主，多年來不斷地作教義宣導，到了二〇〇五年後，又有扁、游錫堃、林佳龍等運用政府和黨機器全力宣教，長年的累積教育，終於使民進黨在二〇〇七年、二〇〇八年之交全面塔里班化。

在和民粹民眾懷有共同目標的同時，美國革命理性主義的先賢懷抱理性主義的菁英心態，根本不必在乎他的民粹部屬的非理性信念。然而在台灣，民進黨天王領袖們一方面需要靠民主機制才能獲得領導權，另一方面，他們絕大多數在知識上的武裝非常薄弱，根本不能望美國革命領袖之項背，無法說服群眾，再一方面，民粹群眾反而有一些來自學院的基本教義牧師指導，最後在這諸般條件下，包括扁在內的一批領導菁英，以全面臣服於民眾激情的條件，換取民眾的盲目支持，進行權力內部鬥爭，以至於民進黨全盤的塔里班化。因此，在藍軍，基本教義群眾隨著統消獨長的民意變動呈現了萎縮的趨勢，而民進黨則大幅上升。

民進黨這樣的發展帶來了令人百感交集的大災難，但如今痛定思痛，解決之道，恐怕不是如台北主流社會或沈富雄期待的走回扁早期的中間路線，而是從美國革命的例子來充分瞭解基本教義派的價值和其局限，在充分和他們的熱情共鳴之下，尋求理性的疏導。

在民進黨的權力廢墟上，這些民眾無論如何，他們感人的熱情仍將是台灣民主改革和獨立建國最核心的動力。

西鄉隆盛之叛

革命成功後，怎樣安排激情的基本教義派——神的選民——要在革命中肇建「基督家園」的使命性要求呢？這在美國顯然不成問題，由於新教徒對英國國教政教合一產生的教會特權深惡痛絕，因此，確立政教分離的憲法權利法案也就只能順理成章了。

但日本明治維新下場就非常悲慘，日本維新的武力來自薩摩等藩的下層武士，他們維新的宗旨既在尊王攘夷，也在維護武士的地位與尊嚴。不料，最後的革命政權雖然尊王卻不攘夷，反而「脫亞入歐」全面西化，不只如此，更全力往廢除舊封建體制和武士階級的方向走，這些爲革命奮鬥的下層武士如今反成革命的祭品。爲了解決這些不安的武力，西鄉爲他的生死弟兄規畫征韓，但不得要領，最後西鄉帶領他們從事一個他自己認爲絕望的叛變，讓他自己和弟兄們壯烈地一齊自我了斷，來處理前無去處，後有追兵的生命窘境，其悲壯豈止是驚天地泣鬼神而已！

二〇〇〇年扁剛取得政權時，挾崇隆的勝王之姿，一方面，藉對冒進派、海外台獨聯盟人士予以中華民國資政、國策顧問的位置加以酬庸（以釋其兵權？）；另一方面，扁走中間路線，跟他一起打天下的基本教義派這時沒有任何抵抗的力量，接著扁又規畫兼任黨主席，以黨壓制黨內反彈。基本教義派有一些名筆、名嘴只能退據綠色和平電台和平面周刊，打著尊扁旗幟進行教義的鼓動，到了扁在政務推展左支右絀後，則回過頭來擁基本教義派爲紅衛兵，配合雄心勃勃的游錫堃、莊國榮全力進行黨內權力角逐。

於是台灣取得政權後的發展全然和美日殊途。

盤點

我在扁權力廢墟上進行遺產盤點，來估量民進黨或者台灣要重新開始的資源，現在把清單概括的整理如下：

雖然扁在晚期有意識地猛烈推動基本教義運動，而台灣主體意識也在這階段持續上升，但如注意到其速度的減緩，可以認爲他在這方面過遠大於功，這和社會一般直覺的結論相反。

扁的才能是擅長具體事務的處理，對於高層的抽象事務毫無興趣，其結果是市長做得好極了，但處理國家層次的議題，不論是憲政、國家安全都一塌糊塗。只是在扁憲法職權行使上和台灣主體立場息息相關的外交、兩岸兩個領域，雖然在冒進的操作下受傷慘重，但外交也不是完全不可取，如對日方面關係之好，遠過於國民黨執政時期。至於兩岸，則雖在扁及部分高層的錯亂策略干擾下，優秀的政務官和幹部仍然有傑出的進展，其努力的累積雖不能被民進黨收割，但卻爲未來的馬政府及海基會栽培好隨時可以收割的良好果實，做到爲人作嫁的結果，江丙坤接掌海基會後便這樣公開肯定：包機、陸客來台，在他上台之前兩岸雙方已完成協商基礎。

在經濟生產面上，同樣在扁及其高層糊裡糊塗的蔑視下，優秀的政務官和台灣的產業界進行了一個升級的結構性轉型，而且不待馬政府上台，在二〇〇五年已呈現出成績，在財政上則痛苦地打消前朝的一．八億呆帳，爲扁尊崇的蕭萬長埋單，維持了蕭大師的門面，這些政務官正面的貢獻和社會接受了扁看法後的負面刻板印象截然相反。

儘管美國金融風暴全世界沒有一個國家能免於受到重創，但台灣股市的下挫硬是不合理地和中國並列世界前茅。

爲了鼓舞信心，政府政策密集推出外，就是信心喊話，強調我國經濟狀況比其他國家不差，但投資信心還是鼓舞不起來。

這難怪，因爲政府強調基本面不比人差的喊話和政府迄今並未改變的另一個宣傳完全牴觸。執政前馬蕭長期宣傳民進黨政府八年執政已經把台灣經濟根底毀壞，台灣契機已因未三通完全斷喪，以致落後東亞各國；上台後，爲經濟不振卸責又一再強調由於經八年的破壞，所以新政府只能使經濟慢慢好，不能馬上好。政府忽而說經濟根基已壞，忽而說基本面不壞，顚三倒四，人民信心當然不可能建立起來。

民進黨雖迄二〇〇七年經濟年成長四．一％，並不算差，卻被馬團隊的宣傳策略徹底妖魔化，然後說服社會，馬蕭上台將可依蕭「台灣經濟可以站在中國大巨人肩上做小巨人」的構想，依靠中國而大展宏圖。

如今妖魔化既收效，靠中國的好處距原先想像非常遙遠，於是社會投資人的信心自然崩潰。綠色執政八年經濟根底已壞，眞是事實嗎？

近日，美國商業軟體聯盟委託經濟學人智庫的調查披露，全球IT產業最具競爭力的國家，台灣從第六躍居世界第二，僅次於美國。這項調查有六大部分，其中台灣研發環境排名第一，人力資本第七，IT基礎建設雖然只排名二十，但軟體聯盟副總裁認爲台灣行動電話普及率達百分百，且全台行動上網的M計畫正在進行，台灣IT基礎建設未來「精采可期」，至於馬蕭所豔羨突飛猛進可做台灣靠山的中國，對不起，排名不只是落到五十名，而且還比前一年倒退！

事實上，近兩年多來，不待經濟學人智庫的評價出爐，台灣的科技產業轉型早就令人驚豔了。九〇年代台灣名爲科技業製造大國，但只是延續早期尹仲容、李國鼎規畫的代工出口的生產模式，附加價值甚至低於紡織業。但這情形在近兩年來大有改變，例如宏碁在國際品牌大有斬獲，宏達電子的高階手機、華碩的EeePC等等，更在創新和國際品牌上打下了一片天。

早在九〇年代，蕭萬長全力規畫以對中國依賴爲軸心的「亞太營運六大中心」時，管理大師波特就勸告當時政府改朝向「亞太研發中心」的方向發展才符合台灣的定位。但蕭不爲所動，當時的獎勵投資完全擺在代工製造方面，創新研發的 IC 設計及軟體公司不只獎勵沒份，股票上市櫃備受刁難，甚至進科學園區設廠都不許，趨勢科技還被迫到日本股票上市。

這種偏頗、扼殺創新的政策直到綠政府上台，推動知識經濟後才全盤調整過來。在知識經濟策略之下，台灣經濟成長由側重人力及資本投入轉向創新驅動的發展模式，台灣研發經費占 GDP 比率從一九九九年一．九八％上升到二〇〇六年二．五八％，每千名就業人口研究員從一九九九年五．八人上升到二〇〇五年的八．九人，這些數字甚至都高於德、英、法，其間知識密集產業每年平均成長六．九％，對經濟成長率貢獻由一九九九年的四十七．九％上升到二〇〇七年的六十三．〇％。

有這樣的實質內涵，國際評價竄升自不意外，基礎如此，國民黨財經首長卻不斷強調台灣經濟已被綠政府搞得快垮了，假使不是抹黑得太大膽，就是太無知。

事實上，在一九九〇年代資產泡沫時期，台灣在這樣過度寬鬆的貨幣政策下過度消費，到了泡沫破裂之後，資產大幅縮減，消費能力低迷，經濟成長全靠外銷暢旺支撐起來——而這正是建立在產業競爭力的提升上。

如果是無知，那就要趕快補課；如果是太抹黑，不管如何要趕快還台灣經濟眞面目，這樣，不只才有可能重建社會信心，也才能擺脫一切靠中國的不切實際依賴心態，瑞士信貸首席經濟學家中國的陶冬就是這樣建議的：「找到台灣自己的定位，其中最有競爭力的是 IT，不要幻想學香港，依賴中國。」台灣未來產業或許不見得要單押在 IT 上，但不要只想依賴中國則是正確的。

在分配面，也做了非常重大的改變，有的地方實在有革命性的意義，這分成地域均衡和階級分配兩部分：在社會階級的照顧方面，弱勢者的實質補貼，是扁關心的，扁自應受到肯定；在社會安全制度建立上，這是更爲基礎的，則是在扁並不在意的條件下，立下體制再建的基礎。備受藍軍冷落剝削的南部地區民眾，二〇〇〇年前在命定主義之下，竟認同既有的價值秩序中，台灣的價值齊向統治者所在的首都集中本是天經地義的，於是南方成爲藍軍選票大本營，現在扁予以顛覆，南部因而重建了人存在的榮耀感，甚至得到不義被平反的暢快。價值的全面扭轉，扁的貢獻自不可抹滅。此後，南北平衡已成任何政府、包括上台的馬不敢掉以輕心的原則。

民主憲政方面最堪稱爲廢墟狀態，一方面，扁主導的愚蠢、反民主原則、甚至其反道德動機的魯莽修憲，遺害巨大；另一方面，其領導經常破壞體制，例如李登輝時代本來由張榮豐等人完成了一套國安政策決策執行的標準作業程序，但扁等高層自以爲聰明，完全不依程序做事，而聰明才智又相當不足，更無戰略觀點，以至於經常紕漏百出，其中不可思議的巴紐案只是其中一端。

再一方面，朝野遊戲全無規則，互動粗魯化，朝野乃至黨內都發展出你死我活的惡鬥，使政壇猶如煉獄。二〇〇八年七月初，中央研究院院會開議期間，院士金耀基看到在扁的權力廢墟上，朝野立委和名嘴粗魯地不必有所依據地互相攻擊，態度之惡劣已達到了「違法亂紀」的地步，十分震驚，認爲這是全世界找不到的墮落亂象。有人聽了大爲認同，但對攻伐的立委名嘴們絲毫沒有什麼作用，惡性攻伐依然如舊，他們的理由是「敵人是那麼地惡質」非強力攻擊不可，看來，非這些格鬥士爭戰到雙方一起同歸於盡，台灣是不可能在廢墟上進行政治重建了。

於是我們駭異地發現，民進黨對台灣民主的貢獻全在二〇〇〇年前的民主催生運動上，成就了國會全面改選、總統直選、廢省，乃至政權輪替等等奠基性的民主改革。二〇〇〇年後的民主改革使命理應在優質的民主建立上面，不幸的，八年執政是民主內涵的劣質化！

然而，在八年中，到底有優秀，過去卻無緣或不願爲藍軍所用的人才進入體制中貢獻並歷練，其政績和因歷練而強化的能力，將是國家和民進黨要再起的非常珍貴資產。至於民粹民眾在經大挫折後，顯然有大批的反省者，這使他們支持了一位改革派的新主席，他們也將成爲國家和民進黨未來的資產。

經過這樣遺產的盤點，我們發現不論是民進黨或扁，目前社會評價的主流觀點都既浮淺又常和眞正的價値相反。如此諸般的八年執政遺產，未來對國家的價値將是遠比社會對馬許多不切實際的期待更實際可靠。至於扁和朝野所共同留下的憲政禍害，在體制方面，雖然窒礙難行，但馬一貫保守作風，迄無改造的認識和決心；在政治運作方面，馬有較許多人善良的心，但如今對風氣扭轉也全然無力，因此，要在廢墟上重建良善的民主憲政，尙待另尋社會的動力。

里長伯的中秋

且從高層政治再回到社區吧。

台北的里長，以前本來是個閒差，但十年來，在社區生活中，角色愈來愈活躍。

中秋雖是華人社會的大節日，但經濟起飛後，這個農業社會的節日氣氛就逐年淡了，先是，從中南部到北部討生活的，在台北人生地疏，社區左鄰右舍爲生活奔忙，彼此不相聞問，他們認定的社區仍在農村，因此中秋趕回家鄉團圓，當時過年過節活動的中心在寺廟。漸漸的，農村人口外流，空虛了，就在台北過中秋，這時由鄉下迎來台北的神明私壇扮演了重要角色，但氣氛總是差了。近十年，台灣都市化的過程穩定下來，鄉下人口在台北落地生根，子女出生上學後開始互相照應。而陳水扁又大幅提高里長辦公室各項費用，本來閒差的里長，大家競爭得很厲害，於是里長認眞辦活動，年節必辦，且力求盛大，於是里辦公室取代了早期台北神明私壇和更早期鄉下廟宇的功能。

里長角色愈來愈吃重，政黨們自然看在眼裡，於是都下令力拚里長席次，台北市綠營從一九九八年到二〇〇二年成長了二四〇%，極爲驚人，但從數字上看卻是很可憐，四百五十席左右里長，才四十一席，占八．八%，到了二〇〇六年，還倒退了四席。至於藍軍，也從三百二十一掉到二百六十七，再落到二百三十七。獲勝的是誰？「無黨人士」，從九十七上升到一百四十二，再跳到一百七十五席。

無黨化在里長選時出現，但並不能援用到其他不同的選舉上面，事實上，愈高層的選舉，反而愈兩黨政治化，無黨空間非常窘迫。

從一九九五年到二〇〇六年，高層選舉，台北藍綠基本盤幾乎是毫不變動（和中南部大異其趣）。立委得票率，雙方一直維持在五十%比四十%，議員是六十%比三十五%，而無黨則兩樣都壓在一到二席，得票率八%。

高層選舉政黨雖然並未褪色，卻並不表示民眾喜歡立場激烈的政治演出，事實上，朝野對立雖然愈來愈尖銳，民眾卻愈來愈不喜歡立場極端的候選人。

北市藍綠基本盤雖然沒有變化，其內容則千變萬化。一九九五年、二〇〇一年，藍軍立委十席中，國民黨都只有四席，其餘六席，一九九五年是新黨最大，二〇〇一年是親民黨最大，到了二〇〇四年，國民黨才光復江山，上升到七席，親民黨剩三席。至於綠軍八到九席中，台聯兩度得一席。

由於台聯、新黨、親民黨都在各自的陣營中屬於極端主義派，因此若台聯、新、親三黨席次和得票率的上升，表示台北選民品味愛吃重鹹火辣，若相反則表示選民傾向溫和穩健。

三個極端黨的高峰從一九九五年維持到二〇〇二年，以後就走下坡了。二〇〇一年立委最高七席，得票高過三十五．七%，議員最高二〇〇二年十三席，得票也高過三十．五%，以後就往下掉了。二〇〇四年立委才四席，得票二十三%，議員二〇〇六年才八席，得票剩十五．〇%。

高層政治愈鬥愈凶，色彩愈來愈鮮明；但在基層藍綠都褪色，讓空間給無黨人士，兩者趨勢背道而馳。很是矛盾，但這其實也是先進國家的常態，台灣這一點是符合正確的發展方向了。

上層雖愈鬥愈凶，愈兩極化，但選民對高層政治人物的選擇，在二〇〇二年以前，固然傾向偏好極端化候選人，但以後，則偏好穩健，這又表現了社會和政界往相反的好的發展方向。

最近約十年左右，台灣民間各樣的志工突然地大量增加，這件事有多重要的意義，首先，這是生活無虞的中產階級已成熟的徵象；其次，他們的奉獻表示本身對社會產生了強烈的信賴感；三、他們的奉獻又讓社會感受到溫暖，於是形成了良性的循環效應。就這樣各式各樣的義工出現在台北各處：醫院、捷運、社區環保、博物館、美術館、殘障團體、社區巡守等等廣泛的領域。

於是里長們，帶領著各式各樣的社區活動，依賴巡守隊和各式各樣的義工，這些基層義工，當然都是地方熱心的人物，對高層政治、政黨，他們自然會有比一般大眾有更強的關心，但他們固有藍有綠，在社區巡守等工作都必須合作，於是地方迥異於中央的政治遊戲就在底層發展開了。

社區神話

里長積極主動地主導社區節慶活動，表示里長不只要滿足社區居民日常生活上諸如水溝、路燈等細瑣的服務要求，也在巡守上滿足自主的安全需求，更在精神上滿足集體性的文化習俗活動的需求。

而當社區居民浮現了這些完整面相的需求時，社區共同體意識也油然興起，於是一個新移民的聚落就安頓下來了。這時許多社區開始進行社區歷史記憶重塑的工程。

社區文史重建工作一九九〇年代先由一些老城鎮包括台北北投地區開始自發地形成「社區文史工作」運動，先是由民間自發，然後得到鄉土文史教育和李登輝、陳其南推動的社區總體營造政策支持。然而台北的發展則有不同。

戰爭結束，台北市人口不過二十多萬，此後急速增加，一九六一年增到九十三萬，一九七〇年增到一百七十七萬，幅度達八十八・八七%，此後增加速度減慢，一九九〇年為人口數最高峰二百七十二萬，此後減多增少，二〇〇六年剩二百六十三萬。

二〇〇〇年後，台北的新社區也接著發展。台北新社區運動如天母石牌，基本上是新定居下來的中產階級的運動，對應的政府政策不同於中南部舊社區，大體是由林萬億建議的陳水扁市長的台北新故鄉政策，二〇〇〇年後進一步得到推展。

但有趣的是，同樣來台北討生活的年輕中產階級，又有一批成為回流到農村的「知識青年」，他們既有帶回錯落在山邊水間充滿西方中產階級品味的咖啡屋、香草屋等等，又參與社區歷史再記憶工作，也成為社區傳統文化的振興要角，於是年輕的兩股力量，一在台北營造新故鄉，一在中南部老社區重塑記憶，後者多半由學成歸鄉的在地子弟依據直接來自父祖的歷史在推動；前者尤其以天母石牌地區為典型，多由外地來社區安頓下來的新移民對當地素材加以發掘繼承然後重塑。

天母、石牌等新社區，社區歷史不過三十年左右，但他們去尋找諸如日本時代的自來水管的「水管路」來歌頌，年年舉辦「水管祭」；較老的社區如北投，則以原住民的巫婆故事舉辦活動。另外，居然只要能凝聚社區就好，乾脆就創造與歷史不相干的，例如著名的「聖誕巷」，明明是以華人民間信仰爲主的里鄰，卻以聖誕街的布置爲最重要的年度嘉年華；此外還有石牌的「燕子巷」活動；至於有名的汐止夢想社區，規模龐大的嘉年華遊行，更找來來自歐美、拉丁美洲各地藝術家，帶來各式各樣的不同文化元素（夢想社區幾乎是唯一不是以里長爲活動策畫中心的，但里長仍積極參與），活動的素材十分多元，但一切無非以凝聚社區爲核心精神。

天母新移民繼承在地文化的做法，令人想起南美偉大的社會主義詩人聶魯達的策略。

怎樣梳理和拉丁美洲淵源深厚的西班牙間的恩怨情仇，一直是拉丁美洲文學家艱鉅的靈魂工程。他在民族史詩鉅作《一般之歌》中時時透露出他對曾經是祖先居住過的西班牙以及西班牙征服者諸多的憤懣。爲了在西班牙的大歷史壓迫之下自我肯定，他在他大社區所在的南美尋求支持。在洋洋灑灑一萬五千行的巨構中，他盡情歌頌拉丁美洲的諸般琳琅滿目的人情、種族、生態、動植物，在眷戀深情之餘，還讓自己成爲有如神跡似偉大的馬丘比丘印地安遺址的「繼承人」——不把馬丘比丘當成觀光的異族風情，當成血脈相連的遺產，他在回憶錄中說他騎馬登上山上，從高處看到了高聳的安第斯山群峰圍繞的偉大遺址時，他覺得自己渺小了，而且說「那一個荒無人煙的、倔傲突兀的世界肚臍，我不知爲什麼覺得自己屬於它」，於是他的詩篇如是詠嘆：

「在某個遙遠的年代，我的雙手曾在那裡勞動過——開龍溝、磨光岩石。」

聶魯達的詩集《一般之歌》是神祕雄渾充滿想像力的偉大詩篇，但，無疑的，也是政治性格的民族神話。具備了政治神話的渴望以及隱匿在背後的集體恐懼與憤懣。

如同聶魯達透過《一般之歌》對大拉丁美洲社區的歌頌一樣，各里長近年來也透過許許多多的活動來歌頌他們居住的社區。歌頌性的活動內容相當多樣，和《一般之歌》一樣有自然生態，有歷史文物、人文風情。

社區記憶具備了對內凝聚、對外區別的功能。也因此，它也呈現了集體神話的色彩。只是一般說來，沒有高階政治神話強烈的激情——包括恐懼和狂喜——或者它沒有什麼對立面，不像聶魯達詩中被當成憤懣的對立面的西班牙。只有少數例外，那就是他們珍惜賴以象徵記憶的遺物遭受只重開發、不尊重地方自然生態和歷史文物的當權者的威脅，如天母運動場破壞天母自然生態、新北投火車站被拆除時，這些當權者強勢作爲都成了社區運動的對立事件。

在威權統治結束後，各地的社區小神話就這樣紛紛生動地添補在國家的各個角落，被統治者的抽象大歷史記憶擠壓出去的具體的、生活化的小歷史得以重生，而各個共同體的成員也因此有了自己不同的「身分」及其內涵。於是國家不再單一而空洞，社會則背離了高層政治的對立，透過社區神話進行新的社會整合。

人民崛起

馬總統的滿意度雖然實在太低，幸好信任度稍好，他仍有過半，五十五·四%的人願意信任他，不信任的只有二十七·七%。

然而，信任度五十五·四%實在也並不理想，假使總統信任度只有剛剛過半，那其他的官員、立委又如何呢？不幸的，他們在朝野惡鬥的幾年中也全面下滑。

社會對政界信任的下滑是全面性的，在另一項調查中（群我倫理促進會調查報告），二〇〇一到二〇〇六年對總統信任度，從六十·六%降到三十六·一%，對政府官員從三十三%降到二十五%，對國會議員從二十一·八%降到十六·六%。

假使這些人都不值得相信，那麼他們相信誰呢？很奇妙的，他們相信非政治人物的人民自己。

同一項社會信賴度的調查發現，雖然絕大多數人認同「防人之心不可無」（占六十二．四％），但相信「社會上大部分的人都會幫助別人」的高達五十一．三％，最值得注意的是，「社會上大部分的人是可以信任的」，二〇〇一年到二〇〇六年間大幅地上升，二〇〇一、二〇〇二、二〇〇四、二〇〇六四個年度分別是三十四．一％、三十八．一％、五十．六％和六十．三％，而認爲大部分的人不能信任的則是四十七．三％、四十四．三％、三十四．七％和二十七％。

這顯示社會對政治人物的不信任升高的同時，社會的凝聚反而可以在底層出現，當被做爲社會信任象徵的巨星俱殞時，整個社會不因此益加猜忌，失去信賴，社會彼此間反而更加互信。這樣的變化意味著台灣愈來愈走向現代的公民社會。

從農業社會進展到都市化的工商社會，人人日常接觸多是非親非故，彼此要有一定互信，社會才能運作，不只是在日常生活如此，在公共事務上更是如此，這一來，所謂的公民社會才可能成型。

於是我們赫然發現在眾星殞落時，公民社會反而出現了崛起的契機，其實，這恐怕也是民主社會的必然，因爲民主社會竟是世俗化不再凡事仰賴英主的「除魅社會」。

原來是政壇才是地獄，而不是世間親像煉獄，於是故事是——

我們浪漫地攜帶各樣夢想，懷抱無比的熱情從南北各地走來，雖然我們不幸淪落，一起創造了煉獄；但我們將從煉獄中再生，因為我們看到了希望。

Canon 18

歷史劇場——痛苦執政八年

作　　者　林濁水
總 編 輯　初安民
責任編輯　陳思妤
美術編輯　黃昶憲
校　　對　吳美滿　陳思妤　林濁水

發 行 人　張書銘
出　　版　INK 印刻文學生活雜誌出版有限公司
台北縣中和市中正路 800 號 13 樓之 3
電話：02-22281626
傳真：02-22281598
e-mail: ink.book@msa.hinet.net
網　　址　舒讀網 http://www.sudu.cc

法律顧問　漢廷法律事務所
劉大正律師
總 代 理　展智文化事業股份有限公司
電話：02-22533362・22535856
傳真：02-22518350
郵政劃撥　19000691 成陽出版股份有限公司
印　　刷　海王印刷事業股份有限公司

出版日期　2009 年 2 月　初版
2009 年 2 月 20 日 初版三刷
ISBN　978-986-6631-60-3

定價　499 元

國家圖書館出版品預行編目資料

歷史劇場：痛苦執政八年／
林濁水著.--初版.--
台北縣中和市：INK 印刻文學,
2009.02 面； 公分.--（Canon；18）
ISBN 978-986-6631-60-3（平裝）
1.台灣政治 2.民主政治 3.文集
573.07　97024744